Wolfgang Hagemann
Burn-Out bei Lehrern

Wolfgang Hagemann

**Burn-Out
bei Lehrern**

*Ursachen
Hilfen
Therapien*

C. H. Beck

Mit 15 Abbildungen und 3 Tabellen

© Verlag C. H. Beck oHG, München 2003
Satz: Janß, Pfungstadt
Druck und Bindung: Friedrich Pustet KG, Regensburg
Umschlagabbildung: © Thomas Dashuber, München
Umschlagentwurf: Fritz Lüdtke, Atelier 59, München
Gedruckt auf säurefreiem, alterungsbeständigem Papier
(hergestellt aus chlorfrei gebleichtem Zellstoff)
Printed in Germany
ISBN 3 406 50921 5

www.beck.de

Inhalt

Vorwort 9
Einleitung 11

I. Häufigkeit von Beziehungskrankheiten bei Lehrern 15
1. Lehrerkrankheiten. 16
2. Strukturelle Probleme im Gesundheitssystem . . . 18
3. Strukturelle Probleme im Schulsystem. 21

II. Krankheits- und Therapieverständnis 30
1. Körper–Geist–Seele als Einheit 31
2. Menschsein: eine anthropologische Sicht 35
3. Sinneswahrnehmung als Komposition. 41
4. Körperliche Veränderungen und Beeinträchtigungen der Seele 43
5. Affekt und Gefühl. 44
6. Bindungstheoretische Überlegungen. 45
7. Tragende Beziehung(en) als «sicherer Ort» 51
8. Etablierung eines sicheren Ortes in der Psychotherapie 54
9. Etablierung eines sicheren Ortes als pädagogische Aufgabe 56
10. Kooperation und Zusammenhalt 57
11. Wir 57
12. Wir-Bildung und Kenntnis seines Selbst. 63
13. Verbale Kommunikation. 65
14. Beziehungsmedizin und Bildung durch Beziehung . 67
15. Bedingungen, die Heilung bzw. Bildung ermöglichen 68
16. Ein psychologisches Menschenbild als Bezug . . . 71

III. Systemische Reflexionen zur spezifischen beruflichen Situation 78
1. Die Suche nach individuellen Antworten: eine systemische Sicht 78
2. Rollenverständnis und Rollenzuschreibung 80

3. Die Macht des Lehrers. 84
4. Die Kompetenzraute. 86
5. Normale Entwicklung beinhaltet Krisen. 91
6. Die Gestaltung von Grenzen der Systeme zueinander 93
7. Der Lehrkörper. 94
8. Das pädagogische System als sicherer Ort. 97
9. Schule als sicherer Ort für Schüler und Lehrer. . . 100
10. Affektiv positive Verbindung mit dem Lehrstoff . . 103
11. Schule als Ort kreativer Selbstentfaltung 103
12. Schule als bildende Gemeinschaft. 104
13. Systemisches psychologisch-pädagogisches Grundverständnis 106

IV. Gewalt und Aggression   111
1. Thema Gewalt im Unterricht und in unserer Gesellschaft. 112
2. Überlegungen zu einer Friedenspädagogik. 115
3. Selbstreflexive Fragen zum Thema Gewalt und Aggression 117
4. Alltägliche Gewalt im Kindesalter 119
5. Gewalt im Schulalltag aus der Sicht von Lehrern . 121
6. Mobbing 127
7. Posttraumatische Belastungsstörung und Therapie von Gewalterfahrung und Aggression. 142
8. Musiktherapie – Aggression und Gewalt (von Heinz Sondermann) 143
9. Ein offener Brief zur Tragödie von Erfurt im April 2002. 157
10. Suizid und Suizidversuch. 158
11. Ein zweiter offener Brief nach dem Selbstmord eines Schülers an der Schule in Erfurt. 159

V. Systemische Sichtweise von Krankheit   161
1. Beziehungskrank? 163
2. Wie sich eine Beziehungskrankheit entwickelt . . . 164
3. Der Kontextkreis 167
4. Die Rollenmanagement-Raute 172
5. Die Unvorhersehbarkeit systemischer Abläufe . . . 177
6. Krankheit und System beeinflussen sich wechselseitig 178
7. Die Gesundheitsraute 183

8. Krankheiten und Beziehungsmuster 186
9. Lebensumbrüche und Krisen 190
10. Die Zeit und die Historie 199
11. Akute Krisen und die Reinszenierung früherer Konflikte 204

VI. Angst und Depression 208
1. Lehrerangst 209
2. Warum Ängste zunehmen 214
3. Krankhafte Angst 215
4. Die Vielgestaltigkeit der Angst 216
5. Symptomatik der Panikattacke 217
6. Unterscheidungen verschiedener Ängste 220
7. Bindungserfahrung und Erkundungstrieb in der Entwicklung von Angst 223
8. Systemische Hypothesen zur Entstehung von Angst . 226
9. Angst in unterschiedlichen Lebensphasen 228
10. Behandlung von Angst als Beziehungskrankheit . . 236
11. Team als helfendes System, das den sicheren Ort bildet 242
12. Depression 243

VII. Burn-Out 250
1. Symptomatik des Burn-Out 251
2. Schule als Verantwortungsgemeinschaft 263
3. Die Selbstverantwortung des Lehrers 271
4. Instrumentarien zur Bestimmung der eigenen Lebens- und Belastungssituation 285

Anmerkungen 293

Vorwort

In der Zeitschrift «Focus» wurde 2002 der Lehrerberuf als Höllenjob bezeichnet. Es gibt tatsächlich Hinweise, daß dieser zu vermehrter Krankheitsanfälligkeit beiträgt. Dies läßt sich zumindest für die Entwicklung von Beziehungskrankheiten erkennen, wie wir näher herausarbeiten werden. Hierzu ist eine komplexe Betrachtungsweise notwendig, um die berufsbedingten Schädigungen in einen Verständniszusammenhang zu bringen, der es ermöglicht, frühzeitig gegenzusteuern.

Mein Freund Günter Bartl, ein alter Hausarzt aus dem Waldviertel bei Wien, zitiert oft J. H. Schultz, u. a. der Begründer des Autogenen Trainings, mit einem Ausdruck, der für mich zu einem Leitmotiv geworden ist: «die Psychologisierung des Arztens».[1] In diesem Buch ist vor allem von einer «Psychologisierung des *Pädagierens*»[1] die Rede. Die nachweislich vermehrte Erkrankungshäufigkeit bei Lehrerinnen und Lehrern läßt sich nur verstehen, wenn wir eine originäre Herausforderung des Pädagogen untersuchen: die Wir-Bildung mit dem Schüler, das Bilden einer Beziehung zum Schüler, die dieser als sicheren Ort erlebt und in der dieser optimale emotionale Voraussetzungen für sein Lernen vorfindet.

Als Arzt nähere ich mich dieser Aufgabe aus meiner Erfahrung als psychotherapeutischer Mediziner und systemischer Familientherapeut, der bemüht ist, biopsychosoziale Zusammenhänge von Krankheiten in ihrer Bedeutung für die Beziehungsgestaltung und das Beziehungserleben eines Menschen zu erfassen und zu gewichten. Daher werden wir uns zunächst mit einem anthropologischen Modell beschäftigen, in dem die Untrennbarkeit von psychosomatischen Zusammenhängen verdeutlicht und gleichzeitig die Bedeutung von körperlicher Konstitution, Sinneswahrnehmung, Interaktion, Kooperation und Kommunikation formuliert wird. Wenn es gelingt, eine Perspektive der Ganzheitlichkeit zu gewinnen, wie dies durch die systemische Sichtweise möglich ist, lernen wir verstehen. Das Verständnis vermittelt die Möglichkeit für Veränderung und den Mut, sich auf Pädagogik als ein Wagnis mit letztlich nicht vorhersagbarem Ausgang einzulassen. Die Forderung, mit Einfühlungsvermögen und Sensitivität rasch zu erfassen, wann sich ein Schüler unsicher fühlt, setzt voraus, daß der Lehrer sich der Beziehung zum Schüler als einem sicheren Ort gewiß ist.

An dieser Stelle möchte ich allen Menschen danken, die mir die Möglichkeit gegeben haben, in den Gesprächstherapien diese Beziehung auszubilden, und ich hoffe, daß viele von ihnen in dieser Beziehung einen sicheren Ort und darüber wieder Mut und Kraft gefunden haben. Nicht immer mag mir das gelungen sein – und dafür möchte ich mich entschuldigen.

Alle hier aufgeführten Beispiele sind so verändert, daß Persönlichkeitsrechte nicht verletzt werden. Ähnlichkeiten zu tatsächlichen Lebensgeschichten sind rein zufällig und beruhen bei aller Unterschiedlichkeit eher auf der Ähnlichkeit vieler Lebensschicksale. Bis auf wenige Ausnahmen habe ich Äußerungen eingefügt, die exemplarischen Charakter haben. So und so ähnlich wurden sie von erkrankten Lehrern gemacht.

Meine Aufgabe ist es, den Bezug zwischen der Entstehung einer Beziehungskrankheit und beruflichen Anforderungen zu untersuchen. Daß dadurch eine Auseinandersetzung auch über pädagogische Zielsetzungen und über Bildung unausweichlich wurde, liegt in der Natur der Sache. Doch auch in dieser Reflexion bin ich dem psychologischen und systemischen Blickwinkel treu geblieben.

Danken möchte ich meiner lieben Frau Anette, welche meine oft hohe innere Anspannung, meine Unduldsamkeit und meine häufige innere Abwesenheit während der Arbeit an diesem Buch geduldig ertragen mußte. Sie hat es stets vermocht, ein sicherer Ort für mich zu sein. Der Dank gilt auch meinen sechs Kindern, für die ich viele Stunden nicht greifbar war, daß sie mich nicht aus ihren Augen verloren haben. Danken möchte ich meinen Mitarbeitern in der Klinik, die mir viele Anregungen gegeben haben, insbesondere Gabriele Enders für ihr hohes Engagement, ebenso Heinz Sondermann für seine ausführliche Falldarstellung. Dieser Dank gilt auch den Lehrerinnen und Lehrern, die zum Thema Stellung bezogen haben; ebenso allen, die sich bereit gefunden haben, Korrektur zu lesen und hilfreiche Anmerkungen zu machen.

Einleitung

Die Auseinandersetzung, inwieweit die spezifischen Aufgabenstellungen eines Berufs zur Ausbildung von Krankheiten beitragen, ist im Kontext von Arbeitsmedizin und Sozialmedizin bekannt. Jedoch wurden bislang im wesentlichen die Auswirkungen von Emissionen und Immissionen sowie der Kontakt mit Giftstoffen etc. untersucht.
Ausgehend von der Beobachtung, daß Lehrer vermehrt krank sind, unternehmen wir im ersten Kapitel den Versuch nachzuweisen, daß die spezifische Beziehungsarbeit, die der Pädagoge zu leisten hat, einen nicht unerheblichen Streßfaktor darstellt, der zur Entwicklung von *Beziehungskrankheiten* disponiert. Diese entstehen als Reaktion

- auf eine körperliche Krankheit, die seelisch nicht verarbeitet werden kann, sogenannte somatopsychische Erkrankungen;
- auf ungelöste seelische Konflikte in der Vergangenheit und Gegenwart, sogenannte psychische Krankheiten;
- auf ungelöste seelische Konflikte in der Vergangenheit und Gegenwart, die sich als körperliche Krankheit zeigen, sogenannte psychosomatische Krankheiten.

Auf diese letzte Gruppe von Erkrankungen wollen wir uns hier konzentrieren. Sie zu verstehen und ihre Bedeutung für die Entwicklung von Beziehungskrankheiten in Verbindung mit dem Beruf des Lehrers zu erkennen ist Gegenstand dieses Buches.
Ausgehend von einem anthropologischen Modell, das von mir eigens für diese Reflexion entwickelt wurde, werden wir im zweiten Kapitel zunächst ein Grundverständnis entwickeln, wie die Entstehung von psychosomatischen Krankheiten sich erklären läßt. Bindungstheoretische und entwicklungspsychologische Überlegungen helfen, Kinder und Erwachsene besser zu verstehen. Als psychologische Grundeigenschaften werden Egoismus, Ehrgeiz und Machtstreben eingeführt, die unbedingt in der Pädagogik zu berücksichtigen sind.

Es wird der Begriff der «Beziehung als sicherer Ort» eingeführt, an dem sich eine angstfreie Lehr- und Lernatmosphäre entwickelt und optimale Förderung individueller Leistungsbereitschaft und Kreativität möglich ist. Beziehungskrankheiten lähmen, versperren den Blick auf die bessere Handlungsalternative. Sie führen den Betroffenen zu Einschränkungen in der ungeteilten Aufmerksamkeit und hindern ihn an der Bildung von Beziehung als sicherem Ort als der zentralen pädagogischen Aufgabe, da er sich selbst nicht mehr sicher fühlt und gefangen ist. Ursächlich hierfür sind exogene wie endogene Einflüsse, von Gesellschaft, Bildungssystem und Schule, von Lehrern, Schülern und ihren Eltern ebenso wie aus der individuellen Geschichte des Patienten und seiner eigenen Familie. Frühe Bindungs- und Beziehungserfahrungen sind wie Leitplanken auf dem Lebensweg. Sie bestimmen nicht die Richtung, sondern markieren nur den Weg.

Die «Wir»-Bildung zwischen Schüler und Lehrer sowie Pädagogik als Bildung in und durch Beziehung werden beschrieben, denn Störungen in diesem Bereich können sich auf die Gesundheit negativ auswirken.

Wir bevorzugen methodisch einen systemtheoretischen[2] Erklärungsansatz, weil dieser explizit das Wechselspiel unterschiedlicher Systeme wie Konstitution, Familie, Freundeskreis und Arbeitswelt und die Gestaltung der Grenzen der einzelnen Systeme untereinander in seine Reflexion mit einbezieht. Es wird auf die Geschichtlichkeit und die Dynamik von individueller Entwicklung eingegangen. Ebenso wird die Schule, eingebettet ins gesellschaftliche Umfeld, beschrieben, das unterschiedlichen Einflüssen unterliegt.

Die Rechtfertigung, als Psychotherapeut über den Lehrerberuf zu schreiben, leitet sich aus der intensiven vieljährigen Erfahrung in der psychotherapeutischen Behandlung von Lehrern mit Beziehungskrankheiten ab sowie aus der Nähe von Pädagogik und Psychotherapie. Beide fokussieren auf das Individuum. Ihre Unterschiede und unterschiedlichen Zielsetzungen werden dabei nicht übersehen.

Im dritten Kapitel wird die spezifische Arbeitsplatzsituation des Lehrers systemisch untersucht. Der Lehrer wird nicht nur in seiner Individualität reflektiert, sondern als Teil des Systems Schule und des Bildungssystems. Es wird ein psychologisch-pädagogisches Grundverständnis entwickelt, innerhalb dessen sich das Lehrer-Sein abspielt.

Dem Thema Aggression und Gewalt ist ein eigenes Kapitel gewidmet. Unterschiedliche Ausdrucksformen werden beschrieben, Erklärungsansätze hierfür und mögliche Antworten werden genannt.

Im fünften Kapitel gehen wir auf eine systemische Sichtweise von Krankheit ein, um für unseren methodischen Ansatz die Grundlage zu gewinnen, soweit diese notwendig ist, um die Verknüpfung von Beruf und Gesundheit besser nachvollziehen zu können. Das nächste Kapitel widmet sich jenen individuellen Anteilen, die eine Lehrerin bzw. einen Lehrer für eine Beziehungskrankheit disponiert oder gefährdet. Es schlägt den Bogen zur Lebensgeschichte und bezieht tiefenpsychologische Ansätze in die Überlegungen ein.

Es wird in verschiedenen Kapiteln ein tieferes Verständnis für folgende Krankheiten bzw. Ursachen für die Entstehung von Beziehungskrankheiten entwickelt:

- Tinnitus und Hörschaden (II.3)
- Gewalt und Aggression (IV)
- Mobbing und Posttraumatische Belastungsstörung (IV.6 und IV.7)
- Suizid und die Folgen für die Angehörigen und Freunde (IV.10)
- chronische Erkrankungen (V.1)
- Angst und Depression (VI)
- Burn-Out (VII)

Die letzten drei Krankheitsbilder werden ihrer Bedeutung wegen ausführlicher dargestellt, nicht zuletzt anhand von Fallgeschichten. Behandlungsverläufe eröffnen den Blick für die Komplexität und Einzigartigkeit eines jeden einzelnen Leidens, die über eine bloße Diagnosestellung oft verlorenzugehen drohen.

Dem Burn-Out, seiner Symptomatik und komplexen Entstehung und Prävention ist besondere Aufmerksamkeit gewidmet worden.

Es werden verschiedene Instrumentarien beschrieben, welche zum Teil eigens für dieses Buch entwickelt wurden. Sie helfen,

die Selbstreflexion sicherer zu führen, und fordern zur Kommunikation mit Kollegen und/oder dem Lebenspartner heraus:
- Motivationserforschung mit Hilfe der drei psychologischen Grundeigenschaften (VII.4)
- Kompetenzraute (III.4 und VII.4)
- Kontextkreis (V.3 und VII.4)
- Rollenmanagement (V.4 und VII.4)
- Gesundheitsraute (V.7 und VII.4)

Diese Instrumentarien, die die Lehrerin und der Lehrer für sich ausarbeiten und im Dialog mit näherstehenden Kolleginnen und Kollegen diskutieren können, bieten die Möglichkeit, den eigenen Standort psychologisch zu bestimmen und gegebenenfalls zu korrigieren.

Die unterschiedlichen Verantwortlichkeiten aller an der Erziehung von Kindern Beteiligten werden im Pädagogischen Systemkreis (III.8) erörtert. Lehrer leisten eine verantwortungsvolle Arbeit und dürfen die volle Unterstützung aller am pädagogischen Prozeß Beteiligten erwarten.

Viele ausführlich beschriebene Therapiebeispiele machen erkennbar, daß es für die angeführten Problemfelder sehr differenzierte Hilfen gibt, wenn es zur Ausbildung von Krankheit gekommen ist.

Das Abschlußkapitel reflektiert die Schule als Verantwortungsgemeinschaft und die Selbstverantwortung des Lehrers für seine Gesundheit. Es wird auf die Möglichkeiten von Supervision eingegangen, die eine höhere Professionalität im pädagogischen Arbeiten zum Ziel hat. Die Teilnahme an Balint-Gruppen für Lehrer erhöht bzw. stärkt die interaktionelle Kompetenz im Unterricht. In Selbsterfahrungsgruppen setzt sich der Lehrer mit den Wurzeln in seiner Geschichte für die pädagogische Wir-Bildung mit den Schülern auseinander. Wenn systemische Aspekte mit bearbeitet werden, setzen sich die Teilnehmer auch mit dem Spannungsfeld, das sich zwischen Schule als Arbeitsplatz und der eigenen Familie mit ihren eigenen Ansprüchen, mit dem kontextbezogenen individuellen Rollenverständnis und der Rollenzuschreibung bzw. -erwartung auseinander.

I. Häufigkeit von Beziehungskrankheiten bei Lehrern

Es wird zu Beginn erkennbar gemacht, warum es wohlbegründet ist, sich mit den Erkrankungen von Lehrerinnen und Lehrern und der Verbindung zu ihrer spezifischen Arbeitswelt intensiver zu beschäftigen.

Beziehungskrankheiten bzw. die Auswirkungen primär körperlicher Erkrankungen auf die Beziehungsgestaltung zu verstehen ermöglicht, eine Antwort auf die Frage zu finden, was Lehrer krank macht. Daß sie häufig krank werden, belegen verschiedene Hinweise. Und daß sie beziehungskrank werden, läßt sich erschließen aus Zusammenhängen, die in der Psychosomatik bekannt sind. Daß der Beziehungsanteil jeder Krankheit, ob körperlich induziert oder primär seelisch begründet, diagnostisch vielfach zu spät erfaßt und unzureichend behandelt wird, liegt in strukturellen Mängeln des Gesundheitssystems begründet.

Es sollen jedoch auch Mängel der Ausbildung und des Arbeitsumfeldes eines Lehrers nicht ungenannt bleiben, die seine Beziehungsarbeit erschweren.

Wenn ein Mensch auf einen Beziehungskonflikt nicht in einer befriedigenden Weise reagieren kann, setzt ihn das unter Spannung. Abhängig vom Zeitpunkt des Auftretens, dem Grad der Intensität, der Dauer und der subjektiven Bedeutung eines Konfliktes, für den ein Mensch keine befriedigende Lösung findet, macht dieser ihn krank.

Es hängt von anderen, den akuten Konflikt begleitenden Umständen und dem Zeitpunkt des Konfliktes mit ab, wie er sich auf das Individuum auswirkt. Einflüsse von innen wie von außen wirken dabei gemeinsam auf den Patienten. Menschen, welche beruflich vermehrt Beziehungsarbeit als Gegenstand ihrer Tätigkeit leisten müssen, sind besonders anfällig für die Entwicklung von Beziehungskrankheiten. Dies gilt für Psychotherapeuten und Psychiater, welche eine deutlich über dem Durchschnitt aller Akademiker liegende Scheidungs- und Selbstmordrate aufweisen. Alle helfenden Berufe, die sich mit Beziehungsproblemen von Menschen befassen – Beraterinnen und Berater in Organisationen wie Frauen helfen Frauen, Vereinen, die psychisch Kranken helfen etc. –, sind vom Burn-Out bedroht. Lehrer sind durch ihre Arbeit mit Kindern gefährdet, wenn sie sich zunehmend mit Beziehungsschwierigkeiten von Schülern, die sich als Verhaltensauffälligkeit, als Lernblockierung, seelische Störung oder Drogenabhängigkeit und vieles mehr zeigen, auseinandersetzen müssen.

1. Lehrerkrankheiten

Die Beobachtung, daß Lehrer vermehrt krank werden, ist schon alt. Hierzu ein Zitat aus dem Jahre 1911:

Lehrerkrankheiten
  Der Hygiene des Schülers wird neuerdings in weiten Kreisen des Volkes die gebührende Aufmerksamkeit geschenkt, namentlich seitens der Mediziner, der Lehrer und der Schulverwaltungen. Daß aber auch der Lehrer ein Recht auf die Erhaltung seiner Gesundheit hat, das wird vielfach übersehen, und von der Gesundheit des Lehrers wird zumeist erst gesprochen, wenn sie verlorengegangen ist. Außer den Krankheiten, die den Lehrer wie Angehörige anderer Berufe treffen können, gibt es solche Krankheiten, die mit dem Lehrerberuf zusammenhängen. ... Häufig sind bei Lehrern auch Nervenleiden. Nach einer Mitteilung des Geh. Sanitätsrats Wichmann in Harzburg waren auf dem Kongreß deutscher Ärzte und Naturforscher in Kassel von 305 untersuchten Lehrern 177 nervös belastet. Von den letzteren blieben in ihrem Beruf später nur 25 gesund. Unter 259 kranken Lehrern und 540 kranken Lehrerinnen waren je 68 % nervenkrank.
  Die häufigste Nervenkrankheit der Lehrer ist die Neurasthenie. Dieses Wort stammt aus dem Griechischen und bedeutet Nervenkraftlosigkeit, Nervenerschöpfung. Die Neurasthenie ist a) eine chronische (d. h. allmählich sich entwickelnde), b) eine allgemeine (d. h. das gesamte Nervensystem betreffende), c) eine funktionelle (d. h. eine solche, die nicht mit anatomischen Veränderungen der Nerven und des Nervensystems verbunden ist) Krankheit. Die Erscheinungen der Neurasthenie sind mannigfach, bei verschiedenen Kranken sehr verschieden. Es können vorkommen Kopfdruck, gestörter Schlaf oder Schlaflosigkeit, Empfindlichkeit der Haut-, Gehör- und Augennerven, schnelle Ermüdung, Nachlassen des Gedächtnisses, Mangel an Konzentration oder Aufmerksamkeit, Arbeitsunfähigkeit, Bewußtsein verminderter Lei-

stungsfähigkeit, gedrückte, niedergeschlagene Stimmung, Angstgefühle, Erregbarkeit, große Heftigkeit, Appetitstörungen.

Dazu kommen oft noch subjektive Empfindungen. Die Ursachen der Neurasthenie, dieser modernen Krankheit, sind die übermäßigen fortgesetzten Anforderungen des Berufs und des gesellschaftlichen Lebens.[3]

Im Verlauf der folgenden ca. 100 Jahre hat sich unsere Sicht bezüglich der Ursachen von Erkrankung geändert. Dennoch dürfen wir nicht die Augen davor verschließen, daß es trotz des Wandels unserer Perspektive und der Fortschritte in der Medizin nicht gelungen ist, an dieser Tatsache viel zu ändern.

«Unterrichten gefährdet die Gesundheit – Immer mehr Lehrer werden psychisch krank und quittieren vorzeitig den Dienst» überschreibt Martin Müller-Bialon[4] einen Artikel, in dem es weiter heißt:

Sie gelten nach landläufiger Meinung als faul, in Wirklichkeit aber sind viele Lehrer schlichtweg krank – psychisch krank. Das belegen jüngste Zahlen des statistischen Schulamts. Demnach haben zwei Drittel der 673 Lehrer, die 1998 den Dienst quittierten, die Schule wegen Dienstunfähigkeit verlassen. Erziehungswissenschaftler fordern nun mehr praxisorientierte Ausbildung, Gewerkschafter schönere Schulen und Supervision.

Der Erlanger Arbeitsmediziner Andreas Weber hat mehr als 7000 Gutachten zur Dienstunfähigkeit von Lehrern ausgewertet. Er kam zu dem Resultat, «daß 52 Prozent der dienstunfähig ausscheidenden Lehrkräfte mit psychischen oder psychosomatischen Leiden zu tun haben ... Lehrer gehen im Schnitt fünf Jahre vor dem eigentlichen Rentenalter in den Ruhestand. Andere Beamte mit einem Rentenalter von 65 Jahren wie Richter oder Verwaltungsleute halten es länger am Arbeitsplatz aus. Dort liegt die Quote der Berufsunfähigkeit bei 37 Prozent.» Kommentar des Autors: «An den Schulen herrscht kein gesundes Klima.»

2. Strukturelle Probleme im Gesundheitssystem

Wie wir unten sehen werden, eröffnet die systemische Sichtweise den Blick auf das Wechselspiel zwischen unterschiedlichen Kontexten und Systemen. Das Bildungssystem und das Gesundheitssystem gehen hierbei eine krankheitsfördernde und -erhaltende *Mesalliance* ein.

Ausgehend von der Überlegung, daß Lehrer verstärkt in Beziehung treten und dadurch zunehmend gestreßt sind, möchte ich eine weitere bedenkenswerte Querverbindung aufzeigen. R. Klußmann[5] schreibt zur Epidemiologie neurotischer Depressionen:

- Mehr als die Hälfte aller «psychiatrisch» auffälligen Patienten in der Allgemeinpraxis sind depressiv;
- ein Drittel aller Patienten in einer Allgemeinpraxis sind «psychiatrisch» behandlungsbedürftig;
- die Hälfte der Patienten sind zehn und mehr Jahre krank;
- die Krankheit wird spät diagnostiziert;
- die Morbidität beträgt 5–10 % der Bevölkerung, ca. 10–20 % in der Neurosengruppe;
- es sind mehr Frauen als Männer betroffen (etwa 2–3:1);
- die Erkrankung tritt vornehmlich im 3.–4. Lebensjahrzehnt (bei psychotischer ca. 5.–6. Lebensjahrzehnt) auf.

Zur Epidemiologie von Angstkrankheiten schreibt er:[6]

- Prävalenz in der Bevölkerung 2,9–8,4 %;
- Frauen häufiger betroffen;
- Phobien bei Frauen am häufigsten unter allen psychischen Störungen, bei Männern an 2. Stelle (hinter Alkoholismus);
- Angststörungen machen 1/6 bis 1/3 aller Arztbesuche aus;
- mehr als 50 % aller Patienten mit Angststörungen weisen «sekundäre Depression» auf;
- ängstliche und depressive Störungen gehören (neben Suchterkrankungen) zu den häufigsten Problemen der medizinischen Primärversorgung.

80–90 % der Lehrer waren im vergangenen Jahr krank und haben einen Arzt konsultiert. Nehmen wir an, daß ca. 60 % davon diesen wegen psychischer Probleme, die sich u. U. körperlich gezeigt haben, aufgesucht haben. Wir dürfen mit anderen Worten davon ausgehen, daß 48–54% wegen ängstlich-depressiv begründeter Symptomatik in Behandlung waren. Doch sind die Allgemeinmediziner und die meisten Fachärzte hierauf in ihrer Ausbildung nur unzureichend vorbereitet worden. Nur eine kleine Minderheit hat jemals eine Psychiatrie von innen gesehen. Einige Ärzte bilden sich in Balint-Gruppen fortlaufend weiter und setzen sich mit ihren Arzt-Patient-Beziehungen kontinuierlich auseinander. Viele belassen es dabei, die Minimalvoraussetzungen der Kassenärztlichen Vereinigung für die Teilnahme an der psychosomatischen Grundversorgung zu erfüllen. Dies hat zu einem gut Teil seinen Grund darin, daß an kaum einer deutschen Klinik ein psychosomatischer Liaison-Dienst[7] oder gar eine psychosomatische Abteilung existiert. Während der prägenden Sozialisation als Assistent in der Facharztausbildung kommt für diese Ärzte die Psychosomatik als in der Praxis eingeübter Lerngegenstand nicht vor. Mittlerweile müssen verschiedene Facharztgruppen wie Allgemeinmediziner, Gynäkologen und Internisten in bescheidenem Umfang immerhin psychosomatische Kenntnisse vor der Facharztprüfung erwerben. Doch wird es wohl noch sehr lange dauern, bis die Voraussetzungen dafür geschaffen sind, die hinter der Symptomatik sich verbergende psychische Erkrankung frühzeitig zu diagnostizieren.

Es ist zu befürchten, daß angesichts der Vielzahl der Beziehungskranken eine ausreichende psychosomatische oder nötigenfalls psychotherapeutische Behandlung nicht durchführbar ist. Erst dann, wenn der Hausarzt über eine gut abgesicherte psychosomatische Kompetenz verfügt, läßt sich der Bedarf an früher Diagnostik und rechtzeitiger Weichenstellung für eine adäquate Therapie decken. Daß Therapie viel Leid mildert und auch Kosten verringert, hat Annemarie Dührssen schon 1972 in einer umfangreichen Studie belegt. Ich zitiere noch einmal aus Klußmann:[8]

A. Dührssen (1972): Psychotherapie bei 845 Patienten; Nachuntersuchung nach 5 Jahren. Ergebnis:
13 % Rückfälle 13 % befriedigend gebessert
28,5 % sehr gut gebessert 26 % genügend gebessert
17 % gut gebessert

Zwischen behandelten und unbehandelten Patienten ergaben sich folgende statistisch signifikante Unterschiede in bezug auf die Anzahl der Krankenhaustage unter Psychotherapie:

- Psychoanalytisch behandelte und unbehandelte Patienten lagen vor der Behandlung 26 Tage im Krankenhaus.
- Nach fünf Jahren waren die psychoanalytisch Behandelten nurmehr 6 Tage im Krankenhaus.
- Die neurotisch Kranken auf einer Warteliste waren nach wie vor 26 Tage im Krankenhaus.
- AOK-Versicherte liegen durchschnittliche 10–11 Tage im Krankenhaus (Untersuchungen aus dem Zentralinstitut für psychogene Erkrankungen der AOK Berlin).

Die Untersuchung wurde in der Aussage bezüglich der Effizienz von der Grawe-Studie 1992 in der Tendenz bestätigt. Konkrete Zahlen nennt eine aktuelle amerikanische Studie.[9]

Obwohl die Wirksamkeit psychotherapeutischer Interventionen (insbes. Expositionstechniken) bei Angststörungen hinreichend nachgewiesen wurde, bleibt festzustellen, daß nur 15 % bis 38 % aller Patienten mit solchen Störungen eine entsprechende psychotherapeutische Behandlung erhielten.

Damit wird deutlich, daß auch in den USA die Versorgung von Patienten mit einer Angststörung völlig unzureichend ist. Die Kosten für fehlgeleitete Diagnostik und Therapie sind immens:

Nach Schätzungen wurden 1990 in den USA insgesamt 46,6 Milliarden Dollar für Angststörungen (direkte und indirekte Kosten) ausgegeben; das sind 32 % aller im Bereich Mental Health aufgewendeten Mittel. Im Störungsbereich Depression werden pro Jahr ca. 43,7 Milliarden Dollar aufgewendet ... Eine besonders kostenintensive Entwicklung zeigt sich bei den sog. dissoziativen Störungen, die sich vielfach dadurch auszeichnen, daß der Patient vorwiegend körperliche Symptome als Ausdruck für seinen inneren Druck entwickelt und diese vorrangig abgeklärt werden.

Es darf angenommen werden, daß die unglückselige Verkettung von hohem emotionalen Beziehungsstreß im Beruf und einer psychiatrisch-psychosomatisch unzureichenden Versorgung die Leiden der betroffenen Lehrer noch verstärkt und zu längeren krankheitsbedingten Ausfallzeiten als notwendig führt. Nehmen wir jetzt die Aussage von Klaus Dörner, einem der führenden Psychiater Deutschlands, daß es insbesondere für psychisch Kranke wichtig ist zu arbeiten, um sich frei zu fühlen und dazuzugehören, dann kommen wir zu dem Schluß, daß die zunehmende Zahl psychischer Erkrankungen von Lehrern ein deutlicher Hinweis auf strukturelle Mängel sowohl in der Schule als auch im Gesundheitssystem ist.

Müssen wir nicht den Bezug schulischer Bemühungen von einem weniger die Leistung betonenden, dafür hin zu einem deutlicher pädagogische und entwicklungspsychologische Notwendigkeiten der Schüler berücksichtigenden Unterricht verändern? Aus der Psychotherapie wissen wir, daß ein erster wichtiger Schritt erfolgt ist, wenn es gelingt, den Menschen in Bezug zu seinen für ihn wichtigen Beziehungen, zu sich, zu seiner Familie, zu seinen Freunden und Bekannten und auch zu seiner Arbeit mit seinen Kollegen, zu stellen. Dann steht für ihn nicht mehr das körperliche Symptom, das ihn scheinbar wie eine äußere Macht umklammert und gefangenhält, im Vordergrund, sondern er sieht in sich wieder mehr den Handelnden, den Gestaltenden. Wie müssen eine Schule als System und das Schulsystem als Ganzes gestaltet werden, daß es den Lehrern möglich ist, gesund zu bleiben, nicht häufiger krank zu werden als die Normalbevölkerung?

3. Strukturelle Probleme im Schulsystem

Aus einer ausführlichen Diskussion mit Frau Enders, welche über 20 Jahre als Sonderschulpädagogin gearbeitet hat und heute in der Weiterbildung und als Supervisorin für Lehrer und als Kinder- und Jugendtherapeutin tätig ist, stammen folgende Überlegungen. Sie erheben nicht den Anspruch auf Vollständigkeit, zeigen jedoch viele Probleme.

Aus psychotherapeutischer Sicht ist die Struktur der Beziehungen aufgrund der Lebensentwicklung des Lehrers zu reflektieren:

Der «normale» Weg des Lehrers bewegt sich vom Schüler zum Studenten, vom Lehramtsanwärter zum Lehrer. Er soll Schüler auf etwas vorbereiten, das ihm aus seiner eigenen Entwicklung fremd geblieben ist: Berufe in Handwerk, Wirtschaft und Verwaltung. Auf körperliche und stereotype Arbeit, die vielfach für den Menschen sinnentfremdet ist, die er nicht mitgestalten kann und ihn sich fremd werden läßt, die hierarchisch durchstrukturiert ist, soll der Lehrer den Schüler vorbereiten. Wie aber befriedigt ein junger Mensch seinen Egoismus und Ehrgeiz mit all seiner Leidenschaft unter solchen Bedingungen? Lehrer stammen in der Mehrzahl aus einem mittelständischen Elternhaus, in welchem Bildung einen Stellenwert besaß. Dies ist jedoch keine Voraussetzung bei Kindern, deren Eltern selten bis nie ein anderes Buch als das Telefonbuch in die Hand nehmen, die nur über einen reduzierten Wortschatz verfügen, selbst kaum sinnentnehmend lesen können und nur über ein begrenztes Abstraktionsvermögen verfügen. Diese Eltern zu respektieren als die Menschen, die rechtschaffen und strebsam mit geringsten Mitteln ihre Kinder großziehen und ihnen eine bessere Startchance für ihr Leben ermöglichen wollen, die wissen, was gut ist für ihre Kinder, müssen die jungen Lehrer erst noch lernen.

Insbesondere die Ausbildung zum Gymnasiallehrer läßt eine fundierte Vermittlung von Didaktik und Pädagogik vermissen. Entwicklungspsychologische Erkenntnisse und die Kenntnis psychodynamischer Zusammenhänge wären hilfreich.

Eine Physik- und Mathematiklehrerin berichtet nach fast dreißigjähriger Unterrichtserfahrung am Gymnasium davon, daß sie erst im Rahmen ihrer eigenen Psychotherapie gelernt habe, den Schüler zu verstehen, wenn er sich in einer Krise befindet. Und daß es ihr möglich sei, dessen Fehlverhalten nicht als gegen sie gerichtet zu verstehen. Ein Schüler lehne sie selten in ihrer Persönlichkeit ab, sondern habe oft «einfach keine Lust, Null Bock auf Unterricht, Schule usw.». Sie fühle sich viel weniger häufig angegriffen, nehme sich weniger zu Herzen. Es falle ihr leichter, selbst auf Schüler zuzugehen, wenn diese den Aufstand proben, und ihre Leistungsanforderungen durchzusetzen. Was sie am meisten überrascht habe, sei, daß sie beobachten könne, daß die Schüler für ihre Geradlinigkeit sogar noch dankbar seien, sie viel weniger Schwierigkeiten gegenüber früher habe. Früher habe sie oft an sich selbst gezweifelt, wenn Schüler nicht so wollten, wie sie es verlangte.

Seitdem Fachlehrerkonferenzen eingeführt worden seien, freue sie sich auf diese Treffen, in die sie ihre Erfahrungen einbringen könne und in denen gleichzeitig die Möglichkeit habe, Fragen zu stellen für eine zeitgemäße Unterrichtsgestaltung in ihren Klassen. Dies habe zudem den positiven Begleiteffekt, daß es leichter sei, von einem Kollegen den Unterricht zu übernehmen.

Die Wandlung vom Schüler zum Lehrer – ein extremer Wandel der Position in unserem Schulsystem – wird in dem damit verbundenen Rollenwechsel nicht hinterfragt oder psychologisch begleitet. Erwartungen an eine Rolle zu haben ist das eine, diese Erwartungen jedoch selbst zu erfüllen ist das andere, das erst noch gelernt werden muß. Wohl dem, der von erfahrenen Kollegen angehalten und geleitet wird, sich bewußt und aktiv hiermit auseinanderzusetzen. So kann er am ehesten der Gefahr begegnen, die eigene Autonomie aufzugeben, immer wieder Hilfe bei Autoritäten zu suchen, wenn sie selbst einen Konflikt klären müssen. Häufig erfahren Schulleiter Vater-projektive Rollenzuschreibungen, denen sie unmöglich gerecht werden können bzw. die sie völlig überfordern. Oder Junglehrer überfordern sich, weil sie in der (Schüler-)Rebellion verhaftet bleiben und den Rektor dort, wo er von Amts wegen eintreten muß, nicht rufen.

Eine Unterbrechung dieses Weges von der Schule zurück in die Schule ist häufig nur bei Frauen zu finden, die eine «Kinderpause» einlegen. Jedoch sind sie auch in dieser Lebensphase in einer Verquickung von Über- und Unterlegenheit. Die Wertschätzung von Mutterschaft ist in unserer Leistungsgesellschaft miserabel. Außerdem erfährt eine werdende Mutter auch so manche Ablehnung, weil sie doch nicht umsonst studiert haben kann, weil andere jetzt für sie einspringen bzw. mitarbeiten müssen etc. Ihre elementaren Erfahrungen als Mutter, die sie bestens umsetzen kann im Unterricht, werden nicht honoriert.

Für die pädagogische Beziehungsarbeit ist eine Kommunikation, welche von «oben» nach «unten» stattfindet, denkbar ungeeignet. Lehrer sind entweder gegenüber Schülern in der überlegen Position oder gegenüber Schulleitung, «Aufsichts»-Behörde etc. in der unterlegenen Position. Das wirkt sich auch auf Elterngespräche aus, die sehr schnell der einen oder anderen Kategorie zugeordnet werden können. Eine Kommunikationsebene zwischen Partnern ist schwer herzustellen, kollegiale Zusammenarbeit und Teamteaching finden selten statt. Vielfach besteht Angst, sich bei fachlichen Problemen an erfahrene Kollegen zu wenden. Insbesondere junge Lehrer tun sich schwer, ihren eigenen Wahrnehmungen zu trauen und sich zuzugestehen, daß sie überfordert sein dürfen.

Nicht darin liegt der Fehler, sondern im Zögern, sich in solch einer Situation die notwendige Hilfe zu holen.

Es verursacht hohe Kosten und verbraucht viel Energie, wenn man Kollegien lediglich unter dem Aspekt zusammenstellt, daß der Unterricht abgedeckt sein muß. Es ist unverantwortlich, wenn Referendare sogenannten bedarfsdeckenden Unterricht erteilen müssen.

Eine junge Referendarin am Gymnasium wurde psychisch krank, weil sie sich völlig überfordert fühlte von der Belastung, einen Unterricht selbständig vorbereiten und führen zu müssen. Hinzu kamen noch die erforderlichen Nachbereitungen und Seminare.

Sie beschrieb sich als scheuen bis ängstlichen, jedoch sehr gewissenhaften und leistungsorientierten Menschen. Sie habe ihr Abitur mit einem Durchschnitt von 1,5 gemacht und auch das erste Staatsexamen mit «sehr gut» abgeschlossen. Sie sei wegen ihrer Stelle in eine ihr fremde Stadt gezogen und habe privat noch keinen Anschluß gefunden. Sie vermisse ihre Freundin aus dem Studium, die sie nur noch selten besuchen könne. Einen Freund habe sie derzeit auch nicht. Sie fühle sich sehr unsicher, auf erfahrene Kollegen zuzugehen, weil diese selber überlastet seien und ständig über die hohen Anforderungen schimpfen würden. Und im Seminar sei kein Raum für Fragen, die ihren Unterricht angingen.

Die fachliche Kompetenz eines Lehrers allein ist nicht ausreichend. Jede pädagogische Arbeit erfordert eine gute und konfliktstarke Kooperation aller Lehrer untereinander. Teams müssen sich gut verstehen, und jeder Lehrer, der zum Kollegium dazugehört, vertritt die Schule auch nach außen, muß sich also mit der Schule auch identifizieren. Schulen in freier Trägerschaft werden oft darum beneidet, daß sie gerade auf die individuelle Auswahl ihrer Lehrer großen Wert legen können.

Als äußere Faktoren, die die pädagogische Beziehungsarbeit erschweren, die viel Sensibilität und innere Ausgeglichenheit verlangt, spielten in unserer Diskussion die oft unzumutbar schlechte Akustik in den Klassenräumen und der damit verbundene Lärm eine große Rolle. Auch die Beleuchtung ist oft unbefriedigend. Für die Renovierung und die ästhetische, nicht nur funktionale Gestaltung der Gebäude fehlen die Mittel. Mag ein Lehrer zu Hause sein Arbeitszimmer individuell geschmackvoll einrichten, muß er sich an seinem Arbeitsplatz vielfach mit demolierten und schmutzigen Wänden begnügen.

Die vielerorts anzutreffende Raumnot stellt ein weiteres Problem dar. Die Enge in den Klassenräumen erhöht das Aggressionspotential nicht nur bei den Kindern. Es ist nicht möglich, pfleglich mit Räumen umzugehen, deren Enge in keinem Verhältnis zur Klassengröße steht.

Die Größe moderner Schulen ist ebenfalls kritisch zu betrachten. Sie führt zu Anonymität und Entfremdung mit schwacher sozialer Kontrolle untereinander. Lehrer können unmöglich alle Schüler kennen. Problematischer wird es, wenn auch die Lehrer sich untereinander kaum kennen und gleichzeitig in einer Klasse gemeinsam unterrichten.

Ein Ruheraum, in den sich ein Lehrer zurückziehen und ungestört entspannen kann, wenn er eine anstrengende Beziehungsarbeit hinter sich hat, vermissen viele. Insbesondere Lehrer mit Tinnitus und anderen Hörschäden sowie mit reduzierter vegetativer Belastbarkeit leiden unter diesen Bedingungen, ebenso Menschen mit Bluthochdruck und Magen-Darm-Problemen.

Da oftmals die einzelnen Unterrichtsräume weit auseinander liegen, gehen Erholungspausen verloren, die dazu dienen könnten, sich innerlich auf die nächste Klasse einzustellen. Häufig werden zudem in den Pausen Telefonate erledigt, Kopien angefertigt, informelle Gespräche geführt. Wird in der großen Pause Aufsicht geführt, geht jede Ruhe verloren.

Die räumliche Trennung von Schule und Arbeitszimmer führt zu einer verminderten Ausschöpfung von Zeitvalenzen, welche sich aus Springstunden ergeben. Gleichzeitig verführt es viele Lehrer, die zu Hause ihre Unterrichtsvor- und -nachbereitungen erledigen, abends und am Wochenende zu arbeiten.

In therapeutischen und supervisorischen Gesprächen wird häufig erkennbar, daß die meisten Lehrerinnen in der Familie stark beansprucht sind und ihre Arbeit als «Halbtagsbeschäftigung» verstehen. Sie reagieren damit unbewußt auf die von Politikern oft aufgestellte Behauptung, Lehrer seien faul, oder es wird ihnen von der Familie/Gesellschaft suggeriert, sie hätten als «Halbtagsbeschäftigte» doch genügend Zeit.

Viele Lehrer geben privat viel Geld für Unterrichtsmittel

aus, da die Ausstattungen in den Klassen oder bei einzelnen Schülern nicht ausreichend sind. Nur so können sie annäherungsweise einen Unterricht adäquat gestalten, der eigentlich ein viel moderneres Equipment erfordert, um den Belangen der Gesellschaft und Wirtschaft gerecht werden zu können. Solange Schulbildung nur auf die Anforderungen zugeschnitten wird, die Ausbildung und Beruf erfordern, und die pädagogische Zielsetzung unberücksichtigt bleibt, daß der Schüler für sein Leben lernt und nicht nur für seinen künftigen Beruf, steht der Lehrer immer vor dem Dilemma, mit einer unzureichenden Ausrüstung arbeiten zu müssen. Eine Grund- und Hauptschule hat hierbei selbstverständlich andere, einer konkreten Ausbildung weniger dienliche Aufgaben zu erfüllen als ein Berufskolleg.

Als negative innere Faktoren haben wir diskutiert, daß die Ausbildung inhaltlich veraltet ist. Viele Lehrer erfahren erst nach 5 Jahren Studium und 2 Jahren Referendarzeit, daß sie eigentlich für diesen Job nicht geeignet sind, bleiben aber dabei, weil sie weder Zeit noch Geld für einen Berufswechsel haben. Praktika, welche in der Grund- und Hauptschule absolviert werden, sind sicherlich ein wichtiger Schritt, scheinen aber nicht für jede Studentin bzw. jeden Studenten den ausreichenden Erfahrungshintergrund zu vermitteln, um seine Eignung für den Beruf zu überprüfen. Diese sollte vielleicht deutlicher in den Seminaren beleuchtet und hinterfragt werden.

Die Junglehrerinnen und -lehrer sind nicht ausreichend vorbereitet auf die vielfältigen und auch zunehmenden psychischen Probleme der Kinder. Diese resultieren aus der

- emotionalen Vernachlässigung in Familien, in denen beide Eltern arbeiten gehen müssen und keine Großeltern da sind bzw. ein Kindermädchen nicht bezahlt werden kann; in denen die versorgende Mutter körperlich oder gar psychisch krank ist;
- *Broken-home*-Situation mit der sozialen Not, die hiermit für die alleinerziehende Mutter und die Kinder verbunden ist – hieraus resultieren oft Frustration und Aggression;
- Drogen- und Alkoholproblematik bei Schülern und deren Eltern;

- Migrationsproblematik bei Kindern aus anderen Ländern und Kulturen und mit sozialer Entwurzelung etc., deren Eltern berufsbedingt häufiger umziehen mußten. Migration ist ein psychosozialer Streßfaktor, dem in der Entwicklung von Beziehungskrankheiten eine hohe Bedeutung zukommt.

Zusätzlich fehlt eine begleitende Beratungsmöglichkeit wie z. B. Supervision. So wirkt sich die gestörte Kommunikation innerhalb vieler Kollegien, in denen man keine «Schwäche» zeigen darf, d. h. Hilfen untereinander nur selten möglich und erwünscht sind, besonders nachteilig aus. «Lehrer haben, wenn sie die Klassentüre hinter sich schließen, allein klarzukommen», brachte ein ehemaliger Schulleiter es auf den Punkt.

Eine Frage, die sich aus dem oben Genannten ableitet, lautet: Wie können Lehrer und Lehrerinnen Selbstbewußtsein und Stärke im Handeln entwickeln, wenn das Kollegium, das vor Ort allen nötigen Sachverstand sowie das Wissen um die Besonderheiten zur Verfügung hat, als Ressource für die eigene Reflexion ausfällt?

Stellungnahme einer Lehrerin[10]

Folgende Auszüge aus mehreren Briefen geben die subjektive und gut reflektierte Sicht einer erfahrenen Lehrerin wieder, welche zu dem Thema Stellung genommen hat.

Was macht Lehrer krank? Eine wichtige Frage, doch so einfach ist es nicht. Ich glaube, es sind verschiedene Dinge:

1. die trotz aller Mühen mangelnde Anerkennung der Tätigkeit bei der Elternschaft, den Schülern, Kollegen, Vorgesetzten und vor allem in der Öffentlichkeit. In der Regel werden Lehrer dann noch als (Originalton eines Schülervaters) «faule Säcke und Armleuchter, die ja schon am Mittag die Flossen ausstrecken und nichts mehr tun», bezeichnet. Viele versuchen dann, sich durch andere Tätigkeiten Anerkennung zu verschaffen (Chorleitung, Vereinsarbeit, soziale Aufgaben, politische Aktivitäten usw.). Das belastet zwar noch zusätzlich, doch irgendwo braucht der Mensch «Ansehen». Das erwirbt man sich ja erst, wenn man von anderen angesehen wird. Nicht so einfach in diesem Job.

2. Erfolge sind in diesem Job nur schwer meßbar. «Ein Tischler tischlert einen Tisch, und bums, da siehste was.» Schnell ist auch festzustellen, ob dieses Teil denn brauchbar, besonders gut gelungen, von schönem Design usw. ist. Jedenfalls wird er oder sie direkt gelobt oder getadelt. Wie will man feststellen, ob die Arbeit eines Lehrers, einer

Lehrerin erfolglos ist oder nicht? Das ist nur begrenzt möglich. Daher legen wohl auch viele Kollegen so großen Wert darauf, bei den Jugendlichen «beliebt» zu sein. Was man auch immer darunter verstehen mag, und von den Schülern wird dieses auch sehr oft zu ihrem Schaden ausgenutzt. Ein Lehrer/eine Lehrerin muß schon sehr von sich überzeugt sein, um zu verstehen, daß der spezielle Umgang mit ihnen nichts mit ihrer Person, sondern mit dem Job zu tun hat, den sie da ausüben. Wer hat nicht versucht, einen Lehrer zu ärgern, bei Arbeiten auszutricksen, ihn ein wenig zu belügen usw. Damit ist selten die Person gemeint, sondern die Institution Lehrer. Viele Kollegen verstehen dies nicht.

3. Die nicht erfüllten Erwartungen an den Beruf und auch die nicht erfüllten, zu hohen Erwartungen: In den Ländern, die bei PISA ganz oben stehen, ist der Lehrberuf eine hochangesehene Institution. Um einen Studienplatz bewerben sich nur die Besten der Besten. Wie aber sieht es bei uns aus: Ein Teil wählt diesen Beruf, weil es ja dort viel Freizeit und Ferien gibt. Einem weiteren Teil fällt nichts Besseres ein, oder sie trauen sich nichts anderes zu (Schulbank – Studium – Schulbank), «mit Kindern werden wir schon fertig». Andere haben viel probiert, und nichts war recht, so wird es zum Schluß dann noch ein relativ kurzes Studium für den Lehrberuf. Es gibt aber auch die Realisten, die in ihrem Umfeld Lehrer haben und die Härte dieses Berufs kennen und ihn trotzdem wählen, vielleicht auch wegen der Ferien, der Kürze des Studiums usw., doch kennen sie zumindest die Problematik des Jobs. Dann gibt es noch die Idealisten, die Kinder lieben und alles besser machen wollen, als sie es selbst erlebt haben. Sie sind dann die ersten, die kritisiert werden, weil alle Träume und Ideale durch den Schulalltag, die Kinder u. v. a. m. aufgefressen werden. Desillusioniert ohne Ende werden sie oft auch mit ihrem Alltagsleben nicht mehr so recht fertig, denn sie sind fertig.

Alle aber werden irgendwann mit Schülern konfrontiert, und da stehen sie dann und lernen die Härte dieses Berufes kennen. Warum hat ihnen niemand zuvor gesagt, was da alles auf sie zukommt? Vielleicht stellen sie jetzt erst fest, mit Kindern kann ich gar nicht und mit Jugendlichen schon überhaupt nicht. Was nun? Was anderes haben sie nicht gelernt. Hinein und durch, wie auch immer. Allen ist sicher gemeinsam, daß sie sich redlich mühen und bemühen. Und aus einem ganz ansehnlichen Teil werden dann auch mehr oder weniger gute Lehrer und Lehrerinnen. Wie hat Ivan Illich gesagt: «Nichts hindert Kinder daran, etwas zu lernen.» Lernen tun sie immer, die Frage ist nur, was! Und wie zielgerichtet dieses Lernen ist.

Beides, die nicht erfüllten und die zu hohen Erwartungen, sind Ursachen dafür, daß ein Lehrer/eine Lehrerin dem Druck nicht standhält und erkrankt.

4. In den seltensten Fällen wird etwas «rund». Man sieht als Lehrer/Lehrerin einen Anfang, eine Mitte, eine kleine oder größere Katastrophe, doch nur selten ein Ende, ein Ergebnis. Nur in den wenigsten Fällen.

Die Liste ist sicher noch leicht zu erweitern, doch diese vier Punkte halte ich im Augenblick für die wichtigsten. Wozu ich folgende Fallgeschichte erzählen möchte:

Ich habe zehn Jahre an einer Schule für Blinde und Sehbehinderte gearbeitet. Die Arbeit mit Blinden ist angenehm und relativ ruhig. Jeder Unbeteiligte erkannte die Behinderung sofort und ging mit den Blinden pfleglich um. Bei den Sehbehinderten war das anders. Sie können z. T. Schriften in Miniformat lesen, aber wegen eines Tunnelblicks nur unter Schwierigkeiten in einen Bus einsteigen. Andere Fahrgäste, die dies nicht wissen, reagieren dann sehr ärgerlich.

Beim Einkauf sind sie sehr oft darauf angewiesen, sich die Gegenstände vor den richtigen Sehbereich zu holen, um sie überhaupt genauer sehen zu können. Vor allem bei Kindern und Jugendlichen heißt es dann: «Finger weg! Erst kaufen, dann in die Hand nehmen.»

Auf die Erwiderung «Ich sehe dann nichts» heißt es in der Regel: «Dann schaff dir eine Brille an.» – «Eine Brille hilft nichts» ... Eine solche Behinderung ist nicht leicht zu erkennen und führt bei den Betroffenen zu großen Frustrationen. Und wo läßt man sie ab, wenn man in einem Internat lebt? Bei den Lehrern und Erziehern. Gerade diese Gruppe von Kindern und Jugendlichen waren oft extrem verstört und sehr verhaltensauffällig. Im Kollegium wird dann aber selten darüber gesprochen. Nur mit wenigen befreundeten Kollegen konnte man darüber reden, und im häuslichen Umfeld stieß man auch auf Unverständnis. Das alles war und ist für einen Lehrer oder eine Lehrerin nicht einfach.

II. Krankheits- und Therapieverständnis

> Daß alle unsere Erkenntnis mit der Erfahrung anfange, daran ist gar kein Zweifel; denn wodurch sollte das Erkenntnisvermögen sonst zur Ausübung erweckt werden, geschähe es nicht durch Gegenstände, die unsere Sinne rühren und teils von selbst Vorstellungen bewirken, teils unsere Verstandestätigkeit in Bewegung bringen, diese zu vergleichen, sie zu verknüpfen oder zu trennen und so den rohen Stoff sinnlicher Eindrücke zu einer Erkenntnis der Gegenstände zu verarbeiten, die Erfahrung heißt? Der Zeit nach geht also keine Erkenntnis in uns vor der Erfahrung vorher, und mit dieser fängt alles an.
>
> *(Immanuel Kant)*[11]

Das folgende Kapitel nimmt eine zentrale Stellung in der Entwicklung eines Grundverständnisses von Beziehungskrankheiten ein. Es ist das Ziel, mit Hilfe eines von mir entwickelten anthropologischen Modells die Beziehung von Körper und Seele als einer unzertrennlichen Einheit zu erklären. Wir werden immer wieder hierauf zurückkommen. Die Bedeutung der Sinneswahrnehmung als Bindeglied zwischen innen und außen wird verdeutlicht. Die differenzierende Definition Affekt und Emotion wird im weiteren beibehalten. Es werden bindungstheoretische Überlegungen angestellt, die für ein entwicklungspsychologisches Verstehen von Menschen bedeutsam sind. Es werden tragende Beziehungen als «sicherer Ort» beschrieben, eine wichtige Voraussetzung, um die Bedeutung von Beziehung verstehen zu können. Es werden die nahe Verwandtschaft sowie die Unterschiede von Psychotherapie und Pädagogik verdeutlicht. Dies führt zu einem psychologischen Menschenbild, das auch für die Diskussion von Bildungszielen eine Orientierung sein kann. Es wird der Bezug systemischer und psychologischer Reflexionen zur Lehr- und Lernsituation hergestellt.

1. Körper – Geist – Seele als Einheit

Körper, Geist und Seele sind losgelöst voneinander nicht existenzfähig. Unsere gedanklichen Konstrukte, unsere *Kognitionen*, unsere inneren Konzepte bestimmen maßgeblich mit, wie wir eine Situation emotional erleben. Während z. B. ein Pathologe sich durch den Anblick einer Leiche mit größerer Wahrscheinlichkeit fachlich herausgefordert erlebt, mag ein Laie durch den unvorbereiteten Anblick zu Tode erschrecken und u. U. eine posttraumatische Belastungsstörung entwickeln. Mythen wie die von unheilbaren Erkrankungen oder der Gewalt hilflos ausgeliefert zu sein bestimmen mit, wie wir uns in entsprechenden Situationen erleben und verhalten.

Der Begriff Seele, wie wir ihn heute gerne isoliert verstehen, ist ein gedankliches Konstrukt, das u. a. schon von Descartes formuliert wurde. Sogenannte psychotrope Substanzen, angefangen beim Alkohol über Drogen bis zu den Psychopharmaka, pflanzliche und synthetische Substanzen beeinflussen unser seelisches Erleben und Verarbeiten und unsere körperliche Wahrnehmung erheblich. Es können optische und sonstige Halluzinationen artifiziell ausgelöst werden durch z. B. LSD und krankhaft bedingte behandelt werden z. B. durch sogenannte Neuroleptika. Der Körper ist die Hülle der Black box, genannt Seele.

Es gibt kein Entweder-Oder, sondern nur ein Sowohl-als-Auch. Erhöhte innere Anspannung, welche sich als gesteigerte Ängstlichkeit, Schreckhaftigkeit oder als verstärkte Depressivität zeigt, geht immer mit unterschiedlichen vegetativen bis hin zu physiologischen und psychosomatischen Veränderungen einher. Es finden sich Störungen

* der Aufmerksamkeit und Konzentration;
* des allgemeinen Leistungsvermögens, welche sich von einer Leistungsschwäche über eine Leistungshemmung bis zu einem Leistungsversagen steigern können;

- des Antriebs und des Interesses bis zu ihrem gänzlichen Verlust;
- des Selbstwertgefühls mit Selbstunsicherheit bis zu einem Erleben der eigenen Wertlosigkeit und damit einhergehend Suizidalität;
- des Schlafes (Ein- und Durchschlaf) mit allgemeinem Gefühl der Mattigkeit und verminderter Belastbarkeit;
- des Appetits (fehlender Appetit mit extremen Gewichtsabnahmen oder unstillbarer Heißhunger);
- der Verdauung (z. B. Durchfall und/oder Verstopfung, Blähbauch, Magenverkrampfungen);
- der Libido mit sexuellen Funktionsstörungen beim Mann und Zyklusunregelmäßigkeiten bei der Frau;
- des Sehens mit ständig wechselnder Sehstärke, belastungsabhängigem Schielen;
- des Lagegefühls mit Schwindel und Erbrechen, Unvermögen zu stehen;
- der Sensibilität mit vermehrtem Juckreiz bis hin zu neurodermitischen Schüben oder Gefühllosigkeit in einzelnen Hautarealen, welche zu Ritzen und Selbstverletzungen führen kann;
- der Atmung mit Luftnot, daß es die Luft raubt, oder vermehrtem Atmen (Hyperventilation);
- der Blutzirkulation mit Blutdruckschwankungen nach oben wie nach unten, Herzrasen oder -stolpern;
- der Beweglichkeit mit Gangstörungen bis hin zur Unfähigkeit, sich zu bewegen, vermehrten Schmerzen im Bereich des Bewegungsapparates einschließlich des Kopfes sowie
- vermehrtes Schwitzen und Mundtrockenheit, gegebenenfalls Stottern und andere Sprechstörungen wie Heiserkeit.

Physiologische Störungen, welche medikamentös sonst gut eingestellt sind, reagieren ebenfalls deutlich auf erhöhte Konfliktspannung:

- Diabetes mellitus mit Blutzuckerschwankungen in beide Richtungen,
- Bluthochdruck- bzw. Blutniedrigdruckschwankungen,
- Herzrhythmusstörungen,
- erhöhte Harnsäure,[12]
- erhöhte Blutfette und Cholesterin.

Bei psychosomatischen Störungen liegt, wie diese Bezeichnung schon sagt, ein unmittelbarer Zusammenhang zwischen Körper und Seele vor:

- Asthma bronchiale und Neurodermitis,
- Eßstörungen (Magersucht und/oder Bulimie, Übergewicht, *Binge-eating*-Störung),
- Magengeschwür,
- M. Crohn und Colitis ulcerosa.

Ein Rettungssanitäter, Vater von drei Kindern, schlägt wiederholt seine Ehefrau und gerät hierüber in eine suizidale Krise. In der Therapie schildert er die Zusammenhänge, die einmal zu einer tätlichen Auseinandersetzung geführt hatten. Bei einem Einsatz mußte er ein Kleinkind, das hinten im Auto gesessen hatte, aber nicht angeschnallt gewesen war, aus dem verunglückten Wagen bergen. Er erinnert sich deutlich an seine unbändige Wut über die Eltern, an seinen Schock, wie schnell das Leben eines Kindes – im gleichen Alter wie seine eigenen – ausgelöscht werden kann. Mehrere Stunden hatte der Einsatz gedauert, und noch in derselben Nacht mußte er ein weiteres Mal raus. Als er am nächsten Morgen nach Hause kam, raunzte seine Frau, die sich die Nacht wegen einer fieberhaften Erkrankung eines ihrer Kinder um die Ohren geschlagen hatte, ihn an. Er hatte sich nicht vor der Tür die Schuhe ausgezogen. Er war zu keiner Antwort fähig, setzte sich aufs Motorrad und fuhr so lange umher, bis sein Zorn abgeklungen war. Zurückgekehrt, erzählte er seiner Frau nichts von dem, was in der Nacht geschehen war, und zog sich zurück, um zu schlafen. Die Kommunikation miteinander war unterbrochen. Eine Situation, die er aus seiner Kindheit schmerzlich in Erinnerung hatte: Seine Mutter war oft nicht zu Hause, und der Vater hatte die Familie verlassen, als er 5 Jahre alt war. Gefühle mitzuteilen hatte er wenig «eingeübt», sie mit sich allein auszumachen war ihm vertraut. Auch seiner Frau war es in ihrer Kindheit so ergangen; ihren Bedürfnissen wurde kaum Aufmerksamkeit zuteil. In ihrer Familie standen die Bedürfnisse ihres Vaters an erster Stelle, auf ihn galt es vor allem Rücksicht zu nehmen.

Als das Ehepaar sich anschwieg und so tat, als sei nichts geschehen, und seine Frau nicht fragte, was ihm auf der Seele liegt, und er sich auch nicht mitteilen konnte, und diese Sprachlosigkeit immer weiter andauerte, genügte schon eine Kleinigkeit, um zu einer Explosion zu führen, die in einer tätlichen Auseinandersetzung endete. Sie waren als Vater und Mutter überfordert. Keiner von ihnen hatte positive Rollenvorbilder in den eigenen Eltern. Hinzu kamen die psychische Belastung im Beruf und bei der Versorgung von drei kleinen Kindern und die Unfähigkeit beider, ihre eigenen emotionalen Bedürfnisse wahr- und ernst zu nehmen. Dies führte am Ende zum Erlöschen der Gesprächs- und Beziehungskultur zwischen den beiden. (H. Sondermann beschreibt die Therapie dieses Patienten ausführlich im Abschnitt IV.8.)

Legt man das Konzept von der tragenden Beziehung als sicherem Ort (siehe Abschnitt II.7) zugrunde, so ist bei beiden ein Mangel an erfahrener Achtsamkeit sowohl in den Ursprungsfamilien als auch im eigengestalteten Beziehungsalltag der gemeinsamen Partnerschaft zu bemerken. Unter extremer emotionaler Belastung geht die Sicherheit verloren. Geborgenheit bleibt weiterhin das Band, das von den Verlassenheitsängsten beider geknüpft ist und das sie zusammenhält.

Schwere psychosomatische Störungen prägen die Persönlichkeitsentwicklung dieses Menschen mit. Ausgelöst werden sie durch einen aktuellen Konflikt, wiederholte emotional überfordernde Situationen im Beruf und Beziehungsmuster, die nicht aufgefangen und integriert werden können. Damit werden zugleich frühere Beziehungserfahrungen reaktualisiert. Die momentane Hilflosigkeit, das Gefühl, ausgeliefert zu sein und nicht geliebt zu werden, werden gerade in der augenblicklichen Situation noch verschärft. So entstehen suizidale Krisen.

Aus der psychotherapeutisch-medizinischen Erfahrung bei der Behandlung einzelner Menschen mit ihren individuellen Geschichten können wir ableiten, wie wichtig es für das authentische Erleben eines jeden ist, möglichst freien Zugang zu all seinen Erinnerungen und den damit verbundenen Emotionen und Affekten zu haben. Deswegen arbeiten wir in drei Schritten:

1. ein Klient berichtet ein Erlebnis, einen Beziehungskonflikt und wird vom Therapeuten gebeten, seinen damit verbundenen Gefühlen nachzuspüren und sie zu benennen.
2. Diese Emotion wird als Brücke zu in der Vergangenheit gemachten Erlebnissen genutzt, indem gefragt wird, woran dieses Erleben erinnert. Es werden die Unterschiede der Beziehungssysteme, in denen sich damals und heute diese Gefühle gezeigt und entwickelt haben, herausgearbeitet.
3. Aus der Beschreibung dieser Unterschiede lassen sich Möglichkeiten für eine veränderte emotionale Verarbeitung von gegenwärtigen Beziehungserfahrungen ableiten, und so las-

sen sich Alternativen für eine aktive Beziehungsumgestaltung entwickeln.

Aufgabe des Psychotherapeuten ist es, affektive Signale bewußt zu registrieren, die emotionale Beteiligung an Erlebtem zu erfassen und den Klienten hiermit zu konfrontieren. Der körpergebundene Affekt erschließt sich nur indirekt über die oben beschriebenen physiologischen und psychosomatischen Symptome. Die dazugehörige Emotion ist sozialisationsgebunden, es werden unbewußt ablaufende Abwehrmechanismen aktiv, die die für den Menschen wichtigen Beziehungen schützen und erhalten. So läßt sich erklären, daß insbesondere peinlich besetzte Affekte emotional scheinbar nicht wahrgenommen werden, weil die Abwehr durch z. B. Verdrängung es verhindert, dem Affekt einen angemessenen Bedeutungsinhalt zu geben. Besonders destruktiv sind weitergehende Abwehrmechanismen wie Abspaltung und projektive Identifikation, weil der Mensch ein Erleben nicht mehr mit seinem eigenen Affekt verbinden kann, quasi dissoziiert, abgelöst ist von der körperlichen Beteiligung und damit eine schwere emotionale Störung einhergeht. Dies wirkt sich wiederum auf sein rationales Verhalten aus, wie wir zeigen werden.

2. Menschsein: eine anthropologische Sicht

Wollen wir den Mechanismus verstehen, wie eine vermehrte Beziehungsarbeit überfordern und zur Entwicklung einer Beziehungskrankheit führen kann, ist es an dieser Stelle notwendig, sich grundsätzlich Gedanken über unser Menschsein zu machen. Zunächst reduzieren wir so weit, daß der Dualismus von Körper und Seele, den schon Descartes beschrieben hat, aufgehoben ist. Sodann bauen wir systematisch auf. Unsere Erklärungen müssen naturwissenschaftlich gewonnene Erkenntnisse einschließen, die die Funktionsabläufe des Körpers mit all seiner Physiologie erfassen und beschreiben, welche unseren Gegenstand betreffen. Nur so können wir ein Grundverständnis für die Entwicklung von Beziehungskrankheiten erarbeiten, das unser Denken in der Psychologie und in der psychotherapeutischen Medizin bestimmt. Hierbei hat es oft den

Anschein, daß das wissenschaftliche Postulat Newtons von der Meßbarkeit sowie vom Anspruch der Wiederholbarkeit, der Unabhängigkeit von Ort, Zeit und untersuchender Person, zwar einerseits unverzichtbare Ergebnisse hervorbringt, aber der Individualität des einzelnen Menschen nicht immer gerecht wird.

Die Pragmatik fordert, ein Verständnis dafür zu entwickeln, daß es einerseits eine Trennung zwischen Körper und Seele gibt und diese auch nicht aufgehoben werden kann. Gleichzeitig gilt es, die Interdependenz beider Ebenen menschlichen Seins, den Leib-Seele-Zusammenhang, wie er sich aus der Erfahrung und der Vernunft ableitet, zu beschreiben.

Für Lehrer ist diese Reflexion aus folgender Überlegung wertvoll: Der Mensch ist ein mehr oder weniger vernunftbegabtes Wesen. Aufgabe der Lehrer ist es, diese Begabung bei jedem einzelnen Schüler durch Bildung zu fördern.

* Wir werden erkennen, daß die Vermittlung von Wissen ohne Pädagogik vergleichsweise weit von der Konstitution entfernt ist. Eine Pädagogik, die die Interaktion bzw. die Begegnung positiv gestaltet, stellt gleichsam das wesentliche Bindeglied her zwischen dem Menschen, dem Wissen vermittelt werden soll, und dem, der es vermittelt.
* Um den Schüler zu erreichen, ihm Wissen vermitteln zu können, sind Interaktion und Kooperation, wesentliche Qualitäten der Beziehung zwischen Menschen, vordergründig und vorrangig zu berücksichtigen.
* Bindungsverhalten, das durch Verlusterleben oder Bedrohung beim Schüler aktiviert wurde, verhindert, daß sich ein Schüler für das Erlernen von Wissen öffnet. Daher wird der Pädagoge bemüht sein, es zunächst zu deaktivieren (siehe Abschnitt II.6), um dann weiter zu unterrichten.
* Die durch überhöhte Anspannung, Streß und Erleben von mangelnder Sicherheit ausgelöste affektive Blockierung wird der Pädagoge vorrangig aufzulösen versuchen.

Das heißt, viel Aufmerksamkeit ist seitens des Lehrers darauf zu legen, günstige Bedingungen zu bereiten, daß der Schüler affektiv offen und bereit ist anzunehmen. Und nur wenn der Schüler erkennt, daß er seinen Ehrgeiz, seinen Egoismus und sein Machtstreben, die drei psychologischen Grundvariablen, durch den Erwerb des angebotenen Wissens befriedigen kann, wird er es aufnehmen. Ansonsten droht die Wissensvermittlung über die Köpfe der Schüler hinwegzugehen.[13] Es gilt mit anderen Worten vorrangig, die Voraussetzungen für eine gute Motivation der Schüler zu steigern.

Konstitution

Affekte

Sinneswahrnehmung

Emotionen

------------ **Interaktion** ------------

Kooperation
miteinander arbeiten, musizieren, singen, spielen

verbale Kommunikation
Erkenntnisse und Erfahrungen austauschen;
Wissensvermittlung

Abb. 1: Anthropologisches Modell: Eine weitere anthropologische Reduktion als auf Konstitution und Interaktion ist nicht möglich. Die Konstitution umfaßt alle Eigenschaften und Möglichkeiten des Körpers, die genetisch determiniert sind und durch Entwicklung und äußere Eingriffe in bzw. Einwirkungen auf den Körper entstehen. Eine Verbindung zur Außenwelt gelingt ausschließlich über die Sinne. Alle Veränderungen intracorporal teilen sich dem Menschen durch eine Veränderung der Sinneswahrnehmung mit. Ohne Interaktion mit anderen Menschen und mit der Umwelt können wir nicht überleben. Die Kooperation steht entwicklungspsychologisch noch vor der verbalen Kommunikation. Ein Mensch vermag sich der Interaktion nicht zu entziehen, die Kooperation kann er verweigern, und er kann auch die verbale Kommunikation ablehnen.

Ein anthropologisches Modell Die Römer unterschieden nicht zwischen Körper, Geist und Seele. Sie kannten lediglich die Unterscheidung zwischen Mens (Verstand) und Corpus

(Körper), davon ausgehend, daß alles von uns heute so bezeichnete seelische Empfinden körperlich gebunden sei. Mit Seele bezeichnen wir heute die Vereinigung von körpergebundenem Affekt und sozialisationsabhängiger Emotion.

Genetisch determiniert, verfügt der Körper von seiner Konstitution her über eine zwar unendlich erscheinende, aber letztlich doch begrenzte Möglichkeit zu reagieren. Der Körper befindet sich in einem ständigen, von der Konstitution definierten Fließgleichgewicht, einem immerwährenden Anpassungsprozeß. Es gibt keinen Stillstand. Ein solcher ist mit dem Leben unvereinbar. Die Varianzbreite der gesundheitsverträglichen Anpassungskapazität eines Körpers ist ebenfalls konstitutionell determiniert.

Positiv beeinflußt wird das Körpererleben durch einen kräftigen Muskeltonus. Wörter wie *Haltung* – in seiner Bedeutung: *Haltung annehmen* und *eine Haltung einnehmen* – und *Standfestigkeit* – *sicheren Stand haben* und *einen Standpunkt beharrlich vertreten können* – weisen auf die Bedeutsamkeit des Körpers für das Denken wie für das Selbstverständnis eines Menschen hin. In einer Gesellschaft, in der weniger die Körperkraft als vielmehr die Geistesstärke zählt, verdient der Körper mit seinen Bedürfnissen eine besondere Aufmerksamkeit. Hierzu gehört sicherlich auch eine möglichst ausgewogene Ernährung, denn wir greifen damit unmittelbar in das körperliche Geschehen ein, das unsere Affekte und damit auch unsere Sinneswahrnehmungen mit bestimmt. Dies wird z. B. besonders deutlich, wenn wir an drogeninduzierte Halluzinationen, die durch Drogenkonsum hervorgerufenen Sinnestäuschungen, denken. Sie kommen nicht dadurch zustande, daß die Sinneseindrücke, die von außen kommen, verschieden sind, sondern durch deren unterschiedliche Verarbeitung vor dem Hintergrund einer veränderten affektiven Grunddisposition.

Wir dürfen als gegeben annehmen, daß der lebende Körper sich stets in einem Fließgleichgewicht befindet. Dies besagt, daß die unterschiedlichen Steuerungs- und Anpassungsinstrumente des Körpers durch einen ständigen Prozeß immer aufeinander abgestimmt sind. Es gibt keinen Stillstand, und was jetzt ist, kann gleich ganz anders sein.

Wir unterscheiden zwischen zentralen und peripheren Steuerungsorganen. Insbesondere der Hirnanhangdrüse mit ihren

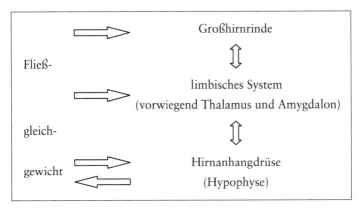

Abb. 2: Das Fließgleichgewicht des Körpers wird vom Funktionszustand der inneren Organe in Verbindung mit verschiedenen Botenstoffen, den Hormonen, reguliert. Die Hormone ihrerseits werden durch die sogenannten Releasing-Hormone vorwiegend der Hirnanhangdrüse gesteuert. Die Funktion der Organe wird mitbestimmt durch die Nahrungszufuhr, durch Krankheiten und intracorporale Eingriffe (traumatisch oder medizinisch). Von der Großhirnrinde gibt es eine Einflußnahme auf das limbische System und umgekehrt. Ebenso beeinflussen sich limbisches System und Hypophyse gegenseitig. Dadurch gibt es immer nur eine Gleichzeitigkeit in der Reaktionsbildung innerhalb des Systems.

vielen, die Hormonausschüttung in der Peripherie steuernden Releasing-Hormonen kommt somatisch große Bedeutung zu. Für das Verarbeiten von Sinneseindrücken ist das limbische System bedeutsam, das über seine Kerngebiete (Thalamus und Amygdalon) externe Reize verschaltet und in die entsprechenden Großhirnareale weiterleitet. Es steht jedoch auch in unmittelbarer Verbindung zur Hirnanhangdrüse und wird von dieser mit beeinflußt, wie es auch von der Großhirnrinde mit gesteuert werden kann.

«Angst blockiert das Denken» drückt aus, daß ein durch Angstspannung erhöhter *Arousal* (Erregungszustand) im limbischen System sich über die Verbindung zum Großhirn auf das Denken unmittelbar auswirkt. Gleichzeitig können angstauslösende Vorstellungen wie bei einer Phobie – das ist eine unangemessene Angst z. B. vor Spinnen – den Arousal im limbischen System anheben, durch ihre Verbindung zur Hypophyse zu vermehrter Hormonausschüttung mit Herzrasen, Schwitzen etc. führen und darüber das Gefühlserleben beeinflussen. Dieser Effekt wird bei der kognitiven Umstrukturierung in der Verhaltenstherapie genutzt, indem man versucht, über eine veränderte Kognition und damit inhaltliche Bedeutungsbeimessung positiv auf den affektiven Spannungszustand und darüber auf das seelische Erleben, die Emotionen, einzuwirken.

Auch die Konstitution selbst ist keine starre Größe. Es gibt einerseits wesentliche genetisch determinierte konstitutionelle Voraussetzungen. Doch werden diese schon mit dem Akt der Verschmelzung von Eizelle und Samen in ihrem Wachsen beeinflußt durch die unbedingte Abhängigkeit von der Mutter. Die Eigenständigkeit eines Lebens entwickelt sich von Anfang an in einer interaktionellen Abhängigkeit. Individualität und Subjektivität begründen, daß es nichts Drittes geben kann.

Es leitet sich hieraus jedoch zwangsläufig ab, daß jede Sinneswahrnehmung gleichzeitig auch Interpretation ist. Das, was für uns wirklich ist, ist das, was wir als wirklich interpretieren. Wir können die äußere Welt nur über unsere Sinne wahrnehmen und sind so zur subjektiven Interpretation bzw. Wirklichkeitskonstruktion gezwungen. Und dies wiederum beeinflußt unser Denken,[14] denn für die subjektive Wahrnehmung von Wirklichkeit sind wir zunächst auf die eigene Sinneswahrnehmung angewiesen. Wir können diese Erfahrung abstrahieren und zu einer Erkenntnis werden lassen, ein Akt der Vernunft, der jedoch als ein zweiter Schritt angesehen werden muß. Kinder sind nur begrenzt hierzu in der Lage. Sie dahin zu führen sollte auch ein Bildungsziel sein.

Mehr als genetisch mitgegeben wird der Körper nicht entwickeln können. Wohl aber ist der Grad der Optimierung der immensen Vielfalt zu wohlgeordneten Funktionseinheiten variabel. Wir vermuten, daß ca. 30 % genetisch festgelegt sind.

Jeder Mensch ist von Anbeginn seiner Existenz an Interaktion gebunden. Wegen ihres Ansatzes, unmittelbar mit den Sinnen zu arbeiten, setzen die Kreativtherapien hier an. Das Entspannungstraining arbeitet über körperliches Loslassen an einer Beruhigung der Sinne. Physiotherapie und Sport verändern den Muskeltonus und das Körpergefühl. Die Kreativtherapien: Tanz- und Bewegungs-, Musik- und Kunsttherapie, stellen eine wichtige Säule in der Behandlung von Leib-Seele-Störungen dar. Sollte da den musischen Fächern nicht insbesondere zu Zeiten größerer körperlicher Veränderungen und einer allgemein zu beobachtenden «Entsinnlichung» unserer Welt eine besondere Bedeutung beikommen? Muß ein Mensch erst erkranken, um im Umgang mit seinen Sinnen ausgebildet zu werden?

3. Sinneswahrnehmung als Komposition

Wir können bewußt «weghören», das heißt, es ist uns möglich, die ständige akustische Beschallung nicht wahrzunehmen. Wir können durch jemanden «hindurchsehen», was soviel heißt wie: ihn nicht wahrnehmen. Wir können unser Schmerzempfinden herabsetzen. Wir nennen diesen Vorgang Dissoziation. Sinneswahrnehmung bedeutet immer die Gleichzeitigkeit von Eindrücken, welche auf alle fünf Sinne treffen, und die mehr oder minder unbewußte bevorzugte Fokussierung auf einen Sinn. Paul Klee und viele andere Künstler haben mit der unterschiedlichen Farbwahrnehmung in Abhängigkeit von der Umgebung experimentiert. Die Impressionisten haben sich intensiv mit Farbvaleurs auseinandergesetzt. Ein Ton erhält seine Klangfarbe durch Ober- und Untertöne usw.

Die Intensität einer Sinneswahrnehmung ist einerseits willentlich beeinflußbar und andererseits von einem dem Menschen nicht bewußten Mischungsverhältnis seiner humoralen Säfte und konstitutionellen Faktoren abhängig. Ein dürstender Mensch, ein fiebernder oder von Schmerzen geplagter Mensch ist in seiner affektiven Wahrnehmung und emotionalen Verarbeitung verändert. Erst recht trifft dies zu, wenn jemand Haschisch geraucht oder LSD geschluckt hat. Dies zeigt abermals die Zufälligkeit und Subjektivität von Sinneseindrücken, nicht nur interpersonell, sondern auch intraindividuell.

Gleichzeitig ist die Sinneswahrnehmung sozialisationsgebunden. Ein blinder Mensch lernt, seine intakten anderen Sinne zu schärfen. Ein ungeübter Autofahrer nimmt deutlich weniger wahr, weil er weder auf akustische noch auf optische Reize ähnlich «geübt» reagiert wie ein erfahrener Autofahrer. Und dennoch ist es nicht möglich, eine Sinnesqualität durch eine andere zu ersetzen. Wenn ein Mensch mit einer starken Sehbehinderung auf die Welt kommt und seine Sehfähigkeit später durch eine Operation erhält, so verändert sich seine Sicht der Dinge völlig. Was er sich vorher ertastet hat, muß er realiter zu sehen erst erlernen.

Tinnitus und Hörschaden Diese Sichtweise ist von großer klinischer Bedeutung. Das läßt sich anhand des Tinnitus bzw. der Hörbeeinträchtigung beschreiben, unter dem viele Lehrer leiden. In einer Klasse herrscht immer ein höherer Geräuschpegel, der verlangt, sich gut zu konzentrieren, zwischen Hinhören und Weghören, zwischen Hinsehen und Wegsehen wahlweise entscheiden zu können. Hat ein Lehrer sich berufsbedingt angeeignet, mit «großen Ohren» in der Klasse zu stehen, um möglichst viel mitzubekommen, weil er nicht alles gleichzeitig sehen kann, so gerät er unter enormen Streß, wenn ihm diese Qualität krankheitsbedingt verlorengeht. Er kann diesen Verlust nicht einfach ersetzen durch genaueres Hinsehen. Er muß quasi eine neue Professionalität entwickeln, will er erreichen, daß der Verlust bzw. die Beeinträchtigung des Hörens ausgeglichen wird. Gehörte vorher zu dieser, viel durch Hören «wahrzunehmen», wie kann er angesichts der veränderten Komposition seiner Sinneswahrnehmung ein neues Selbstvertrauen aufbauen? Wie kann er seinem Anspruch gerecht werden, möglichst achtsam viel wahrzunehmen, um frühzeitig schützend und lenkend eingreifen zu können? Er steht praktisch vor der Aufgabe, eine neue Sicht der Dinge zu entwickeln, eine große Herausforderung, die den einzelnen nicht selten überfordert. Dies ist insbesondere dann der Fall, wenn der betroffene Lehrer durch intrapsychische Konflikte zusätzlich affektiv angespannt ist.

Eine weitere Störung ergibt sich für Lehrer, die ihr Richtungshören durch z. B. einen Hörsturz verloren haben. Menschen mit gesundem beidseitigem Hörvermögen können sehr gut orten, von wo ein akustisches Signal kommt. Geht dieses stereotaktische Hören verloren, steht der Mensch in einem Geräuschsalat, in welchem er nicht unterscheiden kann, von wo der Ton kommt. Über diese Störung klagen besonders ausgeprägt Menschen, die ein Hörgerät tragen müssen. Sie hören alles gleich laut und können nicht mehr orten, von wo ein Geräusch kommt. Deswegen schalten ältere Menschen, weil sie sich genervt fühlen, ihr Gerät zwischendurch ab oder vermeiden es, sich in Menschengruppen zu begeben.

4. Körperliche Veränderungen und Beeinträchtigungen der Seele

Jede krankhaft bedingte Veränderung des Fließgleichgewichts beeinträchtigt die Sinne, die Grenze zwischen innen und außen.[15] Sie führt zur Veränderung des Sinneswahrnehmung

- am Ort des Reizorgans – z. B. Grauer Star, Mittelohrentzündung etc.;
- am Ort der Reizverarbeitung im Gehirn – z. B. Gehirnhautentzündung, Hirntumore etc.;
- durch Beeinflussung der Zellaktivität – z. B. Verschiebung des Salzhaushaltes bei Austrocknung, vermehrte Giftstoffe im Blut bei Nieren- und Lebererkrankungen, Über- oder Unterzuckerung etc.;
- durch Eingriffe von außen wie größere Verletzungen der Muskulatur mit Entwicklung eines Crash-Syndroms, Verbrennungen, Vergiftungen etc., wodurch die Sinneseindrücke und Affekte verändert werden.

Starke Persönlichkeiten, die viel wegstecken können, können wehleidig und sich fremd werden, wenn die Zusammensetzung des Blutes sich entscheidend ändert. So kommt es regelmäßig zu mehr oder minder ausgeprägten Persönlichkeitsänderungen, wenn ein Mensch dialysiert wird. Auch Blutzuckerschwankungen lassen sich an Änderungen der Persönlichkeit erkennen. Selbstverständlich verfügt der Mensch über eine gewisse Wahrnehmungsbreite, innerhalb derer er Veränderungen als normal erkennt. Es reagiert auch jeder Mensch auf Verschiebungen innerhalb der Zusammensetzung des Blutes unterschiedlich. Doch wirken sich diese immer aus.

5. Affekt und Gefühl

Eine Definition von Affekt und Gefühl, welche das Bindeglied zwischen innen und außen im oben genannten Sinne beschreibt und für unsere weiteren Gedanken übernommen wird, lautet:

Der Begriff des Affektes ist bei ihm (M. F. Basch) – in Anlehnung an Silvan Tomkins, den Begründer der Affekttheorie –, für die Gruppe «unbewußter, körperlicher, automatischer», biologischer Reaktionen auf die Form äußerer oder innerer Stimuli reserviert ... Gefühl ist eine an Sozialisation gebundene Form, in der ein Affekt bewußt werden kann, und tritt in der Ontogenese etwa mit dem 18. Lebensmonat auf. Die weitere affektive Entwicklung ist in hohem Maße daran gebunden, welche Rückmeldungen z. B. Kinder für ihre Affektäußerungen von ihren erwachsenen Bezugspersonen erhalten. Verstärkung oder Unterdrückung des Affektausdrucks, Fehlbenennungen im Sinne einer Inkongruenz von Kognition und Affekt (vgl. Laing 1975) oder fehlende Versprachlichung von Affekten überhaupt, wie sie in starker Form etwa in Fällen emotionaler Vernachlässigung zu finden sind, seien als Beispiele für Affektsozialisation und die Verstärkung von biologischer oder sozialer Affektkodierung genannt.[16]

Es gibt eine nicht zu durchbrechende Grenze zwischen Körper und Außenwelt. Diese wird ausschließlich über die Sinneswahrnehmung gesteuert, die ihrerseits eine Rückkopplung zur Konstitution besitzt. Alle weiteren Ebenen außerhalb stehen in einer wechselseitigen Beziehung zueinander.

Die Disposition wiederum bestimmt mit, worauf der Körper mit seinen aktuellen konstitutionell verankerten Möglichkeiten reagiert. Es macht einen Unterschied, ob ein akustisches Signal einen Menschen erreicht, wenn er damit rechnet oder nicht, wenn er ausgeruht ist oder übernächtigt, fieberhaft oder unterkühlt, durstig oder gesättigt und vieles mehr. Leidet jemand an Ohren- oder Kopfschmerzen, dann reagiert er auf akustische Reize deutlich empfindlicher. Hat jemand ein geschultes Gehör, ist dieses Sinnesorgan von besonderer Bedeutung für ihn. Welche Bedeutung ein bestimmter Sinn für welche Sinnesverarbeitung letztlich hat, legt das Subjekt fest und bleibt damit einzigartig. Es gibt kein zweites Lebewesen, daß über dieselbe Komposition von Sinneseindrücken und ihrer Verarbeitung verfügt.

Unsere fünf Sinne stellen das Bindeglied zwischen Außen- und Innenwelt dar.[17] Keiner der Sinne darf für sich genommen eine Vormachtsstellung beanspruchen oder ist durch einen anderen Sinn wirklich vollwertig ersetzbar. So ist die visuelle räumliche Wahrnehmung eines Blinden nicht durch einen noch so geschulten Tast- und Orientierungssinn zu ersetzen. Es kommt immer auf den Wechselbezug an, den die sinnliche Wahrnehmung insgesamt für das Subjekt hat. So kommt er zu einem Urteil als objektiver Einheit des Selbstbewußtseins. Und dieses ist an Sozialisation gebunden.

Genetisch mitbestimmt ist, mit welchem Wechselspiel von körperlich begründeten Verarbeitungsmöglichkeiten ein Mensch in die Welt seiner Sinneseindrücke hineinwächst. Doch da es keine Konstante in einem lebenden Organismus gibt, sind die internen und externen Einflußgrößen in ihrer Auswirkung auf die Gestaltung des Fließgleichgewichtes und der seelischen Verarbeitung zu berücksichtigen. Die nervlich verankerte Sensibilität des Tastsinnes z. B. oder die «Verkabelung» der Peripherie mit der Schaltzentrale, auf die der Sinneseindruck von außen trifft, sind bedeutsam. Das «Mischungsverhältnis» der einzelnen humoralen Stoffe und der im Blutstrom fließenden Hormone bestimmt die Zellen in ihrer Funktion mit. Diese verändern sich in den verschiedenen Organen altersabhängig und entscheiden mit darüber, welche Bedeutung ein Sinneseindruck erhält.

6. Bindungstheoretische Überlegungen

Bindungstheorie hat für das Verständnis eines Menschen große Bedeutung. Sie sagt etwas über die affektiv deutlich veränderte Grunddisposition eines Menschen aus, der sich in einer extremen Ausnahmesituation befindet.[18]

Bowlby hat aus theoretischen Überlegungen auf ein wichtiges Bindeglied zum Verständnis der Bindungsentwicklung beim Säugling geschlossen, das die Interdependenz zwischen Konstitution und Interaktion in seiner Bedeutung beschreibt. Diese Überlegungen wurden von Ainsworth durch ihre Beobachtungen später bestätigt. Elisabeth Fremmer-Bombik[19] beschreibt diese inneren Arbeitsmodelle von Bindung, die für die Arbeit eines Lehrers, für sein pädagogisches Selbstverständnis und seine Beziehung zu Schülern aus meiner Sicht von großer Bedeutung sind:

> Über das Bindungsverhalten und die Reaktionen der Bindungsfiguren entwickelt das Kind eine innere Repräsentation von Bindung, das sog. Innere Arbeitsmodell von Bindung. Die Bindungstheorie ... geht davon aus, daß Kinder innere Arbeitsmodelle ... von ihren Bindungsfiguren und von sich aufbauen.

Die über die Sinne vermittelten Erfahrungen hinterlassen beim Säugling vor dem Hintergrund von dessen Konstitution tiefe Eindrücke. Damit ist gleichzeitig ausgesagt, daß es einerseits ein von der Bindungsperson zu verantwortendes Beziehungsverhalten gibt, daß es andererseits jedoch von dieser nicht in seinen Auswirkungen planbar oder steuerbar ist.

Das Neugeborene ist nicht vergleichbar mit einer unbeschriebenen Matrize, sondern es bringt seine Konstitution mit. Mit ihrer Hilfe fügt es vorbewußt eine Sinneswahrnehmung durch eine eigene Komposition der unterschiedlichen Sinneseindrücke zu einem inneren individuellen Urteil als Gesamteindruck zusammen. Hierauf hat es keinen aktiven Einfluß. Es ist abhängig von seinen konstitutionellen Grundbedingungen, die seine Affekte mitbestimmen, und der Umgebung, wie sie auf seine Äußerungen reagiert. Und dennoch ist es ein aktiver Prozeß des Kindes.[20] Eine unbedingte Beeinflußbarkeit der persönlichen Entwicklung, wie sie z. B. der Verhaltensforscher Eysenck annahm, ist nicht gegeben.

Die Bedeutung der ersten Lebensmonate und der möglichst positiven Bindungserfahrung für die Persönlichkeitsentwicklung wird betont. Hohe Feinfühligkeit mit *Responsivität*, Wahrnehmung und zutreffender Interpretation von Signalen, die das Bindungsverhalten eines Kindes ausdrücken, sowie Kommunikation, verbal wie nonverbal, mit dem Kind sind wichtig! Auch wenn prinzipiell davon ausgegangen werden muß, daß die inneren Arbeitsmodelle umstrukturiert werden können, dürfen wir davon ausgehen, daß dies eine enorme Umwälzung des Selbstverständnisses des Menschen zur Folge haben dürfte, wie dies z. B. beim Erleben von seelischer und/oder körperlicher Gewalt im späteren Alter der Fall ist. Möglicherweise ist der Verlust des «Weltvertrauens»[21] (Lamprecht) von Gewaltopfern eine solche Umstrukturierung. Dies betrifft sowohl die Opfer, die unmittelbar betroffen sind wie Gefolterte, aber auch Angehörige: «Aber nichts und niemand kann einen auf den Moment vorbereiten, in dem man gesagt bekommt, daß das eigene Kind ermordet worden ist», erinnerte sich Winnie Johnson, die 1964 ihren Sohn Keith durch einen Mord verloren hatte. «Das Herz hört auf zu schlagen. Es ist eine Erfahrung, die einem die Seele zerstört.»[22]

Es lassen sich vier unterschiedliche Arbeitsmodelle beschreiben, die sich aus der frühkindlichen Bindungserfahrung ableiten lassen:

- Das *sichere* Arbeitsmodell bei Erwachsenen wird als autonom bezeichnet. Es entsteht entweder aus einer sicheren früheren Bindung oder aus einer tiefgreifenden Verarbeitung negativer Kindheitserlebnisse. Für diese Menschen haben Bindungen einen hohen Stellenwert, und sie betrachten Erfahrungen, die sie mit Bindungspersonen gemacht haben, als wesentlich für ihre Entwicklung. Sie haben einen guten Zugang zu ihren Gefühlen. Das autonome Arbeitsmodell ermöglicht es ihnen, negative Erfahrungen in eine positive Grundhaltung zu integrieren.[23]
- Das *unsicher-ambivalente* Arbeitsmodell eines Erwachsenen zeichnet sich durch Verstricktheit in frühere Beziehungen aus. Diese Erwachsene sind verwirrt, widersprüchlich und besonders wenig objektiv, wenn sie über ihre Beziehungen und deren Einflüsse Auskunft geben. Sie sind in ihren früheren Bindungserfahrungen gefangen, dabei aber passiv, ängstlich oder auch ärgerlich gegenüber den Bindungspersonen. Sie sind besonders schlecht in der Lage, unterschiedliche Gefühle zu integrieren, und sich der Inkohärenzen in ihren Angaben nicht bewußt.[24]
- Personen mit einem *unsicher-vermeidenden* Arbeitsmodell wirken als Erwachsene sehr distanziert gegenüber Bindungsthemen. Sie erinnern sich kaum an Ereignisse aus ihrer Kindheit, vor allem aber können sie nicht mehr nachempfinden, was sie in den Episoden, an die sie sich erinnern können, gefühlt haben. Sie machen sich fast immer ein idealisiertes Bild

von ihren Eltern. Widersprüche zwischen dem idealisierten Bild der Eltern und einzelnen Episoden, an die sie sich erinnern und die die Zurückweisung oder mangelnde Nähe durchblicken lassen, werden von ihnen nicht erkannt. Sie halten sich für starke unabhängige Menschen, für die Nähe zu Menschen und Bindung wenig bedeuten. Sie haben zwei Modelle entwickelt: ein dominierendes, in dem die Eltern idealisiert werden, und ein unbewußtes, das auf den realen Erfahrungen von Zurückweisung und Mangel an sicherheitsspendender Nähe basiert.[25]

• Die *Desorganisation* des erwachsenen Arbeitsmodells zeigt sich in verbalen und gedanklichen *Inkohärenzen* bei ganz bestimmten Bindungsthemen wie Tod, Trennungen oder der Beschreibung eines erlebten Mißbrauchs. Die Kindheitserinnerungen dieser Erwachsenen und die Art, darüber zu berichten, sind, abgesehen von dem Bericht über das traumatische Ereignis, immer auch einem der vorn beschriebenen Arbeitsmodelle zuzuordnen. Das nicht verarbeitete Trauma hängt mit der desorganisierten Bindung zum eigenen Kind zusammen.[26]

Aktiviertes Bindungsverhalten, ausgelöst z. B. durch bedrohlich erlebte Trennung oder eine Gefahrensituation, können wir auch als affektiven Alarmzustand umschreiben. Dieser zwingt den betroffenen Menschen unabhängig von seinem Alter, sich zum Erhalt seiner Integrität ganz auf die Konstitutions- und Interaktionsebene zurückzunehmen. Er ist verschlossen und verhält sich im Sinne seines Arbeitsmodells. Er hat nicht die Möglichkeit, willentlich Einfluß auf diese Aktivierung zu nehmen. Wohl kann er lernen, diese zu erkennen. Und er kann auf der Ebene von Beziehungsgestaltung geeignete Bedingungen schaffen, daß er einen Menschen hat, der ihm Sicherheit gibt, wenn sein Bindungsverhalten aktiviert wird.

Bedeutung bindungstheoretischer Überlegungen für den Schulalltag Um in eine Beziehungsarbeit wie die des Lehrers eintreten zu können, ist es für ihn von großem Wert, die Auswirkungen der Bindungstheorie zu kennen und diese in der Begegnung mit seinen Schülern zu berücksichtigen. Ein Schüler ist in seiner Fähigkeit, sich auf Lernen einzulassen, nur begrenzt selbstgesteuert. Einflüsse, denen er zu Hause oder in anderen Lebenszusammenhängen ausgeliefert ist, blockieren ihn u. U. erheblich auch innerhalb der Schule. Sich als Lehrer darüber hinwegzusetzen, daß z. B. ein Schüler im Internat unter Heimweh leidet oder durch ständigen Streit der Eltern und die damit verbundene Drohung von Trennung blockiert ist, kann fatale Folgen haben. Auch bei einer lebensbedrohlichen Erkrankung einer wichtigen Bezugsperson kann dies zutreffen, wie folgendes Fallbeispiel zeigt:

Eine Lehrerin erzählte, daß sie ab der fünften Klasse ein Internat besuchte. Sie war sehr leistungsstark und ging vergleichsweise gern zur Schule in der inneren Gewißheit, daß sie damit ihrer Mutter einen großen Gefallen tat. Diese hatte «unter Stand» geheiratet, und für sie war es wichtig, den Geschwistern zu zeigen, daß sie zumindest eine erfolgreiche Mutter war, wenn sie als Ehefrau schon nicht das große Los gezogen hatte.

Eines Tages kamen die Eltern, um das nunmehr fünfzehnjährige Mädchen unter der Woche abzuholen. Erst später fiel ihm auf, daß sie in Schwarz gekleidet waren. Sie hatte eine zwei Jahre jüngere Schwester, mit der sie eine innige Beziehung verband. Zu ihr war sie auf ihren Wochenendbesuchen zu Hause abends oft ins Bett gekrochen, um zu erzählen, was sich zwischenzeitlich alles ereignet hatte. Diese Schwester war tragisch ums Leben gekommen. Sie konnte sie nur noch aufgebahrt in der Friedhofskapelle sehen, um von ihr Abschied zu nehmen. Sie berührte sie und fühlte die Kälte und Fremdheit dieses ihr sonst so vertrauten Körpers. Sie verlor kurz das Gefühl in ihren Füße.

In der Schule blieb sie leistungsstark. Ihr Vater hatte ihre innere Not gespürt und hätte sie gerne nach Hause geholt, konnte sich jedoch nicht gegen seine Frau durchsetzen. Diese hatte in ihrem eigenen Schmerz der Tochter nur androhen können, daß, wenn sie nach Hause wolle, sie die Schule insgesamt aufgeben müsse. Von keinem der Lehrer und Erzieher im Internat hatte sie sich letzlich in ihrer tiefen Trauer verstanden und angenommen gefühlt. Da sie in ihren Leistungen nicht nennenswert nachgelassen hatte, war keinem aufgefallen, wie sehr sie litt.

Als aus dem Mädchen eine erwachsene Frau und Mutter von zwei Kindern – heute 13 und 15 Jahre alt – geworden war, hatte sie schon zweimal unter blutenden Magengeschwüren gelitten. Die Bedrohung, daß auch ihren Kindern ähnlich Tragisches passieren könnte, überschattete immer wieder ihr Leben und hielt sie in einem für sie unerträglichen inneren Spannungszustand.

Wir wissen nicht, wie sich ihr Leben entwickelt hätte, hätte sie sich nach dem Tod der Schwester emotional aufgehoben und getragen gefühlt. Es hätte sicherlich auch die Möglichkeiten eines Lehrers überschritten, mit ihr das Trauma und den Verlust durchzuarbeiten. Die innere Not jedoch wahrzunehmen und Bedingungen zu schaffen, die dem Kind einen sicheren Ort bedeutet hätten, wäre sicherlich notwendig gewesen. Darin ist in jedem Fall eine pädagogische Aufgabe zu erkennen. Eine intensive Zusammenarbeit mit den Eltern und vielleicht auch eine psychotherapeutische Behandlung wären im Rückblick sehr hilfreich gewesen.

Will Schule den Anspruch erheben, für Schüler ein sicherer Ort zu sein, in dem diese sich achtsam geführt, sicher und geborgen fühlen, wird sie affektive Ausnahmezustände wahrnehmen. Es ist nicht Aufgabe der Schule, von der Unterrichtung bis zur Psychotherapie alles selbst zu machen. Sie muß sich zwangsläufig immer wieder auf ihren Existenzgrund, den «Kooperationsvertrag» zwischen Eltern, Schülern und Schule, beziehen. Doch die Not eines Kindes wahrzunehmen und angemessene Hilfe zu ermöglichen ist gleichwohl ihre Pflicht. Oftmals erkennen Eltern die Dringlichkeit nicht, professionelle Hilfe zu erbitten. Dies kann aus ihrer Unwissenheit, aus Nicht-Wahrhaben-Wollen oder innerer Ablenkung resultieren. Sie sind oftmals überfordert, das für ihr Kind Richtige zu tun, und bedürfen in solch einer Notsituation des wohlwollenden Hinweises durch Pädagogen.

Andererseits führt eine intensivere Auseinandersetzung mit der Bindungstheorie den interessierten Lehrer schnell auch zur Frage nach den eigenen Bindungserfahrungen. Will ich einen Menschen verstehen, wenn er sich in einem Ausnahmezustand befindet, muß ich ihn sowohl in seinem Bindungsverhalten als auch in seinem Beziehungsverstehen erkennen. Das erstere ist ein tief eingegrabenes Reaktionsmuster darauf, wie das Kind die Versorgung der Grundbedürfnisse auf der Stufe von Körper und Interaktion erlebt hat. Die weitaus komplexeren Beziehungsmuster entwickelt der Mensch, wenn er durch Reifung zu Kooperation und Kommunikation fähig ist, im Laufe seiner Sozialisation zunächst in der Ursprungsfamilie und später in der Auseinandersetzung auch mit Großfamilie, Freundes- und Bekanntenkreis und noch später in der Arbeitswelt (siehe Kontextkreis). Verschiedene Abwehrmechanismen ermöglichen es ihm, seine Beziehungen in einer Weise zu gestalten, daß seine Bedürfnisse und Wünsche in einem für ihn erträglichen Ausmaß befriedigt werden. Er macht Kompromisse, die sich aus den Beziehungen ergeben, in denen er lebt.

Er wird seine in der Kindheit entwickelten Beziehungsmuster und Bindungserfahrungen in seiner Wir-Bildung wiederholen. Sein Bindungsverhalten wird mithin unabhängig von der aktuellen Beziehung zu einem Menschen aktiviert; seine in der Kindheit gefundenen gelungenen Kompromißbildungen wird er selbst dann wiederholen, wenn sich die Beziehungskonstellationen im Hier und Jetzt längst verändert haben. Diesen Prozeß kann er z. B. in einer Selbsterfahrungsgruppe für sich reflektieren.

7. Tragende Beziehung(en) als «sicherer Ort»

Aus der Traumatherapie wird im folgenden der «sichere Ort» abgeleitet. Dieser ist sowohl für den Schüler wie auch für den Lehrer eine elementare Grundlage des kommunikativen Handelns.

In der Behandlung von traumatischen Erlebnissen hat sich die Arbeit mit dem «sicheren Ort» bewährt. Insbesondere imaginative Techniken wie Katathymes Bilderleben, Autogenes Training Oberstufe, die abgestufte Aktivhypnose nach Langen und die amerikanische Version desselben, die eye movement desensitation and reprocessing (EMDR)[27] nach Shapiro, greifen hierauf zurück.

Unter systemischer Betrachtungsweise liegt die Möglichkeit nahe, einen Ort im eigentlichen, in den imaginativen Verfahren meist angewandten räumlichen Sinne zu wählen. Einem Menschen, der sich mit einem erlittenen Trauma auseinandersetzt, wird dadurch sicherer Rückzug bzw. Sicherheit vermittelt.

Achtsamkeit, Geborgenheit und Schutz sind entscheidende Forderungen an die Beziehungen in Systemen. Menschen, welche in ihrer Kindheit Beziehungsmuster erfahren, die dies gewährleisten, haben die besten Beziehungsvoraussetzungen, ein starkes Selbstwertgefühl und ein hohes Maß an Autonomie zu entwickeln.

Achtsamkeit Ein Erwachsener hat ebenso wie ein Kind einen natürlichen Bewegungs- und Erkundungsdrang. Hierin wird das Kind seinen Möglichkeiten entsprechend gefördert. Wo es eine Situation nicht überblickt und sich leichtfertig in eine Gefahr begibt, die es nicht bestehen kann, erfährt es Grenzen bzw. Hilfestellung. Unterschätzt es sich, erfährt es wohlwollende Unterstützung und Bestärkung. Es wird gefordert, wenn es belastbar ist, und erfährt Rücksicht, wenn es schonungsbedürftig ist. Stärken entwickelt es weiter, und Schwächen erfahren Rücksichtnahme und Förderung. Es wird ihm zugestanden, Fehler zu machen, und es erfährt Anleitung, es besser zu machen.

In der Pädagogik sollte ein Kind eben diese Erfahrung machen. Eine wichtige Basis hierfür ist das Vertrauen, das sich als erstes zwischen ihm und dem Lehrer entwickeln muß. Traut es sich scheinbar zuwenig zu oder überfordert es sich, erkennt es als Schwächen, was, anders betrachtet, auch Stärken sein können, dann sieht es sich bedingungslos akzeptiert. Der Lehrer stellt sich empathisch auf das Erleben des Schülers ein und kommuniziert, ohne zu bewerten, bzw. wohlwollend umdeutend (Reframing).

Der Lehrer achtet darauf, unter welchen Bedingungen und in welchen Beziehungen ein Schüler sich stark bzw. schwach fühlt. Es werden in der pädagogischen Situation ihm möglichst gerecht werdende, ihn fördernde und herausfordernde Rahmenbedingungen geschaffen. Der Pädagoge übernimmt Verantwortung dafür, daß der Schüler sich entwickeln kann.

Zur Achtsamkeit gehört die Hinwendung. Der Pädagoge kommt dem natürlichen Beziehungswunsch des Kindes durch Empathie, Verbalisieren emotionaler Erlebnisinhalte und bedingungsloses Akzeptieren, die drei therapeutischen Grundvariablen der Gesprächspsychotherapie nach C. Rogers, entgegen. Er schaut den Schüler an, blickt ihm ins Gesicht, dem Spiegel seiner Seele. Er ist ehrlich bemüht, das Kind in seiner ganzen Beziehungswirklichkeit und nicht nur in dessen Rolle als Schulkind zu verstehen. Er teilt die Ängste und Nöte des Kindes und schützt es in dem Umfang, dessen es bedarf, ohne sich eingeschränkt zu fühlen.

Geborgenheit Sich anlehnen, Wärme und Nähe spüren, traurig, wütend, überschwenglich, ausgeglichen, still und zurückgezogen, zugewandt und motzig sein zu dürfen, ohne

Angst vor Ablehnung oder Mißachtung, Distanz aufbauen und Nähe herstellen, sich zurückziehen und regredieren – allen emotionalen Bedürfnissen wird mit Respekt begegnet, und sie werden gleichschwingend vom Lehrer beantwortet. So entwickelt sich durch Verbindlichkeit und zuverlässige Rituale eine Verbundenheit im Miteinander. Diese führt zu einer Vertrautheit, in der sich der Schüler kennt, wohl fühlt und angenommen weiß.

Gleichzeitig wird dem Schüler als substantieller Bestandteil sozialen Miteinanders zugemutet, Rücksicht zu nehmen, die Grenzen anderer nicht über Gebühr zu verletzen, nicht unzumutbar viel Aufmerksamkeit zu verlangen, sondern sich selbst auch etwas zuzutrauen und zuzumuten.

Schutz Vor Angriff und gegen Gefahren von außen bedürfen wir Menschen des unbedingten Schutzes. Das Erleben von lähmender Angst und Panik, von Hilflosigkeit, Ausgeliefertsein, existentieller Bedrohung und Verletzung bis drohender Zerstörung hinterläßt tiefe Narben, die in Zeiten extremer Belastung, Krisen und des Umbruchs immer wieder aufzureißen drohen. Nur bedingt helfen äußere Schutzmaßnahmen wie dicke Mauern. Schutz im Sinne des «sicheren Ortes» erfordert für den Schüler die Gewißheit,

- daß der Lehrer unbedingt zu ihm hält, Angst und Gefahr erkennt, mitempfindet und bereit ist, mit zu leiden: «Geteiltes Leid ist halbes Leid»;
- daß der Lehrer ein Partner ist, der respektiert und wohlwollend konfrontiert, sich helfend zur Seite stellt und unterstützend den Rücken stärkt, wenn das Kind sich zu schwach fühlt;
- daß der andere einen ernst nimmt, sich ihm zuwendet und alles in seiner Macht Stehende tut, weitere Gefahr abzuwenden.

Wenn junge Menschen der Achtsamkeit, Geborgenheit und des Schutzes entbehren, weil sie emotional vernachlässigt wurden oder die Eltern infolge von Angst und Depressivität, Krankheit oder eigener emotionaler Überforderung durch sozialen Streß zuwenig Gelegenheit und Kraft hatten, diese Beziehungsqualitäten zu gewährleisten, dann entwickeln die

Kinder ein eher schwaches, in Belastungssituationen schnell überfordertes Selbstwertgefühl. Sie sind emotional instabil, und in ihrem eigenen Beziehungsverhalten ahmen sie, wie andere Menschen mit günstigeren Beziehungserfahrungen, diese Muster nach.

Besonders schlimm wirkt es sich aus, wenn ein Kind, das keine gesicherte zuverlässige und belastbare Bezugsperson erfahren hat, Opfer von Traumatisierungen wird, sei es durch sexuellen Übergriff, durch aktiv erlittene oder passiv miterlebte Gewalterfahrung, durch einen tragischen Unfall oder durch Vernachlässigung. Es hat nicht gelernt, sicher auf einen Menschen zurückgreifen zu können, der gewiß zu ihm hält, ihm glaubt, ihn ernst nimmt, ihn emotional auffängt und ihn tröstet, sein Leid mit ihm teilt und im Aufbau von Schutz ihn tatkräftig, ohne zu bevormunden, unterstützt. Es ist in seiner Möglichkeit, mit Leid fertig zu werden, elementar geschwächt.

In solch einer Situation sind dem Lehrer Grenzen gesetzt, das Kind bedarf der professionellen Hilfe. Er muß die Kontaktaufnahme z. B. mit einem Kinder- und Jugendtherapeuten anregen und gegebenenfalls in die Wege leiten.

8. Etablierung eines sicheren Ortes in der Psychotherapie

Wie in einem therapeutischen Kontext ein sicherer Ort hergestellt wird als Voraussetzung, als Erwachsener eine traumatische Kindheitserfahrung zu bearbeiten, zeigt folgendes Fallbeispiel:

Eine 42jährige Teilnehmerin signalisiert ihrer Selbsterfahrungsgruppe, daß sie eine Erinnerung, die für sie sehr schmerzlich ist und die sie mit viel Mühe aufgeschrieben hat, vorlesen möchte.
1. Absichern der Vertrauensbasis in der Gruppe.
   Sie versichert sich bei jedem einzelnen in der Gruppe des Vertrauens und der Diskretion. Sie möchte vor allem erfahren, daß sie mit dem Erlebten nicht allein bleibt, so wie sie es beim Schreiben war. Sie hat zu diesem Zeitpunkt schon einen sehr langen therapeutisch begleiteten Prozeß der Auseinandersetzung mit erlittener Gewalt und sexuellem Mißbrauch in der Kindheit hinter sich. Dies war der Gruppe aus vorherigen Sitzungen wohl bekannt.
2. Etablieren eines sicheren Ortes durch Erlebbarmachen tragender Beziehungen.

Bevor die Teilnehmerin vorzulesen begann, wurde sie vom Gruppenleiter zunächst gebeten, die einzelnen Gruppenmitglieder wie einen Schutzwall als Stütze um sich herum zu gruppieren. Sie selbst setzte sich im Schneidersitz auf den Boden. Eine Teilnehmerin setzte sie hinter sich und bat sie, ihr mit einer Hand den Rücken zu stützen. – Diese Geste war in einer früheren Skulpturarbeit schon einmal aufgetreten. Damals hatte ihr «Bruder», dem sie das Leben gerettet hatte, als der Vater ihn umbringen wollte, hinter ihr gesessen und sich schutzsuchend hinter ihr verborgen. Auch er hatte die Hand auf ihren Rücken gelegt, so als wollte er sie als Schutzschild gegen den Vater vor sich halten. – Rechts neben sich setzte sie eine Teilnehmerin, die eine Hand schützend über ihren Kopf halten sollte. Links neben sich bat sie die dritte Teilnehmerin, ihr mit einer Hand von der Seite den Rücken zu stärken. Schräg rechts vor sich setzte sie einen Teilnehmer, der ihr offen die linke Hand hinhalten sollte, so daß sie sie jederzeit leicht greifen konnte. Schräg links bat sie den Gruppenleiter, eine Faust mit der rechten Hand zu machen, mit der er sie verteidigen könnte, und mit der linken sollte er eine beschwichtigende Geste machen. Sich unmittelbar gegenüber setzte sie den dritten Teilnehmer, der den Kreis schloß und mit lose gefalteten Händen dasitzen sollte. Nach einer kurzen Phase der Ruhe und Entspannung wurde sie gebeten, durch Übereinanderlegen eine «tragende Säule» aus den Händen aller Teilnehmer einschließlich sich selbst zu bauen. Hierbei bildete sie den Turm so, daß die rechte Hand des Leiters unten und die linke oben zu liegen kam.

3. Selbstwertstärkung durch Bestätigung von Autonomie.

Mit dem durch diese sinnliche Erfahrung von Berührung gestützten Erleben, geschützt zu werden und die Gruppe als sicheren Ort um sich zu haben, setzte sie sich wieder auf ihren Stuhl zurück. Sie bildete mit den anderen gemeinsam einen Kreis. Sie las daraufhin tief bewegt und von Weinen häufig unterbrochen den erschütternden Bericht selber vor.

4. Ein Feuerritual.

Nach dem Vorlesen herrschte Schweigen, und sie wirkte von der Anstrengung sichtlich mitgenommen. Die anderen Teilnehmer waren tief bewegt von ihrem Mut und ihrer Kraft, das selber vorzulesen. Sie hat der Gruppe hiermit ein tiefes Vertrauen geschenkt. Es wurde ihr die Möglichkeit genannt, zur Beendigung des Horrors, der mit dieser Erinnerung verbunden ist, das Papier, auf das sie diese Geschichte geschrieben hatte, im Beisein aller zu verbrennen. Hierauf konnte sie sich gut einlassen. Und wir gingen alle nach draußen, wo wir eine kleine Feuerstelle aus Schiefersteinen errichteten. Sie verbrannte das Schreiben und verstreute die Asche.

Die tragende Beziehung zur Gruppe und das tiefe Vertrauen, das die Teilnehmerin den anderen Gruppenmitgliedern entgegengebracht hat, ermöglichte in Verbindung mit den Ritualen einen kathartischen Prozeß zur Traumabearbeitung. Wesentlich ist aus systemischer Sicht die Interaktion in der Gruppe. Die bewußte Gestaltung des Beziehungsmusters schaffte den sicheren Ort, um sich auf eine Tiefe in der Begegnung mit den anderen einzulassen. In der Teilnehmerin konnte sich spürbar eine hohe Spannung aufbauen, die dennoch eine nicht von Angst und Dissoziation geprägte Traumakonfrontation ermöglichte.

Allgemeingültig ist nach meinem Verständnis, daß eine pädagogische Beziehung von Vertrauen getragen sein muß. Eine dermaßen tragende Beziehung benötigt ihren Gestaltungszeitraum für die Entwicklung der hierzu erforderlichen Dynamik. Das Wir von Lehrer und Schüler ist einzigartig. Es kann nur von diesen beiden gebildet werden. Es verlangt, sich zueinander in Bezug zu setzen und sich zu vertrauen. Das Wir bildet den sicheren Ort.

9. Etablierung eines sicheren Ortes als pädagogische Aufgabe

Für den Schüler ist es eine wichtige Voraussetzung, um angstfrei und ohne Blockaden lernen zu können, daß die Beziehung zwischen dem Lehrer und ihm die Qualität eines sicheren Ortes hat. Nur dann wird es dem Lehrer gelingen, daß der Schüler alle ihm möglichen Anstrengungen unternimmt, um sich das Wohlwollen des Lehrers zu erhalten. Er wird sich mit dessen Auftrag, Bildung zu vermitteln, identifizieren und zunächst für ihn lernen. Seine affektive Bindung an den Lernstoff entwickelt sich über seine Beziehung zu dem Lehrer. Er verfügt noch nicht über die Lebenserfahrung, entscheiden zu können, was gut für ihn ist. Erst mit wachsender Autonomie und zunehmendem Abstraktionsvermögen sowie Entwicklung eines Begriffes von allgemeiner und eigener Geschichtlichkeit wird er mehr die eigenen Interessen im Lernen verfolgen. Hat er die Beziehung zum Lehrer als sicheren Ort erfahren, wird er diesen auch dann noch respektieren und achten, wenn er sich sachlich heftiger und kontrovers mit ihm auseinandersetzt.

10. Kooperation und Zusammenhalt

Die Kooperation schafft ein Gemeinsamkeitsgefühl, das für den Aufbau von Beziehung als «sicherem Ort» von großer Bedeutung ist. Ein Zeitungsinterview mit mir in der Aachener Zeitung anläßlich der Tragödie von Erfurt im April 2002 überschrieb der Journalist mit: «Gegen Schicksalsschläge helfen keine Bodyguards oder Betonmauern, es helfen nur tragende Beziehungen.» Die Entwicklung eines Zusammengehörigkeitsgefühls und die Möglichkeit, sich aufeinander zu verlassen und miteinander Konflikte und Probleme eines einzelnen zu bearbeiten, sind Essentials jeder Gruppentherapie. Sie fördern den Zusammenhalt jeder Gruppe und jedes Klassenverbandes. Sie deaktivieren Bindungsverhalten und öffnen durch eine affektive Beruhigung die Bereitschaft zu lernen. Wenn Schüler sich selbst dadurch fremd werden, daß durch hormonelle Umstellung in der Pubertät sich ihre Sinneswahrnehmungen völlig verändern, sollte da nicht die Kooperation, das Realisieren gemeinsamer Projekte, in den Curricula betont werden?

Eine gelingende Kooperation bedarf der verbindlichen Absprachen und gegenseitigen Rücksichtnahme. Kants kategorischer Imperativ sollte der Minimalkonsens menschlichen Umgehens in gleich welchen Kontexten sein. Auch wenn die Sitten zu verrohen scheinen, die Vorbilder in der Gesellschaft sich oftmals unter das Niveau dieses Minimalkonsenses begeben, sollte eine Schule hierauf nicht verzichten (siehe Kapitel über Gewalt).

11. Wir

Martin Buber beschreibt in *Ich und Du*[28] eine für unser Verständnis ganz zentrale Überlegung. Hierauf läßt sich unser psychotherapeutisches und hiervon abgeleitet auch unser pädagogisches Verständnis aufbauen. «Es gibt kein Ich an sich, sondern nur das Ich des Grundworts Ich-Du und das Ich des Grundwortes Ich-Es.» (S. 10) Und wenig später heißt es: «Die Welt der Erfahrung gehört dem Grundwort Ich-Es zu. Das Grundwort Ich-Du stiftet Beziehung.» (ebd., S. 12) Wenn wir Du sagen, treten wir mit unserem ganzen Wesen in Beziehung zu einem anderen Menschen. Wie wir ihn erleben und verstehen, ist, hermeneutisch betrachtet, nur vor unserem eigenen subjektiven Hintergrund zu verstehen und somit stets Interpretation. Daraus leitet sich ab, daß es keine objektive Wahrheit im eigentlichen Sinne in der Beziehung zwischen zwei Menschen geben kann. Und die Arbeitswirklichkeit des Lehrers bedeutet vorwiegend, in Beziehung zu treten.

Es ist daraus abzuleiten, daß es wertvoll ist, möglichst viel von mir selbst zu kennen, wenn ich zu einem anderen in Beziehung trete. Nur so erschließt sich mir die Möglichkeit, näherungsweise zu unterscheiden, was in der Beziehung meines und was seines ist. Das verlangt vom einzelnen zu realisieren, daß das, was sich in einer Beziehung entwickelt, untrennbar verbunden ist. Wenn jemand «Ich» sagt, kann er dies im Buberschen Sinne nur in Beziehung zu einem Du oder in Bezug zu einem Es sagen. Gleichzeitig ist auch ausgesagt, daß, wenn ich «Ich» im Sinne des Grundwortes Ich-Du sage, für mich das Du, auf das ich mich beziehe, definiert ist. Wenn nun dieses Du «Ich» im Sinne des Grundwortes Ich-Du sagt und sich in Bezug zu mir setzt, bleibt das Grundwort Ich-Du für beide ein Unterschiedliches! Eine Verschmelzung des Grundwortes Ich-Du von zwei Menschen zu einem gemeinsamen ist nicht möglich.

Pädagogische Aufgabe ist es unter diesem Blickwinkel, den Schüler über das Grundwort Ich-Du an die Welt des Grundwortes Ich-Es, die Welt der Erfahrung, heranzuführen, d. h., ihm Möglichkeiten zu eröffnen, für sein Leben wertvolle Erfahrungen zu sammeln.

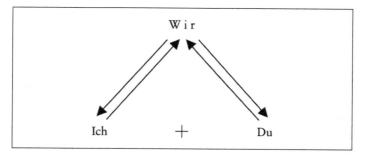

Abb. 3: Denkt der Mensch das Wortpaar Ich-Du im Sinne Martin Bubers, bildet er mit dem Du, zu dem er sich in Bezug setzt, ein Wir. Dieses Wir beeinflußt das Ich-Du-Wortpaar beider, die sich in Bezug zueinander setzen.

Systemisch betrachtet, bilden zwei oder mehr Menschen ein Wir miteinander, das einzigartig ist, und ein jeweils eigenes aus der Sicht dessen, der das Grundwort Ich-Du sagt.

Die Entwicklung eines Menschen prägt ihn maßgeblich in seinen Sichtweisen, in seinem Selbst- und Rollenverständnis. Seine individuelle Konstitution, seine Sozialisation, sein Bildungs- und Erkundungsdrang sowie sein Bedürfnis, Kinder zu unterrichten, treiben den Lehrer in seinem pädagogischen Impetus an. Eine solche Beziehung schafft für einen Schüler günstige Voraussetzungen, die es ihm ermöglichen, sich mit möglichst hoher positiver affektiver und emotionaler Beteiligung um die Aneignung von Wissen zu kümmern. Das verlangt vom Lehrer die Bereitschaft und Fähigkeit, sich auf den einzelnen Schüler einzustellen, daß dieser sich in seinem Wir mit ihm sicher, geborgen und achtsam geführt erlebt (siehe Abschnitt II.7).

Die Fähigkeit, ein Wir mit einem Schüler in dieser idealtypischen Weise einzugehen, setzt wiederum voraus, daß der Lehrer selbst Beziehungen in seiner Kindheit tragend und als «sicheren Ort» erfahren hat. Diese befähigen ihn, als Erwachsener durch Nachahmung des positiv erlebten Beispiels seiner Eltern, wie diese ihm begegnet sind, Beziehungen zu einem anderen Menschen zu gestalten. Er wird sich unter Zurückstellung eigener Bedürfnisse mit freischwingender Aufmerksamkeit auf das zu unterrichtende Kind einlassen. Er formt aktiv sein Wir mit dem Schüler in einer Weise, daß er weniger von den eigenen Bedürfnissen gesteuert wird als von den Notwendigkeiten, die eine pädagogische Beziehung an ihn stellen.

Es gibt persönliche Entwicklungen, die einen Menschen in seiner Fähigkeit, eine pädagogische Beziehung zu gestalten, erheblich nachteilig beeinflussen. Hat ein Mensch in seiner Kindheit eine ungesicherte Befriedigung seiner narzißtischen Bedürfnisse erfahren, hat er eine schwerere Bindungsstörung entwickelt, wird er sich kaum imstande sehen, sich dem Schüler zuzuwenden. Wenn ein Kind durch Sorgen oder innere Konflikte im Lernen blockiert ist, muß der Lehrer viel Verständnis und Geduld aufbringen. Das setzt einmal die Fähigkeit voraus, sich in seinem Bedürfnis nach Wissensvermittlung zurückzunehmen, und zum anderen die Zivilcourage, das Kind vor den Anforderungen in Schutz zu nehmen, denen es vorübergehend nicht gewachsen ist.

Eine junge Referendarin erkrankt psychisch, muß ihre Ausbildung unterbrechen und klinisch behandelt werden. Sie berichtet in der Therapie, daß ihre Mutter schon früh nach der Geburt der Tochter an einer Psychose erkrankte. Dadurch war sie für die Patientin oft nicht ansprechbar, nicht erreichbar. Häufig mußte die Mutter klinisch behandelt werden, was bedeutete, daß die Tochter mal von diesen, mal von jenen Verwandten betreut wurde. Ihr Vater war als Lehrer außerstande, sie allein zu versorgen. Das bedeutete, daß die Patientin weder eine Beziehungskonstanz zu einem Elternteil oder einer versorgenden Person noch einen stabilen Freundeskreis aufbauen konnte. Denn jedesmal, wenn die schwerkranke Mutter aus der Psychiatrie entlassen wurde, holte der Vater die Tochter frühzeitig wieder zurück, auch wenn die Mutter durch Einnahme von stark wirkenden Psychopharmaka nicht imstande war, sich während seiner Abwesenheit liebevoll um die Tochter zu kümmern. Es existierte für sie kein tragfähiges Beziehungsmuster, das auf Dauer einen sicheren Ort darstellte. Fühlte sie sich einmal bei Verwandten wohl, wurde sie dennoch, wenn die Mutter aus der Klinik entlassen war, wieder zurück in die Familie geholt. Fühlte sie sich hier wohl, mußte sie dennoch damit rechnen, daß die Mutter irgendwann wieder krank wurde.

Als sie 12 Jahre alt war, erfuhr sie, daß ihr Vater eine Freundin hatte. Die schwache Beziehung, die sie zu ihm hatte, wurde hierdurch zusätzlich in Frage gestellt, da er emotional außerhalb der Familie gebunden war. Als sie 17 Jahre war, nahm sich die Mutter das Leben. Schon vorher hatte die Tochter zweimal erfolgreich verhindern können, daß Selbstmordversuche zum Tode führten. Einmal hatte sie ihren Vater telefonisch informiert und um Hilfe gebeten. Er sagte ihr, sie möge umgehend den Krankenwagen anrufen, damit der Mutter nichts passiere. Selbst kam er erst nach Hause, als seine Frau schon längst im Krankenhaus lag. Die übergroße Angst der Tochter, sich hilflos zu erleben und der Mutter, dem für sie wichtigsten Menschen, nicht helfen zu können, konnte er ihr nicht mehr ausreichend nehmen. Er hatte die Tragweite, die dieses Ereignis für sie hatte, nicht erfaßt. Ihr fehlte sein Schutz.

Während des Studiums hatte sie es dank ihrer Intelligenz vermocht, gute bis sehr gute Leistungen zu erbringen. Als sie jedoch mit den Bedürfnissen der Schüler, mit denen sie eine pädagogische Beziehung aufbauen sollte, konfrontiert wurde, war sie sehr bald überfordert. Wie sollte sie auch die vielzählig an sie herangetragenen Beziehungsbedürfnisse der Schüler befriedigen, wenn sie selbst auf ihre eigenen Bedürfnisse keine Antwort erhalten hatte?

Aus ihrer Beziehungsverantwortung den Kindern gegenüber bemühen sich viele Lehrer, die sich in einer persönlichen Krise befinden, mit oft selbstzerstörerischem Energieaufwand bis hin zum Burn-Out (siehe auch Abschnitt VII.2), um ihrer pädagogischen Aufgabe gerecht zu bleiben. Vielfach reduzieren sie diese auf die Erfüllung von Leistungsanforderungen, indem sie bis spät in die Nacht und am Wochenende sich z. B. auf Prüfungen wie das Abitur oder andere Examina vorbereiten, um Aufgaben zu stellen, die von den Schülern gelöst werden können und vom Bildungsministerium akzeptiert werden. Sie korrigieren die Hefte so schnell wie möglich, um den Schülern möglichst zeitnah das Ergebnis und damit den Streß der Unsicherheit und des Wartens zu nehmen und um mit ihnen an ihren Schwächen arbeiten zu können. Andere Lehrer können sich, wenn sie sich selbst in einer Krise befinden, kaum noch von den Sorgen und Belangen der Schüler abgrenzen. Insbesondere als Klassenlehrer oder Vertrauenslehrer fühlen sie sich zeitübergreifend und ohne Blick für die eigenen Belange verantwortlich, einem Schüler zur Seite zu stehen, sich für seine Sorgen zu öffnen und nach Lösungen zu suchen.

Die Verbindlichkeit des Kooperierens läßt sich in Bezug setzen zu den maßgeblichen Beziehungserfahrungen eines Menschen. Wenn er erfahren hat, daß seine konstitutionellen und seine interaktionellen Anforderungen achtsam wahrgenommen und berücksichtigt wurden, wird er sich deutlich leichter tun, diese Erfahrung in der Begegnung und Beziehung mit Schülern weiterzugeben. Er kann diese fehlende Erfahrung auch ersetzen durch Erkenntnisgewinn im Rahmen seiner Ausbildung und in der täglichen Durcharbeitung durch längere Begleitung seiner pädagogischen Tätigkeit. Bleibt er jedoch seinen eigenen zu schwachen Erfahrungen ausgeliefert und versteht diese nicht durch ständiges Diskutieren über das «Wie» der Bildung eines sicheren Ortes, bleibt seine «Er»-kenntnis schwach und in Krisen mit Schülern leicht irritierbar. Er läuft Gefahr, auf ihm bekannte Kompromißbildungen in der Beziehungsgestaltung zurückzugreifen, die seiner jetzigen Situation als Lehrer im Umgang mit Schülern jedoch nicht gerecht werden.

Betrachten wir die Geschichte von der Lehrerin, die mit fünfzehn Jahren ihre zwei Jahre jüngere Schwester verloren hatte, unter diesem Aspekt. Sie hatte gelernt, emotionale Bedürfnisse zurückzustellen, damit diese nicht zu weh taten. Dies gelang ihr dadurch, daß sie in erfolgreicher schulischer Leistung diese Frustration sublimierte. Nach außen wurde ihre erhöhte Anspannung nicht erkennbar, sie verschob jedoch die zusätzliche seelische Konfliktspannung auf den Körper. Erst das blutende Magengeschwür ließ dies erkennen.

Wenn diese Lehrerin nun ein Kind, das eine Verlusterfahrung zu verarbeiten hat, pädagogisch führt, ist sie gefährdet, ihm vermehrt Leistung abzuverlangen. Sie selbst hatte dies als ihren Weg erfahren, mit dem Tod der Schwester innerlich fertig zu werden. Daß ein Schüler jedoch vielleicht gerade das brauchen könnte, was sie als Kind damals sich so sehr gewünscht hätte, nämlich Rücksichtnahme, Entlastung, emotionale Verwöhnung, bis sie wieder zu einer neuen inneren Balance gefunden hätte, bleibt ihr verborgen, wenn sie es nicht vorher durchgearbeitet hat. Im Rahmen einer Selbsterfahrung oder Psychotherapie würde für sie deutlich, was sie vermißt hat und wie sie heute ähnliche Bedürfnisse erkennen und befriedigender lösen kann. Im System von Schule würde ihr eine fortlaufende Supervision weiterhelfen, diese Erkenntnisse in ihrem Umgang mit den Schülern pädagogisch umzusetzen.

Die Kooperation ist im helfenden System von großer Bedeutung für die Wir-Bildung. Insbesondere geistig Behinderte zeigen uns, wie sehr sie, die in der verbalen Kommunikation eingeschränkt sind, aufblühen, wenn sie arbeiten dürfen. Die Ergotherapie ist längst nicht mehr wegzudenken, auch als wesentliche Hilfe z. B. für Menschen, welche einen Gehirnschlag erlitten und die Sprache verloren haben, wie unser Fallbeispiel zeigt:

Ein Hochschullehrer für Kalligraphie hatte kurze Zeit vor seiner Emeritierung einen Gehirnschlag erlitten. Sein Sprachzentrum war erheblich in Mitleidenschaft gezogen. Lange war er sehr verzweifelt über den Verlust, sich sprachlich mitteilen zu können. Intensive logopädische Hilfen führten erstaunlicherweise kaum weiter. Erst als eine Ergotherapeutin mit ihm in kleinen Schritten wieder die Motorik seiner rechten Hand, welche ebenfalls erheblich eingeschränkt war, einübte, indem sie ihm Möglichkeiten eröffnete, mit geeigneten, seiner Behinderung gerecht werdenden Materialien wieder kalligraphisch zu arbeiten, gelang der Durchbruch. Er lernte nicht nur, wieder feine Schriftzüge zu malen und sogar Kalligraphien zu entwickeln, die von einem Verlag gedruckt und verkauft wurden, sondern auch zu sprechen.

Wenn wir die Kooperation so nah mit der Interaktion verbinden, liegt die Frage nahe, wie Lehrer kooperieren. Welches

Vorbild geben sie den Schülern durch ihre Art, miteinander zu arbeiten? Können die Schüler erleben, daß die Lehrer, welche eine Klasse unterrichten, ein Team bilden? Verstehen die Lehrer sich als in der Aufgabe verbunden, eine Klasse gemeinsam zu unterrichten? Wird nach außen hin über die Art und Weise ihres Miteinander-Kooperierens spürbar und transparent, daß sie sich mit ihrer Schule identifizieren?

12. Wir-Bildung und Kenntnis seines Selbst

> Mit dieser Wendung hat Montessori eine pädagogische Revolution ausgelöst. Nicht mehr die Kinder, sondern die Erwachsene müssen erzogen werden. *(W. Wintersteiner)*[29]

Wie ein Pädagoge mit einem anderen Menschen ein Wir bildet, hängt maßgeblich davon ab, über welche Beziehungserfahrungen er verfügt und wie anpassungsfähig er neuen Beziehungen gegenüber ist. Betrachten wir es als eine wichtige pädagogische Aufgabe, Schülern einen sicheren Ort in der Beziehung zum Lehrer zu bieten, sind die Erfahrungen, die der Lehrer mit einem sicheren Ort für sich selbst gemacht hat, hoch bedeutsam.

Wie baut er in seiner Wir-Bildung mit Schülern einen sicheren Ort auf?

Einer der wichtigsten Lehrsätze der Sicherheitstheorie besagt, daß Säuglinge und Kleinkinder Sicherheit und Vertrauen zu den Eltern entwickeln müssen, bevor sie bereit sind, sich in unbekannte Situationen zu begeben, in denen sie allein zurechtkommen müssen. Diese Sicherheit bietet eine Basis für den Erwerb von Fähigkeiten und Wissen, die es einem erwachsenen Menschen ermöglichen, sich auf sich selbst zu verlassen und sich von den Eltern abzulösen. Eine sichere Beziehung zu den Eltern sollte also allmählich durch Beziehungen zu Gleichaltrigen und Partnerschaften ersetzt werden.

Sicherheit in der Familie ist zu Beginn eine Form der Abhängigkeit und bildet die Basis, von der aus sich ein Individuum nach und nach neue Interessen und Fähigkeiten auf anderen Gebieten erwerben kann. Wenn ein Kind keine Sicherheit in der Familie erfährt, fehlt ihm, was man eine sichere Basis (secure basis) bezeichnen könnte, auf die es seine Weiterentwicklung stützen könnte.[30]

Die Kooperationsfähigkeit eines Menschen wird mit anderen Worten maßgeblich mit geprägt von seinen Beziehungserfahrungen. Ein Kind hat in seiner Entwicklung nur in begrenztem Umfang die Möglichkeit zur Selbstbestimmung, sondern reagiert auf die Beziehungsangebote, die ihm von den Menschen gemacht werden, die für es wichtig sind. Kommt das Kind nun in die Schule, erwartet es zunächst einmal eine Wiederholung dessen, was es nicht anders kennengelernt hat. Im Rahmen der schulischen Sozialisation erweitert es seine Beziehungserfahrungen und Reaktionsmöglichkeiten und gewinnt an Autonomie. Diese geht in Fällen der Verunsicherung durch Konflikte zu Hause etc. zeitweilig wieder verloren. Das Kind regrediert, ein unbewußter, von ihm nicht zu steuernder, ihn in seiner Integrität schützender Vorgang. Wird diese Regression durch Überforderung von außen nicht respektiert, wird das Kind dies als Ablehnung seiner Bedürfnisse und gegebenenfalls als bedrohliche Verunsicherung erleben. Es wird hierauf höchstwahrscheinlich nicht mit Zugänglichkeit auf der Beziehungsebene reagieren. Tut es dies doch, so ist dies eher als bedenklich zu bewerten.

Sicher-autonome Personen *(autonomous-secure)* konnten in klarer und konsistenter Weise auf ihre früheren Bindungen zurückgreifen (unabhängig davon, ob sie zufriedenstellend waren oder nicht); unsicherverwickelte Personen *(preoccupied* oder *entangled)* erwähnen sehr viele konfliktbehaftete Kindheitserinnerungen über Bindung, konnten diese aber nicht in ein gut organisiertes Bild einfügen; unsicher-distanzierte Personen *(dismissing)* schließlich konnten sich nur wenig an die Beziehung zu ihren Eltern in der Kindheit erinnern. Sie neigten dazu, eine idealisierte allgemeine Beschreibung der Eltern zu liefern, aber von Zurückweisung und Ablehnung zu berichten, wenn sie sich an spezifische Episoden erinnerten. Oft leugneten sie jeden Einfluß von Bindungserfahrungen auf die eigene Entwicklung.[31]

Beherzigen wir die Kraft, die aktiviertes Bindungsverhalten auf einen Menschen ausübt, wird für uns unschwer erkennbar, wieviel pädagogische Leistung im Aufbau eines sicheren Ortes notwendig ist, um in solch einer Situation ein Kind sicher zu führen. Viel Zuspruch, verbindliche Nähe, empathisches Annehmen und Gewährenlassen braucht das Kind. So wie Not kein Gebot kennt, sollte diesem Kind alle Aufmerksamkeit eines erwachsenen Menschen, dem es vertraut und zu dem eine tragende Beziehung besteht, so lange wie nötig zukommen können.

Wenn ein Lehrer seinerseits die Erfahrung macht, daß durch Verlust oder Bedrohung sein Bindungsverhalten ausgelöst wird, unterliegt er der gleichen großen Kraft. Und es bedeutet für ihn wie für jeden anderen Menschen auch eine enorme Anstrengung, innerlich zu einem Gleichgewicht zurückzufinden, das es ihm ermöglicht, sich Kindern wieder zuzuwenden.

Bei einer sicheren Mutter-Kind-Bindung findet man stets aktive Kommunikationsmuster zwischen beiden Partnern auf nonverbaler Ebene, während bei einer unsicher-vermeidenden Bindung die Kommunikation meist sehr eingeschränkt ist. Die Fähigkeit zu einer solchen Kommunikation ist von zentraler Bedeutung für eine gesunde psychische Entwicklung ... Intrapersonale Kommunikation wird für ein Kind selbstverständlich, das mit interpersonaler Kommunikation vertraut ist und umgekehrt.[32]

Die aktiv gestaltete Kommunikation, das Auf-ein-Kind-Zugehen, das sich zurückzieht bzw. erkennen läßt, daß es vermehrt des sicheren Ortes bedarf, ist eine der wesentlichsten pädagogischen Reaktionsmuster, um für ein Kind verständlich umzusetzen, daß es in seiner Not anerkannt wird.

13. Verbale Kommunikation

Die verbale Kommunikation kreiert den Akt des Erkennens. Verständnis entwickelt sich über Verstehen. Alle Wissensvermittlung ist an Sprache gebunden. Da diese jedoch in unserem anthropologischen Modell noch hinter der Kooperation angesiedelt ist, ist sie leichter anfällig für Störungen. Diese ergeben sich durch konstitutionelle Faktoren und die unterschiedlichsten Einflußgrößen, die oben genannt sind. Grundvoraussetzung für das verbale Kommunizieren, das sprachlich gemeinsam Sich-Verständigen, sind affektiv positiv besetzte Rahmenbedingungen im Sinne eines sicheren Ortes (siehe Abschnitt II.7). Erfährt ein Schüler Verständnis, fühlt er sich verstanden, wird er sich bereitwilliger bemühen zu verstehen.

Hier gilt es jedoch aufzupassen. Wir leben heute in einer Zeit, in der wir förmlich überschwemmt werden von geschriebenen oder über Filme und Tonträger übermittelten Wörtern. Ohne Begegnung mit einem Menschen ist der affektive Inhalt eines Wortes, den jemand sich zu eigen macht, erheblich geringer, zumindest bei Heranwachsenden.

Sigmund Freud soll einmal anläßlich eines Abendessens gefragt worden sein, ob es nicht ausreiche, all seine Schriften über Psychoanalyse zu lesen und sich so die analytische Kur beim Arzt zu ersparen. Er antwortete sinngemäß, daß dies vergleichbar wäre damit, jemandem eine Speisekarte zu geben, aber nichts zu essen.

Wesentlich bleibt die Interaktion zwischen Lehrer und Schülern. Nur diese ermöglicht es mit ausreichender Zuverlässigkeit, daß auf die affektive Grundsituation eines Schülers eingegangen werden kann. Das Diskutieren unterschiedlicher Standpunkte, das antreibende Arbeiten im Team, in welchem die Stärken eines jeden zum Tragen kommen und die Schwächen eines jeden ausgeglichen werden, der erlebte unmittelbare Wettstreit im Disput, in welchem die Argumente hin und her fliegen, ist nicht zu ersetzen durch nur Geschriebenes oder über moderne Technik Übermitteltes. Sich für einen Text, ein Musikstück oder ein Kunstwerk begeistern zu können ist das eine, sich darüber auszutauschen das andere. Damit dies «richtig» geschieht, moderiert der Lehrer diesen Austausch von Emotionen und hilft, Gefühle begreifbar und mitteilbar zu machen.

Lange gab es in der Psychosomatik das Alexithymie-Konzept. Es besagte, daß Menschen körperlich ausdrücken, was sie seelisch konflikthaft erleben. Infolge intrapsychischer Abwehrmechanismen sollten sie nicht über Begrifflichkeiten verfügen, seelisch Erlebtes zu erkennen, und deswegen auch nicht fähig sein, sich sprachlich verständlich auszudrücken. So läßt sich durchaus beobachten, daß die Fähigkeit, Emotionen zu verbalisieren, sehr unterschiedlich ist. Es ist die große Herausforderung für den Therapeuten, die unterschiedlichen Codierungen für Beziehungskonflikte mit dem Patienten zu entschlüsseln. Er übt mit dem Patienten, in einer für diesen verständlichen Sprache Zusammenhänge wahrzunehmen, die der Beziehungskranke zuvor kryptisch z. B. in der Körpersymptomatik ausdrückte.

Hans-Georg Gadamer hat einmal gesagt, daß es vorrangige Aufgabe eines Philosophen sei, sich so auszudrücken, daß jeder es verstehen könne. Nur so könne er sicher sein, daß er es selbst verstanden habe. Doch wie kann ein Mensch sicher sein, daß er etwas verstanden hat, wenn er keine Möglichkeit hatte, im Gespräch zu erfahren, ob er verstanden wird mit dem, was er aussagen möchte? In der Schule sollte er die Möglichkeit erhalten zu erlernen, wie er sich verständlich machen kann. Er sollte während des Erlernens dieses Prozesses unbedingt davor geschützt sein, entmutigt, gedemütigt, ausgelacht oder gehänselt zu werden. Diese Aufgabe einer wohlwollenden Moderation kommt jedem Lehrer im Diskurs mit dem Schüler und der Schüler untereinander zu. Nur so ist zu erreichen, daß jeder Schüler seine Fähigkeiten in dem ihm möglichen Ausmaß entwickelt.

14. *Beziehungsmedizin und Bildung durch Beziehung*

Wir treten zu anderen Menschen und zur Umwelt in Beziehung, oder, wie Martin Buber sagt, wir bilden die Grundwortpaare Ich-Du und Ich-Es. Das Wort «Beziehung» können wir inhaltlich in «Begegnung und Emotion» aufteilen. Schon hieraus läßt sich leicht ableiten, daß es für einen Menschen höchst einprägsam ist, mit welchem Menschen er in Beziehung tritt. Nur selten vermag die Beziehung, in die er mit der Umwelt eintritt, vergleichbare Impressionen zu hinterlassen, so bedeutsam und affektiv positiv oder negativ besetzt sie auch sind, wie das Beispiel von Marion Gräfin Dönhoff erkennen läßt.[33]

Die Psychotherapeutische Medizin arbeitet mit der Beziehung, mit der «Droge Arzt», wie M. Balint es einmal genannt hat, als Therapeutikum, und Psychotherapie kann auch «heilende Begegnung» genannt werden. Dem bisherigen Duktus folgend, müßte Pädagogik «bildende Beziehung» genannt werden. Damit würde ausgedrückt, daß Bildung in der Beziehung zwischen Lehrer und Schüler, im gemeinsamen Wir, Gestalt annimmt. Die Ebene der Wissensvermittlung kommt erst an letzter Stelle im anthropologischen Modell, betrifft den Menschen erst nachrangig. Daher sollte die vorrangige Aufmerksamkeit der Gestaltung des Wir und der Kooperation gelten. Es ist vom

Bildungssystem und der Schule zu fordern, die Bedingungen zu optimieren, die hierfür förderlich sind.

15. Bedingungen, die Heilung bzw. Bildung ermöglichen

Wir wissen nicht, und das ist für uns eine zentrale Grundannahme unseres Selbstverständnisses, was heilt. Wir vertrauen darauf, daß der Patient uns auf seinem Weg der Veränderung ein Stück mitnimmt und uns zugesteht, daß wir aufmerksam hinterfragen, welches die nächsten Schritte sind, die wir gemeinsam tun. Hierin zeigen wir uns durchaus kritikfähig und machen auch Alternativvorschläge, überlassen die Führung jedoch dem Patienten. Er ist derjenige, der das Tempo für Veränderung und die Richtung seines weiteren Fortkommens bestimmt. Kommen wir nicht mehr mit, hängt er uns ab oder geht er auch nur so schnell, daß wir kurzatmig werden, teilen wir das mit. Wir achten darauf, gemeinsam das Stück Weg zu gehen, auf das er uns mitnimmt.

Vor vielen Jahren kam eine 34jährige Patientin wegen schwerer depressiver Verstimmungszustände, die sie überfallartig unerwartet lahmlegten, und panikartiger Angstattacken in die Sprechstunde. Sie wirkte sehr gehalten und angespannt, während sie erzählte, und doch war ihre innere Verzweiflung deutlich spürbar. Es kontrastierte zu diesem Gefühl des Ausgeliefertseins ihre Fähigkeit, weiter arbeiten zu gehen. Lediglich ein Bruch des Fußgelenks – sie hatte sich in einem unbedachten Augenblick vertreten, und ein äußeres Gelenkband war gerissen – hatte sie «lahmgelegt». Ansonsten, so sagte sie, sei sie eher ein sehr aktiver und zuverlässiger Mensch, der nie krank-«feiere».

Ich erinnere mich noch deutlich, wie mir die Luft wegblieb angesichts ihrer schnellen Redeweise und der hohen Anspannung, die im Raum lag. In der zweiten Stunde fiel sie mit der Tür ins Haus. Ohne Punkt und Komma berichtete sie von ihrer schlimmen Kindheit mit ihrem brutalen Vater, der im Suff ihre Mutter oft bedroht und auch geschlagen hatte. Sie habe er nie geschlagen, sie sei seine Lieblingstochter gewesen, weswegen sie, sooft es ging, dazwischengegangen sei. Seit ca. ihrem 12. Lebensjahr habe er sie dann regelmäßig sexuell mißbraucht. Er habe ihr nie weh getan, und er ließ seitdem die Mutter meist in Ruhe. Diese wußte davon, daß er sie mißbrauchte, konnte der Tochter jedoch nicht helfen.

Therapeutisch zwar fertig ausgebildet, jedoch zu dieser Zeit noch unerfahren, erkannte ich, daß diese Patientin Hilfe brauchte, und empfahl ihr eine Gruppentherapie, um ihr die Möglichkeit zu geben, Beziehungsmuster kennenzulernen, welche respektvoller, achtsamer und schützender sind. Daß sie den Schutzraum einer Einzeltherapie und besser noch die Behandlung durch eine Therapeutin, welche erfahren in der Behandlung von schwer traumatisierten Mißbrauchsopfern ist, dringend benötigte, erkannte ich nicht. Ich hatte noch nicht ausreichend internalisiert und in mir abgesichert, mich als Teil des therapeutischen Systems zu verstehen und nur so schnell auf ein konfliktbeladenes Thema zuzugehen, wie es auch mir möglich ist. Sie in der Gruppe davor zu schützen, sich selbst zu früh mitzuteilen mit all ihrem Leid und der erlebten Gewalt und Mißachtung, dazu fehlte das Vertrauen zwischen uns beiden. Sie sanft und bestimmt dahin zu lenken, erst Vertrauen in der Gruppe aufzubauen als wichtige Voraussetzung, um von ihren Traumatisierungen berichten zu können, hätte sie als Zurückweisung erlebt. Ich konnte sie nicht schützen. Ich hatte nicht die Bedingungen geschaffen, zueinander ein Vertrauensverhältnis aufbauen zu können. Nur unter dieser Voraussetzung hätte sie die Erfahrung machen können, sich während ihrer Suche nach einem geeigneten (Lebens-)Weg auf mich als «Pfadfinder» verlassen zu können.

Folgerichtig brach die Patientin nach wenigen Stunden die Gruppentherapie ab. Sie hatte, so erkenne ich rückblickend, die Gruppe nicht als den sicheren Ort erfahren, den sie gebraucht hätte, um sich auf neue Beziehungserfahrungen einlassen und früher erlittene Verletzungen anschauen und bearbeiten, d. h. wirklich davon profitieren zu können. Ich wünsche ihr, daß sie eine einfühlsamere und bedachtere Therapeutin, als ich es für sie sein konnte, gefunden hat, um einen Ausweg aus ihrer inneren Not zu finden.

In der damaligen Situation war ich als Berufsanfänger überfordert und hätte ein Team zur Reflexion dieser schwierigen Therapeut-Klient-Beziehung gebraucht. Solche Beispiele lassen mich die heutige Arbeit im unterstützenden Kontext eines Klinikteams um so mehr schätzen. Diesen konsequent zu nutzen bleibt jedoch tagtäglich notwendig. Wir haben alle lernen müssen, offen zueinander zu sein als Voraussetzung, verantwortlich mitzuarbeiten am Aufbau tragender Beziehungen als sicherem Ort, der wir für uns wie für unsere Patienten sein möchten.

Es eröffnet die Arbeit im Team jedoch noch eine wesentlich bereicherndere Möglichkeit, nämlich den Austausch zwischen weiblichen und männlichen Therapeuten. Auf die geschlechtsspezifische Unterschiedlichkeit von Bewertungen weist uns Lynn Hoffman Hennessy hin.[34] Es dürfte sich also nicht gering auswirken, wenn wir beobachten müssen, daß die sprechende Medizin zunehmend nur noch von Frauen vertreten wird. In den Ausbildungsinstituten finden sich überwiegend weibliche Teilnehmerinnen. Wenn die Postmoderne, die sich verstärkt auch mit Machtfragen kritisch auseinandersetzt und für eine Therapie als einem machtfreien, auf Kooperation aufbauenden Raum eintritt, in den Behandlungsraum Einzug hält, ist sie dann uninteressant für Männer?

Wie es sich im schulischen Kontext auswirkt, daß Kinder in ihren ersten vier Jahren schulischer Sozialisierung von mehr als 80 % Lehrerinnen unterrichtet werden und in den weiterführenden Schulen dann plötzlich bis zur Hälfte der Lehrpersonen männlich ist, bedarf noch der gründlichen Reflexion. Es dürfte sich gegebenenfalls so manche Umstellungsschwierigkeit von Fünftkläßlern auch aus diesem Umstand erklären. Gleichzeitig verstärkt sich die Erfahrung vieler Scheidungskinder, daß Männer häufiger abwesend sind, wenn es um Erziehung in der Beziehung geht.

An dieser Stelle möchte ich emotionale Erfahrungen erwähnen, die mich als Schüler sehr verletzt haben und mich in meinem heutigen Streben sicherlich auch mit beeinflussen, insbesondere wenn ich mich ihrer wie jetzt beim Schreiben erinnere. Vor einem Lateinlehrer hatte ich als 12jähriger einen Heidenrespekt. Er war groß und kräftig gebaut. Vokabeln zu lernen war damals nicht unbedingt mein Lebensinhalt, doch allein um seiner beißenden Kritik aus dem Weg zu gehen, lernte ich doppelt und dreifach. Wenn er die Vokabeln abfragte und sich neben mich stellte, wenn ich, ohnehin schon deutlich kleiner als er, auch noch saß, wußte ich nichts mehr. In dieser Zeit der Pubertät habe ich so manches Lehrerverhalten als sehr demütigend erlebt. Mir war das Gefühl genommen dazugehören. Dabei war ich unter den Schülern als Sportskanone ein beliebter Mitspieler im Fußball und auch sonst.

Erst nachdem ich meinen pubertären Kokon verlassen und die Schule gewechselt hatte, war ich plötzlich der Schüler, den der Latein- und auch der Griechischlehrer fragte, wenn er selbst gerade mal eine Übersetzung nicht wußte. Da bin ich über mich hinausgewachsen und konnte meinen Ehrgeiz zeigen. Es gab sicherlich noch andere Gründe, warum ich die Schule wegen mangelnder Leistungen wechseln mußte, doch hat es mir nicht geschadet. Und entgegen den Prognosen der damaligen Lehrer, die mir geraten hatten, eine Lehre zu beginnen, habe ich ein sehr gutes Abitur gemacht. Erst heute verstehe ich die Bedeutung der Angst, die mich damals blockiert hatte. Erst die partizipatorische Erfahrung während der Oberstufe hat mich weitergebracht. Hier möchte ich gerne Lynn Hoffman Hennessy zitieren:[35]

Das Bemühen um Respekt dafür, wo ein Mensch gerade steht und wie er die Dinge sieht, wurde mir zur ständigen Mahnung, jeden Beteiligten in der Therapie auf seine Art als Experten in eigener Sache zu betrachten. Damit wurde der Akzent auf eine partizipatorische Erfahrung gesetzt, die sich im Ausdruck mehrerer Stimmen bestätigt statt im Akzeptieren eines Konsensus, der als die Wahrheit galt.

16. Ein psychologisches Menschenbild als Bezug

Gehen wir von der Hypothese aus, daß sich viele Krankheiten aufgrund von Beziehungsstörungen entwickeln, müssen wir uns die Frage nach unserem Bild von einer «fully functioning personality» (C. Rogers) stellen. Von dieser kann erwartet werden, daß sie nicht infolge eines überfordernden oder eines ungelösten intrapsychischen Konfliktes krank wird. Es gelingt ihr, ihre Beziehungen in einer Weise als sicheren Ort zu erfahren und mitzugestalten, daß sie sich in Zeiten der Krise achtsam wahrgenommen, sicher und geborgen fühlt. Wir kommen nicht umhin, uns kurz mit wesentlichen Konzepten der Entwicklung von Beziehungsstörungen auseinanderzusetzen, damit wir die Entstehung von hieraus sich ergebenden Krankheiten und ihre Behandlung verstehen.

Ein Vergleich der Pädagogik mit der Psychotherapie, welche sich mit der psychischen Gesundung eines beziehungskranken Menschen beschäftigt, liegt an dieser Stelle für mich nahe. Es bietet sich für mich als Psychotherapeuten an, die Bearbeitung eines so komplexen Sachverhaltes wie die sinngebende Bearbeitung der Biografie eines Menschen in einer Klinik als Vergleichs- und Bezugspunkt für die Auseinandersetzung mit der Frage, was Lehrer krank macht, zu wählen. Damit ist auch ein wesentlicher Gedanke ausgesprochen: Es gibt heute keine allgemeingültigen verbindlichen Wahrheiten mehr, sondern mehr oder weniger hilfreiche Konstrukte, die ihrerseits kontextgebunden sind. So gibt es bis heute mehrere hundert psychotherapeutische Schulen, die alle nach Wegen suchen, Menschen, die seelisch aus dem Lot geraten sind, zu sinnvollen Erkenntnissen zu verhelfen. Manchmal tun sie dies mit geradezu missionarischem Eifer, als wären es Heilsbotschaften. Und immer finden sich irgendwelche Gurus, die diese mit ihrem Namen verbinden.

Damit sich diese Unterschiedlichkeit der psychotherapeutischen Schulen nicht zum Nachteil auswirkt, die Vorteile der verschiedenen methodischen Zugänge jedoch genutzt werden können, wird ein integrativer Arbeitsansatz gewählt, wie dies in den meisten psychosomatischen Kliniken der Fall ist. Als Bezugspunkt für unsere therapeutischen Reflexionen benötigen wir eine klare Vorstellung von einer normalen, psychisch gesunden Persönlichkeit für die Entwicklung von Behandlungsplänen.

Nehmen wir die «fully functioning personality» nach C. Rogers, dem Begründer der Gesprächspsychotherapie, zum Therapieziel, so soll damit nach meiner Interpretation ausgedrückt werden, daß ein Mensch

- imstande ist, die emotionalen Bedürfnisse von sich und ihm anvertrauten bzw. sich anvertrauenden Menschen vorurteilsfrei wahrzunehmen, bedingungslos zu akzeptieren, zu kommunizieren und zu befriedigen;
- flexibel und anpassungsfähig ist, sich immer wieder neu «empathisch» auf seine eigenen Bedürfnissen und die von Schülern einzulassen und für beide Seiten befriedigende Kompromisse zu bilden;
- in der pädagogischen Begegnung mit Schülern, welche blockiert sind, die empathisch wahrgenommenen «Gefühle zu verbalisieren» und so Türen zu öffnen für einen offenen Austausch, der Blockaden auflösen hilft und einen sicheren Ort schafft;
- sein Leben als einen dynamischen Prozeß versteht, der Phasen des Umbruchs und der Krisen kennt und vor schicksal-

haften Ereignissen nicht geschützt werden kann, auf die er sich wohl mental und spirituell vorbereiten kann. Diese Selbstreflexion nutzt er, unvermeidliche Entwicklungskrisen von Schülern zu erkennen und zu akzeptieren.

Fehlende Akzeptanz emotionaler Erlebnisinhalte, die Unfähigkeit, über Gefühle zu sprechen, und fehlende Empathie führen unter Umständen zu erheblichen Störungen im Miteinander der Menschen. Sie können die Ursache für die Entwicklung von Beziehungskrankheiten bilden.

Tiefenpsychologisch beinhaltet eine solche Persönlichkeit, daß ein Mensch

- erkennt, daß sich unbewußt immer wieder Anteile aus früheren Beziehungserfahrungen in aktuellen Beziehungen wiederholen und die Sicht, die Wahrnehmung und das Erleben von Beziehungswirklichkeiten in der Gegenwart in Korrespondenz zu seinen früheren Beziehungserfahrungen stehen (Phänomen der Übertragung);
- die Bedeutsamkeit des Schutzes von Beziehungen insbesondere in der Kindheit, aber auch später und den Unterschied einer Beziehungserfahrung in der Vergangenheit und Gegenwart erkennt (unbewußte intrapsychische Abwehrleistungen wie Verdrängung, Verleugnung und Abspaltung, Idealisieren und Entwerten, Rationalisieren, Wendung gegen das Selbst mit Verschieben auf das Soma etc. sind hier angesprochen);
- möglichst ungehinderten Zugang in seiner Erinnerung zu all seinen wesentlichen Beziehungserfahrungen hat, ob diese nun, förderlich oder hinderlich, traumatisch oder vorbildlich waren.

Werden Übertragung und Abwehr, welche sich in «Vergessen» von meist peinlich besetzten Beziehungserfahrungen ausdrükken, in einer aktuellen Beziehung zu stark, drohen sie den Unterschied zwischen den Beziehungserfahrungen in der Vergangenheit und in der Gegenwart zu verdecken. Die sich aus der Unterschiedlichkeit ableitenden Chancen für Veränderung und Entwicklung von gelingenden Beziehungsmustern im Hier und Jetzt können nicht kreativ genutzt werden. Es entwickeln sich Beziehungskrankheiten. Durch «Verschiebung» seelischer

Konflikte auf den Körper können sogenannte psychosomatische Erkrankungen entstehen oder der Heilungsverlauf von primär körperlichen Krankheiten verlängert werden.

Systemisch-familientherapeutisch gesehen, beinhaltet eine beziehungsungestörte Persönlichkeit, daß ein Mensch

- seine persönlichen Sichtweisen als individuell bedeutsam, jedoch nicht als allgemeingültig erachtet; daß er diese als sozialisationsabhängige und kontextgebundene Konstrukte erkennt, die ihre Gültigkeit aus dem Bezug, in dem sie stehen bzw. in den sie von ihm gestellt werden, erfahren; daß diese Sichtweisen anpassungsfähig sind;
- alle Erkenntnis im hermeneutischen Sinne als subjektiv und sprachgebunden sieht und er diese verbal kommunizieren muß, will er in seiner Interpretation verstanden werden;
- nicht nichtinteragieren (siehe anthropologisches Modell in Abschnitt II.2) kann, wenn er sich in Beziehung setzt; die Bedeutung seiner Worte erkennt er reflexiv als subjektive Interpretationen, die auf ihre Gültigkeit im Dialog mit einem Gegenüber überprüft bzw. die miteinander abgeglichen werden müssen, sollen Mißverständnisse verringert bis vermieden werden;
- den Bedeutungsinhalt seiner Worte nicht nur interpersonell, sondern auch im Laufe eines Lebens intraindividuell als ständig im Fluß sieht;
- sich aktiv (mit-)gestaltend in seinen Beziehungssystemen erlebt, auch wenn er scheinbar nicht aktiv ist, und hierfür Verantwortung übernimmt;
- die Grenzen zwischen Systemen, Subsystemen und Kontexten erkennt und *semipermeabel* gestaltet – das heißt, daß je nach Anforderung sich die Grenzen zum Schutz eines Systems schließen oder öffnen und die unterschiedlichen Subsysteme in einer Weise miteinander korrespondieren, daß das größere System wohl funktioniert und umgekehrt;
- so bescheiden ist zu erkennen, daß Ereignisse wie Krankheit, Schicksalsschläge und Verlust von Angehörigen und Freunden durch Tod etc. die Beziehungsmuster maßgeblich mitgestalten; er übernimmt die Verantwortung weniger für das

Vorhandensein eines solchen Ereignis als vielmehr für die offene Auseinandersetzung und einen angemessenen Umgang damit;
• die Unvorhersagbarkeit von systemischen Abläufen annimmt und sich bewußt ist, im System zu sein, wenn er sich auch außerhalb sehen möchte; er kann nicht nicht in Beziehung treten, wenn er zu einem System wie Schule, Lehrerkollegium, Gesellschaft etc. dazugehört. Dazuzugehören bedeutet, in Beziehung zu treten!

Zu vermehrten Konflikten kommt es in Beziehungen, wenn persönliche Sichtweisen verabsolutiert und gleichsam in den Rang von Ideologien erhoben werden und die Unterschiede, die sich aus alternativen Perspektiven ergeben, die sich auch aus verschiedenen Kontexten entwickeln können, nicht mehr gesehen werden.

Wird wenig kommuniziert, sondern setzt jemand voraus, daß ein anderer seine Wünsche und Bedürfnisse erkennt und befriedigt, führt das leicht zu tyrannischer Unberechenbarkeit und häufigen Verletzungen den Menschen gegenüber, von denen man die unausgesprochenen Erwartungen erfüllt sehen möchte. Wir können nicht kommunizieren, wir können die Kooperation verweigern und üben hierdurch massiven Druck aus. Denn wir gehören zum System und können ein Interagieren nicht verhindern. Die definitorische Macht der Interpretation von Bedeutungsinhalten eines Wortes öffnet der Willkür dessen, der sie besitzt, Tür und Tor.

S. Minuchin[36] beschreibt Beziehungsmuster, welche maßgeblich zur Entwicklung von psychosomatischen Krankheiten beitragen können. Zu durchlässige oder zu starre Grenzen, Verletzung der Generationengrenzen, Kontaktabbrüche etc. gehören hierzu.

Die Verantwortung abzulehnen für systemische Abläufe, nur weil man sie nicht aktiv mitgestaltet hat, führt leicht zu bösem Blut bei denen, die darin einen Vorwurf sehen für Entscheidungen, die von allen mitzutragen sind.

Da wir oft keine zwingende Kausalität herstellen können zwischen einem Verhalten und einer Erkrankung oder gar der Entwicklung einer Tragödie wie in Erfurt im April 2002, sollten wir mit Schuldvorwürfen sehr zurückhaltend sein. Viele

Entwicklungen lassen sich erst im Rückblick herleiten, ohne daß sie dadurch vorhersehbar oder bewiesen wären. Doch pauschale Verurteilungen wie jene, Lehrer oder Eltern seien schuld, schaffen Gräben, statt zu verbinden und Kooperation zu fördern.

Ein Patient hatte sich über viele Jahre einem Heilpraktiker anvertraut. Er hatte verletzende Erfahrungen mit Ärzten gemacht, die wenig Zeit und Aufmerksamkeit und vor allem wenig Empathie aufgebracht hatten, als er nach einem Unfall durch einen leichten Schock auch seelisch in Not war. Er hatte zwei Stunden auf dem Flur warten müssen, bis die erforderliche Röntgenuntersuchung durchgeführt worden war, die eine Schädelverletzung ausschloß. Seine Kopfplatzwunde, die ihn sehr schmerzte und auch ängstigte – seine Großmutter war nach einem Sturz an den Folgen eines Schädelbasisbruches gestorben –, war nur notdürftig versorgt worden. Seinen Anspruch auf eine ganzheitliche Sichtweise sah er in der Schulmedizin nicht ausreichend erfüllt und von den Ärzten nicht respektiert. Dann wurde er schwer krebskrank.

Als der Heilpraktiker ihm nicht mehr helfen konnte und ihn zu einem Hausarzt schickte, mußte dieser feststellen, daß die Erkrankung ein unheilbares Stadium erreicht hatte. Er machte dem Patienten heftige Vorwürfe, daß er so lange gezögert habe, sich der Schulmedizin anzuvertrauen. Jetzt sei es wohl schon zu spät.

Dieser Vorwurf ist sicherlich völlig fehl am Platze gewesen, zumal der Arzt sich nicht mit dem Patienten über dessen begründetes Mißtrauen den Ärzten gegenüber ausgetauscht hatte. Außerdem befand sich der Patient in einem Stadium der Hilf- und Auswegslosigkeit, daß sein Handlungsspielraum und seine Möglichkeit, sich zu wehren, maximal eingeschränkt war.

Der Arzt seinerseits blieb nach dem Tod des Patienten ein halbes Jahr lang mit Schuldgefühlen und dem Gefühl von Abhängigkeit und Ausgeliefertsein an Bedingungen zurück, die er nicht verändern konnte. Wie er in einer Balint-Gruppenarbeit später reflektieren konnte, hatte er hierauf mit viel Aktivität reagiert, die dazu geführt hatte, den Patienten in seinen letzten Lebenstagen täglich zu konsultieren. Auch wenn der Arzt ihn nicht heilen konnte, wird sich der Mann möglicherweise in seiner Todesangst zumindest respektiert und begleitet gefühlt haben.

Der Arzt konnte für sich in der Gruppe erarbeiten, daß er «unbewußt» im Sinne des Patienten gearbeitet haben dürfte, da es nicht um Heilung, sondern um Annehmen des Unabänderlichen und Begleiten auf dem letzten Weg des Patienten ging. Insbesondere die Ehefrau des Verstorbenen hatte ihm für seine intensive Unterstützung gedankt.

Wenn Lehrer in ihrer Arbeit reduziert werden auf meßbare Leistung, die die Schüler nachweisen sollen, werden sie in einer Weise festgelegt, daß sie die emotionalen Notwendigkeiten von Schülern, die sie in der interaktionellen Begegnung spüren, «übersehen» müssen. Auf ihre gefühlshafte Wahrnehmung reagieren sie unbewußt dennoch. Es stellen sich Schuldgefühle und Gefühle der Abhängigkeit und des Ausgeliefertseins an das System ein. Sie steuern hier gegen und erschöpfen sich u. U. bis zum Burn-Out.

III. Systemische Reflexionen zur spezifischen beruflichen Situation

Wir werden uns im folgenden mit der systemischen Reflexion der spezifischen beruflichen Situation des Lehrers auseinandersetzen. Rollenverständnis und -zuschreibung, Macht und Kompetenz des Lehrers, Beschreibung der Grenzgestaltung unterschiedlicher Subsysteme und psychologisch-pädagogisch positive Voraussetzungen für eine «ideale» Lehr- und Lernsituation werden beschrieben. Dies führt zur Entwicklung eines psychologisch-pädagogischen Grundverständnisses.

1. Die Suche nach individuellen Antworten: eine systemische Sicht

Vor dem Hintergrund des anthropologischen Modells, in dem Interaktion und Kooperation aneinandergrenzen, liegt es nahe, eine systemische Sichtweise einzunehmen. Wollen wir uns der Frage stellen, was Menschen beziehungskrank macht, dann ist die Antwort abhängig von der Perspektive, mit der wir uns der Fragestellung nähern. Das bedeutet letztlich, daß verschiedene Antworten möglich sind. Eine einzige Wahrheit gibt es nicht, wohl aber das berechtigte und engagierte Bemühen, individuelle Antworten zu entwickeln, welches gleichzeitig die Methodik transparent macht, wie wir zu unseren Antworten kommen. Die Antworten, die wir entwickeln, bestimmen diese mit bzw. sind weitgehend Ergebnis der angewandten Methode, mit der wir sie gefunden haben. Dies bedeutet nicht mehr und nicht weniger, als daß wir zwar keine Wahrheiten formulieren können, aber in sich schlüssige, methodenabhängige Antworten. Zu unterschiedlich sind die Problemstellungen vor Ort und im Einzelfall, als daß allgemeingültige Antworten möglich wären. Diese zu entwickeln ist das wenig erfolgreiche Bemühen der Politiker.

Wir nehmen eine Position der Bescheidenheit ein, die uns

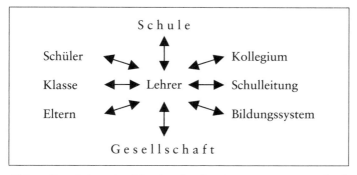

Abb. 4: Der Lehrer im Mittelpunkt der Erwartungen unterschiedlicher Systeme

immer wieder zwingt, all unser Bemühen darauf auszurichten, dem Einzelfall gerecht zu werden. Da wir mit jedem Patienten, der sich uns anvertraut, ein gemeinsames Wir bilden, das uns mit all unseren Sinnen in Beziehung zueinander treten läßt, finden wir zu einer reflexiven Arbeitsweise. Wir intervenieren in der Begegnung und schauen, ob wir so ein Stückchen weitergeholfen haben. Wir können von keiner Intervention im vorhinein sagen, daß sie zu einem bestimmten Ergebnis führen wird, sondern müssen dafür offen sein, gegebenenfalls das vorher definierte Ziel mit Hilfe einer neuen verbalen Intervention anzustreben.

Resultierend aus der Sicht, daß Beziehungskrankheiten häufig zu Dienstausfällen bei Lehrern führen, legt unser psychologischer Ansatz den Fokus auf die Reflexion der Beziehung zwischen Pädagogen und Schülern. Wir werden daher zwei Komplexe in ihren unterschiedlichen, für ihre Beziehungserfahrung und -gestaltung wesentlichen Kontexten reflektieren müssen. Diese sind

- die Schule mit dem Lehrer, seinem Kollegium, der Schulleitung und dem Bildungssystem;
- die Schule mit dem Schüler, der Klasse, den Eltern und der Gesellschaft.

2. Rollenverständnis und Rollenzuschreibung

Das Rollenverständnis, das ein Mensch von sich als Lehrer, als Elternteil, als Ehepartner und seinem Selbst hat, entwickelt er im Wechselspiel mit den Erwartungen und Zuschreibungen, die er erfährt (siehe auch Rollenmanagement). Kommt es zu einer Kollision zwischen eigenem Rollenverständnis einerseits und der Rollenzuschreibung andererseits, führt dies zu nicht geringen intrapsychischen Spannungen.

Ein Lehrer entdeckt, wie in offensichtlich konspirativer Absicht drei Jugendliche zusammenstehen. Er sieht, wie einer den beiden anderen etwas übergibt, nachdem er von ihnen etwas erhalten hat. Da der eine Schüler schon länger im Verdacht steht, mit Drogen zu dealen, macht der Lehrer sofort eine Meldung beim Rektor und verlangt, daß dieser Schüler der Schule verwiesen wird. Der Rektor hat jedoch das Ansehen der Schule im Auge, und er sieht große Probleme voraus, wenn der Schüler, dessen Vater Rechtsanwalt ist, tatsächlich entlassen werden sollte. Er drängt daher den Lehrer, seine Anschuldigungen zum Wohle der Schule zu vergessen.

Der Lehrer war über diese offensichtliche Diskrepanz in der Einschätzung der Situation derart verunsichert, daß er alle Motivation verlor, ins Grübeln geriet und in tiefe Selbstzweifel verfiel. Diese mündeten in einer depressiven Krise.

Erwarten Eltern hartes Durchgreifen als pädagogisch durchzuführende Maßnahme in einer Konfliktsituation, kann ein Lehrer gegebenenfalls aus seiner auf Erfahrung basierenden Sichtweise zu einem anderen Ergebnis kommen. Divergierende Rollenzuschreibungen aus allen unterschiedlichen Richtungen verlangen ein hohes Maß an Souveränität und eine starke Persönlichkeit. Insbesondere in sozial stark gemischten Klassen mit hohem Anteil an Kindern, deren Eltern aus anderen Kulturen stammen, sind die Erwartungen extrem unterschiedlich und belastend.

Dem Anspruch der Gesellschaft gerecht zu werden, die Kinder auf das Berufsleben oder die Universität besser vorzubereiten, steht die Realität in der Schule oftmals entgegen, die dies dem einzelnen Lehrer unmöglich machen kann.

So beklagen häufig Berufsschullehrer die mangelhafte Ausstattung mit Computern. Sie sollen die Schüler vorbereiten auf konkrete Anforderungen in den Betrieben und verfügen nur über veraltetes Equipment. Lehrer, welche im Berufkolleg arbeiten, sprechen oft über demotivierte Schüler, welche «zwischengelagert» werden, um sie ein Jahr länger vom Arbeitslosenmarkt fernzuhalten.

Insbesondere, wenn das Kollegium dem einzelnen wenig Zusammenhalt und sicheren Ort bietet, die Schulleitung nicht hinter jedem steht, das Bildungsministerium ständig neue Reformen umsetzen läßt, worüber viele Lehrer klagen, trägt dies zur Entwicklung von Beziehungskrankheiten bei.

Eine 54jährige Gymnasiallehrerin, welche Physik und Mathematik vorwiegend in der Oberstufe unterrichtet, klagt darüber, daß sie in diesem Fachbereich unterbesetzt sind und die ganze Arbeit der beiden Fächer an ihr hängenbliebe. Zudem wisse sie am Schuljahresende nicht, was sie im kommenden Jahr unterrichten müsse, weil ständig neue Anordnungen vom Schulministerium umzusetzen seien. Ende der letzten Sommerferien wurde eine Konferenz terminiert, um in Reaktion auf die Ergebnisse der PISA-Studie ein Fachthema zu diskutieren. Als es acht Wochen später zu der Konferenz kam, war das Arbeitspapier schon wieder vom Tisch, und ein neues sollte diskutiert werden.

Eltern sind keine Pädagogen. Und dennoch sind alle Eltern selbst einmal Schüler gewesen und leiten daraus ab, mitreden zu können. Die Erfahrungen, die Eltern mit ihren Kindern machen, sind eine wichtige Hilfestellung, um ein Kind verstehen zu können. Jedoch ist der häusliche Kontext nicht identisch mit dem schulischen. Im letzteren macht auch das Kind eigene Erfahrungen, an denen der Lehrer deutlich mehr Anteil hat als die Eltern. Daher kann es nur ein Miteinander geben.

Als ich einmal gebeten wurde, in einer Konfliktsituation zwischen einer Klassenlehrerin und einer Mutter zu moderieren, vertrat ich die Position, daß zum Wohle des Kindes das Vertrauen zwischen den Eltern und der Lehrerin notwendig sei.

Wenn eine Mutter zum Beispiel sagt, daß sie kein Vertrauen in die Klassenlehrerin ihres Kindes hat und auch nicht bereit ist, dieses Mißtrauen in Frage zu stellen, so ist ernsthaft die Frage zu stellen, ob es für das Kind gut ist, in dieser Klasse zu bleiben. Respekt und Wertschätzung auch seitens der Eltern sind für einen gedeihlichen Umgang des Lehrers mit dem Schüler notwendig. Ansonsten kann er seiner Rolle nicht gerecht werden. Es sind Spaltungen zu befürchten, die nur auf Kosten des Kindes gehen können. Lehrer können ihren Auftrag, die Kinder pädagogisch zu leiten und ihnen Wissen zu vermitteln, nur einvernehmlich mit ihrem direkten Auftraggeber, den Eltern, ausführen.

Ähnliches gilt auch für die Gesellschaft. Diese überträgt den Lehrern ihre Macht durch den Arbeitsauftrag und die Rollenerwartungen, die sie mit deren Anstellung verbindet. Es geht nicht an, daß führende Politiker in aller Öffentlichkeit Lehrer als «faule Säcke» bezeichnen. Solche Äußerungen bestätigen die Schüler in ihrer pubertären Antihaltung gegen alles und jeden, der Forderungen an sie stellt. Vielmehr sollte es Aufgabe und Selbstverständnis auch der Politiker sein, den jungen Menschen Ziele aufzuzeigen und diese hierfür zu begeistern. Damit meine ich selbstverständlich nicht, sie für Krieg zu begeistern und von Lehrern zu fordern, daß sie Schulausflüge in die Kasernen organisieren, wie dies laut «Die Zeit» in den USA der Fall ist. Aufgabe der Politiker ist es, den Kindern Visionen aufzuzeigen, wie sie ihren Egoismus, Ehrgeiz und ihr Machtstreben sozialverträglich und zum Nutzen der Gesellschaft befriedigen können. Dafür zu lernen wird Schülern leicht von der Hand gehen. Hiermit sich zu identifizieren und die Schüler darauf vorzubereiten wird Lehrern leichtfallen.

Das Kollegium hat ebenfalls spezifische Rollenerwartungen an den einzelnen Lehrer. Diese sollten in jedem Fall implizieren, daß jeder sich zugehörig fühlen kann und Vertrauen in das Miteinander entwickelt. Anderenfalls kommt es zu problematischen Spaltungen und Grabenkämpfen unter den Lehrern, auf die die Kinder mit Verhaltensauffälligkeiten und erhöhtem Konfliktpotential reagieren werden. Kinder haben ein sehr feines Gespür für zwischenmenschliche Spannungen, insbesondere, wenn sie durch Spannungen der Eltern untereinander sensibilisiert sind.

In einer Vielzahl von Gesprächen mit Lehrern wurde immer wieder deutlich, wie sehr sich jeder letztendlich als Alleinkämpfer vor einer Klasse versteht. Mit allen Lehrern, die eine Klasse unterrichten, eine gemeinsame Aufgabe dergestalt zu formulieren, daß jeder von jedem weiß, wer für welches Kind die Vertrauensperson ist, wer deutlicher pädagogisch arbeiten kann, wer seine Stärken in Didaktik und Wissensvermittlung hat, ist eine große Herausforderung an ein Teamverständnis, das den Schüler in den Mittelpunkt rückt. Hierzu gehört es selbstverständlich, daß Lehrer sich auch darüber unterhalten, was ihnen nicht gelingt, wie sie es im Einzelfall besser machen können, welches Kind ihnen im Umgang größere Schwierigkeiten bereitet und wie dies verbessert werden kann (siehe hierzu auch G. Enders in ihrem Kapitel zur Supervision von Lehrern).

Kinder treffen mit ihren Beziehungserwartungen und «Arbeitsmodellen» (siehe unter Bindungstheoretische Überlegungen in Abschnitt II.6) auf Lehrer, die ihre eigenen Rollenerwartungen mit sich tragen und sich meist über ihre «Arbeitsmodelle» im Sinne der Bindungstheorie, mit denen sie die Beziehungsarbeit in der Klasse leisten wollen, nicht im klaren sind. Hierüber kommt es zwangsläufig zur Kollision zwischen Schülern und Lehrern. Solange ein Lehrer seelisch im Lot ist und keine eigene gravierende Lebensveränderung oder kein intensiverer Beziehungskonflikt ihn innerlich blockiert, vermag er durch Rückzug auf seine Machtposition, die ihm seine Rolle verleiht, «gesund» zu bleiben. Doch inwieweit er seinem inneren Anspruch gerecht wird, sich zugewandt und liebevoll den Kindern zuzuwenden, ist damit noch nicht gesagt. Hier würde es ihm sicherlich guttun, wenn er die Möglichkeit hätte bzw. wahrnähme, sich offen über seine Schwierigkeiten in der Begegnung mit einzelnen Schülern mit den Kolleginnen und Kollegen auszutauschen, die ebenfalls in Beziehung zu den betreffenden Schülern stehen. Insbesondere, wenn ein Lehrer depressiv erkrankt ist, sich innerlich zurückzieht oder soziale Kontakte abbricht, wenn er es ängstlich vermeidet, sich mitzuteilen, weil er wähnt, seinem eigenen Autonomieanspruch nicht gerecht zu werden, wird eine Konfliktspirale in Gang gesetzt. Der Schüler, der aus wer weiß was für Motiven verhaltensauffällig reagiert und besondere Aufmerksamkeit erfordert, reagiert mit stärkeren Störmanövern auf seinen Rückzug. Der Lehrer bietet im Gegenüber nicht mehr die vertrauensvolle Beziehung, die dem Schüler Achtsamkeit, Schutz und Geborgenheit vermittelt und ermöglicht, mit sich störungsärmer zurechtzukommen.

Die ständige Beziehungsauseinandersetzung hingegen, die die Kinder ihm alltäglich abverlangen, trifft sofort jede Lücke in seinem «Rollenpanzer» und schmerzt ihn. Die Kinder kommen heute häufiger aus *Broken-home*-Situationen. Durch die Berufstätigkeit der Mutter, abwesende Väter und fehlende großfamiliäre Strukturen werden sie früh in ihrer Autonomie gefordert und in ihrem Beziehungsverhalten verunsichert. Interkulturell unterschiedliche Signale aktivieren ganz unterschiedliches Bindungsverhalten, und dadurch verlangen multikulturell zusammengesetzte Klassen nicht nur eine erhöhte Sensibilität, sondern auch vermehrte Aufmerksamkeit. Durch häufigere Ortswechsel wird weniger gesicherte *Peergroup*-Erfahrung und weniger sicherheitsbietende Heimatprägung gemacht. Dadurch haben die Beziehungsarbeit und damit die emotionale Herausforderung im schulischen Alltag für den einzelnen Lehrer ganz einfach in erheblichem Maße zugenommen.

3. Die Macht des Lehrers

Macht hat man nicht, Macht erhält man zugeteilt, hat Hannah Arendt einmal geschrieben. Den Rollenzuschreibungen aus den verschiedenen Systemen kann jeder Lehrer entnehmen, welche und wieviel Macht er hat. Wenn wir davon ausgehen, daß Egoismus, Ehrgeiz und Machtstreben im philosophischen Diskurs nicht weiter reduziert werden können, so dürfen wir davon ausgehen, daß sie in ihrem Ursprung nicht sozialisationsgebunden sind. Wohl aber in ihrer Ausprägung unterliegen sie den Einflüssen aus allen Systemen, die oben genannt wurden. Daraus ergeben sich folgende Fragen:

Wie kann ein Lehrer seinen Ehrgeiz, seinen Egoismus und sein Machtstreben in Übereinstimmung mit den unterschiedlichen, teilweise divergierenden Erwartungen aus den verschiedenen Systemen befriedigen?

Wie wir später im Kapitel über Gewalt sehen werden, tritt Aggression dann auf, wenn ein Mensch daran gehindert wird, sich seinen Möglichkeiten entsprechend so in einer sozialen Wirklichkeit zu entwickeln, wie er es subjektiv für realisierbar erachtet. Aggressionen destruktiv auszuleben widerspricht jedoch dem ethischen Anspruch eines Pädagogen. Er läuft daher Gefahr, die Frustration über gebremste oder unmöglich gemachte persönliche Entwicklung in sich hineinzufressen. Dies könnte unter bestimmten Voraussetzungen zu einem Magengeschwür, zu Bluthochdruck und Herzinfarkt führen. Macht hat nicht nur der einzelne, sondern ganz besonders die Schule als System. Sie verantwortungsbewußt einzusetzen unter dem identitätsbildenden Motto der jeweiligen Schule ist vorrangige Aufgabe des Kollegiums und der Leitung. In unserem bisher entwickelten psychologisch-pädagogischen Bild wird die individuelle Förderung jedes einzelnen Kindes dadurch gewährleistet, daß es in der Schule einen sicheren Ort findet und Förderung und Forderung den aktuellen Möglichkeiten angepaßt werden. Das bedeutet, daß ein Lehrer all seine Macht dazu einsetzt, diesem Anspruch zu genügen, und er hierin vom Kollegium und der Schulleitung uneingeschränkte Unterstützung erfährt.

Ist sich ein Lehrer seiner Macht und der in ihr begründeten konstruktiven wie auch potentiell destruktiven Möglichkeiten nicht bewußt, ist er gefährdet, diese zu mißbrauchen, wie das folgende Fallbeispiel zeigt:

Ein 52jähriger Gymnasiallehrer ist von einer ehemaligen Schülerin angezeigt worden, weil er sie vom 13. bis zum 14. Lebensjahr sexuell mißbraucht hatte. In einer Therapie erinnerte sie sich an diesen Übergriff. Er bekannte sich zu dieser Tat, die er als Unrecht anerkennt. Er befand sich damals privat in einer Trennungsphase von seiner Frau, die ihn verlassen hatte. Sie hatte die beiden gemeinsamen Kinder mitgenommen.

Das Mädchen befand sich damals ebenfalls in einer emotional schwierigen Situation, weil ihre Eltern sich trennen wollten, worüber es zu viel Streitigkeiten in ihrer Familie kam, die teilweise auch mit Gewalt seitens des alkoholkranken Vaters ausgetragen wurden.

Der Lehrer mißbrauchte seine rollengebundene Macht, die ihm allein zugestanden war, um eine tragende Beziehung als sicheren Ort herzustellen. Er nützte das durch die häuslichen Konflikte aktivierte Bindungsverhalten des Mädchens und ihr Anlehnungsbedürfnis aus, indem er aus Eigennutz größere Nähe zuließ, um seine eigenen sexuellen Bedürfnisse zu befriedigen.

Dieses sehr drastische Beispiel verdeutlicht nur, was im Schulalltag subtiler immer wieder abläuft. Wenn ein Lehrer einen Schüler niedermacht, ihn beschimpft, ihm Vorwürfe macht, geschieht das mit all seiner Macht. Und in diesem Fall ist sie destruktiv. Es ist ein Unterschied, ob ein Lehrer einem gleichrangigen Kollegen sagt, er sei ein Versager, oder ob er es einem

Schüler sagt. Beleidigt mag der eine sein, der andere jedoch ist in seinem Selbstwert erschüttert.

4. Die Kompetenzraute

Im Laufe eines Berufslebens verändert sich die Kompetenz, die ein Lehrer erwirbt. Anfangs kann er über keine berufliche Kompetenz verfügen, denn sie gründet auf jahrelanger Erfahrung. Daher ist es so überaus wichtig, daß in einem Kollegium ältere berufserfahrenere Kollegen mitarbeiten. Dafür sind fachliche Fähigkeiten, die sich mit den wechselnden Anforderungen verändern und anpassen müssen, schon früh auch bei engagierten jungen Lehrern zu erwarten. Das soll jedoch nicht bedeuten, daß der beruflichen Kompetenz einseitig der Vorrang eingeräumt wird, wie dies in überalterten Kollegien der Fall ist. Die Weisheit des Alters und der Elan der Jugend zusammen beleben das Unterrichten in einer Klasse.

Die *fachliche Kompetenz*, welche im anthropologischen Modell der verbalen Kommunikation zuzuordnen wäre, erwirbt der Lehrer in der Hochschule. Vor allem didaktische Fertigkeiten erlernt er hier und setzt sich während der Praktika und später während des Referendariats auch schon mit seinem Rollenverständnis auseinander. Gerade in letzterem ist er natürlich noch sehr geprägt von seinen Rollenvorbildern und -idealen. Wie wenig diese mit der Realität zu tun haben, vermittelt ihm der sogenannte Praxisschock. Die Universität vermittelt ihm nur verallgemeinerte Anleitungen, welche niemals eins zu eins übertragbar sind auf den konkreten Schulalltag. Es ist sehr wünschenswert, daß Junglehrer in den ersten Jahren von berufserfahrenen Lehrern begleitet werden, wie wir dies z.B. in der Medizin kennen. Ehe jemand Facharzt wird, fachliche Kompetenz im Rahmen einer Prüfung nachweisen kann, bedarf es einer mindestens fünfjährigen Assistenzzeit nach einem mindestens sechsjährigen «Trocken»-Studium. Während dieser Zeit wird der Assistenzarzt von Ober- und Chefarzt im konkreten Stationsalltag angeleitet und übernimmt zunehmend mehr Verantwortung. Dieses Hineinwachsen in die Selbstverantwortlichkeit ermöglicht ein langsames Umsetzen von Theorie in Praxis, garantiert jedoch nicht immer die gewünschte Quali-

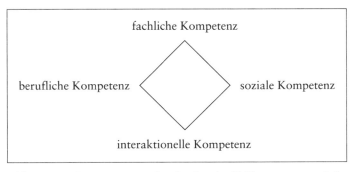

Abb. 5: *Die Kompetenzraute beschreibt vier Teilkompetenzen. Jeder Lehrer und jede Lehrerin verfügt über eine Gesamt-Kompetenz, die 100% ausmacht. Die Verteilung der einzelnen Kompetenzen verändert sich im Laufe einer beruflichen Tätigkeit. In Verknüpfung mit dem anthropologischen Modell ergibt sich eine Zuordnung der fachlichen Kompetenz zur verbalen Kommunikation, der sozialen zur Kooperation und der interaktionellen zur Interaktion. Letztere ist über die Sinneserfahrung am dichtesten und unmittelbarsten in der Begegnung. Die berufliche Kompetenz wird durch Erfahrung erworben.*

tät. Die oben schon einmal erwähnte erfahrene Physik- und Mathematiklehrerin sagte in einem unserer Gespräche, sie hätte über Jahre am meisten davon profitiert, daß alle Fachlehrer der Oberstufe sich zusammengesetzt hätten, um miteinander ihr weiteres Vorgehen zu diskutieren.

Die *soziale Kompetenz* drückt die Fähigkeit aus, eine Klasse als dynamisches System zu verstehen und darauf hinzuwirken, daß sich innerhalb einer Klasse eine Stimmung herausbildet, in der jeder Schüler sich aufgehoben und in seinen Beziehungsbedürfnissen ernst genommen fühlt. Es werden damit die sozialen Bedingungen geschaffen, eine gute Lernatmosphäre entstehen zu lassen. Die Kooperation, das Miteinander werden hervorgehoben.

Ein Negativbeispiel: Wenn die soziale Kompetenz eines Lehrers bzw. eines Systems unzureichend ausgebildet ist, entsteht Mobbing. Ein System, das Mobbing zuläßt, ist als dysfunktional zu bezeichnen. Die Arbeitsatmosphäre ist vergiftet, von Mißtrauen beherrscht. Mobbing kann jeden treffen. Wer heute Täter ist, kann morgen Opfer sein. Das Ausgrenzen von schwachen Schülern ist höchst problematisch, und es muß gegengesteuert werden.

Die soziale Kompetenz ist auch im Kollegium erforderlich und nützlich. Sie eröffnet die Sichtweise dafür, daß alle miteinander ein System bilden, das Vorbildfunktion für die Schüler hat. Diese sehen sich an, wie es in der Erwachsenenwelt so zugeht, wie Erwachsene miteinander arbeiten, ein Team bilden, sich gegenseitig wertschätzen, wie sie ihre Konflikte austragen etc.

Die *interaktionelle Kompetenz* beschreibt die Fähigkeit, in der unmittelbaren Begegnung mit dem einzelnen Schüler einen sicheren Ort zu bilden. Dies bedeutet, mit all seinen Sinnen wahrnehmen, wie sich bei einem Kind aktiviertes Bindungsverhalten erkennbar zeigt, wann ein Kind offen und wann verschlossen ist für Wissensvermittlung. Die Sensibilität für nonverbale emotionale Äußerungen ist geschärft, die Kenntnis der eigenen Grenzen und unterschiedlichen Belastbarkeit durch Erfahrung abgesichert. Sie setzt ein hohes Maß an Authentizität und Sensibilität in der Begegnung voraus. Nur wenn ein Lehrer sich berühren läßt, ist er selbst offen für Interaktion.

Ein interaktionell kompetenter Lehrer weiß, daß er sich weniger offen Schülern hinwendet, wenn er durch eigene Belastungen und innere wie äußere Konflikte abgelenkt ist. Er wird vorsichtiger und zurückhaltender intervenieren. Er wird dann andere Kollegen bitten, für ihn verstärkt auf der Beziehungsebene tätig zu werden.

Die *berufliche Kompetenz* wird durch Erfahrung erworben. Sie bedeutet die Auseinandersetzung mit Rollenerwartung aus den unterschiedlichen Systemen, die Abgleichung der eigenen Rollenvorstellungen, die Auseinandersetzung mit der Macht, die die Rolle verleiht usw. Eine Gefahr liegt in der Desillusionierung und dem Verlust der eigenen Visionen, die einmal Motor für die Berufsentscheidung waren. Daher sind der kollegiale Austausch und das Miteinander so wichtig.

Es macht einen Unterschied, ob ein berufsunerfahrener Junglehrer sich in einem Konflikt mit Eltern behaupten muß oder ein erfahrener. Und dies liegt nicht nur im Lebensalter begründet. Wie jemand an einen Konflikt herangeht, macht deutlich, ob er zum ersten Mal mit so einer Situation konfrontiert ist oder schon viele ähnliche Konflikte lösen mußte. Er wird sich in seinen Konfliktlösungsansätzen auf seinen Auftrag als Lehrer beziehen und abgrenzen gegenüber Erwartungen, die er in diesem Rahmen nicht erfüllen kann.

Die Auseinandersetzung mit den ständigen Reformen und Anordnungen vom Kultusministerium und das Bemühen, sich selbst in seinem Reagieren hierauf nicht zu verlieren, prägen ebenfalls. So manche unangemessene Forderung von Eltern und Gesellschaft wurde angehört und abgewehrt. So mancher Überforderung vom Rektor wurde begegnet.

In der Pädagogik gibt es Handlungsalternativen, die ein erfolgreiches Konfliktmanagement wahrscheinlicher machen. Es haben sich vielfach Wege gefunden, die Schüler bei ihrem Ehrgeiz zu packen, ihren Egoismus zu respektieren und sich ihr Machtstreben positiv zunutze zu machen. Es wurden Grenzen erfahren, einem Schüler einen sicheren Ort bilden zu können, und es wurde erkannt, wann professionelle Hilfe vonnöten ist.

Jeder einzelne Lehrer mag für sich bestimmen, wie seine Gesamtkompetenz sich auf die vier Bereiche verteilt. Diese sollte günstigstenfalls in einer Klasse für jeden Lehrer unterschiedlich und für die Kompetenz des Kollegiums in einer Klasse ausgeglichen sein. Überalterte Kollegien verfügen über eine hohe berufliche Kompetenz. Sie tun sich u. U. schwerer im Umgang mit neuen Medien, an die in einem modernen Unterricht jedoch kein Weg vorbeiführt. Jüngere Lehrer mit einer frischen, an der Hochschule gerade erlernten fachlichen Kompetenz dürften sich hierin viel leichter tun. Sie können auch mit viel Dynamik ihre sozialen Kompetenzen sowohl im Umgang mit den Schülern als auch im Kollegium einbringen. Das Ziel einer personell gut abgesicherten hohen Kompetenz des Kollegiums in allen Bereichen sollte stets im Blick bleiben.

In der unterschiedlichen Gewichtung der Kompetenzen liegt oft auch Konfliktpotential. So mag es naheliegend sein, daß ein Rektor eher über gute berufliche und soziale Kompetenzen verfügt. Seine Aufgabe könnte nach seinem Rollenverständnis sein, weniger den Einzelfall als vielmehr das Gemeinwohl der

Schule im Blick zu haben. Er wäre jedoch gut beraten, auch auf die Kollegen zu hören, die mit hoher Sensibilität die Probleme und Schwierigkeiten des einzelnen Kindes oder auch Kollegen wahrnehmen. Er nutzt so die Ressource Kollegium und erhält eine ausbalancierte Gesamtkompetenz.

Setzen wir diese Kompetenzen, die bei jedem Lehrer unterschiedlich verteilt sind und gleichzeitig sich auch im Laufe seiner Dienstzeit immer wieder verändern, zur übergeordneten Frage, was Lehrer krank macht, in Bezug, ergibt sich folgende Antwort. Für ein pädagogisches Arbeiten ist eine interaktionelle Kompetenz eine Conditio sine qua non. Ohne sie geht es nicht. Ein Lehrer muß mit anderen Worten bereit sein, sensibel wahrzunehmenn, wie es einem Kind geht, das er unterrichten möchte. Er hält sich verletzlich, läßt sich berühren, um Anteil nehmen und darüber erfassen zu können, ob ein Kind durch innere Bedingtheiten verschlossen ist für den Erwerb von Wissen. Er wird in dieser Situation das Kind weniger fordern, es eher unterstützen, während er später, wenn das Kind wieder belastbar ist, es verstärkt zu Leistung motiviert.

Lehrer mit hoher interaktioneller Kompetenz sind gefährdet, wenn sie selbst durch eigene Konflikte belastet sind, sich zu verausgaben, auszubrennen. So kommt es nicht von ungefähr, daß wir im klinischen Alltag die Beobachtung machen müssen, daß insbesondere hochengagierte Lehrer mit einem Burn-Out-Syndrom in Behandlung kommen.

Erfahrene Kollegen können mit dazu beitragen, daß überengagierte Junglehrer ihre Aufmerksamkeit auch auf die anderen drei Kompetenzbereiche lenken und diese stärken, damit sie nicht ihre Grenzen verlieren. Die Altlehrer wiederum können davon profitieren, sich mit der hohen Bereitschaft junger Kollegen zur Interaktion auseinanderzusetzen. Ihnen könnte erkennbar werden, daß sie zum Selbstschutz diese vielleicht etwas vernachlässigt haben. Dies birgt eine andere Gefahr, nämlich die Entwicklung einer depressiven Störung einhergehend mit Desillusionierung, Verlust der eigenen beruflichen Vision und Identität, mit Sinnentleerung der eigenen Tätigkeit und Verlust von Antrieb und Motivation. Denn wir können nicht nicht interagieren! Wir sehen, hören, riechen und spüren uns und den anderen Menschen immer, auch wenn uns das nicht schmeckt.

5. Normale Entwicklung beinhaltet Krisen

Die Arbeit des Lehrers mit Kindern erfordert interaktionelle Kompetenz und damit die Bereitschaft, sich verletzbar zu halten.[37] Die unterschiedlichen Entwicklungsphasen der Kinder bedeuten an sich schon eine große Herausforderung, ohne daß noch Probleme von zu Hause hinzukommen, die sich ebenfalls in Verhaltensstörungen äußern können.

Der Schüler macht insbesondere in der Pubertät für die Entwicklung seiner Persönlichkeit und Autonomie und die Ablösung von zu Hause wichtige *Peer-group*-Erfahrungen. Reinhard Kahl zitiert in seinem Artikel in der Wochenzeitschrift «Die Zeit» vom 27. 12. 2001 «Nivelliert nach unten» Ergebnisse und Interpretationen zur LAU-Studie (Lernausgangslage und Lernentwicklung): «Jungen lernen im Gymnasium praktisch nichts dazu.» Vor allem an der deutschen Sprache hapere es, insbesondere bei der «männlichen Schülerschaft der Gymnasien, für die in den Klassenstufen 7 und 8 praktisch kein Zuwachs mehr nachweisbar ist». Liegt es vielleicht daran, daß in dieser Entwicklungsphase die Jungen besonders verunsichert sind durch Längenwachstum, Stimmbruch und einsetzende sexuelle Neugierde? In der Waldorfschule heißt es hierzu: «Wegen Umbau geschlossen». Es werden soziale Fähigkeiten sowie das Erleben der Klassengemeinschaft in den Vordergrund gerückt. Bücher wie *Krabat* von Otfried Preußler beschreiben uns eindrucksvoll die Spannung in dieser Entwicklungsphase. Leistungskriterien abzufragen könnte da wenig sachdienliche Informationen abgeben über diese wohl schwierigste Entwicklungsphase der Jungen und Mädchen überhaupt. Schulformen, die dies stärker in ihren Curricula berücksichtigen, machen die Erfahrung, daß den Jugendlichen, wenn diese Entwicklungsphase im wesentlichen abgeschlossen ist, auch wieder Leistung abverlangt werden kann. So wird in der Waldorfpädagogik z. B. in dieser Phase auf das soziale Miteinander fokussiert, indem ein Klassenspiel sorgfältig eingeübt und vorgetragen und eine Klassenfahrt durchgeführt wird.

Schüler sind in dieser Zeit besonders irritierbar und verletzlich, gefährdet für die Entwicklung von schweren Entwicklungskrisen wie Anorexia nervosa, Drogen-, Alkoholkonsum und dissozialen Verhaltensauffälligkeiten. Eine einseitige Leistungsorientierung, die sich hierüber hinwegsetzt, würde zu Lasten der emotional Schwächsten und psychosozial nicht Belastbaren und nicht der am wenigsten Intelligenten gehen. In dieser Zeit suchen und brauchen alle den vermehrten und ungestörten Kontakt zu Gleichaltrigen. Diesen zu fördern dürfte für eine sich mehr nach pädagogischen Zielen definierende schülergerechte Schule vorrangige Zielsetzung sein.

Unsere Zeit ist sehr darauf ausgerichtet, daß der einzelne möglichst autonom ist. Aus dem Blick geraten zu sein scheint der alttestamentarische Satz: «Es ist nicht gut, daß der Mensch allein sei. Ich will ihm eine Hilfe machen, die ihm entspricht.»[38] Eine 29jährige Medizinstudentin im letzten Studienjahr sagte einmal während eines Abendessens: «Ich könnte mir nicht vorstellen, jemals abhängig zu sein von einem Mann! Ich werde auf jeden Fall arbeiten.»

So ist eine deutliche Zunahme der Single-Haushalte und Kleinfamilien zu erkennen. Es tut sich die Frage auf, welcher Zusammenhang mit der Tatsache besteht, daß wir in Deutschland schon seit vielen Jahren mehr als 4 Millionen Arbeitslose haben. Gerade soziale Unsicherheit gilt als einer der größten Streßfaktoren: «Kommt die Armut zur Tür herein, geht die Liebe zum Fenster hinaus», sagt ein orientalisches Sprichwort. Oftmals führt diese zu Alkoholabusus, Gewalt und Trennung, worunter die Kinder besonders leiden und worauf sie reagieren. Gleichzeitig stellt sich die Frage, inwieweit der deutliche Leistungsbezug der Schule mit Benotungen und Auswahlkriterien, Benachteiligung von sozial schwächeren und Ausländerkindern (Ergebnis der PISA-Studie) mit zu der hohen Krankheitshäufigkeit der Lehrer beiträgt.[39]

Wieviel Einfluß auf die sich in Erschöpfung ausdrückende Überforderung mit all ihren psychischen und psychosomatischen, zum Teil schwerwiegenden Folgen hat die Vielzahl der Reformen? Müssen wir nicht den Bezug schulischer Bemühungen von einem weniger Leistung betonenden, dafür hin zu einem deutlicher pädagogische und entwicklungspsychologische Notwendigkeiten der Schüler berücksichtigenden Unterricht verändern? Ich bin zuversichtlich, daß jeder Jugendliche das, was er als nützlich für seinen Traumberuf erkennt, auch lernen wird, auch wenn ich nicht so weit wie Ivan Illich gehen möchte, der sagt, daß Schulen nicht helfen.[40]

Hier kommen uns die Erfahrungen aus der Psychotherapie zu Hilfe. Wenn es gelingt, einen Menschen in Beziehung zu setzen zu den für ihn wichtigen Menschen, zu sich selbst, zu seiner Familie, zu seinen Freunden und Bekannten und auch zu seiner Arbeit mit seinen Kollegen, ist ein erster wichtiger Schritt erfolgt. Dann steht für ihn nicht mehr das körperliche Symptom, das ihn scheinbar wie eine äußere Macht umklammert und gefangenhält, im Vordergrund, sondern er sieht in sich wieder mehr den Handelnden, den Gestaltenden.

Hieraus ergibt sich die Frage an die Schule: Wie kann sie es erreichen, daß der Schüler erkennt, daß er sich durch den Erwerb des vermittelten Wissens eine gute Ausgangsposition für die Befriedigung seines Ehrgeizes und seines Machtstrebens im Wettstreit mit den Gleichaltrigen schafft? Daraus ließe sich ein Teil der Antworten auf die Frage finden, wie eine Schule als System und das Schulsystem als Ganzes gestaltet werden muß, daß es den Lehrern und Lehrerinnen möglich ist, sich mit ihrer Schule zu identifizieren, gerne dazugehören zu wollen, den gestellten Anforderungen gerecht zu werden, die gewünschte Anerkennung zu finden und gesund zu bleiben, nicht häufiger krank zu werden als die übrige Bevölkerung.

6. Die Gestaltung von Grenzen der Systeme zueinander

In der Abbildung 3 zu den Erwartungen, die aus unterschiedlichen Systemen auf den Lehrer treffen, wird aus systemischem Blickwinkel die Notwendigkeit deutlich, sich mit den Grenzen der einzelnen Systeme zueinander zu beschäftigen.

Jedes System hat seine eigenen Spielregeln. Diese bergen Chancen für Entwicklung und begrenzen diese gleichzeitig. Denn was einem Einzelkind zu Hause erlaubt ist, kann es in einer Klasse noch lange nicht wiederholen. Wie ein Lehrer Eltern gegenüber auftritt, ist deutlich mit geprägt von seiner Rolle. Begegnet er erwachsenen Menschen außerhalb der Schule und frei von seiner Rollenverantwortung, wird er sich anders verhalten. Das besagt, daß wir uns in unserem Verhalten kontextbezogen und systemimmanent orientieren. Es ist sehr wichtig, daß die Grenzen transparent bleiben. Wenn ein Lehrer z. B. in seiner Freizeit Schülereltern begegnet, wird er sehr wohl überlegen, ob er ihnen in seiner Rolle als Lehrer oder als Bekannter gegenübertritt.

Es erwachsen immer wieder Schwierigkeiten aus der Situation, daß Lehrer und Schülereltern manchmal auch private Beziehungen pflegen. In der Psychotherapie, die sich weitaus tiefgreifender mit der individuellen Geschichte einer Persönlichkeit auseinandersetzt, ist es eine nicht in Frage zu stellende Grundregel, daß zwischen Therapeut und Klient keine Realbeziehung bestehen darf. Dies führt nicht selten zu allzu starren Abgrenzungen und Regeln im Umgang miteinander. Für ärztliche Therapeuten ist es oft selbstverständlicher als für Therapeuten aus anderen Professionen, auch im Notfall für Patienten zu Hause erreichbar zu sein. Der Umgang mit den Grenzen ist sehr schwierig und spannungsreich und zugleich auch nicht zu umgehen. Es gibt keine Regeln, wie diese Grenzen festgelegt werden könnten, die variantenreich genug wären. Zu vielgestaltig sind die Beziehungsanforderungen. Doch sollte ein Lehrer sehr wohl darauf achten, daß er auch ein Privatleben und eine schützenswerte Freizeit hat. Ansonsten werden die Spannungen in seiner Familie schnell zunehmen, die sich ausgegrenzt erlebt. Denn daß das Arbeitszimmer des Lehrers wie selbstverständlich in der Privatwohnung liegt und nicht in der Schule, macht eine Abgrenzung von Beruf und Privat ohnehin sehr schwierig.

7. Der Lehrkörper

Das Kollegium wurde wiederholt als bedeutsam für den einzelnen Lehrer genannt. Läßt es sich treffender ausdrücken, als in diesem Paulus-Brief,[41] worauf die Systemtheorie hinweist?

Ein Körper besteht nicht aus einem einzigen Teil, sondern aus vielen Teilen. «Wenn der Fuß erklärt: Ich gehöre nicht zum Körper, weil ich nicht die Hand bin» – hört er damit auf, ein Teil des Körpers zu sein? Oder wenn das Ohr erklärt: «Ich gehöre nicht zum Leib, weil ich nicht das Auge bin» – hört es damit auf, ein Teil des Körpers zu sein? Wie könnte ein Mensch hören, wenn er nur aus Augen bestünde? Wie könnte er riechen, wenn er nur aus Ohren bestünde? Gott hat bestimmt, daß jeder Teil in das Ganze des Körpers eingefügt ist. Wenn alles nur ein einzelner Teil wäre, wo bliebe dann der Leib? Aber nun gibt es viele Teile und alle an einem einzigen Leib.

Es gibt nicht die Möglichkeit für einen Lehrer, nicht zum Kollegium, zum Lehr-«Körper» zu gehören. Wie trägt der einzelne dem in seinem Selbstverständnis Rechnung? Wie die soziale Gemeinschaft des Lehrkörpers dem einzelnen gegenüber? Wie nutzt er die Ressource Kollegium für sich? Jeder dürfte sich in seinem Leben schon einmal schwerer verletzt haben. Wie sehr ist der ganze Körper in Mitleidenschaft gezogen, leidet der ganze Mensch an der Erkrankung eines einzelnen Gliedes seines Körpers! Die Hand, die die Axt mit Hilfe des Armes schwingt, führt diese in einer Weise, daß das Bein nicht gefährdet wird. Anderenfalls wird die durch Unachtsamkeit herbeigeführte Verletzung auch die Hand längere Zeit daran hindern, die Axt zu schwingen, auch wenn der Griff nach wie vor fest ist.

Unter Beziehungsstreß und emotionaler Überforderung leiden sensible Menschen besonders. Sie sind für Anforderungen auf der Ebene von Beziehung und Emotion empfänglicher als andere. Wir können dies auch als besondere Qualität, als eine Kernkompetenz verstehen. Diese Sichtweise ermöglicht es uns, das psychische bzw. psychosomatische Erkranken eines Lehrers als Hinweis auf zu hohen Beziehungsstreß und emotionale Überforderung in einem System zu verstehen, das dem einzelnen einen sicheren Ort bedeuten könnte. Wenn der Umgang im Kollegium nicht ausreichend Schutz auch im Sinne von Rücksichtnahme auf den einzelnen bietet, sollte die Frage gestellt werden, wie es um den Schutz des Schülers bestellt ist. Wird er in seiner ganzen entwicklungsbedingten Verletzlichkeit berücksichtigt, wird seine Belastbarkeit im Blick auf seine jugendlich überschießenden Kräfte wahrgenommen, gefordert und gefördert?

Ein Lehrkörper sollte idealtypischerweise so zusammengesetzt sein, daß es weder ein *Shiva*, den vielarmigen Gott der Hindus, noch eine vielköpfige *Hydra* ergibt. Eine Überbetonung des Handwerklichen alleine würde die geistigen Fähigkeiten unterfordern. Ein verkopftes Kollegium, das allzu einseitig den Intellekt der Kinder anspricht, dürfte Gefahr laufen, die motorischen Bedürfnisse der Heranwachsenden unterzubewerten. Der Körper ist als lebender Organismus ökonomisch: Was nicht gebraucht wird, wird abgebaut.

Es muß unter dieser organisch-dynamischen Überlegung jedem Kollegium sinnvollerweise die Möglichkeit gegeben werden, zu einem Ganzen zusammenzuwachsen. Jeder Mensch hat seine ihm ureigenen Kernkompetenzen, mit denen er sich innerlich besonders verbindet, die er authentisch vermitteln bzw. einbringen kann. Alle Erfordernisse, die eine Schule erfüllen muß, müssen von dem Lehrkörper abgedeckt werden. Dies betrifft die pädagogischen, die sozialen, die inhaltlichen und die Leitungsaufgaben.

Viele Kollegien sind überaltert. Wenn der Altersdurchschnitt bei nahe fünfzig liegt und gleichzeitig viele Lehrer frühzeitig pensioniert werden, sollte die Überlegung angestellt werden dürfen, inwieweit dies noch «gesund» ist.

Vielerorts fallen Aktivitäten wie Klassenfahrten und Ausflüge mit Kindern aus, weil die Lehrer zu Recht nicht einsehen, daß sie für ihre Dienstfahrtkosten selbst aufkommen sollen, und weil sie den immensen Streß, die in alle Richtungen begeisterten und wie junge Fohlen im Frühling ausschlagenden pubertierenden Kinder sowie die *Null-Bock-Kids* nicht mehr verkraften.

Nicht weniger bedenklich ist es aus meiner Sicht, wenn Kinder im Kindergarten fast ausschließlich von Frauen und während der prägenden ersten vier Schuljahre zu über 80 % von Lehrerinnen unterrichtet werden. Insbesondere in unserer heutigen Zeit, in der ein großer Teil der Kinder mit alleinerziehenden Müttern groß wird, fehlt die männliche Bezugsperson viel zu lange (siehe hierzu auch den Zusammenhang zwischen fehlenden Vätern und Gewalt in Abschnitt IV.8). Hier könnte die Schule mit einem neuen Selbstverständnis und in der Verantwortung für bildende Erziehung eine gesellschaftliche Entwicklung in ihren nachteiligen Auswirkungen abpuffern. Dies hätte jedoch zwangsläufig zur Folge, daß nicht allein die Fächerkombination bestimmend ist, wenn eine Stelle neu besetzt wird. Und es müßte die Erziehungsleistung in der Grundschule gleich honoriert werden wie in den weiterführenden Schulen.

Hartmut von Hentig[42] spricht von Schule als «Lebens- und Erfahrensraum». Er beschreibt den Lehrer mehr als Pädagogen, der als Gebildeter ein lebendiges Vorbild ist, anleitet, sich mit den individuellen Fähigkeiten und Interessen des einzelnen wie der Gruppe, sprich Klasse, auseinandersetzt, sich als Persönlichkeit im lebendigen Prozeß des Unterrichtens täglich zur Disposition stellt und bereit ist, selbst anzunehmen, zurückzunehmen, in Frage zu stellen. Von Hentig beschreibt einen Lehrer aus den Buddenbrooks von Thomas Mann wie folgt: «Hannos Schulalltag offenbart, daß die Bildung, die man am Lübecker Gymnasium vermittelte, nicht verfeinert, nicht veredelt, nicht lebensklug macht – hatte sie doch die Lehrer selbst zu schrulligen, sadistischen, wertlosen Wesen verkommen lassen.»[43] Die Ausbildung an den Hochschulen und die begleitende Fort- und Weiterbildung in den Schulen selbst wie auch außerhalb sollte neben didaktischen und die Unterrichtsgestaltung betreffenden Themen die Bildungsaspekte für den Lehrer besonders betonen und ihnen ein größeres Gewicht zukommen lassen. Hier ist selbstverständlich jeder einzelne Lehrer gefordert, seiner Verantwortung für seine Bildung gerecht zu werden. Frei nach Montessori bedeutete dies, nicht die Kinder, sondern die Erwachsenen müssen gebildet werden.

8. Das pädagogische System als sicherer Ort

Wir müssen erkennen, daß es vordringliche pädagogische Zielsetzung sein muß, die emotionale Intelligenz eines Menschen als wichtigste Ressource zu betrachten bzw. sich affektiv hoch mit dem zu verbinden, was ein Mensch lernen soll. Kreativität, Identifikation mit dem zu Vermittelnden bzw. zu Lernenden, Motivation und Interesse sind zu locken und zu fördern. Dies gelingt am besten zum einen mit der Etablierung eines sicheren Ortes und zum anderen dem Lehrer durch seine Kompetenz, die er als einzelner einbringt und die er systemisch durch intensive Kooperation im Team der Mitkollegen erweitert. Er gelangt darüber zu einem hohen Maß an Authentizität. Sowohl seine Stärken als auch seine Schwächen als integraler Teil seiner Persönlichkeit kann er im wechselseitigen Prozeß zwi-

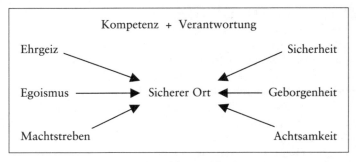

Abb. 6: Pädagogik etabliert Beziehung als sicheren Ort

schen sich und dem Schüler einbringen. Sein professionelles Selbstverständnis läßt ihn seinen Ehrgeiz auf eine optimale Gestaltung eines sicheren Ortes richten. Er erkennt hierin die Befriedigung seiner egoistischen beruflichen Bedürfnisse. Er orientiert all sein Machtstreben daran, diese Befriedigung abzusichern und die emotionalen Lernvoraussetzungen so gut wie möglich zu gestalten.

Wir akzeptieren Beziehung als sicheren Ort als eine psychologisch bedeutsame Voraussetzung für eine gelingende Pädagogik. Dies führt uns, systemisch betrachtet, zu vielfältigen Verantwortlichkeiten einzelner Subsysteme innerhalb des Bildungswesens. Pädagogik entwickelt sich schließlich nicht im luftleeren Raum.

Jedes einzelne Subsystem reagiert auf jedes andere in unterschiedlicher und wechselnder Intensität. Das bedeutet jedoch auch, daß jedes einzelne Subsystem Verantwortung trägt für das Gelingen einer Pädagogik. Es kann mit anderen Worten von einem einzelnen weder verlangt noch erfüllt werden, die Ignoranz und die Delegation von pädagogischer Verantwortung anderer Systeme anzunehmen.

Ein pensionierter Schulleiter beschrieb mir kürzlich ein Beispiel aus einem Gymnasium, an dem seine Tochter unterrichtet. Sie habe den Vater eines Schülers, der wiederholt durch Fehlverhalten und Leistungsverweigerung aufgefallen war, auf die Schwierigkeiten hingewiesen, die sein Sohn bereite. Es sei ihr Ziel gewesen, mit ihm gemeinsam Strategien zu entwickeln, wie dem Jungen in seiner Entwicklungskrise geholfen werden könne, damit er nicht den Anschluß in der

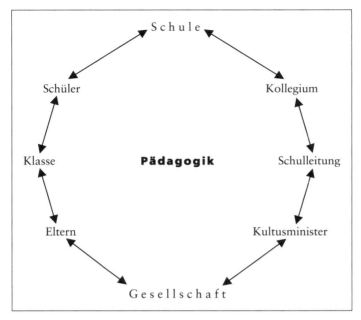

Abb. 7: *Pädagogischer Systemkreis. Die Pädagogik entwickelt sich in unterschiedlichen Systemen und Subsystemen*

Klasse verpaßt und sozial keine weiteren Konflikte provoziert. Der Vater, von Beruf Jurist, habe ihr lediglich zur Antwort gegeben: «Und? Sie sind doch die Pädagogin!»

Wenn Kinder zu Hause vernachlässigt werden oder Gewalt erfahren, wenn Kindern zu Hause zuviel Autonomie zugestanden wird und ihnen Aufgaben Erwachsener zugemutet werden, wenn sie wenig Sozialverhalten unter Gleichaltrigen und -berechtigten einüben können, wenn Kinder keine emotionale Sicherheit, unzureichende Achtsamkeit und wenig Geborgenheit erfahren, hat es die Schule erheblich schwerer, einen sicheren Ort zu etablieren. Mißtrauen und Arroganz, welche die eigene Selbstunsicherheit überspielen sollen, behindern den Schüler in seiner Kooperationsfähigkeit. Hier müßte die Gesellschaft zur Unterstützung einer gelingenden Pädagogik beitragen durch sozialpädagogisch geschultes Fachpersonal, kleinere Klassen, individuelle Fördermaßnahmen etc. Freie Lehrerstellen nicht zu besetzen, unerfahrene Referendare bedarfsdeckenden Unterricht vollverantwortlich erteilen zu lassen, um Planstellen einsparen zu können, und überalterte Kollegien sind mit Sicherheit ungeeignete Antworten des Bildungssystems und der Gesellschaft auf diese Herausforderungen.

Wenn die Gesellschaft die emotionalen Bedürfnisse der Schüler unberücksichtigt läßt, ihnen keine Perspektiven aufzeigt, die ihnen ermöglichen, ihren Egoismus und ihren Ehrgeiz mit Leidenschaft zu befriedigen, wird diese Unsicherheit auf die Bemühungen der Repräsentanten der Gesellschaft, der Lehrer, zurückschlagen. Wenn der Lehrer keinen Respekt erfährt, öffentlich desavouiert wird von Politikern, in der Schulleitung und im Kollegium keinen Rückhalt spürt, die Eltern seine Autorität untergraben, wird er Schülern schwerlich einen sicheren Ort bieten können.

Mögliche Folgen für den Lehrer sind:

- *Burn-Out* als Reaktion auf nicht erfüllbare ständige Überforderung;
- Demotivation und Verlust von Identifikation mit der Schule durch übermäßige Frustration bis hin zu Depressionen;
- innerer Rückzug mit Entwicklung psychosomatischer Störungen als körperliche Reaktion auf die heruntergeschluckten Gefühle, auf Ignoranz, mangelnde Akzeptanz und Unterstützung etc.;
- Angst, den Leistungsanforderungen und pädagogischen Notwendigkeiten nicht gerecht zu werden.

9. Schule als sicherer Ort für Schüler und Lehrer

Aus dem bisher Gesagten ergeben sich folgende systemisch formulierte Anforderungen an eine Schule, die für Lehrer wie für Schüler ein Ort tragender Beziehungen ist. Die Umsetzung kann nur individuell vor Ort vom einzelnen Lehrer, dem Kollegium, der Schule als Ganzer erfolgen.

- Eine Schule, die die Entwicklung einer Beziehungskrankheit überhaupt nicht aufkommen läßt, gibt klare Rollenzuschreibungen, was sie von jedem erwartet. Jede Lehrerin und jeder

Lehrer kann sich mit diesen auseinandersetzen und entscheiden, ob diese mit seinen Rollenvorstellungen ausreichend übereinkommen.
- Eine Schule nutzt ihre Ressourcen, die sich aus der Berufserfahrung aller Lehrerinnen und Lehrer ergeben, wenn sie jedem ausreichend Entwicklungsmöglichkeit gibt, persönliche Schwerpunkte zu setzen, die eigenen Kompetenzen dynamisch zu entwickeln und zur Reife zu bringen.
- Die Schule bildet als sozialer Beziehungsrahmen für Lehrerinnen und Lehrer einen sicheren Ort, wenn sie in Zeiten der Krise auf jemanden Rücksicht nimmt und entlastet, um später wieder stärker belasten zu können.
- Die Schule respektiert die Grenzen der einzelnen Subsysteme wie Eltern, Schüler, Lehrer, Leitung etc. und fordert gleichzeitig, daß diese Grenzen nicht starr gestaltet werden, sondern semipermeabel: der eine hilft dem anderen.
- Eine Schule stärkt ihre soziale Kompetenz, wenn sie jeder Lehrerin und jedem Lehrer vermittelt, daß sie/er den Lehrkörper mit gestaltet. Die einen sind eher aktiv, die anderen verhalten sich eher passiv.

Hieraus ergeben sich systemische Zielvorstellungen, wie eine Schule ihre Beziehungsmuster gestalten sollte, in der Lehrerinnen und Lehrer z. B.

- sich angenommen wissen und nicht Angst haben müssen, jemand könnte z. B. im Kollegium erfahren, daß sie mit etwas nicht klar kommen oder sie psychotherapeutischer Hilfe bedurften; daß nicht als unverzeihliche individuelle Schwäche gedeutet wird, wo die Stärke des Gesamtteams gefordert ist;
- ermuntert werden, den Mut aufzubringen, Persönlichkeiten zu sein, die aufmucken, demokratisch und selbstbewußt engagiert Stellung beziehen und nicht nur Konklusionen aus vorgedachten Sätzen anderer ziehen;
- sich als aktiv Gestaltende, als Handelnde verwirklichen können in dem Sinne von Hannah Arendt: «Was den Menschen zu einem politischen Wesen macht, ist seine Fähigkeit zu handeln.»[44]
- sich nicht reduziert erleben auf ihre Funktion, sondern ihre ganze Persönlichkeit mit all ihren Neigungen und Fähigkei-

ten als wichtige Ressource gesehen wird. Eine 52jährige Lehrerin, in Behandlung wegen Depressionen und Sinnverlust, beschrieb es einmal so: «Ich habe mein Leben lang immer nur funktioniert.»
* keine Angst haben, es würden ihnen «Knüppel zwischen die Beine geworfen», wenn sie der Schulleitung gegenüber einen kontroversen Standpunkt vertreten, wie es im Fallbeispiel zum Ausdruck kommt: Eine 51jährige Lehrerin hatte ihrer Schulleiterin gesagt, daß sie nicht damit einverstanden sei, daß ein von ihr persönlich untersuchtes Kind in die Regelschule aufgenommen wurde, da es erhebliche Leistungsdefizite im Test erkennen ließ. Die Leiterin wollte aber das Kind aufnehmen, weil es die Tochter einflußreicher Leute war. Danach sprach die Schulleiterin viele Wochen nicht mehr mit ihr, was Mobbing gleichkam.
* sich zu starken selbstbestimmten Persönlichkeiten entwickeln können, in der der einzelne «nicht sich selbst entfremdet reproduziert, was Meritokraten, die als honorige Wissenschaftler von entscheidungstreffenden Politikern gerne als Berater hinzugezogen werden, von ihm verlangen».[45] Schwierigkeiten bereitet es dem einzelnen Lehrer, der allein aus seiner Begegnungserfahrung vor Ort im direkten Kontakt mit den Schülern entscheiden kann und muß, was zu tun ist, wenn er vorgegeben bekommt, was «pädagogisch richtig» ist. Auch hierzu Hannah Arendt: «Ich glaube, es läßt sich nachweisen, daß keine andere menschliche Fähigkeit unter dem Fortschritt der Neuzeit so gelitten hat wie die Fähigkeit zu handeln.»[46]
* selbstbewußt ihre individuellen Leistungen und ihre Leistung als Kollegium sehen und verteidigen können. Ohne daß es vielleicht bemerkt wird und beabsichtigt ist, wird durch die Vielzahl der Reformen die Leistung des Lehrers wie auch des Kollegiums vor Ort entwertet. «... aber es besteht in der Tat kaum noch Zweifel, daß, mit Daniel Bell zu sprechen, schließlich die Gemeinschaft der Wissenschaftler und Intellektuellen nicht nur alle großen Begabungen an sich zieht, sondern daß vor allem der ganze Komplex gesellschaftlichen Ansehens und des sozialen Status von ihr bestimmt wird.»[47]
* die Ressource, die sie mit ihrer Erfahrung vor Ort gemacht

haben, besser nutzen, um ein gesundes Arbeitsklima zu schaffen.

10. Affektiv positive Verbindung mit dem Lehrstoff

Wissensstoff kann im pädagogischen Prozeß nicht entfremdet von der Person des Lehrers, entkleidet vom positiven Affekt in der vermittelnden Situation doziert werden. Das ist nur an der Hochschule möglich, an der vom Studenten ein entsprechendes Abstraktionsvermögen verlangt werden und wo der Student der Vorlesung ohne Sanktionen fernbleiben kann.

Hier kann ich mich an meine Studentenzeit gut erinnern: Wenn ein Professor einen Stoff in der Vorlesung vortrug, weil dieser auf dem Plan stand, er selbst affektiv mit dem Inhalt aufgrund anderer Vorlieben und Forschungsschwerpunkte nicht verbunden war, blieb ich gerne zu Hause und las im Lehrbuch nach. Für eine Vorlesung, in der ein Professor uns an der Entwicklung einer Diagnose, die eine Stunde später zu einem operativen Eingriff führte, teilhaben ließ, war ich morgens schon um 7.45 h in der Hochschule. Es war spürbar, daß er praktisch in Verantwortung und damit hoch affektiv gebunden vor uns stand, weil er selber den Eingriff hinterher durchführen mußte. Er war für kritische Fragen nicht nur offen, sondern tauschte sich angeregt über unsere differentialdiagnostischen Überlegungen mit uns aus. Hier wurde uns vermittelt, daß es keine dummen Fragen gibt, daß es nur dumm sein kann, sie nicht zu stellen.

11. Schule als Ort kreativer Selbstentfaltung

Die «Entsinnlichung» unserer Arbeitswelt, die einerseits große Entwicklungen ermöglicht hat, überfordert gleichzeitig das Subjekt: Konrad Lorenz spricht (*Das sogenannte Böse*, S. 358) von der dem begrifflichen Denken verdankten Kulturentwicklung des Menschen: Diese «bewirkte in seinen Lebensbedingungen so schnelle und umwälzende Änderungen, daß die Anpassungsfähigkeit seiner Instinkte an ihnen scheiterte.» (Zitiert nach Arendt, S. 62 f.) Hier liegt eine große Herausforderung für die Schule, müßte sie sich doch scheinbar gegen den *Mainstream* gesellschaftlicher Entwicklung stemmen. Dabei würde sie lediglich die Bedingungen für Kreativität und Selbstentfaltung schaffen, welche ohne die Leidenschaften, den Egoismus und Ehrgeiz eines Menschen nicht denkbar sind. Wie muß Unterricht gestaltet werden, daß er der Natur der Kinder mit ihren sensorischen Wahrnehmungen nicht nur gerecht wird, sondern die Kinder bestärkt, für wahr zu nehmen, was sie wahrnehmen?

Die Verarmung in der Wahrnehmungs- und Erfahrenswelt, das Fehlen von sozialem Miteinander, von Erlernen im Spiel, sich an Regeln zu halten und dabei Spaß zu haben, das mangelnde Kennenlernen von musischen Fähigkeiten und Begabungen, die zu Hause vielleicht weder erkannt noch gefördert werden, setzt sich in der Schule fort, wenn betont wird, daß nur reproduzierbares Wissen und Fertigkeiten zählen. Stille zu erfahren eröffnet die inneren Welten, produziert aber nicht unmittelbar abfragbares Wissen, das auch ein anderer sich auf gleichem Weg erschließen könnte. Hierin ist der andere auf die Kommunikation, den sprachlichen Austausch als soziales Element angewiesen. Sich darin einzuüben, sich verständlich mitzuteilen, könnte zumindest genauso wichtig sein, wie die Rechtschreibung zu beherrschen.

In der Psychosomatik müssen wir oft die Erfahrung machen, daß die Menschen außerstande sind, Empfindungen wahrzunehmen und mit Erlebtem sprachlich zu verknüpfen und damit diesen eine Bedeutung zu geben, ihnen einen Wert beizumessen. Sie sind in einem wesentlichen Teil ihres Selbst verarmt! Kreativtherapeutische Methoden fokussieren insbesondere auf diesen Verlust von Verbalisierungs- und Erlebnisfähigkeit, um so Menschen zu helfen, die in ihrer Beziehung zu sich und ihrem Körper erkrankt sind.

12. Schule als bildende Gemeinschaft

Wie kann aus einer Schule in Analogie zum Begriff der «therapeutischen Gemeinschaft», wie wir ihn in der Psychiatrie und Psychotherapie kennen, eine «bildende Gemeinschaft» werden? Die Antwort auf diese Frage, die jede Schule für sich selbst beantworten sollte, scheint aus meiner Sicht die Möglichkeit zu sein, mit der sich Lehrer und Lehrerinnen spannungsarm verbinden und Beziehung als sicheren Ort erleben und gestalten können.

Die Spannungsfelder, welche sich für den Lehrer und die Lehrerin durch veränderte psychosoziale Rahmenbedingungen der Kinder auftun, sind ebenfalls nur vor Ort zu klären. Hierzu einige systemische Fragestellungen:

Unter systemischem Blickwinkel sollte eine Schule, die eine «bildende Gemeinschaft» sein möchte, sich zum Ziel setzen, geeignete Beziehungsmuster zu entwickeln, die der psychosozialen Wirklichkeit Rechnung tragen,

- daß vermehrt Einzelkinder heranwachsen. Ihnen fehlen die Geschwister, mit denen sie im Familienverbund Sozialverhalten unter Gleichberechtigten lernen könnten.
- daß vermehrt Kinder in *Broken-home*-Situationen groß werden. Alleinerziehende Mütter und Väter sind oft emotional überfordert, insbesondere, wenn sie den Unterhalt maßgeblich und nur mit großer Mühe bestreiten müssen.
- daß Kinder aus verschiedenen kulturellen Familienhintergründen stammen. Diese in ihrem sozialisationsabhängigen Rollenverständnis und ihren Erwartungen an das Rollenverhalten der Lehrer und Lehrerinnen zu verstehen verlangt diesen viel Erfahrung und Geduld ab.
- daß Kinder in einer Welt leben, in der naturwissenschaftliches Wissen, das ihrem im Mythos verhafteten Denken wie auch ihrer unmittelbaren Erlebniswelt fremd ist, auf viele ihrer Fragen Antworten gibt, die für sie nur schwer zu erarbeiten sind und oft unverständlich bleiben. Dadurch bleiben sie länger ihren Ängsten ausgesetzt, vor denen sie geschützt werden müssen (siehe hierzu auch Gadamers Erklärung, warum Ängste in unserer Zeit zunehmen, unter VI.2).

Die Aufklärung hatte zum Ziel, den Menschen von der Magie zu befreien, von den Ängsten, die aus fehlendem Wissen resultierten. Kinder wachsen zunächst jedoch in einer Welt der Phantasie, des magischen Denkens und des Mythos auf, der auch Erwachsene gerne nachhängen – nicht umsonst haben Filme bzw. Bücher wie *Harry Potter* von Joanne K. Rowling oder

Der Herr der Ringe von J. R. R. Tolkien einen solch großen Zuspruch auch bei den Erwachsenen gefunden: «Der Mythos wollte berichten, benennen, den Ursprung sagen: damit aber darstellen, festhalten, erklären.»[48] Und weiter: «... Auf dem Weg zur Neuzeit leisten die Menschen auf Sinn Verzicht. Sie ersetzen den Begriff durch die Formel, Ursache durch Regel und Wahrscheinlichkeit.»[49]

Die Evolution ließ den Menschen Jahrtausende im magischen Denken verhaftet sein und stillte sein Erklärungsbedürfnis ausreichend angstreduzierend. Das Wissen aber, das heute jedem Kind vermittelt werden soll, hat seinen wesentlichen Ursprung in der erst wenige hundert Jahre alten Aufklärung und dem Vormarsch der Naturwissenschaften. Dieses liefert Erklärungen, die mühsam erarbeitet werden müssen. Der Erlebniswelt des Kindes stehen diese zunächst noch fern und befriedigen sein Erklärungsbedürfnis, mit dem es seine Angst reduzieren könnte, zunächst nicht ausreichend.

13. Systemisches psychologisch-pädagogisches Grundverständnis

Aus den bisher entwickelten systemischen Blickwinkeln und Fragen läßt sich so gut wie ein gesamtes Grundverständnis von Psychotherapie und Pädagogik aufbauen, bzw. hierauf läßt sich psychotherapeutisches bzw. pädagogisches Handeln zurückführen. Wir müssen uns an dieser Stelle klar darüber sein, daß sich die Unterschiede zwischen beiden Handlungsebenen aus der verschiedenen Zielsetzung ableiten. Die Gemeinsamkeit liegt in der Individuumzentriertheit.

Als Psychotherapeut arbeite ich an einer Beziehungskrankheit mit dem Ziel, zur Gesundung zu verhelfen. Nicht der Arzt heilt, sondern der Patient sucht Wege, gesund zu werden. Der Therapeut ist für ihn ein Pfadfinder auf seinem inneren Weg der Umorientierung. Seinen Weg muß der Patient letztlich selbst gehen. Er erweitert sein bisheriges Beziehungssystem um den Therapeuten, den er zur Lösung eines Beziehungskonfliktes bzw. -problems hinzuzieht. Er sucht auf seinem Weg zu einer Lösung hilfreiche Unterstützung in der Begegnung mit dem Arzt. Dieser regt ihn an, die in dieser Begegnung gemachten und reflektierten Beziehungserfahrungen in seinem Beziehungsalltag umzusetzen. Dies setzt voraus, daß seine Beziehung, die er im Rahmen der Psychotherapie aufbaut, von ihm affektiv positiv besetzt ist und ihm erkennbar Reflexionsmöglichkeit bietet für andere Beziehungen, die konflikthaft und weniger befriedigend ablaufen. Der Patient merkt, daß seine individuellen Entwicklungsmöglichkeiten angesichts gegebener Umstände von ihm nicht ausgeschöpft werden. Dabei bleibt die Beziehung zum Therapeuten modellhaft und fokussiert auf die Gestaltungsmöglichkeiten von Beziehungsmustern, die der Patient schon aus seiner Biographie zur Verfügung hat. Eine Familie verfügt über genügend Gestaltungsalternativen, um für alle Krisen, Schicksalsschläge, Veränderungen, Krankheiten geeignete Beziehungsmuster zu entwickeln. Es gilt, sich den gesamten Spielraum aus dieser Ressource durch Erinnerung und Reflexion zur Verfügung zu stellen.

Die Grundhypothese lautet daher: Jeder Mensch verfügt über ausreichend Handlungsalternativen, in jeder Lebenssituation für sich befriedigende Beziehungsmuster zu entwickeln. Diese ergeben sich aus seiner persönlichen Geschichte oder aber unter Ausnutzung der Ressourcen, die seine aktuellen Beziehungen in sich bergen. Die Verarbeitung von Schicksalsschlägen und Krankheit betrifft das ebenso wie die Gestaltung gelingender Beziehungen von Partnerschaft und Familie.

In der Therapie fragen wir daher folgerichtig:

- Wie sind die Beziehungsmuster zum Zeitpunkt der Symptombildung?
- Wie sind die früheren, prägenden Beziehungserfahrungen gewesen, die verstehbar machen, daß andere Handlungsoptionen ungenutzt blieben?
- Wie lassen sich Beziehungsmuster umgestalten unter Ausnutzung der Ressourcen von bewährten Alternativen, die in der Familie in ähnlichen Konfliktsituationen schon erprobt wurden?

Pädagogik hat aus systemischer Sicht vorrangig zum Ziel, Beziehungsbedingungen zu schaffen, daß sich ein Schüler in einer Weise bildet, die für sein soziales Miteinander und die Entwicklung eigener Lebensentwürfe förderlich ist und seine individuellen Fähigkeiten zur bestmöglichen Reifung und persönlichen Befriedigung führt. Auch hier ist eine positive affektive Besetzung der Beziehung zwischen Schüler und Lehrer erforderlich, um das Erlernen von Inhalten, die der Schüler zunächst in ihrem Sinn noch nicht überblickt, zu erleichtern. Nicht umsonst bedarf es immer wieder des Hinweises, der die Eingangspforte so manch altsprachlichen Gymnasiums ziert: *Non scolae sed vitae discimus.* Die Begeisterung für den zu vermittelnden Stoff, die Erfahrung des Schülers, daß es für die Persönlichkeitsentwicklung des Lehrers wesentlich und positiv war, diesen Stoff zu erlernen, motiviert ihn, sich damit auseinanderzusetzen. Dies setzt ein hohes Maß an Authentizität des Lehrers voraus.

Die Grundhypothese lautet hier: Jeder Mensch ist im Rahmen seiner Möglichkeiten bildungswillig und bildungsfähig. Es entspricht der natürlichen Neugierde und dem Wissensdrang eines jeden Menschen, seine Umwelt zu erobern, zu erfahren. Wenn von Hentig in seinem Buch *Bildung* schreibt, daß alles bildet, womit wir uns beschäftigen, womit wir uns auseinandersetzen, dann bildet auch der Umgang zwischen Lehrer und Schüler. Der Lehrplan definiert, womit zu beschäftigen der Lehrer beauftragt und was für den Schüler gut ist. Den Schüler bildet jedoch nicht nur, womit er sich in der Schule beschäftigt.

Die Einflüsse aus der Familie und insbesondere dem Freundeskreis sind wegen der positiven Bedeutung, die der Schüler diesen beimißt affektiv, von vornherein sehr hoch besetzt. Die Wahrscheinlichkeit, daß ein Jugendlicher auf die schiefe Bahn gerät, ist statistisch höher, wenn in seiner Familie Delinquenz schon vorgekommen ist. Ebenso verhält es sich mit der Gewalt und Alkohol- und Drogenabusus.

Es leiten sich aus dem bisher Gesagten für den schulischen Kontext folgende systemische Aufgabenstellungen ab:

* Die Beziehungen zwischen Schüler und Lehrer sollten so gestaltet werden, daß Bildungswille und -fähigkeit möglichst aller Schüler gefördert werden.
* Die Beziehungen zwischen Lehrer und Schüler sollten so gestaltet werden, daß der Egoismus, der Ehrgeiz und das Machtstreben aller, d. h. von Lehrern und Schülern, in einer

für die schulische Bildung geeigneten Weise gefördert werden.
- Beziehungsmuster sollten so entwickelt werden, daß die Grenzen der unterschiedlichen Systeme weder zu starr noch zu durchlässig sind, Eltern und Schule zum Wohle der Kinder kooperieren.

Zu diesen Aufgabenstellungen allgemeingültige Lösungen anzubieten verbietet sich. Diese aus einem systemischen Blickwinkel entwickelten Fragen zu stellen führt jedoch dazu, den örtlichen Gegebenheiten und individuellen Möglichkeiten gerecht zu werden. Es ist dabei wie bei einer Textaufgabe in der Mathematik: Die Antwort liegt in der Frage.

Lehrer und Schüler bilden ein gemeinsames pädagogisches System, in welchem jedem eine bestimmte Rolle zugewiesen ist. Für niemanden ist letztlich die Entwicklung dieses gemeinsamen Prozesses vorhersagbar. Damit wird der Lehrer auch in seinen Möglichkeiten begrenzt, die Beziehungsdynamik sicher zu beeinflussen und zu lenken, die sich zwischen ihm und den Schülern entwickelt. Ständig sind Störungen, die sich innerhalb des Systems entwickeln und auch von außerhalb einwirken, auszutarieren. Er trägt die Verantwortung dafür, daß jedes Klassenmitglied sich respektiert und geschützt weiß, daß jeder die Möglichkeit erhält, seine authentischen Gefühle klar zum Ausdruck zu bringen, jeder bewußt verbal und non-verbal kommuniziert.

Ein Lehrer und eine Lehrerin sind im pädagogischen Prozeß mehr Fachleute für Kommunikation, wie Cecchin es einmal nannte, und Moderatoren, als daß sie ihn bestimmen oder wissen könnten, zu welchem Ergebnis er führen wird. Die Auswirkung ihrer Interventionen sind für sie unvorhersehbar, weswegen sie nur sehr zurückhaltend intervenieren im Sinne von Erziehen. Sie sollten sich möglichst auf die *Klarifikation* beschränken: Grenzen und soziale Regeln des Miteinander transparent vermitteln und jedem die Möglichkeit geben, auch das, was er empfindet und denkt, sprachlich treffend und verständlich auszudrücken.

Da Lehrer nicht das Ergebnis ihrer pädagogischen Interventionen vorhersagen können, sind sie zu einer reflexiven Arbeitsweise verpflichtet – was für den einen Schüler richtig ist,

ist für den anderen vielleicht völlig irreleitend; was einen Schüler heute fördert, kann ihn morgen überfordern. Sie müssen sorgfältig beobachten, wie das System Klasse auf eine Veränderung, eine Störung, eine Intervention reagiert, und sich anhand dessen eine neue Hypothese bilden.

IV. Gewalt und Aggression

> Nur wo der begründete Verdacht besteht, daß Bedingungen geändert werden könnten und dennoch nichts geschieht, stellt Wut sich ein. Erst wenn unser Gerechtigkeitssinn verletzt wird, reagieren wir mit Empörung – denn die Ohnmacht gegen Menschen, nicht die gegen die Natur, erzeugt die disparateste Erbitterung.
> *(Friedrich Nietzsche)*

Gewalt und Aggression nehmen im Schulalltag für viele Lehrer einen breiten Raum ein und treffen so manchen in seiner wohlmeinenden Gutherzigkeit. Gleichzeitig setzt sich Schule immer wieder mit Gewalt auseinander. Die Friedenspädagogik hat hierzu wesentliche Denkanstöße gegeben. Gabriele Enders, welche als Sonderschulpädagogin viele Auseinandersetzungen mit dem Thema Gewalt und Aggression in Schulen führen mußte, gibt psychologisch wertvolle Anstöße, die sie als Kinder- und Jugendtherapeutin entwickelt hat. Es kommen Lehrer zu Wort, die sich zu diesem Themenkreis nach der Bluttat von Erfurt im April 2002 geäußert haben. Auch wenn diese Lehrer nicht unmittelbar von dem Ereignis selbst betroffen waren, wird die Erschütterung deutlich, die der einzelne verspürt hat. Dies bestätigt, daß die alltägliche Gewalt in der Schule einen hohen Streßfaktor bedeutet, der die Fähigkeit eines einzelnen Lehrers, hierauf positive pädagogische Antworten zu entwickeln, überfordern kann. So können Beziehungskrankheiten in einen unmittelbaren Zusammenhang mit den speziellen Arbeitsbedingungen des Lehrers gestellt werden.

Mobbing wird als eine perfide Form der Gewalterfahrung ausführlich erörtert, weil es zum einen häufiger in sozialen Kontexten wie Schule vorkommt und es zum anderen bekannt ist, daß schwere Beziehungskrankheiten bis hin zum Burn-Out damit in Verbindung zu bringen sind. Es wird auf unterschiedliche Behandlungsmodalitäten eingegangen.

Wenn Menschen unmittelbar Gewalt erfahren, können sie mit der Entwicklung einer posttraumatischen Belastungsstörung oder mit Suizidalität und Suizid hierauf reagieren. Heinz Sondermann, Diplompädagoge und Musiktherapeut, macht uns die Differenziertheit deutlich, die eine therapeutische Auseinandersetzung mit Gewalterfahrung erfordert. Sowohl auf die emotionale Verarbeitung gegenwärtiger Lebens- und Beziehungsbedingungen wie auch auf die Beziehungserfahrungen in der Vergangenheit ist zu fokussieren.

Wenige Wochen nach der Bluttat von Erfurt hat sich ein Schüler ebenderselben Schule das Leben genommen. Die Selbsttötung eines jungen Menschen und auch von Lehrern ist kein Einzelfall, wie die Erfahrung zeigt. Große Betroffenheit hinterläßt sie bei allen Menschen, die durch familiäre, freundschaftliche oder berufliche Bindungen in engerer Beziehung zu den Selbstmördern gestanden haben. Diese innere Beteiligung verdient Respekt und Rücksichtnahme.

1. Thema Gewalt im Unterricht und in unserer Gesellschaft

Gewalterfahrungen sind affektiv und emotional hoch besetzt und hallen lange nach. Dadurch sind sie auch für die Psychosomatik von besonderer Bedeutung. Ein direkter Zusammenhang zwischen streßauslösendem Erleben von Gewalt und Aggression und körperlicher Reaktionsbildung ist nicht nur spürbar, sondern kann auch gemessen werden: Herzrasen, Blutdruckanstieg, angespannter Muskeltonus, kalte Füße und Hände u. v. m. als Angriffs- oder Fluchtreaktion; Blutdruckabfall mit Schwindel, Durchfall und schlaffem Muskeltonus etc. als Ohnmachtsreaktion. Entscheidend für die innere «Bewertung» eines unmittelbaren Erlebens sind die Intensität und die Bedrohung, die Dauer, die ein Mensch dem Ereignis ausgesetzt ist, und das Ausmaß der Hilflosigkeit, das er erlebt. Von Bedeutung sind jedoch neben dem aktuellen Befinden die in der Vergangenheit gemachte Erfahrung von Gewalt und die Erinnerung, einer bedrohlichen Situation früher schon einmal hilflos ausgesetzt gewesen zu sein.

Im folgenden werden zunächst Fragen entwickelt, die sich mit dem Spannungsfeld beschäftigen, in dem Lehrer sich mit dem System identifizieren und es vertreten sollen; in dem die Schüler pädagogisch geleitet ihre Auseinandersetzung über Gewalt führen und heranreifen zu jungen Bürgern unserer demokratischen Gesellschaft. Die Antworten lassen sich nicht verallgemeinern, sondern sollten sich im pädagogischen System (siehe Abschnitt III.8) entfalten.

Die griechischen Tragödien wimmeln nur so von Gewalt: Medea, welche ihre Kinder ermordet, Ödipus, der seinen Vater ermordet und seine Mutter heiratet, die Entführung der schönen Helena, welche die Zerstörung Trojas zur Folge hat, und viele mehr. Die römische Geschichte setzt die Reihe der Gewalt fort. Meine erste Schullektüre im Lateinunterricht war: *de bello gallico* (Über den gallischen Krieg). Mit welchem Schaudern haben wir von den lebenden Fackeln der von Nero zum Tode verurteilten Christen gelesen. Wieviel Spannung bereiteten Lektüren wie *Ben Hur* und andere, die Grausamkeiten des alten Rom schildernden Jugendromane, in denen Menschen zur Belustigung des Volkes Tieren zum Fraß vorgeworfen werden.

Für Shakespeare war Gewalt ein Thema vieler seiner Tragödien, von *Macbeth* über *Othello* bis *Hamlet*. Schiller ist auch nicht zimperlich, wenn es darum geht, die Grausamkeiten der Menschen untereinander zu beschreiben. In den Königshäusern wurde gemordet und geschändet, und es herrschte das Recht des Stärkeren. So wird Karl der Große auch Sachsenschlächter genannt. Die mit christlicher Begründung geführten Kreuzzüge hinterließen Tausende Leichen, Elend und Verzweiflung. Der Dreißigjährige Krieg war ein einziges Gemetzel. Daß die Französische Revolution mit ihren blutrünstigen Exzessen Pflichtthema in jedem Geschichtsunterricht ist, versteht sich von selbst. Zwei Weltkriege mit Millionen von Toten, Verletzten und Verkrüppelten wurden geführt, hinzu kommen die brutale Vernichtung von 5,5 Millionen Juden, Sintis und Roma, von «unwertem Leben» – psychisch Kranken und geistig Behinderten –, von Homosexuellen und unliebsamen politisch Andersdenkenden etc. in Konzentrationslagern und die Pogrome gegen Juden und Weißrussen während der Stalin-Diktatur. Heute wird wie selbstverständlich ein Krieg gegen

Tschetschenien geführt, von dem eine Tschetschenin mir persönlich sagte, daß in ihrem Land ein Genozid geschehe, und die Welt schaue unbeteiligt zu. Wie sehr wir zum Vergessen und Verdrängen neigen, wurde mir auf einer Veranstaltung von *Systems in Transition (*SIT)[50] 2002 in Belgrad bewußt. Es erzählten uns russische Freunde aus Moskau, daß das Leben in ihrem Land ruhig verlaufe. Als ich das hörte, kam ich mir vor wie in einem anderen Film und tat dies auch mit viel Erregung und innerer Betroffenheit kund: Welch ein Hohn angesichts der Erfahrungen, die wir 2001 gemacht hatten. Im Jahr zuvor erlebten wir während einer SIT-Konferenz in Budapest drei teilnehmende Tschetscheninnen, die von ihrem Leben unter ständiger Bedrohung mit regelmäßigen inquisitorischen Befragungen auf dem Polizeirevier berichteten, von der Polizei, die willkürlich inhaftieren und auch zu Tode foltern durfte. Sie hatten uns erzählt, sie gingen nur gesenkten Hauptes durch die Straßen der Stadt, weil man ihnen ansehe, daß sie Tschetscheninnen seien. Für die Russen in Moskau war Tschetschenien weit weg.

Kriegs- und Gewaltbilder haben seit jeher Konjunktur. Abbildungen aus allen Zeiten zeigen Grausamkeiten pur. Ob es auf «Triumph»-Bögen die Leichen unterlegener Schlachtengegner sind, Wandgemälde von Schlachtszenen, wie sie den Krönungssaal im Aachener Rathaus «zieren» oder anderes. Die Enthauptung Johannes des Täufers oder dessen blutiges Haupt, wie es Salome auf einer Schüssel vorgelegt wird – die Ermordung von Märtyrern konnte in der Kirche gar nicht blutig genug dargestellt werden. In Amsterdam z.B., und nicht nur dort, gibt es ein Foltermuseum, in welchem man sich kundig machen kann über die Möglichkeiten, Menschen Schmerz zuzufügen und sie möglichst qualvoll zu töten. Maria Theresia ließ detaillierte Anordnungen verbreiten, wie ein Mensch zu foltern sei, um ihm entweder ein Geständnis abzupressen oder um ihn zu bestrafen. Die Folterung ist im israelischen Staat erst kürzlich zur Erzwingung von Geständnissen bzw. Verrat von Geheimnissen untersagt werden. Staatliche Gewalt ist Alltag, ist normal. *Amnesty international* berichtet davon regelmäßig.

Wie lautet angesichts dieser gesellschaftlichen Wirklichkeit der pädagogische Auftrag? Wie muß der Diskurs zwischen

Lehrern und Schülern geführt werden, damit die Schüler lernen, zwischen der legitimen staatlichen Gewalt, der berechtigten Verteidigung des eigenen Lebens, der Entwicklung von Gewalt aus niederen Motiven wie Machtgier, Gewinnstreben, aus dem Verlust der Beherrschung der Aggressionen in Extremsituationen etc. zu unterscheiden?

Wie kann die Auseinandersetzung über Macht und ihren Mißbrauch, den die Schüler tagtäglich mitbekommen, geführt werden, damit eine demokratische Gesinnung gefördert wird, wie unsere Gesellschaft sie als ihre Basis erkennt?

Im April 2002 tötete in Erfurt ein 19jähriger Schüler, der von der Schule verwiesen worden war, aus Rache oder welchen Motiven auch immer 14 Lehrer, zwei Mitarbeiter der Verwaltung und anschließend sich selbst. Da wir ihn nicht mehr fragen können, bleibt es dennoch unsere unbedingte Pflicht und Verantwortung, nicht einfach zur Tagesordnung überzugehen, da er sich ja selbst gerichtet hat. Wir brauchen eine sehr differenzierte Auseinandersetzung und weniger Schuldzuweisung. Wir müssen Zusammenhänge erkennen, die nur teilweise im Einflußbereich des Lehrers liegen, und auch nicht nur in der Familie des Täters, sondern in gesamtgesellschaftlicher Verantwortung und damit in der von jedem einzelnen. Es seien an dieser Stelle zwei selbstreflexive Fragen gestellt: Wie behindert bzw. verhindert unsere Gesellschaft, und das sind wir, daß jemand seine wichtigsten inneren Antriebskräfte, Egoismus, Ehrgeiz und Machtstreben, in einer sozial akzeptablen Weise befriedigen kann? Wie rauben wir einem jungen Menschen jede Illusion, einmal Erfolg haben zu können und dazuzugehören? Hierzu sind Innehalten und Demut erforderlich, Tugenden, mit denen in unserer schnellebigen Welt keine Meriten zu verdienen sind.

2. Überlegungen zu einer Friedenspädagogik

Sehr bereichernd fand ich die Aussagen von Wintersteiner, Deutschdidaktiker und Friedenspädagoge:

Friedenserziehung findet, wie oft aufgeführt wurde, unter unfriedlichen Bedingungen, genauer, unter struktureller gesellschaftlicher Unfriedlichkeit statt. Es ist dies die Grundfrage, die Dieter Senghaas gestellt hat: Wie ist die Erziehung zum Frieden in einer Welt organisierter Friedlosigkeit überhaupt denkbar und möglich?[51]

Und er setzt später fort:

Denn vielleicht mehr als andere Wissenschaft muß (schulische) Friedenserziehung selbstreflexiv sein, d. h., sie muß ihre eigene Rolle in einem System struktureller Gewalt mitdenken. Sie muß mit dem Dilemma leben, daß sie zwar inhaltlich nach Möglichkeiten des Gewaltabbaus forscht, strukturell aber selbst Bestandteil eines gewalttätigen Systems ist.[52]

Wie dieser Hinweis erkennen läßt, welche strukturellen Bedingungen Aggressivität und Gewalt fördern, befinden wir uns nolens volens als Mitglieder unserer Gesellschaft immer in dieser Gesellschaft. Sowenig wir auch mit verschiedenen Entwicklungen einverstanden sind und ihnen entgegenwirken mögen, müssen wir uns der unzweifelhaften Tatsache stets bewußt sein, daß «wer gegen den Strom schwimmt, auch im Strom mitschwimmt».

Im anthropologischen Modell kommt Aggression nicht vor. Es kommen wohl Affekt und Emotion vor. Während der erste Begriff körperlich gebunden ist, ist der zweite sozialisationsgebunden. Das läßt erkennen, daß wir davon ausgehen dürfen, daß aggressives Verhalten «gelernt» wird, als eine Reaktionsbildung auf soziale Bedingtheiten anzusehen ist.

Wir betrachten heute Aggressivität nicht als einen «Trieb», den der Mensch zu beherrschen lernen, kultivieren muß, sondern sehen ihn eher als Ergebnis interaktioneller Prozesse. In dieser systemischen Betrachtungsweise liegt auch die Zuversicht begründet, daß wir durch Gestaltung von geeigneten Beziehungsmustern bzw. interaktionellen Prozessen darauf hinwirken können, vor Aggressivität und Gewalt nicht zu kapitulieren. Daß wir es in der Hand haben, in einem von uns mitgestalteten und zu verantwortenden Kontext wie Schule selbst in einer sehr gewalttätigen Gesellschaft Bedingungen zu schaffen, die friedfertige Beziehungsmuster und eine wehrhafte Friedenskultur aufbauen helfen. Diese ermöglichen die geregelte Konfliktaustragung, den Disput und die Grenzziehung.

Im therapeutischen Prozeß setzt man voraus, verstehen zu wollen, wie sich Gewalt individuell im System entwickelt, wie sich Biographien von Täter und Opfer entwickelt haben; wie vor historischen Zusammenhängen die Beziehungsmuster im Hier und Jetzt Gewalt entstehen lassen und wie Auswege aussehen können. Und gleichzeitig gilt es, einerseits eindeutig Partei für den Schwächeren zu ergreifen und andererseits mutig anzuschauen, wie dieser an der Gewaltschraube mitdreht.

Moralische Bewertungen sind notwendig, um ethisch arbeiten zu können. Dies ist in der authentischen pädagogischen Begegnung zwischen Schüler und Lehrer erforderlich, wenn Gewalt Thema ist. Im Erleben von alltäglicher Gewalt gilt es, daß alle, die zum pädagogischen System gehören, eindeutig Partei ergreifen für den Schwächeren und nach Konfliktlösungen suchen, die die Entwicklung der Gewaltspirale verstehen läßt und Perspektiven eröffnet für positive Veränderung. Dies ist nur möglich, wenn jeder die Beziehung als sicheren Ort erlebt.

3. Selbstreflexive Fragen zum Thema Gewalt und Aggression

Ausgehend von der Beobachtung, daß Gewalt und Aggression alltäglich sind, werden im folgenden Fragen zu unterschiedlichen Bereichen gestellt, die den eigenen Umgang hiermit reflektieren. Nur wenn wir uns darüber im klaren sind, wie aggressiv und gewaltsam wir im Alltag sind, können wir unbefangen auf solche Situationen zugehen.

Tief beeindruckt hat mich eine Erfahrung in Belgrad während einer internationalen SIT-Tagung 2002. Eine Teilnehmerin hatte wegen Mitgliedschaft in der RAF sieben Jahre im Gefängnis verbracht und arbeitete jetzt im Kosovo. Sie hatte ihre Gewalt kennengelernt und war dafür hart bestraft worden. Doch sie hat aus dieser Erfahrung gelernt. Nicht nur, daß sie im Kosovo heute noch mit direkter Gewalt konfrontiert wird. Als sie mit einer kleineren Teilnehmergruppe während der Tagung in Belgrad durch die Stadt ging, wurde die Gruppe Zeuge, wie ein einzelner Mann von mehreren anderen Männern auf offener Straße zusammengeschlagen wurde. Alle anderen wollten sich abwenden und blieben wie angewurzelt angesichts dieser Brutalität stehen. Sie hingegen ging beherzt auf die Männer zu, schrie sie laut und bestimmt an, schob die Angreifer beiseite, die in ihrer Überraschung nur noch schnell das Weite suchen konnten. Sie blieb so lange bei dem Opfer, bis ein Krankenwagen ihn abholte. Ob er getötet worden wäre, weiß niemand. Daß er jedoch nur dank ihres Eingreifens sicher überlebte, davon darf ausgegangen werden.

Auf die folgenden Fragen möge sich in der Selbstreflexion jeder seine eigenen Antworten geben:
- Wie tue ich mir Gewalt an? (Selbstverletzendes Verhalten; Hungern; künstlich herbeigeführtes Erbrechen etc.) Wie schädige ich bewußt meine Gesundheit? (Übermäßiger Alkoholkonsum; Nikotinabusus; etc.) Wie lasse ich in dem, wie ich meine Beziehungen gestalte, konstitutionell begründete Notwendigkeiten und psychisch bedingte Bedürfnisse meiner selbst außer acht?
- Wie mißbrauche ich meine körperliche, seelische und soziale, meine männliche/weibliche, väterliche/mütterliche Überlegenheit und Macht in der Beziehungsgestaltung innerhalb der Familie? Wie lebe ich auf Kosten anderer in der Familie meinen Egoismus und Ehrgeiz? (Überbetonung von eigenen Freizeitaktivitäten oder beruflicher Karriere; Fremdgehen; Nichtwahrnehmen von Erziehungsaufgaben oder von Pflegeverantwortung Eltern gegenüber; Kontaktabbrüche zur Verhinderung von Konfliktaustragung; Verletzung der Generationengrenzen; etc.)
- Wie schaffe ich Bedingungen, unter denen ich meine sozialen Kontakte im Freundes- und Bekanntenkreis mißachte? Wie mißbrauche ich die Kontakte ausschließlich zur Befriedigung meiner Interessen? (Mißachtung der Bedürfnisse der anderen; auf Distanz gehen, wenn der andere mich braucht; durch Schweigen mich dem anderen verborgen halten etc.)
- Wie gestalte ich Beziehungen so, daß ich als Lehrer Gewalt ausübe/ausüben kann? (Mobbing; sich unkollegial gemeinsamen Aufgaben entziehen und unzuverlässig sein; Angst machen durch Drohungen, Beschimpfungen und Herabwürdigung von Schülern u. v. m.)

- Wie setze ich strukturelle Gewalt im Umgang mit Schülern und Kollegen um? Wie im Umgang mit Eltern?
- Wie trage ich dazu bei, daß innerhalb der vorgegebenen Strukturen der einzelne Kollege oder Schüler sich nicht mit seinen Ressourcen einbringen, die Schule nicht als sicheren Ort erleben kann? Wie gestalte ich das System mit, daß soziale Benachteiligungen sich entwickeln können?

4. Alltägliche Gewalt im Kindesalter

Einen Text aus dem Jahre 2001 von Gabriele Enders, der die Verantwortung des Lehrers eindrucksvoll betont, möchte ich an dieser Stelle ungekürzt wiedergeben. Sie hatte damals in der Röher Parkklinik einen öffentlichen Vortrag mit anschließender Diskussion gehalten. Hintergrund für die Einladung seitens der Klinikleitung war die fast schon alltägliche Auseinandersetzung mit dem Thema Gewalt in der Therapie.

Gewalt und Aggression im Kindesalter

Aggression ist normal
Aggression ist vorübergehend
Aggression ist beeinflußbar
Aggression ist lernbar

Diese leicht provokativen Aussagen vermitteln eine Ahnung davon, wie vielschichtig, differenziert und perspektivenhaft das Thema Gewalt und Aggression behandelt werden muß. Der erste Schritt ins Leben, die Geburt ist ein aggressiver Akt. Durch das Zubeißen in einen Apfel verleiben wir uns aggressiv Nahrung ein. Sich in einen Lernstoff hineinbeißen und Essen und Trinken vor einer wichtigen Prüfung vergessen kann zu einem Akt der Autoaggression werden. Operative Eingriffe gehen mit aggressiven Messerschnitten einher und sind doch lebensrettend. Die Auseinandersetzungen mit Eltern und Lehrern in der Pubertät brauchen aggressive Töne, um sich von Altem zu lösen und Neues zu entwickeln.

Umbrüche in der Lebensmitte, die sowohl körperlicher als auch psychischer Natur sind, gehen mit harten Auseinandersetzungen und Aggressionen einher. Und zum Schluß erleben wir den Tod auch manchmal als einen aggressiven und schmerzhaften Akt und sind ihm mit all unserer eigenen Hilflosigkeit ausgeliefert.

Zwischen Geburt und Tod begleitet uns Aggression, und das Bemühen eines sozialisierten Menschen besteht darin, diese adäquat und lebenssinnvoll, helfend und Leben schützend einzusetzen. Sorgen bereiten uns Aggressionen bei Kindern und Jugendlichen, die zerstörerisch, scheinbar sinnlos, verletzend, überreaktiv und brutal sind und uns als Opfer, verständnislos, ohnmächtig, wütend und hilflos zurücklassen.

Oberstes Gebot bei der Behandlung und Betrachtung der Aggressionsproblematik sollte sein, daß es für jede Verhaltensäußerung Ursachen gibt. Erst wenn ich diese erforscht habe, kann ich auch die Symptome behandeln und nach Handlungsalternativen suchen. Eine umfassende Darstellung der Ursachenproblematik würde den Rahmen dieses Artikels sprengen, ich möchte daher nur auf einen Aspekt in der kindlichen Entwicklung eingehen.

Was brauchen Kinder für eine gesunde Entwicklung? Neben den Grundbedürfnissen nach Nahrung, Wärme, Liebe und Anerkennung spricht die Säuglingsforschung von zwei Grundtrieben: dem Bindungstrieb und dem Erkundungstrieb.

Ein kleines Kind muß in der vertrauensvollen Umgebung der betreuenden Bezugspersonen sich angebunden, gesichert fühlen. Angstfreiheit und Konstanz der Beziehung sind die Voraussetzungen für Wachstum. Auf der Basis dieser Angebundenheit kann sich der Erkundungstrieb entfalten. Das Kind muß seine Umgebung erkunden, eigene Erfahrungen machen, sich von Eltern wegbewegen dürfen. Das Ausmaß dieser Erkundungen richtet sich nach dem Entwicklungsstand des Kindes: Das Kleinkind, das laufen lernt, erkundet andere Bereiche als das Kindergartenkind, das neue soziale Kontakte aufbaut und seine Liebe plötzlich der Kindergärtnerin schenkt. Das Schulkind und der Jugendliche in der Pubertät dehnen die Erkundigungen auf weitere Gebiete aus.

Immer wieder, bei allen Erkundigungen jedoch wird sich das Kind und auch der Jugendliche einer Bindung rückversichern wollen.

Ein schönes Beispiel ist das kleine Kind, das gerade laufen gelernt hat, der Mutter wegläuft, abwartet und beobachtet, ob die Mama nachläuft. Folgt die Mutter dem Kind, jauchzt es vor Freude und läuft weiter. «Aha, ich habe die Erlaubnis, mich wegzubewegen, die Mutter bleibt bei mir», scheint es zu denken. Bleibt die Mutter stehen oder wendet sie sich ab, verzieht sich kurz das Gesicht vor Trauer, kommt das Kind zurück oder schreit. «Wenn ich weggehe, liebt mich die Mama nicht mehr.»

Eine gute Balance zwischen diesen beiden Bewegungen Bindung und Erkundung sind notwendig. Ist die Bindung zu stark und zu eng, wird das Kind aggressive oder depressive Tendenzen entwickeln, um sich daraus zu lösen. Ist die Bindung zu schwach, fehlt die Sicherheit und vor allen Dingen die Orientierung, und das Kind wird in seinen

Erkundungen weit über das altersentsprechende Verhalten hinausschießen. Suchtverhalten als autoaggressive Symptome oder Orientierung in radikalen Gruppen sind häufig die Folge.

Durch die veränderten Gesellschaftsbedingungen sprechen wir heute oftmals von einer Gesellschaft der «Entborgenheit». Aufgebrochene Familiensysteme, Krankheit, Arbeitslosigkeit, Orientierungslosigkeit der Eltern, extreme Leistungsorientierung und Erfolgszwang sind nur einige wenige Ursachen dafür.

Es ist unsere Aufgabe, den Kindern eine tragfähige Beziehung und Bindung anzubieten, ihnen Freiräume für positive Erkundigungen außerhalb von TV und Computer zu schaffen, ihnen ein positives Lebensgrundgefühl zu vermitteln und die schöpferischen Kräfte zu fördern, sowohl die eigenen als auch die der Kinder.

Denken wir an die Anfangssätze, so besteht die pädagogische und therapeutische Aufgabe darin, normale, lebensnotwendige Aggression zu unterstützen und die darin innewohnende Energie für das Kind und seine Umwelt positiv zu nutzen. Unerwünschte und unsoziale Aggressionen können, wenn die Ursachen verstanden und möglichst behoben worden sind, auch wieder verlernt werden. Die Verantwortung der Erwachsenen, Eltern, Lehrer und Therapeuten sowie die bewußte Wahrnehmung unserer Möglichkeiten der Beeinflussung sind bei der Bewältigung unerwünschter aggressiver Verhaltensweisen gefragt.

5. Gewalt im Schulalltag aus der Sicht von Lehrern

Häufig berichten Lehrerinnen und Lehrer in therapeutischen Gesprächen von dem Gefühl der Ohnmacht und des fehlenden Rückhalts, wenn sie im schulischen Alltag mit Gewalt und Aggression konfrontiert wurden. Damit ist nicht in Abrede gestellt, daß in vielen Fällen auch der notwendige Rückhalt geboten wird, doch zeigen die Interviews mit Patienten, daß Gewalterleben und Erkrankung in einem Zusammenhang stehen.

Lehrer sind in ihrem Schulalltag einer Vielzahl von ganz konkreten verbalen und körperlichen Aggressionen und Gewalt ausgesetzt, die zu seelischer Erkrankung beitragen können. Im Anschluß an die Tragödie von Erfurt im Jahre 2002, als ein Schüler 16 Lehrer und Schulangestellte und sich selbst getötet hatte, interviewte Knut Vetten von der «de facto Medienagentur Leipzig» im Auftrag des Mitteldeutschen Rundfunks zwei Lehrerinnen und einen Lehrer zu ihrer Erfahrung von Gewalt in der Schule, die ich in Auszügen wiedergeben möchte.

Erstes Interview

Interviewer: Was ist die Ursache, daß Sie hier in der Klinik sind? Was mußten Sie im Schulalltag erleben?

Lehrerin: Ich bin schon sehr lange Lehrerin und habe das auch eigentlich mit sehr viel Emotionen gemacht. Ich hatte auch immer Vertrauen in meine Schüler, und dadurch konnte ich das auch so lange machen, obwohl halt sehr viel Gewalt und Aggressionen in den jungen Menschen drinstecken. Ich erhielt von einem Schüler, den ich eigentlich gar nicht so gut kannte, Morddrohungen, weil ich ihn wegen eines Fehlverhaltens zum Klassenlehrer geschickt habe. Diese Morddrohungen wurden immer wieder wiederholt, und das hat mich in Panik versetzt. Ich habe nicht mehr schlafen können und habe alles versucht, irgendwo Hilfe zu finden, habe aber nicht sehr viel Hilfe bekommen. Es hieß, ich müsse den Schüler weiter unterrichten, ob der Morddrohungen macht oder was auch immer. Jeder Schüler hat das Recht auf Unterricht. Und da habe ich mich gefragt: Wo bleibt mein Recht, wo bleibt jetzt meine Person? Wo bleibe ich mit meinen Ängsten und mit meinen Gefühlen? Es sind ja schon Morde passiert. 1999, als ein Rektor ermordet wurde, das hat mich auch sehr aufgewühlt.

Es war auch bekannt, daß dieser Schüler schon mehrfach Lehrer angegriffen hatte. Ich mußte ihn also weiter unterrichten. Am Ende der Stunde stand ich am Pult, und er schlich hinter mir her und stach mir mit der flachen Hand so mit Wucht in den Rücken. Ich hatte im Moment wirklich angenommen, das war ein Messer. Ich wußte das nicht so richtig, und man hatte dem Jungen auch zwei Tage vorher ein Messer abgenommen, so daß ich richtig geschockt war. Ich war zwar nicht verletzt, aber diese Ängste waren eben einfach, sind einfach da.

Daß die Lehrerin angesichts der Morddrohungen trotz ihrer an verschiedener Stelle geäußerten Ängste keine Hilfe von außen erhielt, ist schlimm. Noch gravierender jedoch erscheint mir, daß ihr vom Schulleiter abverlangt wurde, den Schüler weiter zu unterrichten, ohne daß er sie explizit gegen den Schüler in Schutz genommen hätte. Auch vom Lehrerkollegium wurde sie offensichtlich im Stich gelassen. Sie konnte in dieser Situation die Schule für sich selbst nicht mehr als sicheren Ort erleben.

Interviewer: Wie lange haben Sie als Lehrerin gearbeitet?
Lehrerin: 25 Jahre dieses Jahr. Und das ist eine Dimension der Gewalt, die ist mir Gott sei Dank bisher noch nicht passiert. Es sind zwar verbale Attacken gewesen, die häufig vorkommen, aber irgendwo hatte ich immer das Gefühl, ich komme gut mit den Schülern zurecht. Ich habe ein sehr emotionales Verhältnis zu vielen gehabt, habe mehrere Schicksale begleitet. Ich habe auch immer den Menschen dahinter gesehen. Ich war unheimlich schockiert darüber, daß mir das passiert. Da dachte ich: Wenn ich Angst habe vor meinen Schülern, dann bin ich nicht mehr frei. Das hat mich sehr belastet. Ich bin dann immer kränker geworden, dauernd ging es mit mir so bergab. Dann bin ich auf die Idee gekommen, hier in die Klinik zu gehen, um Hilfe zu suchen, mit diesem Erlebnis fertig zu werden.

Einer Situation hilflos ausgesetzt zu sein und keinen Ausweg zu erkennen ist gerade für sehr interaktionell aktive Lehrer unerträglich. Erfahren sie zudem sozial und emotional wenig Unterstützung im Kollegium, kann dies zum völligen nervlichen Zusammenbruch beitragen.

In dem Gespräch kommt noch eine zweite Ebene der Gewalt zum Ausdruck, die nicht ungenannt bleiben soll, weil sie demotivierend und kränkend ist.

Interviewer: Diese Debatten, die auch von Politikern mitangestoßen werden ... Wenn da geäußert wird, daß die Lehrer eigentlich gar nicht so viel arbeiten müssen wie andere, was geht Ihnen da durch den Kopf?
Lehrerin: Ich sitze nicht nur am Schreibtisch und habe einen Griffel in der Hand, sondern ich setze mich für meine Schüler ein, ich bin für die ansprechbar, ich bin mit ganzem Herzen und Gefühl dabei und werde dann so verrissen als Faulenzer, als Ausruher der Gesellschaft. Dann brauche ich mich nicht zu wundern, daß Lehrer angreifbar werden. Wenn ich nur daran denke, daß Eltern in die Schule kommen und Lehrer beschimpfen.

So mancher auch hochrangige Politiker verletzt seine Mitverantwortung im pädagogischen System, wenn er Lehrer als Berufsgruppe diskreditiert. Die Schüler werden durch solche Äußerungen geradezu ermuntert, ihre Grenzen aggressiv auszuloten.

Interviewer: Das ist schon passiert?
Lehrerin: Ja, vor den Kindern! Dann wundert mich gar nichts mehr.

Interviewer: Sie sind vor den Kindern, die sie dann unterrichten müssen, von den Eltern dieser Kinder beschimpft worden?
Lehrerin: Ja, weil ich eine Maßnahme ergriffen habe, die dem Vater nicht paßte. Wenn ich das dann genau erzähle, weiß jeder, worum es geht. Es war eigentlich eine harmlose Sache. Ich wollte den Jungen mit der linken Hand schreiben lassen, weil die rechte gebrochen war und er schon seit Wochen dasaß und den Unterricht störte und gar nichts mehr gemacht hat. Und weil natürlich auch ein Leistungsabfall zu erwarten war, wenn jemand abschaltet. Da wollte ich, daß das Kind mit links schreibt oder es mir diktiert. Und darüber hat der Vater sich so aufgeregt, daß er mich wüst beschimpft hat vor einer Kollegin. Da bin ich auch in unserem Kollegium kein Einzelfall. Daß Eltern vor der Klasse, vor ihren Kindern, da in keiner Weise uns Lehrern den Rücken stärken und aus den Kindern und uns wieder eine Gemeinschaft machen. Ich meine, ich kann nicht sechs Stunden ein Kind erziehen und die restliche Zeit wird dagegengearbeitet. Dann möchte ich mich lieber mit den Eltern zusammensetzen. Dann möchte ich mit denen reden. Dann mache ich Hausbesuche.

In der nächsten Sequenz wird die mangelnde pädagogische Zusammenarbeit mit Eltern angesprochen. Daß diese ihre pädagogische Mitverantwortung einseitig delegieren und sich selbst derselben entziehen, gibt den Schülern ein schlechtes Beispiel für eine gemeinsam getragene Verantwortung und Kooperation. Wenn die Bearbeitung dieser Insuffizienzen an die Therapie in einer Klinik delegiert wird, sinkt die Möglichkeit, ihnen wieder Vertrauen in die Schule als einen auch für sie sicheren Ort einzuflößen.

Auszüge aus einem zweiten Interview

Interviewer: Bei Ihnen war ja das Kernproblem, daß Sie von einer anderen Schule in eine Gesamtschule versetzt wurden. Was hat es da für Ereignisse gegeben, nach denen Sie gesagt haben: Das ist für mich nicht erträglich?
Zweite Lehrerin: Es hat angefangen mit verbalen Angriffen von den Schülern und dann auch Angriffen in der Form, daß ich beworfen worden bin mit verschiedenen Sachen. Der entscheidende Punkt war jedoch, als ich dann von hinten gewürgt worden bin. Mehr oder weniger, für den Schüler war das nichts, für mich war es sehr einschneidend.

Körperliche Attacken auf eine Lehrerin sind unter keinen Umständen zu tolerieren. Und wenn sie erkennen läßt, daß sie selbst überfordert ist, sich durchzusetzen, gehört ihr alle Unterstützung seitens der Schulleitung oder anderer Kollegen.

Lehrerin: Verbal bin ich auch oft attackiert worden bis hin zu Drohungen, daß ich aus der Klasse nicht herauskomme, weil ich einem Schüler seine Kappe abgenommen habe ... und er hat mir dann gedroht, mit seiner Kappe käme ich nicht aus dem Klassenraum wieder raus. Als ich am Nachmittag mit seiner Mutter telefonieren wollte, hat sie mich dann auch gleich noch einmal verbal angegriffen, ich sollte nicht so ein Theater um diese Kappe machen, hat mich gar nicht zu Wort kommen lassen und dann eingehängt.

Die Ausübung physischer Gewalt ist in einer Schule für Lernbehinderte und schwererziehbare Schüler besonders hoch, wie ein Lehrer in einem weiteren Interview beschrieb. Aus seiner Sicht trug die Massierung von Aggressions- und Gewalterfahrung erheblich dazu bei, daß er psychosomatisch krank wurde.

Lehrer: Gegen mich habe ich viele Verbalattacken erlebt von: Du Arschloch über Wichser und ich weiß nicht, was noch alles. Oder Androhungen: Wir begegnen uns noch ein anderes Mal, dann werden wir weitersehen, bis zu: Ein Schüler steht vor mir, Nase an Nasenspitze, und droht mir an, mich zusammenzuschlagen.
Interviewer: Wie haben Sie reagiert?
Lehrer: Ich bin ganz ruhig geblieben, habe ihn auch nicht direkt angesehen, sondern weggeguckt und bin ein bißchen zurückgegangen, und die Situation entschärfte sich dann. Ich habe das im Kollegium auch erzählt, ja, ich mußte es einfach loswerden. Aber ich bin mit diesem Erlebnis noch Tage und Wochen herumgelaufen. Zumal ich nachher erfuhr, daß dieser Schüler in einer anderen Situation während einer Gerichtsverhandlung den Richter krankenhausreif geschlagen hatte. Dies wußte ich zum Glück vorher nicht, so daß ich an diese Situation erst mal unvoreingenommen herangehen konnte. Ich glaube, daß mir das auch ganz viel geholfen hat, die Situation zu entschärfen.

Die dauernde Anforderung, auf aggressives Verhalten besonnen zu reagieren, kann trotz der Unterstützung von Kollegen den einzelnen überfordern ...

Interviewer: Wo ist bei Ihnen der Knackpunkt gewesen, daß Sie gesagt haben, das hältst du nicht mehr aus?
Lehrer: Ich glaube, daß ich sehr sensibel dafür bin, wie groß die Belastungssituation für mich ist und wo ich für mich einen Schlußstrich ziehen muß. Es hat bei mir starke Magenprobleme gegeben, die immer wieder auftraten, nicht jeden Tag, aber immer wieder. Daß sich so in

den letzten zwei Jahren eine ganz große Müdigkeit bei mir einstellte, die dazu führte, daß ich trotz 6 Wochen Sommerferien, über die jeder berechtigt sagt, da muß ja Erholung möglich sein, so nach zwei Wochen schon das Gefühl hatte, ich kann nicht mehr, ich bin ferienreif. Der ausschlaggebende Punkt für mich war damals, als ich ins Lehrerzimmer reinkam und massive Probleme mit den Schülern hatte ... und nur noch sagen konnte: Was sind das für Drecksäcke! und dann geweint habe. Mir wurde dann aber auch deutlich, jetzt ist ein Punkt für mich erreicht, an dem ich den Schülern und mir nicht mehr gerecht werden kann. Das ... hat auch sicherlich mit meiner Biographie zu tun, und da möchte ich einfach gefestigter sein, um dann auch den Schülern wieder in einer Weise entgegentreten zu können, die es ihnen und mir leichter macht.

Der Lehrer schildert eindrucksvoll und sehr reflektiert, daß er durch die Dauerbelastung nicht mehr trennen konnte zwischen dem, was er aktuell erlebt, und dem, was er in der eigenen Geschichte erfahren. Oft haben Lehrer mit hoher interaktioneller Kompetenz und damit Sensitivität und Empathie für die Aggressionen Heranwachsender in der eigenen Lebensgeschichte Gewalt erfahren. Ein wichtiger Motor für ihre Entscheidung, Lehrer zu werden, liegt in dem Anspruch, daß es die Kinder, für die sie Verantwortung übernehmen, besser haben sollen als sie selbst. Es kann auch sein, daß der Lehrer ein Ausmaß an Gewalt in der Kindheit erfahren hat, daß das, was Schüler an Aggressivität zeigen, von ihnen als vergleichsweise harmlos eingestuft wird. Sie haben gelernt, sich innerlich gegen Gewalt zu schützen. Bricht durch Beziehungskonflikte oder belastende Lebensumbrüche die seelische Balance auseinander, werden sie plötzlich so verletzlich, daß sie der Therapie bedürfen.

Alle Subsysteme im pädagogischen Systemkreis tragen zu einer angemessenen Reaktion auf Gewalt und Aggression bei. Eine einseitige Delegation von Verantwortung an nur ein Subsystem überfordert dieses schnell. Alle Beteiligten sind aufgefordert, sich immer wieder neu die Frage zu stellen, wie präventiv auf die Entwicklung von Gewalt hingearbeitet werden kann, welche Mittel, welche fachlichen und personellen Voraussetzungen geschaffen werden müssen. Daß nach einem Geschehen wie in Erfurt dann plötzlich eine Vielzahl von Psychologen und Sozialarbeitern «seelische Feuerwehr» sein muß, sollte sich nicht wiederholen. Der hierdurch erkennbar gemachte finanzielle Aufwand sollte in Präventivmaßnahmen fließen.

Ausgehend von der Schule als Verantwortungsgemeinschaft, die für jeden ein sicherer Ort sein soll, stellt sich mir die Frage, wie ein kollegiales System miteinander umgehen und auf Gewalt bzw. kriminelle Akte pädagogisch reagieren sollte. Es soll kein Ruf nach Recht und Ordnung sein. Es sollen jedoch Grenzen aufgezeigt werden, die für jeden verbindlich sind und hinter die sich jeder zurückziehen kann, um sich zu schützen. Straftaten zu decken kann nicht pädagogisch sein. Erst recht nicht, wenn andere Schüler hierdurch gefährdet werden.

Wenn wir das Bild der semidurchlässigen Grenze, wie wir es aus der systemtheoretischen Überlegung kennen, vor uns haben, liegt es zunächst in der Eigenverantwortung eines Lehrers, in einer gefährlichen Situation Grenzen aufzuzeigen. Kann er diese jedoch nicht selbst schützen, ist es Aufgabe der Schule, ihm den nötigen Rückhalt zu geben. Im Falle eines Verdachts, daß Straftaten begangen wurden und die Schule nicht verhindern kann, daß andere durch Wiederholung gefährdet werden, sollte die Schule sich öffnen und die Polizei hinzuziehen.

6. Mobbing[53]

Wenn wir uns mit dem Thema Gewalt an Schulen auseinandersetzen, dürfen wir nicht die Augen davor verschließen, wie diese unter den Lehrern selbst und in der Schule als System in Form von Mobbing ausgeübt wird. Im «Mobbing-Report»[54] der Bundesanstalt für Arbeitsschutz und Arbeitsmedizin heißt es: «Unter Mobbing ist zu verstehen, daß jemand am Arbeitsplatz über einen längeren Zeitraum schikaniert, drangsaliert oder benachteiligt und ausgegrenzt wird.» (S. 19)

Mobbing reicht von Verleumdung und Spott über gezielte Benachteiligungen im Beruf bis hin zu Mißhandlungen – und das über einen längeren Zeitraum hinweg. «Für 2000 kann ermittelt werden, daß insgesamt 5,5 % der erwerbstätigen Bevölkerung im Laufe des Jahres von Mobbing betroffen waren. ... Somit ist ca. jede neunte Person im erwerbsfähigen Alter schon mindestens einmal im Verlaufe ihrer Erwerbstätigkeit gemobbt worden.»[55] Wenn wir davon ausgehen, daß in den Grundschulen über 80 % des Lehrkörpers Frauen sind, so wäre hier infolge einer höheren Betroffenheit von Frauen vermehrt mit Mobbingopfern zu rechnen.[56] Die Deutsche Angestellten Gewerkschaft geht davon aus, daß ca. 10 % aller Selbstmorde auf Mobbing zurückzuführen sind oder zumindest in einem deutlichen Zusammenhang damit stehen. Angesichts dieser Zahlen ist in jeder Schule davon auszugehen, daß Mobbing auftritt! Die Augen hiervor zu verschließen oder es gar zu verleugnen bereitet geradezu den Nährboden für seine Entwicklung.

Ursachen für Mobbing Die Ursachen für Mobbing liegen in den sehr harten sozialen Strukturen an vielen Arbeitsplätzen sowie an den Machtverhältnissen, die in Betrieben herrschen. Schwerwiegende organisatorische Schwachstellen und Managementfehler erzeugen Vorgaben und Streß, die zu Frust und Konflikten führen. Auch Nicht-Anerkennung von geleisteter Arbeit, Angst vor Jobverlust, Überforderung am Arbeitsplatz und Konkurrenzängste begünstigen das Klima für Mobbing. Durch Überfrachtung der Schulleitung mit ministeriellen Anordnungen und die sich immer höher schraubende Spirale der Anforderungen an die Schule wird ihr ein besonnenes Konfliktmanagement unmöglich gemacht. Wenn die Notwendigkeiten, die sich aus der Arbeit vor Ort ableiten, nicht umgesetzt werden können, der Zwiespalt zwischen Anspruch und Wirklichkeit den einzelnen zu zerreißen droht, führt dies zu Unzufriedenheit und Mißmut, die sich intrapsychisch oder im Kollegium gegen einen einzelnen richten können.

Gefährdet sind insbesondere Menschen, die durch weitere psychische Belastungen in anderen Lebensbereichen in ihrer inneren Aufmerksamkeit abgelenkt sind und daher nicht früh genug im Arbeitsumfeld reagieren und sich wehren. Sie beziehen das Gefühl von Ausgrenzung und Abwertung allzuleicht auf die Mehrfachbelastung und sind geneigt, ihre Leistung für unzureichend zu halten.

Mobbinghandlungen Im Mobbing-Report[57] werden als die acht häufigsten Mobbing-Handlungen beschrieben:

Gerüchte und Unwahrheiten werden über einen Lehrer verbreitet, um sein soziales oder fachliches Ansehen zu diskreditieren.	61,8 %

Arbeitsleistungen werden falsch bewertet oder lächerlich
gemacht. 57,2 %
Sticheleien oder Hänseleien, Sich-lustig-Machen über
persönliche Probleme oder Krisen, die das Opfer bloßstellen 55,9 %
Verweigerung wichtiger Informationen und Ausschluß
vom Informationsfluß führen dazu, daß das Opfer nicht
wissen kann, wie es richtig handeln kann, was es wann tun
soll, was zu vermehrten Fehlleistungen und Frustration führt. 51,9 %
Die Arbeit wird massiv und ungerecht kritisiert, wodurch die
fachliche und berufliche Kompetenz eines Lehrers abge-
wertet wird. 48,1 %
Ausgrenzung und Isolierung von sozialen Aktivitäten im
Kollegium 39,7 %
Das Opfer wird als unfähig dargestellt mit negativen
Auswirkungen auf das fachliche und soziale Ansehen 38,5 %
Verletzende und entwürdigende Beleidigungen 36,0 %

Eine ausführliche Beschreibung von insgesamt 45 unterschiedlichen Mobbing-Handlungen finden sich bei Leymann.[58] Er unterteilt diese in:

1. Angriffe auf die Möglichkeiten, sich mitzuteilen
2. Angriffe auf die sozialen Beziehungen
3. Auswirkungen auf das soziale Ansehen
4. Angriffe auf die Qualität der Berufs- und Lebenssituation
5. Angriffe auf die Gesundheit

Der Verlauf eines Mobbing Das Verlaufsmodell (modifiziert nach Heinz Leymann):

Erste Phase: Der Mobbing-Konflikt eskaliert
   Einzelne Unverschämtheiten und Gemeinheiten

Zweite Phase: Übergang zu Mobbing und Psychoterror
   «Die Expositionszeiten liegen durchschnittlich bei über einem Jahr.»
   Immer weiter fortschreitende Deformierung des sozialen Verhaltens von MobberInnen und Gemobbten, wobei die letzteren zeitweilig auch in ein selbstdestruktives Verteidigungsverhalten hineingetrieben werden. Es kommt zu einer Stigmatisierung des Opfers. Dieses versucht, sich durch überfordernden Leistungseinsatz dem Mobbing zu entziehen.

Dritte Phase: Rechtsbrüche durch Über- und Fehlgriffe der Personalverwaltung
Der Arbeitgeber schreitet ein.
Das stereotype Ziel eines Managements, das dieser Situation eigentlich nicht gewachsen ist, ist der Versuch, das stigmatisierte Opfer in den Hintergrund zu drängen; und zwar über bestrafende Versetzungen, den Beschluß, dem/der Betroffenen einfach keine Arbeit mehr zuzuweisen, oder über den Versuch der Kündigung.
Traumatische Erlebnisse, die zu großer Existenzangst und Verzweiflung führen, mehren sich bei dem Gemobbten.

Vierte Phase: Fehldiagnosen und kränkende Persönlichkeitsbefunde
Das Opfer kommt in Kontakt mit ÄrztInnen und PsychologInnen.
Da von beiden Berufsgruppen der soziale Hintergrund des Psychoterrors konzeptionell oft nicht erfaßt wird, kommt es häufig zu Fehldiagnosen oder das Opfer kränkenden Persönlichkeitsbefunden. Damit verstärkt sich der subjektive Eindruck beim Betroffenen, infolge einer seelischen oder persönlichen Insuffizienz selbst schuld daran zu sein, zum Opfer geworden zu sein. Es kommt m. a. W. zu einer *iatrogenen*[59] Traumatisierung und Zunahme des Unwertgefühls, der Selbstwertstörung etc.

Fünfte Phase: Ausschluß aus der Arbeitswelt
Ausgrenzung des Opfers aus dem Arbeitsleben, was oft gleichbedeutend mit der Ausgrenzung aus der Gesellschaft ist, durch

- Abschieben und Kaltstellen
- Mehrere Versetzungen nacheinander
- Einlieferung in eine Nervenheilanstalt
- Abfindung
- Langfristige Krankschreibung
- Frührente

Die Folgen des Mobbing Mobbing beeinträchtigt die physische und psychische Gesundheit des Lehrers. Mobbing-Opfer leiden unter psychosomatischen Störungen, Schlaflosigkeit,

Kopfschmerzen. Mobbing kann bei sensiblen Menschen zu Depressionen, Angstzuständen und im Extremfall zum Selbstmord führen. Insbesondere die Entwicklung eines Burn-Out (siehe dort) als Reaktion auf das Mobbing führt oft zu fatalen Folgen bis hin zur Frühpensionierung. Der Betroffene hat sich über lange Zeit in dem Bemühen, mit seinen eigenen Möglichkeiten gegenzusteuern, zu zeigen, daß die Vorwürfe etc. zu Unrecht gemacht werden, völlig verausgabt. Tiefe Selbstwertkrisen sind die fast zwangsläufige Folge. Fatal an der Entwicklung ist, daß das Opfer auf Schmähungen, Nicht-Beachtung, Entwertung und Mißachtung der eigenen Tätigkeit wie auf sachliche Kritik oft mit erhöhter Arbeitsbereitschaft reagiert. Es kann nicht verstehen bzw. will nicht wahrhaben, daß seine Kollegen und Vorgesetzten ihm absichtsvoll derart entwürdigend begegnen. Das kann zur völligen Verausgabung und Erschöpfung führen.

Betroffene Personen erkennen sehr häufig den Anfang des Ausgrenzungsprozesses nicht und haben keine Erklärung, weshalb sie von den Vorgesetzten und Kollegen so feindselig behandelt werden. Die in der Folge durch den fortwährenden Streß ausgelösten körperlichen Beschwerden werden oft auch nicht mit den Konflikten am Arbeitsplatz in Verbindung gebracht und können sich so im Laufe der Zeit zu manifesten Krankheiten ausbilden. Verfestigt sich Mobbing über den auslösenden Konflikt hinaus, hat der Betroffene kaum Chancen, diesen Prozeß aus eigener Kraft zu beenden. Demzufolge sollten körperliche Beschwerden bei anhaltenden Spannungen am Arbeitsplatz sehr ernst genommen werden.

Es gilt, therapeutisch den Selbstwert des Opfers wieder zu stärken, ihm deutlich zu machen, daß es angriffen wird, mit ihm Wege zu erarbeiten, aus seiner Passivität, nichts tun zu können, herauszufinden und ihm zu helfen, wieder zu einer effizienten Konfliktaustragungsfähigkeit zurückzufinden. Es gilt, mit dem Opfer einzugrenzen, wer ihn wie angreift, und abzuschätzen, welche realistischen Chancen es für welche Lösungen hat. Es können Handlungsalternativen für interne Lösungen gefunden werden, es kann jedoch auch eine Versetzung die Ultima ratio sein.

Psychologische Auswirkungen von Mobbing Abhängig von der Bedeutung, die der Arbeitsplatz für einen Menschen sozial wie persönlich hat, lassen sich die Störungen in unterschiedlicher Ausprägung von Mißempfindungen und nachlassender Lebensfreude bis hin zu schweren psychosomatischen Störungen, Burn-Out und für das Opfer gefährlichen Selbstwertkrisen erkennen.

Wir haben es insgesamt mit einem Verlust an allgemeiner Kompetenz zu tun. Je ausgeprägter insbesondere die Störung im Bereich der interaktionellen Kompetenz ist, desto eher müssen wir mit einer erheblichen Störung des seelischen Gleichgewichtes rechnen!

Mit Hilfe der Kompetenzraute (siehe Abb. 4) lassen sich folgende Störungen beschreiben:

Die *fachliche Kompetenz* wird streitig gemacht. Es werden z. B. Anforderungen gestellt, die entweder widersprüchlich sind, durch Art und Umfang oder wegen fehlender apparativer Voraussetzungen unmöglich zu erfüllen sind. In dem Bemühen, dennoch dem Leistungsdruck gerecht zu werden, wird das Opfer förmlich in die Knie gezwungen. Das Abschneiden vom Informationsfluß und teilweise sogar mutwillige Zerstören von Arbeitsergebnissen, z. B. von Datenbanken im Computer bzw. durch Datenklau, und nicht einzuhaltende Terminvorgaben sind weitere Vorgehensweisen, mit denen das Opfer in die Enge getrieben wird. Dem einzig durch mehr Arbeit und erhöhte Leistung zu begegnen geht auf Kosten der Gesundheit und nicht selten auch des Selbst und der Partnerschaft (siehe Rollenmanagement-Raute in Abschnitt V.4). Der Verlust der in der fachlichen Kompetenz begründeten Souveränität führt zu erheblicher Verunsicherung und Selbstwertverlust. Das Opfer ist sich seines Wissens nicht mehr sicher, es kennt sich selbst nicht mehr.

Durch Ausschluß aus dem Kollegenkreis verliert jemand seine *soziale Kompetenz*. Hierauf wirkt es sich ebenso nachteilig aus, wenn jemandem durch Überforderung die Zeit und Gelegenheit genommen wird, sich am sozialen Leben zu beteiligen. Insbesondere Einzelgänger sind gefährdet, ihre meist schon geringe soziale Kompetenz gänzlich zu verlieren und zunehmend mißtrauisch zu werden. Beleidigungen, Unwahrheiten und Gerüchte verstärken den Verlust der sozialen Kompetenz. Der betroffene Lehrer versteht es immer weniger, eine positive Grundstimmung und damit eine günstige Lernatmosphäre zu schaffen. Er schafft es angesichts der eigenen Verunsicherung nur mit immer größerem inneren Aufwand, für einen Schüler auf der Beziehungsebene einen sicheren Ort zu bilden. Er fühlt sich leichter überfordert von den Beziehungsanforderungen und läuft Gefahr, diese zum Selbstschutz nicht wahrzunehmen, sondern sich auf die Wissensvermittlung zu konzentrieren. Dadurch können Konflikte ungelöst bleiben, die dann entweder autoritär unterdrückt werden oder die den Lehrer kaputtmachen.

Der Mensch verliert mit seiner *interaktionellen Kompetenz* seine nach außen gerichtete Sensitivität. Er wird in seiner Wahrnehmung so tief gestört, daß er sich nicht mehr sicher sein kann, für wahr zu nehmen, was er wahrnimmt. Hiermit ist m. E. die gefährlichste Irritation für das Selbstverständnis eines Menschen verbunden. Er kann sich und seinen Wahrnehmungen nicht mehr trauen. Was er sieht und hört, bezieht er allzu leicht auf sich bzw. mißversteht es als gegen sich gerichtet. Inneres Mißtrauen und äußere Wahrnehmung vermischen sich. Sein eigenes Bindungsverhalten wird zunehmend aktiviert. Zum Selbstschutz muß er entweder seine Vulnerabilität schützen, indem er sich abschottet. Oder seine eigene Verletzlichkeit führt dazu, daß er sich zu sehr berühren läßt und sich immer weniger abgrenzen kann. Es fällt ihm zunehmend schwerer zu unterscheiden, ob die wahrgenommene Bedürftigkeit mehr dem Schüler oder sich selbst gilt.

Die *berufliche Kompetenz* geht verloren. Es gelingt immer weniger, größere Arbeitszusammenhänge und Interdependenzen, die nicht unmittelbar die zu erledigenden Arbeit betreffen, diese aber mitbestimmen, zu erkennen und angemessen und souverän auf Störungen zu reagieren. Der Verlust der Kontextgrenzen wirkt sich fatal aus. Das Mobbing-Opfer kommt sich wie ein Anfänger vor, worin er durch zunehmende Fehlleistungen noch bestärkt wird. Da er sehr wohl überblickt, welche Anforderungen sein Beruf an ihn stellt, wird er versuchen, auf Kosten seines Privatlebens und der erforderlichen rekreativen Pausen zu kompensieren und nach außen so zu tun, als ob alles in Ordnung wäre.

Er erfüllt leidenschaftslos seine Arbeit, die er als abgekoppelt von seinem Machtstreben erfährt, sein Ehrgeiz bleibt unbefriedigt, und sein Egoismus richtet sich mehr auf die Absicherung seines sozialen Kontextes, seines sicheren Ortes, als daß er eine Befriedigung darin erkennen kann, für die Schüler einen sicheren Ort zu bilden.

Wie sich Mobbing-Opfer wehren können

Gleich zu Beginn des Psychoterrors offen die Situation ansprechen, die Ursache des Konflikts und gemeinsam eine Lösung suchen. – Suchen Sie sich eine Person des Vertrauens. Das können Kollegen sein oder betriebliche Stellen wie Vorgesetzte, Betriebsräte, Frauenbeauftragte, Mitarbeiter des Personal- oder Gesundheitswesens. – Machen Sie sich Notizen über die genauen Vorkommnisse – falls Sie den Weg der Beschwerde gehen wollen, helfen Notizen als Beweismittel.[60]

Insbesondere der letzte Hinweis ist arbeitsrechtlich von großer Bedeutung. Die Rechtsposition eines Mobbing-Opfers hat sich gegenüber dem Arbeitgeber nämlich deutlich gebessert. Dieser ist dazu verpflichtet, wenn er von Mobbing-Vorgängen Kenntnis erhält, das Opfer durch geeignete Konfliktlösungsstrategien zu schützen. Ist erst einmal ein Rechtsanwalt eingeschaltet, kann es in den meisten Fällen nur noch um Satisfaktion gehen und darum, wie man sich trennt. Das Arbeitsverhältnis ist dann als zerrüttet anzusehen. Nach einem solchen Schritt wieder in den Dienst zurückzukehren wird sehr schwierig sein.

Psychotherapeutisch-medizinische[61] *Diagnostik und Therapie eines Mobbing-Opfers* Die Auswirkungen auf die Kompetenz, das Rollenverständnis und die psychologischen Grundeigenschaften sind in einer psychodynamischen, dem Individuum gerecht werdenden ganzheitlichen Diagnostik mit zu erfassen und in ihrer pathologischen Bedeutung zu gewichten. Sie erfolgt didaktisch und pragmatisch in zwei aufeinanderfolgenden Schritten. Dabei ist diese Diagnostik gleichzeitig auch schon Therapie, weil die Beziehung zwischen Arzt und Patient von Anfang an als sicherer Ort etabliert wird, in welcher der Patient schon bei der körperlichen Untersuchung Achtsamkeit erfährt, die auch sein affektives und emotionales Erleben erfaßt. Er erfährt Vertrauen, daß ihm sein Leid geglaubt wird, und er kann sich anvertrauen. Hier ist ein Hausarzt, der den Patienten schon länger kennt, in einer besonders günstigen Position, haben doch frühere Kontakte schon eine Vertrauensbasis geschaffen und kann dieser den Unterschied zwischen früherem und aktuellem Erleben wahrnehmen. Der Patient erlebt die Sicherheit, daß er gegen Angriffe von außen so lange geschützt wird, bis er wieder imstande ist, diesen Schutz selbst aufzubauen.

Die medizinische Diagnostik und Therapie erfaßt den Ausprägungsgrad und die Behandlungsnotwendigkeit von körperlichen Erkrankungen wie:

- Migräne und ständig wiederkehrenden heftigen Kopfschmerzen
- Ohrgeräuschen und Schwindel, Sehstörungen
- Sprechstörungen durch Stimmbandentzündungen, Stottern, Wortfindungsstörungen etc.
- Störungen der Atmung durch wiederkehrende Nasennebenhöhlenentzündungen, chronische Bronchitis und Asthma bronchiale
- Herzrhythmusstörungen, coronare Herzerkrankung, Zustand nach Herzinfarkt
- Bluthochdruck und -niedrigdruck
- Appetitstörungen, Entzündungen des Magen-Darm-Traktes, Magen- und Zwölffingerdarmgeschwüren, Divertikulitis, M. Crohn und Colitis ulcerosa
- Entzündungen und Funktionsstörungen von Niere und Harnblase
- Störungen der Sexualität
- akute und chronische Schmerzen von Muskeln und Gelenken
- Stoffwechselentgleisungen wie erhöhten Cholesterin- und Fettwerten, Harnsäure und Zucker
- Störungen im hormonellen Gleichgewicht von z. B. Schilddrüse, Östrogenen etc.
- Neurodermitis, Hautausschläge und Juckreiz etc.
- geschwächter Abwehr mit verstärkter Neigung zu Infekten

Die umfassende Diagnostik und die Therapie erfolgen naturwissenschaftlich fundiert und erfahrungsorientiert und entsprechen dem Stand der modernen Medizin.

Die psychotherapeutische Diagnostik erfaßt die seelische Symptomatik, die sich als Reaktion auf die Störung eingestellt hat, und setzt sie in Bezug zum Schweregrad von

- Kompetenzverlust, gestörtem Rollenverständnis, Störungen im Bereich der psychologischen Grundeigenschaften
- Selbstwertkrise und ggf. -gefährdung sowie vom Ausmaß an prämorbider Vulnerabilität, d. h. vom Ausmaß der vor der Erkrankung bestehenden seelischen Verwundbarkeit infolge von früheren psychischen Störungen oder dramatischen lebensverändernden Ereignissen etc.
- Angst- und Panikstörung
- Depression mit dem Ausmaß des Mißtrauens, der Antriebsstörung, des Interessenverlustes
- Auswirkungen des Mobbing auf die Partnerschaft, die Familie und den Freundeskreis mit Verlust der Fähigkeit, die einzelnen Subsystemgrenzen ausreichend zu schützen

Damit berücksichtigt die Diagnostik die aktuelle psychosoziale Wirklichkeit des Lehrers. Sie hat zum Ziel, den Konflikt dort, wo er begonnen hat, herauszuarbeiten. Oftmals zeigt sich eine Vielzahl weiterer ungelöster Konflikte in allen Kontexten, welche den Kernkonflikt wie Zwiebelschalen umhüllen und daher zunächst unkenntlich machen. Kann das Mobbing als Hauptursache für alle weiteren Schwierigkeiten auch in anderen Kontexten beschrieben werden, kommt es zu einer ersten wichtigen Entlastung. Nicht mehr Insuffizienz- und Schuldgefühle bestimmen das Erleben. Nicht erfüllbaren Leistungsanforderungen nicht zu genügen wird als akzeptabel konnotiert. Persönliche Kränkungen wegstecken zu müssen wird als inakzeptabel beschrieben. Familie und Freundeskreis zu vernachlässigen und dadurch Konflikte und Frustrationen zu den wichtigsten Menschen heraufzubeschwören wird nicht mehr toleriert. Die Ursache aller Konflikte auch in anderen Bereichen wird am Arbeitsplatz und dem dort erfahrenen Mobbing festgemacht. Erst wenn dieses durchbrochen und damit unterbunden ist, kann erkennbar werden, inwieweit andere Konflikte noch weitere therapeutisch zu bearbeitende Ursachen haben.

Eine in diesem Sinne konzeptionell vorgehende Psychotherapie erarbeitet aktive Strategien zur Problembewältigung, löst Abhängigkeiten und damit die Opferhaltung auf und hilft,

- eine neue Sicherheit in den eigenen Kompetenzen wiederzuerlangen;

- die eigenen Rollenvorstellungen klar zu umreißen und ihnen somit ein klares Profil zu geben, welches ermöglicht, sich unangemessenen Rollenzuschreibungen zu widersetzen;
- die unterschiedlichen Rollen innerhalb des beruflichen und privaten Kontextes für sich neu zu klären;
- die Grenzen zwischen den einzelnen Kontexten Berufswelt, Familie und Partnerschaft, Freundeskreis und den jeweiligen Systemen zu beschreiben. Diese sollen in einer Weise gestaltet werden können, daß sie die Befriedigung der psychologischen Grundeigenschaften in den verschiedenen Lebensbereichen ermöglichen und Raum für rekreative Bedürfnisse schaffen;
- die Phantasie und Kreativität wiederzuentdecken;
- einen gesunden Lebensrhythmus und Wechsel von Anspannung und Entspannung zu entwickeln und auch für das körperliche Wohlbefinden Aktivitäten zu entfalten – *mens sana in corpore sano* als wünschenswerte Zielvorstellung;
- einen neuen Lebenssinn zu finden, der den aktuellen Anforderungen und Gegebenheiten in allen drei wesentlichen Kontexten gerecht wird und Perspektiven aufzeigt für persönliche Entwicklung;
- sensibel und aufmerksam zu bleiben für die eigenen Bedürfnisse und die Anforderungen aus den unterschiedlichen Kontexten und Systemen;
- wieder zu einem freien Fluß der Emotionen zu kommen und diese klar auszudrücken;
- intensiv zu kommunizieren, Konfrontationen nicht zu scheuen und angstfrei zu streiten;
- Authentizität wiederzugewinnen.

Angst und Depression lösen sich im Idealfall auf. Der individuelle Entfaltungsspielraum vergrößert sich. Durch den Wiedergewinn von Aktivität und Autonomie werden Alkohol und Drogen als «Problemlöser» und Aufputschmittel zur angeblichen «Leistungssteigerung» überflüssig. Durchsetzungsvermögen und Leistungsbereitschaft steigen wieder an. Die Emotionalität ist gut abgesichert in allen Lebensbereichen.

Sozialtherapeutische Interventionen bis hin zur Anbahnung von Gesprächen mit dem Personalrat, dem Dienstvorgesetzten und u. U. juristischer Beratung können ergänzend durchgeführt werden. Ein Antrag auf Versetzung oder Arbeitsplatz- bzw. Arbeitgeberwechsel können notwendige Konsequenzen sein.

Indikation zu unterschiedlichen psychotherapeutischen Behandlungssettings Die Komplexität der mit Mobbing verbundenen Traumatisierung erfordert nicht nur ein spezifisches diagnostisches und therapeutisches Vorgehen. Solange jemand dem Mobbing ausgesetzt ist, kann eine Psychotherapie lediglich zum Ziel haben, ihm Wege aufzuzeigen, sich dagegen zur Wehr zu setzen. Viel therapeutische Energie ist darauf zu verwenden, dem Menschen wieder zu Durchsetzungsvermögen und Selbstvertrauen zu verhelfen. Gelingt es nicht, das Mobbing umgehend zu durchbrechen und zu beenden, kann es notwendig werden, die Person in Folge der gesundheitlichen Schäden, die schon eingetreten sind, dienstunfähig zu schreiben. Für die weiterhin notwendige Psychotherapie kennen wir drei Modalitäten, für die folgende Indikationen genannt werden können:

Ambulant:

- Das Mobbing-Opfer ist in seiner Persönlichkeit zwar getroffen, befindet sich jedoch in einer stabilen psychosozialen Umgebung, die es trägt. Das Mobbing kränkt den Menschen jedoch so sehr, daß er allein und mit Hilfe von Familie und Freunden nicht damit fertig wird. Sein Durchsetzungsvermögen reicht nicht aus, es wirkungsvoll zu durchbrechen und zu beenden.
- Die Dauer des Mobbings ist auf ungefähr ein halbes Jahr begrenzt, das Opfer erreicht u. U. mit Hilfe des Personalrates bzw. juristischer oder gewerkschaftlicher Beratung eine befriedigende Lösung des Problems.
- In den beiden anderen Kontexten Familie und Freundeskreis liegt keine größere Konfliktproblematik und keine belastende Veränderung vor.

Teilstationär/tagesklinisch:

- Das Mobbing-Opfer fühlt sich zutiefst gekränkt und in seiner Persönlichkeit in Frage gestellt. Es zieht sich zunehmend aus sozialen Kontakten in allen drei Kontexten zurück.

- Schon vorher bestehende psychosomatische Krankheiten verschlimmern sich, Angst und Depression werden unerträglich.
- Die Familie und der Freundeskreis geraten in Sorge und fühlen sich überfordert und hilflos.
- Es wird zunehmend schwerer, das Mobbing als Hauptursache herauszuarbeiten, da Folgekonflikte in den anderen Kontexten dies überdecken können.

Vollstationär/klinisch:

- Ein Burn-Out-Syndrom als Ausdruck eines tiefgreifenden psychophysischen Erschöpfungszustandes liegt vor.
- Manifestation von erheblichen psychosomatischen Krankheitssymptomen, die von überwältigender Angst und/oder tief depressiver Verstimmung überlagert sind.
- Tiefe Selbstwertkrise mit Erleben von Ausweglosigkeit und Selbstmordgefährdung liegt vor.
- Der mögliche Verlust der Arbeitsfähigkeit wird als existentiell bedrohlich und ausweglos erlebt.
- Familie und Freundeskreis reagieren vorwurfsvoll und verständnislos, das Opfer ist sozial isoliert.
- Parallel zum Mobbing muß das Opfer weitere ihn psychisch sehr belastende Konflikte und Veränderungen in seinen Lebenskontexten verarbeiten wie schwere Erkrankung oder Tod eines Nahestehenden, Trennung vom Partner etc.
- Eine bedrohliche körperliche Erkrankung ist noch nicht ausgestanden bzw. seelisch nicht befriedigend verarbeitet wie Herzinfarkt, Krebserkrankung etc.

Mobbing von außen und mangelnder Schutz von innen (Fallbeispiel)
Ein 42jähriger Lehrer, langjährig an einer Schule tätig, engagiert und akzeptiert, wird von einzelnen Schüler-Eltern plötzlich und für ihn völlig unverständlich angefeindet. Es werden Notizen zu Bemerkungen, die er im Unterricht gemacht haben soll, aus dem Zusammenhang gerissen und willkürlich verknüpft. Es entsteht der Eindruck, daß er einzelne Schüler diskriminiert, andere bevorzugt, daß er sich negativ über andere Kollegen äußert, unvorbereitet in den Unterricht kommt und andererseits überhöhte Leistungsanforderungen stellt. Die Situation spitzt sich für ihn zu, als er von dem Rechtsanwalt eines Schüler-Vaters aufgefordert wird, eine aus dessen Sicht ungerechtfertigt schlechte Note nach oben zu korrigieren. Andernfalls würde eine gerichtliche Überprüfung beantragt werden mit dem Vorwurf der ab-

sichtlichen Benachteiligung des Sohnes seines Mandanten. Durch die über ein halbes Jahr sich hinziehenden Diffamierungen ist er im Kollegenkreis zunehmend ins Abseits gedrängt worden und findet hier auch keinen Halt. Da er auch keinen eindeutigen Rückhalt vom Rektor der Schule erhält, erleidet er einen Nervenzusammenbruch.

Im Gespräch zeigt sich, daß der Lehrer der ganzen Entwicklung hilflos gegenüberstand. Die Isolierung im Kollegium war ihm völlig unverständlich. Sie entbehrte seiner Ansicht nach jeder Grundlage. Er selbst hatte sich infolge hoher privater Belastung durch die Pflegebedürftigkeit seiner Mutter, welche einen Gehirnschlag erlitten und die er bis zum Tod versorgt hatte, lediglich aus dem Sozialleben im Kollegium zurückgezogen. Er hatte nach seinem Empfinden nichts anders gemacht als schon viele Jahre zuvor. Er bemerkte wohl einen zunehmenden Motivationsverlust, weil er die vielen Veränderungen in der Schule nicht mehr nachvollziehen konnte, sich zunehmend gemaßregelt und kontrolliert fühlte, wenn er mit Strenge versuchte, einen gewissen Leistungsstandard in der Klasse aufrechtzuerhalten. Viele Kollegen waren ihm zu lasch, worüber er sich oftmals geärgert hatte, ohne es jedoch jemals auszusprechen. Er hatte längst aufgegeben, hieran etwas zu ändern. Von einzelnen Kollegen und Kolleginnen wußte er, daß sie genauso dachten wie er, denn sie hatten ebenfalls resigniert, hatten sich längst auch innerlich zurückgezogen, weil sie in dem völlig überalterten Kollegium, in dem der Patient der jüngste Lehrer war, keine Perspektive für Veränderung erkennen konnten. Sie erledigten nur noch das Notwendigste. Von der uneindeutigen Haltung seines Rektors in der juristischen Auseinandersetzung fühlte sich der Lehrer besonders gekränkt, weil er sich bisher mit hohem Engagement immer bereit gezeigt hatte, zusätzliche Aufgaben zu übernehmen.

Sein Privatleben hatte in den vergangenen Monaten stark gelitten. Von seinem Freundes- und Bekanntenkreis hatte er sich aus Zeitmangel weitgehend zurückgezogen. Zuviel Energie hatte er aufwenden müssen, sich gegen die Anfeindungen zur Wehr zu setzen. Wenn er von der Schule kam, hatten ihn die Probleme noch lange beschäftigt, und oft hatte er sich zurückziehen müssen, um den Ärger und Streß abzubauen und nicht auf Kosten der Familie auszuleben. Seine Kinder beschwerten sich immer häufiger, daß er keine Zeit mehr für sie hatte. Seine Frau reagierte zunehmend verärgert, weil sie sich zurückgesetzt fühlte, weil Partnerschaft und Sexualität von ihm immer weiter hintangestellt worden waren.

Seine Hobbys hatte er vernachlässigt und kein Interesse mehr für aktive Freizeitgestaltung aufbringen können. Seine Stimmung war gedrückt, fast schon fatalistisch. Er fühlte sich zutiefst erschöpft, innerlich leer und ausgebrannt.

In der Therapie entwickelte er neue, ihn zufriedenstellende Perspektiven. Er konnte erkennen, daß er sich selbst isoliert hatte, und wollte wieder intensiver mit seinen Kollegen kommunizieren, um die Probleme in der Schule gemeinsam aktiv anzupacken. Er besann sich seiner Stärken und besonderen Fähigkeiten, die in einer kreativen Unterrichtsgestaltung mit Bereitschaft zur Auseinandersetzung mit innovativen Ansätzen liegen. Hierzu wollte er wieder Weiterbildungsseminare besuchen, um sich Anregungen zu holen. Vermeidbare zusätzliche Aufgaben wollte er künftig auch einmal ablehnen, wenn sie an ihn herangetragen werden würden und er sich überfordert fühlen sollte. Mit seinem Rektor suchte er das Gespräch über die Kränkung, wie er sie erlebt hat. Er konnte sie offen ansprechen und ihn bitten, eindeutig für ihn Stellung zu beziehen.

Im Gespräch mit seiner Frau kam ihre Kränkung über erlebte Zurückweisungen sowie die Frustration über die verlorengegangene Kommunikation gemeinsamer Wünsche und Bedürfnisse deutlich zur Sprache, worüber er sich sehr betroffen zeigte. Gleichzeitig gelang es ihm auszudrücken, daß er sich auch oft allein gelassen gefühlt hatte, wenn seine Frau sich mehr um ihre kränkelnde Mutter gekümmert hatte als um ihre gemeinsame Beziehung. Es wurde verabredet, künftig regelmäßig einmal in der Woche einen Abend miteinander zu verbringen und ihre Kontakte zu Freunden und Bekannten zu intensivieren. Er entdeckte in der Kunsttherapie seine kreativen Fähigkeiten und Interessen wieder und erlebte in der Tanz- und Bewegungstherapie seinen Körper wieder neu. Diesen hatte er zuletzt nur noch als Ursache von Schmerzen und Verspannungen gekannt. Er fühlte sich motiviert, wieder mehr Freizeitsport zu treiben.

Er erlebte noch einmal die Trauer um den vor einem Jahr verstorbenen Vater nach, für den er sich wenig Zeit genommen hatte. Er schrieb einen Brief, in dem er alles ausdrückte, was er ihm zu Lebzeiten gerne gesagt hätte.

Im Gespräch mit den beiden Kindern und seiner Frau wurde deutlich, daß der 14jährige Sohn gern mehr mit seinem Vater gemeinsam unternehmen möchte und die 16jährige Tochter sein Interesse an ihr vermißt hatte. Die Mutter erlebte beide Kinder in letzter Zeit auch als unausgeglichen und kaum zugänglich.

Jetzt wurde ein entspannteres, von Zuneigung und Aufrichtigkeit bestimmtes Familienleben wieder möglich.

Mobbing ist Ausdruck einer erheblichen Beziehungsstörung. Diese beginnt schleichend im sozialen Miteinander, kündigt die Kooperation mit dem Opfer auf. Es setzt sich subtil fort und führt zu einer erheblichen bis bedrohlichen Störung des Opfers zu sich selbst und daraus resultierend zu gravierender Gesundheitsgefährdung. Es ist Aufgabe aller, die im pädagogischen

System Verantwortung tragen, Mobbing schon in den Anfängen unmöglich zu machen.

7. Posttraumatische Belastungsstörung und Therapie von Gewalterfahrung und Aggression

Die in Abschnitt IV.5 von drei Lehrern beschriebene Gewalterfahrung und Aggression im Schulalltag alleine begründet eher selten die Entwicklung einer Beziehungskrankheit. Wird ein Erwachsener Opfer von Gewalt, so verfügt er zunächst über ein durch seine Lebenserfahrung abgesichertes Selbstvertrauen und meist auch über ihn emotional unterstützende Menschen. Hat das Trauma jedoch zu stark das ganze Weltverständnis eines Menschen erschüttert, so daß er den Boden unter den Füßen verliert, ist er gefährdet, eine sogenannte posttraumatische Belastungsstörung zu entwickeln.

Es kann zu anhaltenden Persönlichkeitsstörungen kommen. Dabei wird bei kurz einwirkenden hochdramatischen Traumatisierungen jedoch, wenn sich eine Persönlichkeitsstörung hieraus entwickelt, von einer erhöhten seelischen Verletzlichkeit ausgegangen, die sich vielfach aus früheren Traumaerfahrungen heraus erklären läßt. Wichtig ist auch, daß folgende Merkmale vor dem Trauma nicht bestanden haben:

- eine feindliche oder mißtrauische Grundhaltung der Welt gegenüber
- sozialer Rückzug
- Gefühle der Leere und Hilflosigkeit
- chronisches Gefühl der Nervosität wie bei ständigem Bedrohtsein
- Selbstentfremdung

Betrachten wir Diagnostik einerseits und andererseits die persönlichen Vorgeschichten der drei interviewten Lehrer, so wird für uns in der Zusammenschau verstehbar, warum die erste Lehrerin trotz Therapie einen Pensionsantrag gestellt hat, die zweite eine längere Phase der therapeutischen Auseinandersetzung benötigte, um sich beruflich neu zu orientieren und den Weg in den Schuldienst zurückzufinden, während der Lehrer vergleichsweise bald diesen Schritt tun konnte. Über die Verknüpfung der individuellen mit der beruflichen Lebensgeschichte wird im folgenden Abschnitt gesprochen.

Es ist nicht vorhersehbar, wie sich eine Gewalterfahrung im Hier und Jetzt auswirkt. Dies hängt mit von der durch entsprechende Vorerfahrungen gesteigerten Vulnerabilität im Einzelfall ab. In einer Therapie müssen wir sowohl das aktuelle wie die zurückliegenden wesentlichen Traumata bearbeiten. Für den Schulalltag bedeutet es, erhöhte Aufmerksamkeit füreinander aufzubringen, wenn Gewalterfahrungen gemacht wurden. Dies gilt sowohl für Lehrer wie auch für Schüler, wie das Beispiel aus Erfurt zeigt, wo ein Schüler sich kurz nach der Tötung vieler Menschen durch einen anderen Schüler das Leben nahm (siehe Abschnitt IV.10).

Es ist nicht vorhersehbar, wie ein Mensch auf Aggression innerlich reagiert, woran er erinnert wird, was von ihm vielleicht selbst lange verdrängt wurde. Der nächste Abschnitt verdeutlicht uns, wie komplex sich die Behandlung von Gewalt- und Aggressionserfahrung, für Opfer wie auch für Täter, im Einzelfall darstellen kann.

8. Musiktherapie – Aggression und Gewalt (von Heinz Sondermann)

Die psychotherapeutische Auseinandersetzung mit Gewalterfahrungen wird bevorzugt mit nonverbalen kreativtherapeutischen Methoden (z. B. Tanz- und Bewegungs-, Kunst- und Musiktherapie) geführt. Exemplarisch beschreibt Heinz Sondermann, Diplom-Pädagoge und Psychotherapeut (HPG), Musiktherapeut in der Röher Parkklinik in Eschweiler, seine aus langjähriger Erfahrung resultierende spezifische Vorgehensweise.

Die musiktherapeutische Behandlung eines Rettungssanitäters war integraler Bestandteil unseres multimodalen Behandlungskonzeptes und fokussierte auf die vorsprachliche emotionale Bearbeitung der vielfältigen Traumatisierungen in der Vergangenheit. Das Beispiel macht zudem deutlich, wie komplex eine solche Behandlung sich im Prozeß entwickelt.

Klang und Rhythmus –
Musik in der Therapie bei Gewalterfahrungen

Im folgenden möchte ich anhand einiger Fallbeispiele den Möglichkeiten der Bearbeitung von Aggression und Gewalterfahrungen (Opfer- und Täterrolle) in der Musiktherapie nachgehen.

Es geht mir nicht in erster Linie darum, methodische Interventionsmöglichkeiten aufzuzeigen, sondern Aspekte von Aggression und Gewalterfahrungen in Verbindung mit Klang- und Rhythmuserleben zu fokussieren.

Musiktherapie verstehe ich als eine kreative, erlebnisorientierte psychotherapeutische Methode, die bestrebt ist, geistige, psychische und körperliche Leiden bei Menschen bewußt zu machen und diese dadurch einer potentiellen Heilung zuzuführen. Ich beziehe mich dabei insbesondere auf musiktherapeutische PraktikerInnen und AutorInnen wie Wolfgang Strobel, Sabine Rittner (tiefenpsychologisch fundierte Integration von Musik-, Körper- und Trancetherapie), Katja Loos, Fritz Hegi (Integration Gestalt- u. Musiktherapie), Monika Renz (Musikerleben, Symbole und spirituelle Erfahrung in der Therapie).

Musik wächst über die Realität hinaus, schafft den Kontakt zum Unbewußten, noch nicht Bewußten.

Als eigenständige psychotherapeutische Methode (Strobel, Hupmann 1978) kann Musiktherapie vor allem über Klang und Rhythmuserfahrungen an frühe symbiotische und sogar embryonale Erfahrungen heranführen, denn Klang und Rhythmus sind elementare und älteste sinnliche Erfahrungsweisen menschlichen Lebens: Der Herzschlag der Mutter, der Saugrhythmus des Säuglings an der Mutterbrust treffen sich mit dem Atemrhythmus der Mutter, dem Rhythmus des eigenen Pulses und Atems.

Schwingung – Harmonie und Disharmonie Da, wo Klang und Rhythmus für unser Ohr nicht mehr hörbar sind, umgeben sie uns doch als Schwingung. Klang entsteht durch das Zusammenschwingen verschiedener Töne und ihrer Obertöne. Fünf bis sechs der einfachsten Schwingungsverhältnisse (Intervalle) werden überall auf der Welt als wohlklingend, schön – eben harmonisch empfunden. Dieses Schwingungsverhältnis findet sich in vielen Entsprechungen des Mikro- und Makrokosmos wieder, bildet die Grundlage von Ästhetik und Harmonie in Kunst, Musik, Architektur.[62] Ganzheit, Einssein, Harmonie, Polarität und Disharmonie sind die als Qualität empfundene und erlebte Quantität dieses Schwingungsverhältnisses. Die Urerfahrung menschlichen Seins ist Schwingung, die wahrgenommen wird in einer vorbewußten Weise, noch bevor das Ohr als zentrales Organ im Mutterleib ausgebildet ist. Das vorbewußte ozeanisch, symbiotische Dasein des Ungeborenen im Mutterleib ist als Ganzheit, Einheit erlebte Schwingung. Störungen sind Disharmonien, eine andere Grundschwingung bricht die Einheit gewaltsam auf, schafft Unwohlsein, Chaos, die Erfahrung des Herausfallens, Getrenntseins, Verlorenseins, vorbewußte Körper- und Gefühlszustände von Angst und Bedrohung.

Monika Renz hat in ihrem Modell menschlicher Entwicklung (in Anlehnung an D. Stern) die grundlegende Bedeutung von Schwingung in der menschlichen Existenz, Erlebnis- und Wahrnehmungsweise herausgearbeitet.[63]

Stern geht von einem Entwicklungsmodell der Selbstempfindung und des auftauchenden Selbst aus einer unbewußten und vorbewußten Seinsweise zu einer bewußten und «ich-bezogenen» Seinsweise aus. Jede sich entwickelnde Ebene oder Qualität der Selbst-Empfindung hat eine Entstehungsphase (bei Renz «Übergangsphase»). Diese Entstehungsphasen betrachtet er als besonders «sensible Perioden», in denen Störungen Prädispositionen zu späteren Entwicklungen und Persönlichkeitsstrukturen schaffen können. Der Phase der Geburt bis zum zweiten Monat ordnet er die «Empfindung des auftauchenden Selbst» zu, die Empfindung eines «Kern Selbst» dem Alter von zwei bis sechs Monaten, die Empfindung eines «intersubjektiven Selbst» dem siebten bis fünfzehnten Monat und die Empfindung des «verbalen Selbst» dem Alter von achtzehn bis dreißig Monaten. Wichtig ist, daß er diese Entwicklung als Wellenbewegung oder Schwingung zwischen zunehmend auftauchendem Bewußtsein und (untergetauchter) unbewußter/vorbewußter Seinsweise beschreibt. In diesem Entwicklungsprozeß der Selbstempfindung und des zunehmend auftauchenden Bewußtseins ist der Verlust des «Erlebens der Ganzheit» ein wichtiger Aspekt. Dabei vollzieht sich im Übergang zum «verbalen Selbst» vielleicht der radikalste Bruch im «Ganzheitserleben».

Urvertrauen und Urangst, die beiden Pole, die in menschlichem Fühlen und Erleben mitschwingen, werden in diesen frühen Erfahrungen von Ganzsein, Einssein, Harmonie oder Erfahrungen der Disharmonie, der Bedrohung und dem Herausfallen geprägt. Dies ist ein wichtiger Aspekt zum Verständnis von Aggression und Gewalt. Wie ein Mensch seine aggressiven Anteile integrieren kann oder nicht, wie er erlebte Gewalt überstehen kann oder nicht, ist entscheidend mitgeprägt von diesen frühen Erfahrungen von Ganzsein und Harmonie.

Schwingungen, Störungen, die das Ungeborene immer wieder nicht integrierbaren, überfordernden Disharmonien «aus-setzen», bringen die Eigenschwingung durcheinander, bringen sie in Disharmonie, lassen die disharmonische Schwingung der Urangst stärker werden als die harmonische Schwingung des Urvertrauens. An dieses vorbewußte menschliche Grunderleben knüpft die therapeutische Arbeit mit Klang und Rhythmus an.

Klanggeleitete Trance – Klang und Rhythmusarchetypen In der musiktherapeutischen Arbeit mit Klang und klanggeleiteter Trance (veränderte Bewußtseinszustände) haben sich als besonders wirkungsvoll archaische monochrome Klänge erwiesen. Die Klangarchetypen des Monochord, Didgeridoo, Gong, der Klangschale und Ocean Drum, aber auch Rassel und Trommel knüpfen an grundlegende Schwingungserfahrungen des «Drin-seins», Einsseins, der Fülle und des Mangels, der Harmonie und Disharmonie an.[64] Je nach Biografie und individuellem Entwicklungsprozeß aktualisieren sie diese Grunderfahrungen auf der Folie der gegenwärtigen Lebenssituation. Sie bieten sich als Projektionsfläche an und lösen angenehme und unangenehme Empfindungen und Gefühle aus, Ängste, Verlassenheitsgefühle, Unruhe, Entspannung, Geborgenheit ... In der klanggeleiteten Trance können sie sich symbolisch, emotional und körperlich reinszenieren und erinnert werden. Die Erfahrungen der klanggeleiteten Trance liefern so Material für den weiteren therapeutischen Prozeß, sie können kathartische Wirkung haben und im geschützten Raum korrigierende Neuerfahrungen ermöglichen. Als solche haben sie unmittelbare therapeutische Wirkung. Für ein tieferes Verstehen und die therapeutische Bearbeitung erlittener Gewalt (Mißbrauch, Mißhandlung) und die Integration abgespaltener Aggressionspotentiale bietet sich die Arbeit mit Klang und Rhythmus als wirkungsvoller Zugang an.

Urangst und Urvertrauen

Die gestörte Einheit (Fallbeispiel)
W. ist Mitte Dreißig. Er ist verheiratet und hat drei Kinder. Ein großer, kräftiger Mann, der wie ein zu groß geratener Junge wirkt, unsicher und etwas unbeholfen. Seine Geschichte ist die «Gewalt-Geschichte» einer Familie über mehrere Generationen. Eine Kette von Opfern und Tätern, in der nicht auszumachen ist, wann und wo diese Kette ihren Anfang nimmt. In dieser Geschichte kristallisieren und durchmischen sich die verschiedenen Ebenen der Gewalt: die politischen Gewaltverhältnisse des Nationalsozialismus, die Gewaltgeschichte eines Familiensystems und die psychodynamische Manifestation von Aggression und Gewalt.[65]

W. wächst bei seinen Großeltern auf. Seine Eltern lassen sich scheiden, als er sechs Jahre alt ist. Immer wieder taucht aber in der Therapie bei ihm das Gefühl auf, daß seine Eltern ihn schon früher «allein gelassen haben», daß sie ihn den Großeltern überlassen haben, als er drei Jahre alt ist. Er hat fast keine Erinnerungen an die Kindheit. Ein Bild, das sich ihm eingeprägt hat (er ist vielleicht drei oder vier Jahre alt): Sein Vater sitzt in der Küche aufgestützt am Tisch und fällt vom Stuhl auf den Boden. Das ist eine der ganz wenigen Erinnerungen an seinen Vater. Als er während eines ersten Klinikaufenthaltes mit der Möglichkeit konfrontiert wird, daß sein Vater vielleicht «häufiger getrunken hat», kann er das kaum ertragen, muß sich beherrschen, um nicht «auszurasten». Erst etwa ein halbes Jahr später nach diesem Klinikaufenthalt, als er zur ambulanten Musiktherapie kommt, kann er sich dieser Möglichkeit stellen.

Mit der Scheidung der Eltern verschwindet der Vater vollständig aus seinem Leben. Erst als W. achtzehn Jahre alt ist, sucht er seinen Vater, findet ihn und verbringt einige Wochen mit ihm. Der Vater verunglückt bald darauf tödlich mit dem Auto. Seit er sechs Jahre alt ist, lebt W. gänzlich in der Obhut der Großeltern. Seine Mutter ist berufstätig. Die Großmutter erlebt er als «tyrannisch». Sie hat ständig etwas an ihm auszusetzen, und ihren willkürlichen Entscheidungen ist er ausgeliefert. Seine Schwester wird von ihr bevorzugt behandelt. «Sie hat uns zu essen gegeben und dafür gesorgt, daß wir etwas zum Anziehen und ein Dach über dem Kopf hatten. Das war alles, aber das ist ja auch schon viel, sie war ja dazu nicht verpflichtet.» Diese Aussage charakterisiert seine ambivalente Beziehung zur Großmutter. Der Großvater hat auch unter ihr zu leiden. Er flüchtet sich in die Gartenarbeit. W. erzählt, daß die Großmutter über alle Männer nur abfällig spricht.

Gewalt ist ein allgegenwärtiges Thema in der Familie. Die Großmutter wurde als Kind von ihrer Stiefmutter «geprügelt». Der Großvater war Mitglied der SS. Ein Vetter von W. hat immer wieder unberechenbare Gewaltausbrüche, bei denen er andere und sich selbst gefährdet. Eine Cousine ist mit einem Messer auf ihre Mutter losgegangen. W. selbst ist zur psychotherapeutischen Behandlung in die Klinik gekommen, weil er in Streßsituationen mit unkontrollierbaren, explosionsartigen Gewaltausbrüchen reagiert, seine Frau schlägt, Mobiliar zerschlägt. Seit seiner Kindheit kennt er diese Ausbrüche. «Ich bin dann außer mir, fühle nichts, auch keine eigenen Schmerzen ... Erst später spüre ich die Schmerzen.» Und dann kommen auch die Verzweiflung, die Angst und die Scham. Er hat Angst, daß sich seine Gewalt in diesem Zustand gegen seine Kinder richten könnte, daß jemand dabei zu Tode kommt, seine Frau, er selbst. W. steht diesen Ausbrüchen hilflos gegenüber. Er spürt die Dynamik, die zur Eskalation treibt. Die Therapie ist sein Rettungsanker. Seine Motivation zur Mitarbeit ist hoch. Er spricht davon, daß er von zu Hause weggehen will wie sein Vater oder sich zu «Tode fahren», wenn diese Gewaltausbrüche nicht aufhören oder kontrollierbar werden.

Vor Beginn einer der ersten Musiktherapiestunden wartet W. vor dem Musiktherapieraum. Die Tür steht offen, und in der Pause zwischen zwei Therapien spiele ich auf einem Didgeridoo. In dieser Stunde spreche ich zu Beginn mit ihm über die Musiktherapie. Sein Widerstand, selbst auf Instrumenten zu spielen, ist groß. Viele Instrumente machen ihm angst. Die Trommeln sind für ihn ein Horror. Das Ballaphon und die Djembes würdigt er mit einem kurzen Blick, macht eine abwehrende Handbewegung: «Alles, was mit schlagen zu tun hat, ist tabu, geht nicht ...» Ich sage, daß wir auch mit Musik, die er selbst mitbringt, arbeiten können und mit dem Klang verschiedener Instrumente, wobei es für ihn um das Hören, Erleben der Musik/Klänge gehe, dabei zeige ich auf das Didgeridoo. Er sagt sofort: «Das habe ich eben gehört, ich konnte es kaum aushalten, mir kamen Bilder vom Ausrasten dabei, das hat mich runtergezogen.» Ebenso wirken aus seiner Erfahrung ganz hohe Töne auf ihn. Auf meine Frage, welches der Instrumente ihn im Augenblick neugierig mache, zeigt er auf die Klangschalen: «Die kenne ich, die finde ich gut.» Ich schlage ihm vor, daß er es sich bequem macht und wir ausprobieren, welche Klangschale ihm guttut. Etwa zehn Minuten bringe ich in kleineren und größeren Abständen die beiden Schalen sanft zum Klingen, lasse dem Klang Zeit, ganz auszuschwingen. Er läßt sich ganz auf diese Schwingung von Klang und Stille ein, Gesicht und Körper entspannen sich zusehends. Ich frage ihn, welcher der beiden Klänge ihm mehr Sicherheit gebe: «Der tiefere.» Ich spiele die größere Klangschale ganz sanft. Etwas härter gespielt, empfindet er den Klang gleich als unangenehm. Danach lasse ich ihm Zeit, sein inneres Erleben langsam ausschwingen zu lassen, mit seiner Aufmerksamkeit in die äußere Wirklichkeit zurückzukehren. Er beschreibt, daß er den Klang ganz in sich hineinlassen konnte: «... es war wie ein Aufsaugen, ich habe ihn richtig aufgesaugt, hier im Herzbereich, in der Mitte ..., es ist hier ganz weit und warm geworden.» W. wirkt jetzt wie ein kleiner verletzbarer Junge auf mich. Ich frage ihn, wie alt er gerade gewesen sei, als er den Klang so aufgesaugt habe. «Sechs, sieben Jahre ...» Wir sprechen darüber, daß dieser siebenjährige Junge in ihm wieder lebendig geworden sei. Auf meine Frage, was ihm spontan einfalle, wenn er an diese Zeit zurückdenke, antwortet er: «Da hatte ich meinen ersten Ausraster, an den ich mich erinnern kann. Da bin ich in einem Pfadfinderlager mit einem Messer hinter einem anderen Jungen her, weil die mich hochgenommen haben. Da war ich vollkommen außer mir.» Er spricht über seine Hilflosigkeit damals, sein Gefühl, vollkommen allein dazustehen, daß auch sein Vater damals nie zu ihm gestanden habe.

Immer wieder beschreibt W. seine Gewaltausbrüche als «Ausrasten». Sein inneres und äußeres Erleben ist abgeschaltet, es gibt kein Gefühl mehr, keine Empfindungen, irgendwelche Wahrnehmungen. Er fällt in einen Zustand zurück, in dem es keine Grenze mehr gibt zwischen innen und außen, Subjekt und Objekt, der nur noch Bedrohung und Auflösung ist. Selbstwahrnehmung als eigene Person, eigenes Ich gibt es nicht mehr. Es ist, als ob im Ausrasten sich eine Verschmelzung vollzieht, ein Rückfall ins völlig Undifferenzierte, ein bedrohliches «Einssein», «Drin-Sein». Auch seine Beschreibung, daß er den eigenen Schmerz, eigene Verletzung dann nicht spürt, zeichnet ein Bild von Verschmelzung, Symbiose von Täter und Opfer in ihm.

Monika Renz beschreibt diesen Zustand als ungutes, «nicht bekömmliches Drin-Sein» des Ungeborenen, entgegen dem «bekömmlichen Drin-Sein». Im Zustand symbiotischen Verschmolzenseins können Störungen vom Ungeborenen als bedrohliches «Drin-Sein» wahrgenommen werden. Das «Ganze» ist dann bedrohlich, und mit dieser Wahrnehmung wird das Ungeborene an die Grenze des Herausfallens getrieben, an die Grenze des Ungeschieden-Seins. Es ist die drohende, gewaltsame Vertreibung oder Austreibung.[66] Monika Renz beschreibt nun die menschliche Entwicklung auf dem Hintergrund von

Klang und Rhythmuserfahrungen in der Musiktherapie u. a. auch als eine Entwicklung der Seinsempfindung und Wahrnehmungsweise vom ungeschieden Ganzheitlichen zum Ich-bezogenen. In diesem Prozeß bilden oder strukturieren sich das Selbsterleben und die individuelle Wahrnehmung. Treten in diesem Entwicklungsprozeß Störungen auf, die das Ungeborene, der Säugling oder das Kind nicht integrieren können, so spiegelt sich das auch in der Strukturierung der Wahrnehmung wider. In einer Krise oder äußeren Bedrohung fallen wir wieder in diesen Zustand zurück und nehmen die Welt so wahr wie in der ursprünglichen Bedrohungssituation.

Klaus Theweleit erzählt in «Männerphantasien»[67] u. a. von Männern, die nach dem Ersten Weltkrieg in den Freikorps waren. Diese Freikorps waren wesentlich daran beteiligt, die verschiedenen Versuche zur Schaffung einer sozialistischen Räterepublik niederzuschlagen. Sie waren durch ihre Härte und Brutalität besonders berüchtigt. Viele dieser Männer, die als Offiziere in den Korps aktiv waren, fanden sich auch später an exponierter Stelle in der Waffen-SS und anderen Eliteorganisationen der Nationalsozialisten wieder. Theweleit geht es um das Verständnis faschistischer Dispositionen, die unter bestimmten Bedingungen bei der Beteiligung am Völkermord und der Entladung archaischer Gewalt zutage treten können. In den Berichten von Männern, die an solchen Massakern beteiligt waren, tauchen immer wieder die Beschreibung eines lustvollen Rausch- und Ekstasezustandes auf, die vollständige Auflösung aller Ich-Grenzen und ein orgiastisches Verschmelzungs- und Einheitserleben, das sich in der Raserei, dem «Außer-sich-Sein», einstellt.[68]

Auffallend im musiktherapeutischen Prozeß mit W. waren für mich seine ambivalente Haltung gegenüber den Gongs und sein absoluter Widerstand gegenüber Rhythmusinstrumenten, besonders den Trommeln. Der Gong übte für W. die ambivalente Faszination ungebremster Kraft aus. In der klanggeleiteten Trance, ausgelöst durch eine dichte Abfolge von Schlägen, die einen konfluierenden Klang mit stetig wechselnden Obertönen entstehen läßt, werden oft Bilder von Geburt und Tod erlebt, aber auch von Auflösung, Gewalt und absoluter Zerstörung.

Während einer Stunde spricht W. über seinen Beruf und seine Zukunftsängste, sein Gefühl, nicht zurückzukönnen in die alte Arbeit, da sie ihn immer wieder in die Streßsituationen bringe, die dann sein Ausrasten zur Folge haben. Besonders schlimm erlebt er den immer wiederkehrenden Dienst, den er allein in einem kleinen fensterlosen Raum verbringen muß. Das löst Panik in ihm aus, die er nur mit Mühe übersteht. Eine Alternative zu dieser Arbeit sieht er nur verschwommen und unklar. Ein Bild im Raum fesselt während dieses Gesprächs seine Aufmerksamkeit. Er assoziiert Feuer, Flammen mit diesem Bild und die Gefühle Wut und Schwäche. Auf meine Frage, ob er mit diesem Bild, den Gefühlen etwas machen möchte, sieht er direkt zu den Gongs hinüber und äußert, daß er sie «ausprobieren» möchte. Bisher hatte er mehrmals seine Neugier und Lust, aber auch seinen Respekt vor den Gongs geäußert. Wir gehen zu den Gongs hinüber, und er testet sie erst vorsichtig. Dann entscheidet er sich jedoch schnell für den großen «Erdgong». Sein Spiel wird zunehmend heftig und laut. Mit aller Kraft schlägt er immer wieder auf den Gong ein. Ich spüre eine kaum zu ertragende Erregung und eine diffuse, explosive Mischung von Kraft, Lust, Angst. Im anschließenden Gespräch erzählt er, genau diese Erregung und die Vermischung von Lust, Angst und Zerstörungswut. Im Gespräch erzählt er, auch diese Gefühle äußerst intensiv erlebt zu haben, manchmal diffus vermischt, manchmal als klares und intensives Gefühl. Er äußert auch, daß ihn das Gefühl der Wut vor der Hilflosigkeit und dem Gefühl des Ausgeliefertseins schützt. Im weiteren Verlauf des Gesprächs kommt er mit dem Gefühl der Hilflosigkeit mehr in Kontakt, aber damit kommen die Kopfschmerzen, die häufig auftreten, wenn er mit seiner weichen schutzbedürftigen Seite in Berührung kommt.

Zu einem zentralen Thema wird sein Mißtrauen oder seine Unfähigkeit, seine Angst, zu vertrauen. In einer Musiktherapiestunde, die gemeinsam mit seiner Frau stattfand, entstand eine typische Situation von gegenseitigem Mißverständnis zwischen ihnen, wie beide sie von zu Hause kennen und die einer Eskalation oft vorausgeht. Die Situation war vollkommen verfahren. Es gelang mir nicht, über nichtsprachliche, musikalische Kommunikation einen Ausweg aus der festgefahrenen Situation zu finden. W. verharrte im absoluten Widerstand, brach innerlich jeden Kontakt zu mir ab und äußerte nur sein grundsätzliches Mißtrauen. In der Hoffnung, ihn über sich selbst wieder in einen Kontakt mit der Situation zu bringen, fragte ich ihn, ob er denn sich traue. W. wiegelte ab, verstand nicht und sagte, er wolle jetzt nicht mehr und er müsse sich überlegen, ob er die nächste Stunde überhaupt zu mir kommen würde. Die Spannung wuchs ins Unerträgliche, und im Augenkontakt mit W. erlebte ich einen ähnlichen Erregungszustand wie in der oben geschilderten Gong-Sitzung. Ich spürte nur, daß ich nicht in eine Konkurrenz mit ihm eintreten durfte, daß es darum ging, dieser Atmosphäre, diesem Gefühl, dieser Spannung standzuhalten, sie auszuhalten. W. kam zur darauffolgenden Stunde, die ohne seine Frau angesetzt war. Er beschrieb die vorhergehende Stunde als ganz wichtig für sich. Einmal machte er die Erfahrung, daß er diesen Eskalationsprozeß stoppen konnte, daß er überhaupt «Halt» sagen konnte, eine Grenze setzen und die für ihn unerträgliche Spannung aushalten konnte. Darüber hinaus war es wichtig für ihn, den Kontakt mit mir nicht abzubrechen, sondern wieder aufzunehmen, sich nicht von seinem Mißtrauen überwältigen zu lassen und mich auf die Seite derer zu stellen, die ihn bedrohen.

In einer anderen Paartherapiestunde mit einer Therapeutin und einem Therapeuten ging es darum, daß jeder auf dem Instrument spielt, das ihn im Augenblick anzieht, und im Spiel mit sich selbst stimmig ist. Ein Zusammenspiel, Kontakt untereinander, blieb als Möglichkeit offen. W. wählte in dieser Improvisation einen großen Gong. Es war das zweite Mal überhaupt, daß er den Gong für sich wählte. Er setzte sich vor den Gong und spielte über die gesamte Sequenz einen sanften, tragenden Ton, der für unsere Improvisationen wie ein gemeinsamer Boden war. Dabei hatte er uns allen den Rücken zugewandt.

Interessant ist vielleicht noch, daß er sich in räumlicher Opposition und weitester Entfernung zu der Therapeutin befand. Im anschließenden Gespräch beschrieb er seine Wahl des Gongs aus einem Gefühl für die Möglichkeit der zerstörerischen Kraft und Gewalt seines Klangs. Aber er erlebte den Gong wie einen Spiegel. Weil er so nah vor ihm saß, spürte er sofort jeden Impuls, jede Energie, die er auf den Gong übertrug. Der Gong machte sie unmittelbar sinnlich erlebbar. Sie trafen ihn selbst und nicht die/den «anderen». Es war für ihn eine elementare und sensible Erfahrung der eigenen Kraft und Potenz, ohne sich im Rausch in ihr zu verlieren.

Da die Therapeutin in dieser Stunde zum erstenmal zu den Paarstunden hinzugekommen war, ging es in dieser Stunde um einen ersten Kontakt. In einer abschließenden nonverbalen Übung, in der jeder einmal mit seinem Instrument zu Gehör kommen konnte, wurden seine Unsicherheit und Angst noch einmal spürbar. Er spielte als einziger von uns vieren auf seiner selbstgewählten Trommel keinen Ton, verharrte in einer trotzigen Verweigerung, in der ein bedrohlicher «Unterton» mitschwang.

Vertrauen scheint mir ein Grundmangel nicht nur von W. zu sein, sondern des gesamten Familiensystems, in dem er aufgewachsen ist und in das er auch heute noch immer verstrickt ist. Die absolute Abgrenzung der Familie nach außen überdeckt nur das Mißtrauen und die Unfähigkeit der Abgrenzung nach innen. W. wuchs innerhalb eines Systems auf, das von Mißtrauen und potentieller (psychischer wie physischer) Gewalt geprägt war.

Zu einer Therapiesitzung kommt er mit der Frage nach seiner Beziehung zu seinen Kindern. Bisher hatte er immer, wenn er von seinen Kindern sprach, von seiner Sorge gesprochen, als Vater nur ja nicht zu versagen. Er hat einen sehr hohen Anspruch an sich als Vater, vor dem er gerade mit seinen Gewaltausbrüchen immer wieder scheitert. In dieser Stunde spricht er von seinen Gefühlen gegenüber seinem Sohn, der der älteste der drei Kinder ist. Er kommt darauf zu sprechen, daß die Geburt des Sohnes für ihn eine einschneidende Erfahrung gewesen sei, ein Trauma. In der Endphase der Geburt wurde der Sohn, der eine Steißlage war, mit «Druck» auf die Welt «gepreßt». «Eine Hebamme warf sich auf den Bauch meiner Frau und preßte das Kind mit heraus. Das kam für mich vollkommen unvorbereitet und war ein Schock. Es hat nie jemand mit uns darüber gesprochen. Das Bild hat mich bis heute nicht losgelassen. Danach war ich bei den anderen beiden vollkommen abgeschaltet, obwohl ich eigentlich aufgeregt war. Ich hatte keine Gefühle mehr dabei.» Im Gespräch über diese Erfahrung taucht immer wieder das Thema «Druck» auf. Druck, den er spürt, wenn Erwartungen von außen an ihn herangetragen werden.[69] Das Bild berührt ihn, und er kann Erinnerungen und aktuelles Erleben in diesem Kontext neu verstehen. Auch die Frage nach seiner Geburt und die Zeit der Schwangerschaft seiner Mutter mit ihm stellt sich ihm. Er glaubt, daß seine Mutter auch sehr unter Druck gestanden habe, als sie mit ihm schwanger war. Druck, der von der Großmutter ausgegangen sei, die seinen Vater immer abgelehnt und «runtergemacht» habe. Er dringt in diesem Gespräch in einen Raum seiner Geschichte vor, der für ihn weitgehend fremd ist, kaum ihm zugehörig, mit dem er in Bildern und Erinnerungen nur wenig Kontakt hat und vor dem sich die Kopfschmerzen, eine innere Leere und das «Abschalten» immer wieder als Barriere aufbauen.

Die Großmutter spielt in dieser Familie für ihn die wichtigste Rolle. Sie erlebte er als absolut dominant und widersprüchlich: vereinnahmend und abwertend. Er kann sich heute innerlich kaum gegen sie abgrenzen. Seine Mutter steht im Schatten dieser allmächtigen Großmutter, ist aber in seinem Erleben deren Verbündete. Eigene Wünsche an die Großmutter oder Mutter, ihn und seine Frau zu unterstützen, indem sie z. B. jetzt während des Klinikaufenthaltes hin und wieder die Kinder übernehmen, kann er nicht formulieren. Er erlebt diese Wünsche von vornherein als aussichtslos. Als er in einer Sitzung mit seiner Frustration und seinem Ärger auf die Großmutter in die Musiktherapie kommt, weil diese jederzeit für seine Schwester da sei, aber nie für ihn, lade ich ihn ein, zwei Kissen im Raum so zu positionieren, daß sie seine augenblickliche Entfernung zur Großmutter symbolisieren. Er wählt ein sehr großes, überdimensionales Kissen für die Großmutter und ein kleines für sich selbst. Das Großmutter-Kissen wirft er so über sein eigenes, das dieses ganz darunter verschwindet. Als er die Kissen im Verlauf der Arbeit auseinanderbringt, positioniert er sie immer noch ganz nah beieinander. Mit genauem Hinspüren, welche Nähe/Entfernung er braucht, gelingt es ihm, sich in größere räumliche Distanz zur «Großmutter» zu bringen. Auf seinem Kissen, der Großmutter gegenübersitzend, kann er aber nichts mehr von seinem Ärger und seiner Frustration formulieren. Er spürt Hilflosigkeit und Schuldgefühle gegenüber der Großmutter. Ich schlage ihm vor, sich von der «Großmutter» abzuwenden und ein Instrument zu wählen, auf das er seinen Ärger richten kann. Er wählt ein Becken. Vorsichtig beginnt er auf das Becken zu schlagen. Nach jedem kräftigeren Impuls folgt ein Stocken. Aber er macht vorsichtig weiter. Das ist ein großer Schritt für ihn. Es ist das erste Mal in der Therapie, daß er ein aktuelles Gefühl aushält und im Kontakt mit einem Instrument ausdrückt, ohne in den Widerstand zu gehen.

Väter und Söhne: «Du sollst nicht fühlen»
In einer weiter fortgeschrittenen Phase der Therapie, W. befindet sich schon in der stationären Behandlung, kommt er einige Tage nach seiner Familienaufstellung in die Musiktherapie. In der Aufstellung ging es um die männliche Seite der Familie, die Beziehung Großvater, Vater, Sohn. Er wünscht sich eine Klangreise mit dem Glockenspiel. Während der Reise sieht er erst verschwommene Bilder aus seiner Familienaufstellung. Die Konstellation Vater/Großvater tritt stärker in den Vordergrund. Es entsteht ein Bild in ihm aus dem Film «Spiel mir das Lied vom Tod». In diesem Film gibt es eine Szene, in der das Kind den Vater stützt, der am Galgen hängt und mit den Füßen auf den Schultern des Sohnes steht. Während er unter der vorgehaltenen Pistole eines Mannes Mundharmonika spielen muß, stützt der Junge den Vater, bis er in der Sonne unter ihm zusammenbricht. W. fühlt sich selbst in dieser Position des Jungen. Danach erlebt er Bilder eines Gewaltausbruchs. Er sieht sich, wie er seine Frau prügelt, Gegenstände zerschlägt. Er nimmt die Gefühle wahr und spürt die körperlichen Schmerzen, alles das, was in der realen Situation ohne Bewußtsein abläuft, nicht wahrgenommen wurde. Obwohl dieses Erleben in der Trance ihn tief erschüttert hat, äußert er sich dankbar darüber, das fühlen, spüren und sehen zu können, was er in der konkreten Situation nicht gefühlt, gespürt und gesehen hat. Er erzählt auch noch, daß er nach der Familienaufstellung viel damit beschäftigt sei, sich eine «Wunschfamilie» vorzustellen. Wir sprechen auch noch über den Großvater, seine Phantasien über dessen SS-Zugehörigkeit, den Vater, die Gewalt in der Familie und das absolute Tabu, Gefühle zu zeigen, geschweige denn zu trauern. Er sieht nur den Weg in Depression oder Gewalt: «Ich kann nur langsam an die Gefühle und die Trauer ran.»

Der Kontakt und das «bewußte» Erleben seiner Gewalt geschieht an der Stelle, wo der innere Kontakt mit der männlichen Seite der Familie entsteht. Es ist die archaisch blinde, zerstörerische Seite der Potenz des Büffels, der er hier begegnet. Und nur so stellt sich ihm Männlichkeit in der Familie dar. Die Männer, Großvater, Vater, Onkel, können der Männer abwertenden Großmuter nicht standhalten, sie flüchten nach draußen, richten die Aggression blind gegen Ersatzobjekte oder gegen sich selbst.

Zum Ende ein Anfang Der vorliegende Beitrag ist ein anfänglicher Versuch, die therapeutische Arbeit mit monochromen Klängen und Rhythmen im Zusammenhang mit Gewalterfahrungen zu beschreiben. Für mich selbst ist diese Reflexion von Praxis und theoretischen Aspekten spannend, weil es mir darum geht, gerade unkontrollierte archaische Gewalt nicht nur als ein gegebenes Potential menschlicher Verhaltensweise zu begreifen, sondern im Kontext menschlicher Lebensbedingungen und menschlichen Selbst- und Welterlebens.

H. Sondermann greift das Thema: «Väter und Söhne» auf. Unsere Zeit ist eine große Herausforderung für viele Väter. Es liegt viele Generationen zurück, daß Männer nicht durch Krieg abwesend waren bzw. als Erzieher ausfielen, weil ihre Seele auf dem Schlachtfeld geblieben, oder übergroße Aufbauarbeit nach dem Krieg zu leisten war. Viele Väter haben selbst noch eine gewaltsame Erziehung «genossen» oder zumindest ihre Väter noch. Für die Entwicklung von jungen Menschen, die ihren Aggressionen eine konstruktive und sozial akzeptierte Richtung geben wollen, sind Väter jedoch sehr wichtig.

H. Sondermann arbeitete mit dem Patienten viel an seiner Vater-Sohn-Beziehung. Der Patient ist heute selbst Vater, hat als Kind viel Gewalt erfahren und möchte diese nicht an Frau und Kinder weitergeben. Doch wie soll er dies angesichts ihn überfordernder beruflicher Bedingungen, einer schwierigen Beziehung zur Ehefrau, die ebenfalls wenig emotionale Wärme als Kind erfahren hat und in einer verstrickten Beziehung zu ihren Eltern lebt, die ihre Grenzen und die ihrer Familie nicht respektieren, sich immer wieder einmischen. Heute Mann zu sein ist nicht einfach. Die Ernährerrolle auszufüllen reicht nicht mehr. Hierauf werden Väter, die ihre Familien verlassen, ob aus eigenem Antrieb oder weil die Frau sich von ihnen getrennt und die Kinder mitgenommen hat, oft reduziert. Insbesondere dann, wenn sich Mann und Frau im Streit getrennt haben.

Über den Vater sprechen zu wollen oder ihm begegnen zu können blieb dem Patienten lange versagt. Und als er ihn endlich wiedertraf, war die Begegnung nur von kurzer Dauer, reichte aber aus, um ein Idealbild von Vater in dem pubertierenden Jungen zu erzeugen. Diesem kann der erwachsene Mann unmöglich gerecht werden. Er zerbricht an dem unerfüllbaren inneren Anspruch, den er aus seinem Idealbild an sich selbst ableitet, und greift auf das Muster zurück, das er als Kind erfahren hat; er wird gewalttätig. Eine Entwicklung, die er mit vielen Männern teilt, die ohne positives Väter-Vorbild aufgewachsen sind, wie es in einem Aufsatz von Christine Brinck («Die Zeit», 23. 12. 2002) heißt:

Wie notwendig ein positives Vater-Vorbild für Jungen ist, wurde zuerst – vor mehr als zehn Jahren – in Amerika sichtbar. Es war aufgefallen, daß unter den Schulversagern, Studienabbrechern, Drogenabhängigen, Vergewaltigern und Gefängnisinsassen der Anteil der Kinder, die ohne Väter aufwuchsen, überproportional hoch war. Fast zwei Drittel aller Vergewaltiger, drei Viertel der jugendlichen Mörder und ein ähnlich hoher Prozentsatz jugendlicher Gefängnisinsassen sind ohne Väter groß geworden. Ob es sich um die Zündler an der Lübecker Synagoge oder die Totschläger eines Obdachlosen handelt, fast alle teilen eine negative Vatererfahrung: Vater tot, Vater Alkoholiker, Vater unbekannt, Vater abgetaucht.

Gewalt und Aggression in der Schule sind nicht immer in den schulischen Bedingungen ursächlich begründet. Aber hier halten sich die jungen Menschen auf, hier tragen sie ihre fehlende innere Orientierung, die Auswirkungen ihrer ständigen Angst vor der Trennung der Eltern, den Gewalterfahrungen im Elternhaus, dem Vermissen einer väterlichen Identifikationsfigur etc. aus. Hier muß eine pädagogische Antwort gesucht und gegeben werden, die möglichst erreicht, daß die Kinder nicht mit schlechteren Sozialprognosen bestraft werden, soweit die Schule hierauf Einfluß nehmen kann. Macht der Schüler eine positive bestärkende Erfahrung in seinem Bedürfnis dazuzugehören, Anerkennung aufgrund eigener Leistung zu erlangen, wird ihm dies eine wichtige Hilfe sein, sozial integriert erwachsen zu werden. Doch damit ein Lehrer oder eine Schule das leisten können, muß die Gesellschaft die Augen öffnen für diese sozialen Herausforderungen und die personellen und fachlichen Rahmenbedingungen schaffen, daß sie erfüllt werden können. Eine bessere Prävention gibt es kaum.

9. Ein offener Brief zur Tragödie von Erfurt im April 2002

Als Reaktion auf die Tragödie in Erfurt habe ich einen offenen Brief geschrieben, den ich hier ebenfalls ungekürzt wiedergeben möchte:

Der neunzehnjährige Mörder ... hat sechzehn unschuldige Menschen mit in den Tod gerissen. Er hat zu seiner narzißtischen Selbstaufwertung einen ungeheuerlichen Abgang (den Selbstmord) gewählt.

Wie auch immer Schutz vor solchen Tragödien aufgebaut wird, er kann nicht in Bodyguards und Panzerglas gesucht werden. Solcher Schutz ist auf Sand gebaut.

Ein Attentäter spürt nicht den Schmerz, den er den Opfern und ihren Hinterbliebenen zufügt. Er schaut seinen Opfer nicht in die Seele, sondern mißbraucht die Vernichtung ihres Lebens zur Befriedigung eigener Größenphantasien.

Einen sicheren Ort finden wir nur in tragenden verläßlichen Beziehungen. Wie erfährt ein Mensch, daß ihm seine Mitmenschen ins Gesicht, den Spiegel seiner Seele, schauen? Wie erfährt er Achtsamkeit für seine Empfindungen und Bedürfnisse? Wie erlebt er Beziehungen, in denen er sich sicher und geborgen fühlen kann? Antworten hierauf zu entwickeln ist die große pädagogische Herausforderung, für die es kein allgemeingültiges Rezept gibt. Ein hohes Maß an Aufmerksamkeit, viel Fingerspitzengefühl, menschliche Reife und fachliches Können sind von einem Lehrer zu fordern. Und die schulischen Strukturen haben ihm den hierfür erforderlichen Raum zur Verfügung zu stellen, haben seine Individualität zu respektieren, mit der er sich auf den Prozeß des Pädagierens, der Wir-Bildung zwischen Lehrer und Schüler, einläßt.

Erziehung entwickelt sich in der Beziehung zwischen Schüler und Lehrer. Diese Beziehung ist so zu gestalten, daß sich beide respektvoll und wertschätzend beggenen. Das erfordert, daß der Lehrer wie auch der Schüler den Respekt und Rückhalt von Eltern, Gesellschaft und Behörde erfahren. Das erfordert, daß beide sich in einer Weise verhalten, daß sie Respekt und Rückhalt verdienen. Es verlangt menschliches Miteinander.

Nicht jeder Lehrer ist für jeden Schüler der Mensch des Vertrauens. Es sollte aber jeder Schüler einen Lehrer seines Vertrauens haben und jeder Lehrer und jede Lehrerin wissen, welche Kollegin bzw. welcher Kollege für einen Schüler diese Vertrauensperson ist. Zumindest sollte die/der KlassenlehrerIn hierüber Bescheid wissen. Die Schule als Beziehungssystem, in welchem sich Lehrer und Schüler in ihrem pädagogischen Wir-Bildungsprozeß aufeinander einlassen, bildet so den sicheren Ort. Die Schule hat so das Menschenmögliche getan, daß dem einzelnen der Raum für Rache so klein wie möglich gemacht wird.

10. Suizid und Suizidversuch

Die äußerste Form der Autoaggression ist die Selbsttötung. Sie hinterläßt großen Schrecken, tiefe Betroffenheit und Trauer, viele unbeantwortete Fragen und teilweise auch Schuldvorwürfe bei allen, die diesen Menschen gekannt haben. Junge Menschen, denen eine sichere Orientierung für ihr Leben fehlt, die selbstunsicher sind und wenige emotional tragfähige Beziehungserfahrungen gemacht haben, sind besonders gefährdet. Jedoch auch Lehrer und Lehrerinnen können aus Verzweiflung den Weg in den Freitod als einzige Lösung für sich sehen. Kontexte, wo so viele Menschen wie in Schulen zusammenleben, sind auch Orte, in denen sich solche Schicksale ereignen und wo sie verarbeitet werden müssen. Und mancher Lehrer und manche Lehrerin hat in der eigenen Familie die Erfahrung machen müssen, daß der Selbstmord von einem Elternteil oder nahen Angehörigen durch Tabuisierung über viele Jahrzehnte wie ein Schatten über der ganzen Familie gelegen hat. Alte Scham- und Schuldgefühle können durch die Konfrontation mit einem Selbstmord in unmittelbarer Beziehungsumgebung wiederbelebt werden. Ängste, Depressionen und psychosomatische Störungen als Ausdruck der gestörten Beziehung zu sich selbst sind mögliche Folgen.

Für Angehörige eines Selbstmörders bedeutet dessen Tod eine lebenslange Auseinandersetzung. Diese wird nicht immer präsent geführt, jedoch kann sie bei jedem Umbruch oder natürlichen Tod in einer Familie wieder aktuell werden. Muß die Erfahrung gemacht werden, daß ein anderer Mensch in der näheren Beziehungsumgebung sich das Leben genommen hat, sind die inneren Bilder sofort wieder präsent. Bei eigener Auseinandersetzung mit Leben und Tod infolge lebensbedrohlicher Erkrankung, tiefer Verzweiflung, Selbstwertzweifeln und bei schweren Beziehungskrisen wird aufgrund der Erfahrung mit Selbstmord in der Familie hierin u. U. allzuleicht eine Handlungsalternative erkannt.

Selbsttötung ist die extremste Form der Entfernung von sich selbst und anderen, das Erleben von Sinnlosigkeit, Perspektivlosigkeit, Verlust von Selbstwert und Distanz zur eigenen Emotionalität. Ein Leben lang setzen sich Hinterbliebene damit auseinander: daß einer der Ihren nur noch den Ausweg in den Tod sah, daß keiner aus der Familie ihm helfen konnte, daß die Beziehung zu niemandem es ihm wert war weiterzuleben. Viele fühlen sich beschämt, stürzen selbst in eine tiefe Lebenskrise, verstummen in tiefer Trauer angesichts dieser Tat. Andere sind wütend, kehren sich mit Abscheu ab von dem Verstorbenen, verdammen dessen Tun und erwähnen es mit keinem Wort, tun so, als hätte es ihn nie gegeben.

11. Ein zweiter offener Brief nach dem Selbstmord eines Schülers an der Schule in Erfurt

Wenige Wochen nach dem Geschehen nahm sich ein Schüler des Gymnasiums in Erfurt das Leben. Trotz des Einsatzes von einer Vielzahl zusätzlicher Helfer – Psychotherapeuten und Sozialarbeitern – konnte diesem jungen Menschen nicht geholfen werden, Sinn in seinem Weiterleben zu finden. Und da es immer wieder zu Selbsttötungen in Schulen kommt und Lehrer sich mit dem Psychotrauma an ihrem Arbeitsplatz auseinandersetzen müssen, das solch eine Tat zur Folge hat, möchte ich dieses Thema aufgreifen. Nicht zuletzt auch, weil Lehrer ebenfalls suizidal werden. Und auch Psychotherapie ist nicht das Allheilmittel, obwohl sie in vielen Fällen eine große Hilfe ist.

Selbstmordgedanken: das Geschwür der Seele

Wenige Wochen nach der Tragödie von Erfurt nahm sich ein Schüler des gleichen Gymnasiums das Leben. War das erste Ereignis viele bunte Seiten und zahlreiche Kommentare in sämtlichen Publikationsorganen wert, starb dieser Schüler still und kaum beachtet. Nur eine Randnotiz in der Tageszeitung wies auf diesen einsamen Tod hin. Dabei muß unser Mitgefühl den Angehörigen dieses verzweifelten jungen Menschen gelten, die ihr Leben lang dessen Tun nicht vergessen werden. Ihr Schicksal teilen viele, viele Menschen jedes Jahr. So wurde ein 48jähriger Lehrer durch diese beiden Taten an die Selbsttötung seines Stiefvaters erinnert, die er mit fünf Jahren mitansehen mußte, und an die Tötung des Rektors in Freising, den er persönlich kannte. Er befindet sich derzeit in klinischer psychotherapeutischer Behandlung.

Jede Suizidandrohung sollte unbedingt ernst genommen werden. Es sollte von seinen Mitmenschen darauf geachtet werden, ob es diesem Menschen gelingt, vorher nicht mögliche Veränderungen durchzuführen, sich weniger zurückzuziehen, sich offener mitzuteilen. So zu tun, als ob nichts geschehen wäre, ist gefährlich. Wie ein Geschwür frißt sich der Selbsttötungsgedanke sonst in die Seele des Gefährdeten.

Hat sich jemand das Leben genommen, muß unsere ganze Aufmerksamkeit den Hinterbliebenen gelten. Totschweigen und Verdrängen weisen auf unverarbeitete Trauer und Wut hin. Diese Menschen sind gefährdet, ihre Emotionalität zu unterdrücken, die ihnen in ihren Beziehungen fehlen wird. Insbesondere die Kinder der Menschen, die den Freitod wählten, müssen wir aufmerksam begleiten.

V. Systemische Sichtweise von Krankheit

Wir wollen zeigen, daß weniger eine individuelle Sicht als vielmehr die systemische Betrachtungsweise weiterführend ist in der Reflexion von Interdependenzen zwischen den unterschiedlichen Kontexten, zwischen der Berufswelt des Lehrers mit ihren spezifischen Beziehungsanforderungen und seiner Privatwelt. Wir werden mit einer eher allgemeinen Diskussion von Krankheit beginnen, welche nicht berufsspezifisch für Lehrer ist, jedoch als Grundlage für eine systemische Sicht von Krankheit eine wichtige Grundlage bietet.

Die Rollenmanagement-Raute wird uns zeigen, wie der Mensch seine Lebensenergie auf die vier ihn maßgeblich bestimmenden Rollen als Lehrer oder Lehrerin, Vater oder Mutter, Partner oder Partnerin und das Selbst verteilt. Darüber hinaus wird uns beschäftigen müssen, wie jeder Verantwortung für seine ganzheitliche Gesundheit übernehmen kann. Hierbei hilft uns die Gesundheitsraute, welche unsere innere Aufmerksamkeit auf den Körper, unser Leistungsverhalten, unsere Beziehungsgestaltung und die Auseinandersetzung mit dem Sinn des Lebens lenkt.

Das kleinste System, die kleinste interaktionelle Einheit, wird von zwei Menschen gebildet. Größere Systeme lassen sich in kleinere Subsysteme, welche eigene Grenzen und Spielregeln im internen Umgang bilden, aufteilen. Rollenverständnis und Rollenzuschreibung, die Durchlässigkeit von Grenzen zwischen Systemen und Kontexten etc. werden uns beschäftigen. Nicht nur Einflüsse aus dem Arbeitskontext sind für das Beziehungserleben eines Menschen bedeutsam, auch die beziehungsrelevanten Einflüsse aus anderen Kontexten und von körperlichen Erkrankungen sind zu berücksichtigen. Die individuelle Entwicklung eines Menschen wird reflektiert. Diese läuft parallel in allen seinen wichtigen Lebensbereichen ab und ist abhängig vom Lebensalter, den aktuellen Lebensbedingungen und der persönlichen Geschichte, die ihrerseits wiederum in größere gesellschaftliche und politische Rahmenbedingungen eingebettet ist.

Veränderungen im Beziehungsgefüge und Beziehungskonflikte sowie Lebensumbrüche mit den damit verbundenen Krisen werden zu reflektieren sein.

Wir werden uns mit den Auswirkungen sich verändernder Bedingungen für Erziehung und Bildung beschäftigen müssen. Ein ausführlicher Exkurs wird uns in die Auseinandersetzung mit der Philosophie der Aufklärung führen, welche zu einer «Säkularisierung des Denkens» (Cassirer) geführt hat und m. E. in ihren Auswirkungen heute unbedingt reflektiert werden muß.

Den Verlust des Bezugspunktes bzw. die Entwertung des einmal eingenommenen Bezugspunktes gilt es zu erkennen und zu beschreiben.

Lehrer, die berufsbedingt in großer Beziehungsverantwortung stehen, tragen auch eine hohe Verantwortung für ein größtmögliches Maß an persönlicher Autonomie und bewußter und aktiver Gestaltung von gelingenden Beziehungsmustern mit Schülern, Kollegen und Eltern. Krankheiten und verstärkte Anforderungen aus anderen Lebenskontexten absorbieren einen erheblichen Teil ihrer inneren Aufmerksamkeit. Insbesondere ihre emotionale Mitschwingungsfähigkeit und Intelligenz, ihre interaktionelle Kompetenz werden hierdurch stark beansprucht. Wir werden die systemischen Auswirkungen von chronischen und schweren Krankheiten reflektieren.

Lebensumbrüche und Krisen erfordern ebenfalls eine vermehrte innere Auseinandersetzung mit den Konsequenzen, die diese für die Entwicklung von neu zu gestaltenden Beziehungsmustern haben.

Wollen wir einen Menschen verstehen, müssen wir uns die Mühe machen, ihn nicht nur als ein autonomes Individuum zu verstehen. Wir befinden uns in Lebensbezügen, welche von uns nicht nur aktiv mitgestaltet werden können, auf die wir jedoch reagieren und an die wir uns anpassen müssen. Dabei müssen wir darauf achtgeben, daß wir unsere oftmals nur geringen Gestaltungsmöglichkeiten zufriedenstellend ausschöpfen. Insbesondere, wenn wir mit Menschen arbeiten, welche Krieg, Vertreibung und Not erleben mußten, müssen wir die Auswirkungen der gesellschaftlichen Bedingungen mit reflektieren. Dies betrifft Schüler und ihre Eltern aus Ländern wie Bosnien und dem Kosovo, alte Menschen, welche den Zweiten Weltkrieg miterlebt haben, oder Kinder von Menschen, die diesen mit all seinen Greueln überlebt haben. Diese Menschen sind durch ihre Lebenserfahrungen und -schicksale in ihrem aktuellen Erleben und ihrem Beziehungsgestalten maßgeblich geprägt.

Es lassen sich in der Auseinandersetzung mit Menschen Wiederholungen in ihrer heutigen Beziehungsgestaltung erkennen, die große Ähnlichkeiten mit Beziehungserfahrungen aufzeigen, welche in der Kindheit gemacht wurden. Solche *Reinszenierungen* bedingen oft Spannung erzeugende, unbefriedigende Konfliktlösungen im Hier und Jetzt. Die Ressourcen, die sich aus den Veränderungen gegenüber früher ableiten lassen, werden nicht ausgeschöpft.

1. Beziehungskrank?

Um uns einer Antwort an die Frage, was beziehungskrank macht, zu nähern, werden wir einige grundsätzliche Überlegungen anstellen müssen. Ausgehend von dem Begriff «Beziehungskranker», den ich erstmals während meines Studiums in den siebziger Jahren in dem Buch *Irren ist menschlich*[70] von Dörner und Plog gelesen habe, werden wir versuchen, ein grundsätzliches Verständnis von seelischer Krankheit zu entwickeln. Hierbei soll es weniger um eine symptomorientierte bzw. phänomenologische Definition von Krankheit gehen. Das Verständnis werden wir aus einem systemtheoretischen Ansatz heraus entwickeln.

Als Arzt werde ich erst dann vom Patienten angesprochen, wenn eine Entwicklung an einen Punkt gekommen ist, an dem der Mensch der Hilfe von außen bedarf, weil seine Möglichkeiten, sich selber zu helfen, ausgeschöpft sind. Es gibt vorher eine meist mehr oder weniger lange Zeit der Irritation, des Verloren-Gehens von innerer Sicherheit und Souveränität, des Verlustes von Lebensqualität und klarer Lebensorientierung. Während dieser Zeit steht der Mensch noch voll im Berufsleben und lebt in seiner Familie.

2. Wie sich eine Beziehungskrankheit entwickelt

Als systemische Grundhypothese für die Entwicklung einer Beziehungskrankheit können wir formulieren:

In einem relevanten Beziehungssystem eines Menschen ist eine gravierende Änderung eingetreten. Es gelingt ihm nicht, hierauf in einer für ihn befriedigenden, seine Möglichkeiten nützenden und seine Ressourcen ausschöpfenden Weise aktiv zu reagieren. Die als notwendig erachteten Kompromißbildungen werden als unbefriedigend angesehen. Der Anpassungsvorgang ist noch nicht abgeschlossen, der Mensch hat sich noch nicht abgefunden.

Die sich daraus ergebende intrapsychische Spannung drängt auf Entlastung. Diese kann in einem Kompromiß oder auch in einer Verschiebung seelischer Energie auf den Körper gebunden bleiben und entzieht sich so dem Bewußtsein. Sie geht mit anderen Worten der bewußten Wahrnehmung «verloren», bleibt aber bedeutsam für die Persönlichkeitsentwicklung und kann zur Genese von Krankheit beitragen. Sie wirkt darauf ein, wie die Persönlichkeit sich auf Beziehungen einläßt und diese mitgestaltet. Dem Patienten sind das instinktive Wissen und der Bezug scheinbar «abhanden» gekommen, in welchem Beziehungssystem die krankheitsfördernde Spannung als Reaktion auf eine inhaltliche oder strukturelle Veränderung aufgetreten ist (siehe Kontextkreis).

Zu erhöhter Grundanspannung im Menschen führen u. a.:

* innere Widersprüche;
* sich in der Selbstentfaltung übermäßig eingeschränkt zu erleben;
* daran gehindert zu sein, sich authentisch in den Prozeß von Beziehungsgestaltung aktiv einzubringen und
* in der persönlichen Entwicklung durch äußere Bedingungen vielfach gezwungen zu sein, eine Maske aufzusetzen.

Wenn ein Lehrer ständig überfordert wird, Klassen unterrichten muß, mit denen er nicht fertig wird, und ohne das entsprechende Equipment einen anspruchsvollen Unterricht erteilen soll, der den Anforderungen der Gesellschaft gerecht wird, ist das mehr als unbefriedigend für ihn. Doch wird er hierüber nicht krank werden, sondern höchstens frustriert. Kommen jedoch noch weitere Konflikte oder Umbruchsituationen in seinem Leben hinzu, welche viel seelische Energie kosten, ist er schon eher gefährdet.

Einschränkungen, welche u. a. häufig von Lehrern genannt werden, sind z. B. viele Konferenzen und Besprechungen, die z. T. kurzfristig angesetzt werden, die viel Energie und letztlich Zeit kosten, die dann für eine zufriedenstellende Unterrichtsvorbereitung fehlen.

Die mangelnden räumlichen Voraussetzungen in den Schulgebäuden machen es notwendig, daß der Lehrer und die Lehrerin zu Hause seinen bzw. ihren Unterricht vorbereiten. Hier treffen sie jedoch auch auf die Ansprüche ihrer Familie.

Bei der Einführung von Computern in der Verwaltung und im Unterricht haben einzelne es sich zur Aufgabe gemacht, mit diesen Geräten zu arbeiten. Unzureichende Hardware, schlechte bzw. ständig anzupassende und somit neu sich anzueignende Software bedeuteten vielfach Arbeit bis in die Nacht. Honoriert etwa durch Beförderung oder Gehaltszulage wurde und wird diese zusätzliche freiwillige Tätigkeit jedoch oft nicht. Die kollegiale Kontaktpflege und das damit verbundene Gefühl der Verbundenheit und Zufriedenheit haben sie darüber oft nicht ausreichend pflegen können. Die Frustration war groß und demotivierend.

Für die Entwicklung von Krankheit müssen wir jedoch weiter schauen, um die komplexen Sachverhalte beim Aufbau eines gesundheitsschädlichen Spannungszustandes zu verstehen, wie folgendes Fallbeispiel illustriert:

Ein Mittfünfziger hatte vor ca. 12 Jahren den Bereich Computerinstallation und Softwarepflege mit großer Begeisterung und innerer Befriedigung übernommen. Endlich hatte er sich ein Tätigkeitsfeld erobert, in dem er sich entfalten konnte und in dem er für viele KollegInnen ein gesuchter Gesprächspartner war. Er hatte das Gefühl, gebraucht zu werden.

Seine schwerkranke Mutter versorgte er bis zuletzt mit. Er fühlte sich in dieser Fürsorge vom eigenen Bruder allein gelassen, und seine Mutter nahm es als selbstverständlich hin, daß er mehrmals in der Woche sich um Haus, Garten und ihr Wohlbefinden kümmerte. Seine Frau beneidete ihn um seine gute Beziehung zur eigenen Mutter, und obwohl sie ihren Mann so manches Mal lieber zu Hause gesehen hätte, sagte sie nichts. Wohl begleitete sie ihn nicht zu seiner Mutter. Diese Verweigerung blieb ihr einziger stummer Protest.

Seine Frau war nicht berufstätig, kümmerte sich um die zu diesem Zeitpunkt 16jährige Tochter. Sie hatte viel Freude daran, ihren Mann in seinen beruflichen Ambitionen zu unterstützen, und konnte sich gut damit arrangieren, viel Zeit für sich zu haben, wenn die Tochter erkennen ließ, daß sie bald auf eigenen Füßen stehen würde. Als diese mit 17 Jahren während der 11. Klasse für ein Jahr ins Ausland ging, trug sie der Gedanke, damit für die Tochter das Beste zu tun. Sie selbst hatte eine sehr schlechte Erinnerung an die eigene Ablösephase. Durch die Entwicklung vielfältiger Erkrankungen hatte ihre Mutter damals versucht, sie an das Elternhaus zu binden. Ihre eigenen Kontakte nach außen blieben während der Ehe spärlich.

Während der Abwesenheit der Tochter entwickelte der Patient eine psychosexuelle Potenzstörung und Bluthochdruck. Mehr Nähe, die sich als Zusammenrücken in der Phase der strukturellen Veränderung durch die Abwesenheit der Tochter hätte entwickeln könne, blieb aus. Nach Rückkehr der Tochter blieb der gemeinsame Frust über diese verpaßte Chance, eine neue Intimität in der Partnerschaft zu entdecken, bei ihm auf der Symptomebene erkennbar. Gleichzeitig arbeitete er noch mehr in der Hoffnung, im beruflichen Feld durch eine Beförderung Anerkennung für sein Engagement zu bekommen. Als diese ausblieb, jüngere KollegInnen bessere Beurteilungen erhielten, dekompensierte er mit einer depressiven Störung. Seine Tochter lebte zu diesem Zeitpunkt immer noch zu Hause, hatte den Absprung verpaßt und bereitete den Eltern Sorge, weil sie so wenig Freundschaften unterhielt.

Dieses Beispiel macht deutlich, daß es nicht ausreicht, den Spannung erzeugenden Konflikt isoliert innerhalb nur eines Kontextes, hier in der Arbeitswelt, zu reflektieren. Es ist vielmehr das Zusammenkommen von Spannung erzeugender Umbruchsphase – Auszug der Tochter mit Neudefinierung der partnerschaftlichen Beziehung und des männlichen Rollenverständnisses – und emotionaler Belastung – Trauer um den Tod der Mutter sowie Frustration der Hoffnung auf berufliche Anerkennung durch Beförderung – in seiner Gesamtdynamik zu betrachten. Der Patient hatte als Hauptgrund für sein Erkranken zunächst einseitig die Problematik am Arbeitsplatz wahrgenommen.

3. Der Kontextkreis

Eine Krankheit wird in der systemischen Sichtweise als eine Gestaltungsgröße betrachtet, die die Entwicklung von Beziehungsmustern in allen vier Kontexten mit beeinflußt. Dabei reagiert jeder Kontext in Abhängigkeit von den Rollenerwartungen an den Erkrankten. Dieser wiederum reagiert seinerseits auf sein Rollenverständnis. Hält sich ein Mensch für in einem Kontext wie zum Beispiel der Arbeitswelt unabkömmlich, oder ist diese aus Angst, sie zu verlieren, sehr wichtig für ihn, wird er gegebenenfalls während der Rekonvaleszenz frühzeitig zur Arbeit gehen, zu Hause aber noch Schonung einfordern. Hierauf könnte wiederum seine Familie mit Unverständnis und Frustration reagieren, weil sie sich unterbewertet oder zurückgestellt sieht. Dies wird insbesondere dann brisant, wenn ein Mensch politisch sehr engagiert ist und zusätzlich seinen gesellschaftlichen Verpflichtungen vorrangig nachkommt. Mit dem Kontextkreis lassen sich die Wertigkeiten eines jeden einzelnen Kontextes in bezug zu den anderen herausarbeiten und die Spannungsfelder beschreiben, die sich durch die unterschiedliche Wertigkeit ergeben.

Konstitution	Familie
Arbeitswelt	Freundeskreis

Abb. 8: Der Kontextkreis: Er beschreibt die vier wesentlichen Kontexte, innerhalb dessen ein erwachsener Mensch seine Beziehungsmuster entwickelt.

Konstitution Erleidet ein Mensch einen Unfall, ist er verletzt und reagiert mit Schmerzen, oder entwickelt sich eine Infektion oder Entzündung anderer Ursache, wird seine Konstitution unmittelbar verändert. Dies führt zu Änderungen in der Sinneswahrnehmung dadurch, daß das Sinnesbild, das aus der Komposition aller Sinneseindrücke im Menschen entsteht, oder die *Sinnesgestalt* gestört wird.

Verletzt sich jemand den Kopf, so können z. B. akustische

Reize, die uns immer umgeben, schnell unerträglich werden. Auch sogenannte seelische Störungen wie Ängste und Depressionen verändern die Sinnesgestalt. Menschen reagieren langsamer, scheinbar abgestumpft u. v. m. Jede bemerkenswerte Änderung des Körpergefühls, jede körperliche Erkrankung wirkt sich auf das Beziehungsverhalten eines Menschen und die mit ihm korrespondierenden Systeme mehr oder minder ausgeprägt aus (siehe auch Konstitution im anthropologischen Modell unter Abschnitt II.2).

Der Mensch verfügt über eine erstaunlich hohe Widerstandskraft. Doch schwächen wir diese unnötig durch billigend in Kauf genommenes gesundheitsgefährdendes Verhalten wie z. B. Rauchen, kann sie dauerhaft Schaden nehmen. Selbst wenn wir die Möglichkeit hätten, sie zu stärken bzw. stark zu erhalten, kann es im Einzelfall kein Zurück mehr geben, wie die Krebsfrüherkennung uns bewußt macht. In beiden Fällen sind wir nicht davor gefeit, an Krebs zu erkranken. Doch können wir das Unsere dazu beitragen, daß die Wahrscheinlichkeit zu erkranken nicht von uns gefördert wird und ein frühzeitiges Erkennen die Heilungschancen verbessert.

Familie Das dem Menschen emotional nächststehende System ist das seiner Familie. Mit ihr teilt er «Leid und Freud». Er liebt und wird geliebt. Die Reaktionsmuster, welche sich einstellen, werden nicht von ihm allein gebildet. Jede Veränderung, die bei einem einzelnen eintritt bzw. die von einem einzelnen angestoßen wird, wird im System «beantwortet».

Jede Aktion erzeugt eine Reaktion erzeugt eine Reaktion ...

Reaktionen können einen Gesundungsprozeß beschleunigen oder auch verlängern. Die Intensität und Art einer Reaktion hängen vom Grad, der Akuität und Bedrohlichkeit sowie von der Dauer der Erkrankung ab.

Ein 54jähriger Berufsschullehrer erkrankt an einem Burn-Out-Syndrom. Er sagt im therapeutischen Gespräch, er sei mit Leib und Seele Lehrer und hätte sich niemals vorstellen können, eher als mit 65 Jahren aufzuhören. Doch seit ca. eineinhalb Jahren müsse er bemerken, daß er den Anforderungen nicht mehr gerecht werde. Nachdem er zunächst versucht habe, durch vermehrte Arbeit am Abend und am Wochenende gegenzusteuern, da die Schüler und Kollegen nicht bemerken sollten, daß er nicht gut drauf sei, und er auch davon ausgegangen sei, daß es sich um eine vorübergehende «Formkrise» handelte und es nach den Sommerferien wieder besser gehe, sei er jetzt regelrecht «platt». Bluthochdruck, Magenbeschwerden, Konzentrationsstörungen und zuletzt Versagensängste seien die bestimmenden Symptome gewesen.

Das diagnostische Gespräch machte mehrere gravierende Veränderungen im familiären Verbund des Patienten erkennbar. Sein Vater war vor fünf Jahren verstorben. Seine Mutter verfiel in eine depressive Erkrankung, welche zuletzt in eine senile Demenz mündete. Um sie kümmerte er sich täglich intensiv, weil er es auch seinem Vater auf dem Sterbebett versprochen hatte. Seine einzige Tochter verließ das Elternhaus, um auswärts zu studieren. Hierüber wurde seine Frau depressiv und mußte behandelt werden. Die Sorge um seine Mutter und die Ehefrau verhinderten, daß sich der Patient innerlich von seinen Eltern verabschieden und seine Tochter loslassen konnte. Er versuchte zunächst, den Spagat zwischen Beruf und Familie zu schaffen, was ihm auf die Dauer jedoch nicht gelang. Daß er sich vorrangig für seine innerfamiliäre Verantwortung und gegen seinen geliebten Beruf entschieden hatte, war für ihn am Ende verständlich.

Die Einsicht, daß die Anforderungen im Kontext Familie ihn in seiner Lebensenergie so weitgehend überfordert hatten, daß er im Arbeitskontext nicht mehr leistungsfähig war, war für diesen Menschen eine sehr hilfreiche positive Bestärkung. Er traute sich die Arbeit wieder zu. Der übergroßen Bedeutung, die der Kontext Familie eingenommen hatte, war er dadurch begegnet, daß er sich in der Therapie mit seiner Trauer konstruktiv auseinandersetzte und im Paargespräch die Kommunikation der Eheleute gefördert wurde. Dadurch wurde er innerlich wieder frei für die Konzentration auf die Arbeit. Sein früheres Gefühl, versagt zu haben, sich schuldig zu fühlen, für seine Schüler nicht dagewesen zu sein und seine Kollegen mehr belastet zu haben, war in den Hintergrund getreten.

Freundeskreis Der emotional nächstbedeutsame Kontext ist der Freundeskreis. Hier erfährt ein Mensch Anteilnahme, hier wird er auch vermißt. Die Freunde hat er sich persönlich ausgesucht. Sie passen zu ihm. Menschen, welche diesen Kontext vernachlässigen, sind anfälliger für psychosomatische und seelische Störungen. Treten depressive Erkrankungen auf, erschweren diese die Pflege freundschaftlicher Kontakte.

Eine 58jährige Allgemeinmedizinerin erkrankt nach der Entfernung ihrer Gebärmutter wegen eines Krebsbefundes im Frühstadium an einer angstbesetzten Depression. Sie traut sich nichts mehr zu und kann ihre verantwortungsvolle Aufgabe nicht fortsetzen. Sie hatte sich während zwanzig Jahren mit hoher Einsatzbereitschaft für ihre Patienten aufgeopfert. Jetzt ist sie selbst krank und muß feststellen, daß sie sich zwar immer um andere Menschen gekümmert hat, jetzt auch viele Anteil nehmen an ihrem Schicksal. Aber sie kann sich niemandem anvertrauen. Sie hat nicht gelernt, eine Freundin oder eine enge Vertraute zu gewinnen. Im Alter muß sie erkennen, daß sie in ihrem Leben nicht vorgesorgt hat. Sie ist finanziell gut abgesichert, jedoch einsam. Die Auseinandersetzung mit Krankheit und Entwicklung eines befriedigenden Lebensplanes für die Zeit nach der Berufstätigkeit würde ihr leichter fallen, hätte sie eine Freundin. Ihren Ehemann überfordert sie mit ihren Bedürfnissen, er ist froh, weiter arbeiten gehen zu können.

Freundschaften wollen gepflegt werden, lautet ein Sprichwort. Dies hatte die Ärztin nicht beherzigt, während sie arbeitete. Den Bereich Freundeskreis hatte sie grob vernachlässigt. Als ihr die Arbeit genommen war, kam es zwangsläufig zu einer Überforderung der Familie mit Bedürfnissen nach Beziehungsgestaltung, die von der Familie nicht erfüllt werden konnten. Dies zeigt, daß wir jedem Kontext unsere Aufmerksamkeit widmen sollten. Im Laufe des Lebens ändert sich die Wertigkeit der Kontexte, und wir sollten rechtzeitig unsere Aufmerksamkeitsschwerpunkte verschieben, damit wir nachher in der Not nicht ganz allein dastehen.

Arbeitswelt Im beruflichen Kontext wird ebenfalls auf Krankheit reagiert. Für die Schule hat das Nicht-zum-Dienst-erscheinen-Können eines erkrankten Lehrers z. B. organisatorische Konsequenzen. Es bedeutet eine Mehrbelastung für die Kollegen. Die Schüler müssen sich an eine andere Lehrperson gewöhnen und können hierauf mit nicht geringer Verärgerung reagieren. Dennoch sind selbstverständlich auch Anteilnahme und Rücksichtnahme zu erwarten, wenn jemand erkrankt. Letztlich springt jeder für jeden einmal ein. Und wenn jemand weniger krankheitsanfällig ist, dürfte er vielfach gerne einspringen, zeigt es ihm doch, daß er gesundheitlich fit ist.

Negative Beispiele für Krankheitsentwicklung, die im schulischen Kontext ihre Ursache hat, sind einerseits mangelnder persönlicher Kontakt im Kollegenkreis mit Vereinsamung und

Überforderung dadurch, auf alle Problemstellungen und Konflikte allein eine Antwort geben zu müssen; zum anderen ist das Mobbing zu nennen, das mit einer perfiden Systematik einen Menschen ausgrenzt und entwürdigt. Es treten vielfältige Symptome auf, die insgesamt bald Krankheitswert erlangen können und, nicht ursächlich behandelt, in die Frühpensionierung führen (siehe auch Abschnitt IV.6).

Die Gestaltung der Kontextgrenzen sollte möglichst semipermeabel ablaufen. Damit soll gesagt werden, daß das Spannungsfeld, das sich wegen der unterschiedlichen Anforderungen in den verschiedenen Lebensbereichen auftut, optimal nur entladen werden kann, wenn es gelingt, die Prioritäten so zu setzen, daß kein Beziehungsbereich auf Dauer zu kurz kommt und dennoch in jedem genügend Frustrationstoleranz und Rücksichtnahme bestehen, daß ein Mensch nicht zerrissen wird.

Ein junger Oberarzt mit viel Ehrgeiz und Engagement in seinem Beruf hat geheiratet. Während er zuvor mit hohem auch zeitlichem Einsatz sich um seine Karriere bemühen konnte und bereitwillig viel Zeit dafür opferte, forderte nun seine Frau, eine junge Gymnasiallehrerin, viel Aufmerksamkeit auch für sich. Dieser nachzukommen fiel ihm nicht schwer, tat er es doch gerne. Beide entschieden sich schon sehr bald, Eltern zu werden. Sie bekamen in recht kurzem zeitlichen Abstand zwei Kinder, und seine Frau nutzte die Mutterschaft, drei Jahre zu Hause zu bleiben und sich um die Kinder zu kümmern. Dann erhielt sie die Möglichkeit, in einer nahegelegenen Schule zu unterrichten. Beide einigten sich darauf, daß sie die Chance nutzen sollte. Für ihn bedeutete dies einen nicht geringen Spagat, da er abwechselnd mit seinem Chef jede zweite Nacht Bereitschaftsdienst hatte. Für sie war es ebenfalls schwer, da sie noch nicht über genügend Unterrichtsroutine und Erfahrung verfügte und trotz ihrer halben Unterrichtsstundenzahl an vielen Konferenzen teilnehmen mußte. Als sein Chef erkrankte, zudem infolge des Ärztemangels eine Assistenzarztstelle unbesetzt war und er jede Nacht Dienst tun mußte, war er völlig überfordert. Seinen inneren Anspruch, ein guter Vater und Ehemann zu sein, konnte er angesichts der Rigidität der Arbeitsanforderungen in der Klinik nicht mehr erfüllen. Seine Frau vermochte ihrerseits nicht, ihm den Rücken freizuhalten. Er erlitt nach wenigen Monaten Herzrhythmusstörungen und war für längere Zeit dienstunfähig, nachdem er zuvor schon zunehmend demotiviert seinen Dienst versehen hatte.

4. Die Rollenmanagement-Raute

Der Mensch nimmt in jedem Kontext Rollen ein, die er ausfüllt. Die Ausgestaltung der Rollen richtet sich nach seinem eigenen Rollenverständnis, den Rollenerwartungen der wichtigsten Beziehungspersonen an ihn und den Spielregeln des jeweiligen Kontextes. Spannungen, die bis zur Unerträglichkeit und Gesundheitsschädigung zunehmen können, erwachsen aus einer Unvereinbarkeit von Rollenselbstverständnis, in das Ichstärke, Ehrgeiz und Leidenschaften als Energiequelle für Kreativität und Motivation einfließen und befriedigt werden wollen, und Anforderungen aus den Rollenerwartungen, die zu erfüllen sind.

Anleitung zur Arbeit mit der Rollenmanagement-Raute Die Rollenmanagement-Raute unterscheidet vier Items: Beruf – Elternschaft – Partnerschaft – Selbst.

Ihre Rolle im *Beruf* umschließt alles, was hiermit zu tun hat. Wenn Sie ein Seminar besuchen, mag dieses auch einen gewissen Freizeitwert haben, ist dennoch berufsbezogen. Sind Sie politisch aktiv, dient das viel ihrer persönlichen Befriedigung, ihrem Selbst. Engagieren Sie sich jedoch in der Absicht, einmal beruflich hieraus Nutzen ziehen zu können, müssen Sie entscheiden, ob das Engagement nicht mehr dem Beruf zuzuordnen ist. Liest ein Geschichtslehrer täglich ausgiebig die Zeitung, so mag dies seine Pflicht sein, sich auf dem laufenden zu halten. Liest ein Sportlehrer täglich die Zeitung, so könnte das vielleicht eher dazu dienen, sein allgemeines politisches Interesse zu befriedigen und mitreden zu können.

Mit der *Elternschaft/Fürsorglichkeit* ist alle Energie gemeint, die in die Fürsorge innerhalb der Familie den eigenen Kindern, Eltern und sonstigen Angehörigen gegenüber aufgebracht wird.

In die *Partnerschaft* fließt alle die Energie, die aufgewendet wird, um die Beziehung zur Frau bzw. zum Mann lebendig und befriedigend zu halten. Gemeinsame Freizeitaktivitäten und Hobbys, Urlaube, Sexualität etc. gehören hierhin.

In das *Selbst* fließen alle die Energieeinheiten, die für die Verwirklichung eigener Interessen aufgewandt werden, die weder einen beruflichen noch einen partnerschaftlichen Hintergrund haben. Hierhin gehören die Pflege des eigenen Freundes-

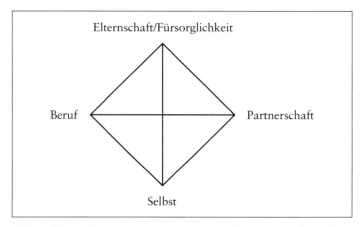

Abb. 9: Die Rollenmanagement-Raute zeigt die vier Bereiche auf, die für die Gestaltung eines befriedigenden Gesamtrollenverständnisses eines Menschen bedeutsam sind. Hierin erfährt er auch seine wesentlichen Rollenzuschreibungen und -erwartungen.

kreises, der Hobbys, die nicht geteilt werden mit dem/der Partner/in etc.

Sie verfügen über 100 % Lebensenergie, die Sie auf die vier Rollen verteilen. Unter folgenden Blickwinkeln tragen Sie die prozentualen Anteile in die Liste ein:

1. Wie verteilen Sie die Aufteilung Ihrer Lebensenergie selbst?
2. Wie würde aus Ihrer Sicht Ihr/e Partner/in Ihre Lebensenergie verteilen?
3. Wie verteilt nach Ihrer Einschätzung Ihr/e Partner/in seine/ihre Lebensenergie?
4. Wie würde Ihr/e Partner/in selbst die eigene Lebensenergie auf die vier Rollen verteilen?

Für Ehepaare bzw. Lebenspartner, die Kinder haben und sich einmal intensiver mit ihrer Familiensituation auseinandersetzen möchten, läßt sich folgende Ergänzung zur Anregung ihrer Diskussion nutzen:

5. Wie würden Ihre Kinder Ihre Lebensenergie aufteilen?
6. Wie würden Ihre Kinder aus Sicht Ihres Partners/Ihrer Partnerin Ihre Lebensenergie aufteilen?

7. Wie würden die Kinder die Lebensenergie Ihres Partners/Ihrer Partnerin aufteilen?
8. Wie würden die Kinder aus Sicht Ihres Partners/Ihrer Partnerin die Lebensenergie Ihres Partners/Ihrer Partnerin aufteilen?

Wenn wir die Zeitschnittebene noch einfügen, haben wir mit dem Rollenmanagement ein hervorragendes Instrument für die therapeutische Arbeit. Wir reflektieren, wie die Aufteilung der Lebensenergie unter oben genanntem unterschiedlichem Blickwinkel vor bzw. während einer Krise bzw. Erkrankung war bzw. ist und wie sie nach Beendigung der Krise bzw. der Wiedergenesung sein soll. So wird es als ein großer Fehler betrachtet, der z. B. häufig bei Herzinfarktpatienten zu erkennen ist, wenn die Lebensgefahr, in der der Mensch gewesen ist, nicht zu einem Umdenken führt. Die Einnahme von Medikamenten ist eine Conditio sine qua non für eine Heilung, doch unzureichend. Die mit diesem Ereignis verbundene Sinnfrage und Neuverteilung der Lebensenergie bedarf der Beantwortung.

Ausgehend von 100 Lebensenergieeinheiten (LE) tragen Sie bitte die prozentuale Verteilung auf Ihre vier Rollen im Beruf, Elternschaft/Fürsorglichkeit und Partnerschaft und Ihr Selbst ein. Nachdem jeder von Ihnen den Bogen ausgefüllt hat, ohne daß der andere dabei war, tauschen Sie die Ergebnisse aus. Über die Unterschiede, die sich in den Aufteilungen ergeben, kommen Sie ins Gespräch miteinander. Sie bieten eine wesentliche Ressource, das eigene Rollenverständnis zu überdenken.

Insbesondere in Zeiten der beruflichen Überforderung, z. B. durch Krankheit von KollegInnen, infolge unbesetzter Stellen, wodurch Mehrarbeit und, damit verbunden, mehr Zeit vom einzelnen aufgewendet werden müssen, sinkt die Identifikation mit dem Arbeitsplatz vieler Angestellter, weil sie sich in ihren Grenzen nicht ausreichend respektiert, überfordert und ausgenutzt fühlen. Spannungen, die sich hieraus zwangsläufig ergeben, schlagen in jeder Beziehungsarbeit voll durch. Kommen dann noch Konflikte oder gravierende strukturelle Veränderungen, Krankheiten und vermehrte Sorge im (groß-)familiären Bereich hinzu, sind insbesondere interaktionell sehr aktive sensible Menschen gefährdet, sich zu überfordern.

Tab. 1: Tabelle zur prozentualen Verteilung der Lebensenergie auf die vier Bereiche Beruf, Elternschaft, Partnerschaft und Selbst

Rolle in		Beruf	Elternsch.	Partnersch.	Selbst
Wie ist die Verteilung der LE heute in der Krise/während der Krankheit?	aus eigener Sicht				
	aus Partnersicht				
	aus Kindersicht				
Wie war die Verteilung der LE vor der Krise/Krankheit, als die Verteilung befriedigend war?	aus eigener Sicht				
	aus Partnersicht				
	aus Kindersicht				
Wie sieht eine befriedigende Verteilung der LE nach der Krise/Krankheit aus?	aus eigener Sicht				
	aus Partnersicht				
	aus Kindersicht				

In oben genanntem Beispiel ergibt sich folgende Ausarbeitung des Rollenmanagements:

Tab. 2: Beispiel für eine ausgewertete Rollenmanagement-Raute

Rolle in		Beruf	Elternsch.	Partnersch.	Selbst
Wie ist die Verteilung der LE heute in der Krise/während der Krankheit?	aus eigener Sicht	75%	20%	5%	0%
	aus Partnersicht	90%	5%	5%	5%
	aus Kindersicht	90%	0%	10%	0%
Wie war die Verteilung der LE vor der Krise/Krankheit, als die Verteilung befriedigend war?	aus eigener Sicht	75%	10%	15%	0%
	aus Partnersicht	75%	10%	10%	5%
	aus Kindersicht	65%	15%	10%	10%
Wie sieht eine befriedigende Verteilung der LE nach der Krise/Krankheit aus?	aus eigener Sicht	70%	15%	10%	5%
	aus Partnersicht	65%	15%	15%	5%
	aus Kindersicht	65%	15%	10%	10%

Der Oberarzt aus dem Beispiel (siehe Abschnitt V.3) hatte für sich die extreme Arbeitsüberlastung und Verschiebung seiner Lebensenergie in Richtung Arbeit kaum noch bemerkt. Es kam seinem beruflichen Ehrgeiz sehr entgegen, einmal zeigen zu können, was in ihm steckt. Wäre die Kommunikation zwischen ihm und seiner Frau besser gewesen, wäre ihm vielleicht aufgefallen, wie er sich überfordert hat. Da die berufliche Situation ad hoc nicht von ihm zu ändern war, hätten sie sich darüber unterhalten können, wie er, ohne gesundheitlich Schaden zu nehmen, mit ihrer Unterstützung eine Entspannung hätte erreichen können. Sie war über seine «Mundfaulheit», wenn er abends abgespannt und oft übernächtigt zu Hause war, mehr als verärgert. Auch daß er sich aus ihrer Wahrnehmung kaum noch um die Kinder kümmerte, diese den Papa kaum noch erleben konnten, hatte er so nicht gesehen.

Daß sie füreinander kaum noch Zeit übrighatten, war beiden aufgefallen, ohne hier jedoch gegenzusteuern. Während seine Frau in der Therapie erkannte, daß es zu Zeiten, als die Aufteilung seiner Lebensenergie gut im Lot war, einige wenige Freizeitaktivitäten bei ihm gab, er sich hin und wieder mit einem guten Freund getroffen hatte, schien ihm das nicht erwähnenswert. Insgesamt grenzte er sich damals auch von den beruflichen Anforderungen besser ab. Er hatte die Gemeinsamkeit mit seiner Frau jedoch höher eingeschätzt, was möglicherweise auch eher seinem Bedürfnis, es so zu sehen, entsprochen haben mag. Insgesamt sind beide eher unabhängig voneinander, sind in ihren Bedürfnissen dem anderen gegenüber eher bescheiden. Die wichtigste Gemeinsamkeit besteht in den noch kleinen Kindern.

Für die Zukunft wünschte sie sich, daß er anerkennen möge, daß ihre berufliche Tätigkeit gut zum familiären Budget beiträgt, und er seine Befriedigung mehr in der Familie suchen möge. Die Karriere könne er auch später fortsetzen, wenn die Kinder größer seien. Auch wünschte sie sich mehr Aufmerksamkeit von ihm, daß er mit ihr überlegen möge, wie sie ihr gemeinsames Leben künftig anpacken wollen. Sie mochte nicht mehr in Angst und Sorge zu Hause auf ihn warten müssen. Er hingegen wollte zwar durchaus mehr Zeit für die gemeinsamen Kinder aufbringen, wünschte sich aber, daß sie Verständnis dafür aufbringe, daß er nicht in seiner Arbeit zu weit zurückschrauben könne, er ansonsten unzufrieden werde und vermehrt Konflikte mit seinem Chef befürchten müsse.

Beide nahmen sich vor, sich einmal in der Woche einen Abend Zeit füreinander zu nehmen und auszugehen, um ungestört über alles außer über Arbeit zu reden, was sie beschäftigte und bewegte.

Eine Änderungsmöglichkeit gibt es für jeden in der Auseinandersetzung mit seinem eigenen Rollenverständnis. Jeder verschiebt im Laufe seines Lebens seine LE innerhalb der Rollenmanagement-Raute im dynamischen Anpassungsprozeß an sich verändernde Gegebenheiten. Kleine Kinder erfordern eine ganz andere Fürsorge als die Erziehung von Kindern in der Pubertät. Vor dem Ausstieg aus dem Berufsleben sieht es ebenfalls anders aus als zu Beginn oder mittendrin.

Da sich die Anforderungen, die ein Arbeitskontext an den einzelnen stellt, nicht so ohne weiteres ändern lassen, insbesondere, wenn schon Leitungspositionen mit hoher Verpflichtung und Verantwortung erreicht sind, kann es zu einer Frage werden, ob man nicht besser den Arbeitsplatz wechselt. Diese Frage zu stellen ist ebenfalls nicht zu jedem Zeitpunkt des Lebens gleich leicht möglich. Will man seinen Kindern nicht durch Wohnortwechsel eine andere Schule und damit eine soziale Entwurzelung zumuten, oder hat man selbst ein Alter erreicht, in dem man nicht mehr so mobil sein möchte, geht es oft nur durch Verschieben seiner inneren Bedürfnisse. Die hohe soziale, interaktionelle und berufliche Kompetenz, die jemand im Laufe seines Berufs- und Familienlebens erwirbt, kann viel Befriedigung bedeuten, wenn sie Anerkennung erfährt. Daher kann ein Rückblick zum rechten Zeitpunkt eine hilfreiche Chance sein.

5. Die Unvorhersehbarkeit systemischer Abläufe

Systeme sind komplex und einzigartig. Je deutlicher wir uns dessen bewußt sind, desto eher können wir es verhindern, uns durch zu festlegendes und starres Planen unfähig zu machen, uns an Veränderungen anzupassen. Wir können in Beziehungen niemals vorhersehen, wie jemand reagiert und woran wir uns anpassen müssen. Selbst scheinbar gleiche Reaktionsmuster können doch ganz unterschiedlich intendiert sein. Das führt dazu, daß wir in Beziehungen immer hoch aufmerksam sein müssen, um mit all unseren Sinnen möglichst bewußt wahrzunehmen, wie jemand auf eine Intervention reagiert. Wenn ein Schüler mehr oder weniger bewußt seine Hausaufgaben nicht gemacht hat, wird er akzeptieren können, daß er sie u. U. eine zusätzliche Aufgabe nachmachen muß. Ist jemand jedoch durch emotionale Belastung zu Hause überfordert gewesen, die Hausaufgaben zu machen, wird eine zusätzliche Aufgabe seine Zwangslage nur noch verschärfen. Er wird anders auf die gleiche «Bestrafung» reagieren. Ein gut in die Klasse integrierter Schüler wird eine Strafaufgabe vielleicht widerwillig, aber ohne Auswirkung auf sein Seelenleben anfertigen. Für jemanden, der außerhalb der Klassengemeinschaft steht, kann eine Zusatzaufgabe wie eine schallende Ohrfeige wirken, bestätigt sie doch sein Außenseitertum. Und bei aller Achtsamkeit läßt sich oft nur an der Reaktion des Schülers in der jeweiligen Situation erkennen, wie eine Intervention wirkt. Es gibt keine Allgemeingültigkeit, weswegen Pädagogik immer ein Wagnis bleiben wird. Zumal auch noch nicht geringe Einflüsse von außerhalb auf die Schüler einwirken. Im negativen Fall verhindert die Peergroup eines jungen Heranwachsenden, daß er dem Unterricht bereitwillig folgt. Das zu erfassen erfordert eine reflexive Arbeitsweise mit hoher Bereitschaft, die seelische Verfassung und psychosozialen Bedingungen des Schülers zu berücksichtigen und z. B. eine aus Unachtsamkeit erteilte Strafe zurückzunehmen, wenn erkannt wird, daß sie überfordernd ist und nicht die Einsicht beim Schüler in sein Fehlverhalten fördert.

6. Krankheit und System beeinflussen sich wechselseitig

Ein Mensch kann auf die Beziehungsmuster in einer Weise reagieren, daß er als krank wahrgenommen wird und/oder leidet. Das System schafft sich hierbei seine eigene soziale Wirklichkeit, indem es entscheidet, was es als krank ansieht und wie es darauf reagiert.

Fühlt sich ein Mensch von einer Erkrankung in seinem Selbst in Frage gestellt, ist eine Verletzung mit so weit reichenden Folgen behaftet, daß er hinterher «nicht mehr derselbe» ist, sich nicht mehr kennt, in seiner Weltsicht erschüttert ist, dann wird er u. U. sehr viel Zeit benötigen, um wieder ins Lot zu kommen. Er kann sich frühzeitig aufgeben oder so tun, als ob nichts geschehen wäre, und mit seiner Krankheitsverleugnung den Weg in die Wiedererkrankung bereiten.

Herrscht in einer Familie z. B. die Vorstellung von der unheilbaren hereditären Migräne-Erkrankung, weil über mehrere Generationen hinweg Mitglieder hieran erkrankt waren und sind, so kann das System sich entscheiden, in einen aus medizinischer Sicht therapeutischen Nihilismus zu verfallen und nur mit Rücksichtnahme und Schonung auf den Patienten reagieren. Er wird dadurch geneigter, die Migräne als Schicksal zu sehen, und die Hoffnung auf Heilung aufgeben.

Gerade bei seelischen Erkrankungen ist immer wieder von Patienten zu hören, daß es für ihre Eltern keine seelische Krankheiten gibt. So etwas hat man nicht zu haben. Dies trägt u. U. dazu bei, jemanden darin zu bestärken, es noch einmal allein zu versuchen, wo frühzeitige Hilfe Heilung oder zumindest eine deutliche Verbesserung der Lebensqualität ermöglicht hätte. Leider erlebt so mancher Lehrer, daß auch Kollegen seelischen Krankheiten mit Unverständnis begegnen.

Krankheit wurde oben schon als eine Gestaltungsgröße bei der Bildung von Beziehungsmustern beschrieben. Es ist letztlich immer dem jeweiligen System und den daran beteiligten Einzelpersonen überlassen, eine Anpassungsleistung eines Systems als gelungen (*gut adaptiert*) oder fehlgeschlagen (*maladaptiert*) zu erleben.

Maladaption Maladaption bedeutet aus systemischer Sicht, daß die Anpassung des Systems in ihrem Prozeß mißlingt, die Krankheit in die Beziehungsgestaltung so zu integrieren, daß die individuellen Notwendigkeiten und Reifungsmöglichkeiten eines jeden angemessen berücksichtigt werden.

Ein System reagiert auf Krankheit und beeinflußt dadurch, wie es reagiert, den Krankheitsverlauf. Maladaptierte Systeme erzeugen Spannung und Angst und verzögern über eine nachteilige Beeinflussung der Emotionalität und der Grundstimmung die Heilung.

Es ergeben sich daher folgende systemische Fragen für eine Therapie:

- Wie entwickelten sich die Beziehungsmuster vor und während der akuten Phase der Erkrankung?
- Wie sollen sie sich, wenn die Krankheit nicht mehr so dominierend ist, konfigurieren?

Fallbeispiel einer Familienaufstellung eines 48jährigen Mannes, der erfährt, daß er an Dickdarmkrebs erkrankt ist. Es werden auch die Krankheit und die Arbeitswelt durch Personen repräsentiert. Links wird beschrieben, wie die aufgestellten Repräsentanten die Krankheit gut adaptieren konnten. Rechts läßt das Beziehungsmuster als Reaktion auf Krankheit viel Spannung erkennen und darf somit als maladaptiert, den Krankheitsverlauf eher nachteilig beeinflussend, bezeichnet werden.

Ausgewertet wird die Aufstellung mit dem Kontextkreis. Zunächst die Symbole für:

Vor der Erkrankung: Der Patient ist sehr ehrgeizig im Beruf; seine Familie steht deutlich ferner, ist ihm jedoch zugewandt; für seinen Freundeskreis hat er nur wenig Zeit; Krankheit ist noch kein Thema.

Systemisch-integrative Familienaufstellung 1

Nach der Diagnosestellung und der ersten akuten Behandlungsphase:

Gut adaptiertes Beziehungsmuster
Die Arbeitswelt ist weiter abgerückt, die Erkrankung steht dazwischen; die für den Patienten emotional bedeutsame und damit Spannung reduzierende Familie ist dafür näher gerückt, und der Freundeskreis hat an Bedeutung gewonnen.

Maladaptiertes Beziehungsmuster
Der Patient sieht sich in seiner Autonomie bedroht, distanziert sich von der Familie und von seinen Freunden; die Arbeit steht für ihn sehr nah. Damit bleibt ihm auch die wichtige emotionale Unterstützung versagt.

Systemisch-integrative Familienaufstellung 2

Systemisch-integrative Familienaufstellung 3

Nach der Akutphase:
Wieder zu arbeiten ist noch nicht möglich, die Krankheit steht noch dazwischen; die Familie ist weiterhin sehr nahe, und dem Freundeskreis steht er offen zugewandt gegenüber.

Die Arbeit rückt noch näher; die Familie und der Freundeskreis bleiben entfernt von ihm; die Krankheit steht im Zentrum, schneidet den Patienten von den tragenden Beziehungen ab.

Es gelingt, in der Annäherung an die Familie und den Freundeskreis einen sicheren Ort zu finden. Dadurch reduziert sich die Angst und verbessert sich seine Fähigkeit, mit den Ärzten zu kooperieren.

Aus Angst vor Autonomieverlust und Abhängigkeit wird vermieden, sich auf Beziehungen einzulassen. Ein sicherer Ort wird in der Arbeit nicht gefunden, die Krankheit wird verleugnet, Nachuntersuchungen «vergessen».

Systemisch-integrative
Familienaufstellung 4

Systemisch-integrative
Familienaufstellung 5

Im ersten Fall gelingt es der Familie, zu einem befriedigenden inneren Gleichgewicht zurückzufinden. Der Stillstand in der Entwicklung des einzelnen, der eingetreten war mit der Diagnose und der bedrohlich erlebten Akutphase der Behandlung, ist gut überwunden worden.

In der maladaptierten systemischen Entwicklung hat die Angst des Patienten mit der Distanzierung von seinen Angehörigen in seiner Familie zur Folge, daß seine Frau und eines seiner Kinder Angst entwickeln. Sie bekommen nicht unmittelbar und dicht genug mit, wie es dem kranken Ehemann und Vater geht. Daß er die Nachuntersuchungen vergißt, beunruhigt sie sehr. Rücksichtnahme auf ihn, Schonung, damit er seine Kräfte für die Arbeit, in der er sich ablenkt, spart, und Konfliktvermeidung prägen den Umgang miteinander und verstärken die Distanz. Seine 20jährige Tochter erlebt die Verunsicherung der Mutter bedrohlich, da diese emotional und gedanklich völlig gefangen ist und keine Aufmerksamkeit mehr für die Kinder aufzubringen vermag. Statt dessen klammert sie sich an diese, indem sie sich intensiver um sie kümmert. Dadurch vermag sie sich abzulenken von ihrer Angst um den Ehemann. Die Tochter erlebt es als ihre Aufgabe, in der Nähe der Mutter zu sein, und unterbricht ihr Studium, als sie eine starke Prüfungsangst entwickelt. Ihre entwicklungsgerechte Entfernung aus dem Elternhaus macht sie rückgängig und schiebt die Wiederaufnahme des Studiums an einer entfernt gelegenen Universität weit hinaus. Die Ehefrau entwickelt im weiteren Verlauf eine ängstlich-depressive Anpassungsstörung, da sie erleben muß, wie wenig ihr Mann ihre Sorgen wahrnimmt, und nicht versteht, daß sie in eine unsichere Zukunft blickt. Ihre Kinder sind erwachsen, sie hatte ihretwegen und um ihm den Rücken frei zu halten, ihren Beruf aufgegeben. Sie sieht sich nun damit konfrontiert, daß ihr gemeinsamer Lebensentwurf für die Zeit nach dem Auszug der Kinder bedroht ist.

7. Die Gesundheitsraute[71]

Wir sind als Menschen Schicksalsschlägen ausgeliefert. Wir können nicht verhindern, daß wir uns einen Knochenbruch zuziehen, daß wir einen Infarkt erleiden oder an Krebs erkranken. Wohl aber können wir das Unsrige dazu beitragen, daß wir uns nicht leichtfertig in Gefahr bringen, uns ausreichend bewegen und körperlich fit halten, krebserzeugende Noxen wie z. B. Nikotin vermeiden. Und wir können uns innerlich auf das Unvermeidliche, auf Sterben und Tod, vorbereiten.

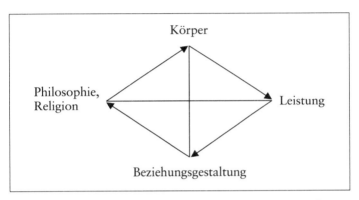

Abb. 10: Die Raute ganzheitlicher Gesundheit. Analog zur Rollenmanagement-Raute verteilen wir 100 % Aufmerksamkeit anteilig auf die vier Bereiche Körper – Leistung – Beziehungsgestaltung – Philosophie und Religion. Jeder Bereich benötigt ein ausreichendes, im Laufe des Lebens sich veränderndes Maß an Aufmerksamkeit.

Der Körper bedarf der gesicherten Aufmerksamkeit und Pflege, will er nicht erkranken. Damit ist nicht die Sauberkeit, die bis hin zum Zwang und Wahn übersteigert werden kann, gemeint. Sondern gemeint sind:

- der Verzicht auf gesundheitsschädigendes Verhalten wie maßloses Fasten oder Essen und Trinken im Übermaß sowie Rauchen;
- gesunde ausgewogene Nahrung und die Förderung der körperlichen Fitneß, um ein gutes Körpergefühl zu erreichen und belastbar für alltägliche Anforderungen an die Gesundheit zu sein;

- der gesunde Wechsel von Phasen der Anspannung und Phasen der Ruhe und Entspannung;
- aktive Wachzeiten und ausreichend Schlaf wechseln sich ab, so daß Erholung gewährleistet ist;
- im Falle von Krankheit wird alles in ausreichendem Maße ohne Übertreibung getan, was der Gesundung dienlich ist.

Die Leistung umfaßt alle berufliche Tätigkeit und Arbeit im engeren Sinne. Hierzu zählen ebenso Haushaltsarbeit, Kinder und Angehörige versorgen, am Haus und im Garten arbeiten, sich um Finanzen kümmern etc. Doch zuviel Aufmerksamkeit für Leistung hat auf die Dauer die Ablenkung von anderen Bereichen zur Folge. Dies kann Absicht sein, um sich z. B. nicht mit einem Beziehungskonflikt auseinandersetzen zu müssen. Dies kann notwendig sein, um sich bei Berufseintritt oder in Zeiten beruflicher oder finanzieller Notwendigkeiten ganz auf die Arbeit zu konzentrieren. Doch ist ein einseitiges und längerzeitiges Überbetonen der Leistung nicht gesundheitsfördernd.

Beziehungsgestaltung meint neben der bewußten Mitgestaltung innerfamiliärer Beziehungsmuster auch die Beziehungen zu Freunden und Bekannten und zu Arbeitskollegen, die man außerhalb der Arbeit trifft. Weniger gemeint sind hier die beruflich definierten Kontakte, die z. B. ein Lehrer tagtäglich mit Schülern und Eltern und anderen Kollegen hat. Diese sind rollendefiniert und Teil des Bereiches Leistung.

«Freunde in der Not gehen 1000 auf ein Lot.» Dieser Spruch wird oft einseitig dahingehend interpretiert, daß man Menschen nur schwer trauen kann und sich in der Not zeigt, wer ein wirklicher Freund ist. Man kann es jedoch auch so verstehen, daß wirkliche Freundschaften zu pflegen so viel Aufmerksamkeit und Zeit erfordert, daß selten mehr als zwei bis drei Menschen wirkliche Freunde sein können. Denn es ist von Wichtigkeit, wie diese Beziehungen gepflegt und weiterentwickelt werden. Das Weglaufen in eine Vielzahl von oberflächlichen Beziehungen kostet zwar enorm viel Zeit, läßt aber leicht Intensität und Intimität vermissen und geht auf Kosten anderer Beziehungen und Bereiche. Es bilden sich keine tragfähigen Beziehungsmuster heraus.

Sehr bedenklich erscheint es mir, wenn Lehrer sagen, daß sie nach den vielen Beziehungen, welche sie in ihrem Beruf mit Kindern und Erwachsenen tagtäglich eingehen, in ihrer Freizeit kein Interesse mehr haben bzw. zu müde sind, mit anderen Menschen in Beziehung zu treten. Sie drohen dadurch zu vereinsamen und werden in Zeiten der Not den Vertrauten vermissen. Sie überfordern die Zweisamkeit mit dem Ehepartner, und dieser erlebt sich dann u. U. als ausgelaugt.

Philosophie und Religion setzen sich mit den Sinnfragen unseres Lebens, Fragen nach Sterben und Tod, Ethik und Moral in unserem täglichen Leben auseinander. Menschen, welche aktiv religiös leben, sind besser geschützt und vorbereitet, wenn Schicksalsschläge zu verarbeiten sind, als Menschen, die eher oberflächlich die Möglichkeiten der «Spaßgesellschaft» auskosten. Wenn ein Mensch lebensbedrohlich erkrankt, trifft ihn diese unausweichliche Wirklichkeit mit übergroßer Härte und Unbarmherzigkeit, wenn er hierauf unvorbereitet ist.

Im Fallbeispiel des Oberarztes (siehe Abschnitt V.3) läßt sich auch gut mit der Gesundheitsraute arbeiten:

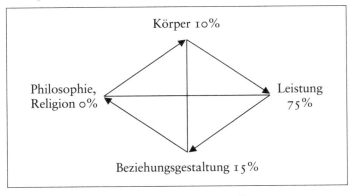

Abb. 11: Beispiel für eine ausgewertete Gesundheitsraute

Er rauchte insbesondere im Dienst vermehrt. Dies ermöglichte ihm, Pausen einzulegen und gedanklich für einen Moment abzuschalten, sich quasi wegzubeamen, wie es im Neudeutschen heißt. Sport hatte er zuletzt vernachlässigt, weil er keine Zeit mehr hatte. Sein Schlaf war wegen der beruflichen Überlastung ebenfalls sehr gestört und nicht ausreichend gewährleistet. Das Essen bestand für ihn oft aus einem Riegel Schokolade zwischendurch oder irgend etwas, das er schnell zwischen zwei Operationen in sich hineinschlingen konnte. Eine Verdauungspause kannte er nicht. Oft trank er Cola oder Kaffee, um sich wach zu halten. Die Leistung nahm den größten Anteil seiner Aufmerksamkeit ein, wie sich unschwer erkennen läßt.

Soziale Kontakte beschränkten sich weitgehend auf die Familie. Die Herzrhythmusstörungen brachten ihn völlig aus dem Rhythmus. Er war nicht im geringsten darauf vorbereitet, sich einmal auseinandersetzen zu müssen mit seiner Endlichkeit. Er hatte seine Sinnfrage durch Lernen von medizinischem Wissen zu lösen versucht.

Die Konfrontation mit dem Schicksal kann uns immer treffen. Vorbereitet zu sein erfordert ständige Übung in der Auseinandersetzung mit Veränderung, Endlichkeit und Tod. Angst und Depression sind Reaktionen auf einen Mangel in der Auseinandersetzung mit existentiellen Fragen. Diese verlängern Krankheitsverläufe und lähmen konstruktives Handeln bei länger andauernden, das Leben entscheidend verändernden Erkrankungen.

8. Krankheiten und Beziehungsmuster

Krankheiten, die für die Entwicklung von Beziehungsmustern mitbestimmend sind, erfordern unsere Aufmerksamkeit, weil sie durch Lebensbedrohung den Betroffenen selbst wie aber auch die unmittelbaren Angehörigen paralysieren und jede weitere Entwicklung bestimmen. «Das Problem schafft das System» (Goolichan) – eine Aussage, welche darauf hinweist, daß wir Menschen uns sehr viel häufiger an Gegebenheiten anpassen müssen, als frei von äußeren Umständen und Einflüssen agieren zu können (siehe Beispiel des Jungunternehmers in Abschnitt V.9).

Krankheiten bestimmen die Beziehungsgestaltung dadurch, daß die hiermit verbundene Entfaltungseinschränkung eines einzelnen, der vielleicht sein Leben lang gehandicapt bleibt, ein hohes Maß an Anpassungsfähigkeit von jedem im System verlangt. In den unterschiedlichen Kontexten dürfen wir dabei von unterschiedlichen Reaktionsmustern ausgehen. Diese entsprechen den internen Regeln, den verschiedenen Rollenerwartungen wie auch den Grenzgestaltungen der Systeme untereinander.

Ein 54jähriger Fachlehrer für Physik und Fachleiter für Referendare auf dem Gymnasium erkrankt an einem Dickdarmkarzinom. Er wird operiert und mit Chemotherapie behandelt. Er fällt fast ein halbes Jahr in der Schule aus.

Die Schule reagierte auf seine absehbar lange Erkrankung, indem sie eine Unterrichtsvertretung einstellte. Die Fachleitung blieb vielfach unbesetzt, lediglich sporadisch kümmerte sich ein gleichaltriger Kollege, der ansonsten voll ausgelastet war mit Unterrichten, um die jungen Leute. Als der Patient zurückkehrte, tat er seinem Direktor kund, daß er zunächst eine stufenweise Wiedereingliederung beantragt habe, als Fachleiter auf Dauer nicht mehr zur Verfügung stehe und überlege, ob er nicht insgesamt seine Unterrichtsstundenzahl reduzieren werde. Seine Frau sei ebenfalls berufstätig und die Kinder schon aus dem Haus, so daß er auch mit weniger Geld auskommen könne.

Seine Ehefrau war über die Erkrankung ihres Mannes in hellem Aufruhr, war doch ihr Vater, den sie jahrelang gepflegt hatte, an Prostatakrebs qualvoll verstorben. Sie sah schon das Schreckgespenst einer frühen Witwenschaft auftauchen und wollte so viel Zeit wie irgend möglich mit ihrem Mann verbringen. Hiervon war er wiederum überfordert. Er wünschte sich, bei geringerer Arbeitsbelastung zunächst einmal mit sich selbst und der Bedrohung durch die Krankheit klarzukommen, bevor er sich seiner Frau wieder öffnete.

Seinen Freundeskreis hatte er lange vernachlässigt, worauf sich so mancher von ihm zurückzog, was ihn wiederum sehr verletzte.

Wenn wir von schwerwiegender Krankheit sprechen, sollten wir uns immer vor Augen halten, daß diese sich auf die Beziehungen immer mit auswirkt. Wie sie sich in den unterschiedlichen Systemen und Kontexten erkennbar macht, gilt es achtsam zu beobachten, damit keine zusätzliche Beziehungskrankheit daraus erwächst.

Die Fähigkeit, eine Beziehung zu gestalten, wird von den unten aufgeführten Krankheiten deutlich mit beeinflußt. Dies hat ein Mensch zu berücksichtigen, wenn er berufsbedingt ein hohes Maß an sozialer und interaktioneller Kompetenz benötigt. Je deutlicher und bewußter sich ein betroffener Lehrer mit den Konsequenzen solcher Krankheiten auseinandersetzt, desto leichter fällt es ihm zu erkennen, wann er gegebenenfalls der Hilfe von außen bedarf, um seinen beruflichen Anforderungen gerecht bleiben zu können. Ansonsten wird er nämlich in dem Bemühen, daß seine innere Überforderung nicht nach außen dringt und alles in guter Ordnung zu sein scheint, sich vermehrt anstrengen, Leistungsanforderungen gerecht zu werden. Dies ist als ein sicherer Weg in ein Burn-Out (siehe dort).

Krankheiten bzw. Ereignisse, die die Interaktionen in der Familie, dem Freundeskreis und der Arbeitswelt in besonderem Maße prägen, sind:

- Alkoholkrankheit, Tablettenabhängigkeit, andere Süchte
- Eßstörungen
- Psychosen, Depressionen, Angststörungen etc.
- Selbsttötung eines Familienmitgliedes
- Erbkrankheiten, geistige Behinderungen bzw. Erkrankungen, die mit erheblicher Pflegebedürftigkeit und/oder Behinderungen einhergehen und viel Aufmerksamkeit und Kraft absorbieren
- chronische Erkrankungen, um die herum das System sich entwickelt, wie Multiple Sklerose, chronische Polyarthritis, Neurodermitis, Asthma bronchiale, Migräne etc.
- ansteckende Erkrankungen wie AIDS, Tuberkulose etc.

Wenn Krankheit in der Familie die Beziehungsmuster mit prägt und den eigenen Handlungsspielraum einengt bzw. sogar festlegt, kommt es leicht zu einer Interessenkollision: Berufliche Interessen stehen gegen familiäre Verantwortung. Dieser Konflikt kann von vielen Menschen sehr gut gelöst werden, solange keine Krisen eintreten. Wenn Umbrüche wie der Auszug der Kinder aus dem Elternhaus hinzukommen, eine Neudefinierung des Lebenssinns, der Partnerschaft, des Rollenverständnisses allgemein anstehen, kann dies überfordern. Der einzelne ist zu lange fremdbestimmt gewesen von den zeitfüllenden und sinngebenden Aufgaben des Alltags. Eigene Bedürfnisse an Beziehung zurückzustellen fiel nicht schwer. Doch jetzt sind sie auf einmal mit großer Heftigkeit da. Und sie verlangen nach einer befriedigenden Antwort.

Betrifft eine der Erkrankungen den Lehrer selbst, wird es ihm unter Umständen sehr schwer fallen, die damit verbundenen Veränderungen in ihren Auswirkungen auf seine Beziehungsgestaltung zu erkennen. Wichtig ist daher zumindest, sich darüber im klaren zu sein und sich gegebenenfalls Feedback bei vertrauten Kollegen zu holen. Suchterkrankungen, Psychosen, schwere Depressionen und Angststörungen stellen die pädagogische Arbeit prinzipiell in Frage. Die Menschen sind hierdurch in einem Ausmaß auf sich selbst zurückgeworfen, daß es ihnen sehr schwer fällt, auf die emotionalen Bedürfnisse und Anforderungen der Schüler zu fokussieren. Dies gilt ganz besonders, wenn ein Lehrer suizidal ist.

Eßstörungen bedingen nicht selten eine ausgesprochen starke Leistungsorientiertheit zum unbewußten Schutz eigener emotionaler Schwierigkeiten. Für Schüler einen sicheren Ort zu bilden wird Menschen, die hieran leiden, nicht leichtfallen.

Die Selbsttötung in einer Familie hinterläßt viel Verzweiflung und unbeantwortete Fragen bei den Hinterbliebenen. Oft kann darüber nicht miteinander gesprochen werden, bleiben Schuldvorwürfe zurück. Kinder fragen sich, warum sie es nicht wert gewesen sind, daß die Mutter oder der Vater ihretwegen weiterleben wollte. Schamgefühle verhindern oft, mit Freunden darüber zu sprechen. So lernen die einzelnen, mit einem Geheimnis zu leben, das zwar jeder kennt, über das jedoch niemand spricht. Jeder ist damit allein gelassen. Diese Erfahrung führt oft dazu, daß sich einzelne Überlebende viele Jahre verschließen und einen Teil ihres emotionalen Erlebens, insbesondere schambesetzte Erlebnisinhalte, mit sich allein abmachen. Hieraus entwickeln sich Persönlichkeitsveränderungen, welche die Beziehungsgestaltungen in allen Kontexten beeinflussen.

Um chronische Erkrankungen herum bilden sich stützende Systeme, die auszugleichen versuchen, worin jemand belastungsgeschwächt ist. Dadurch zeichnet sich ein gut funktionierendes System aus: daß die Stärken eines jeden gesehen und dazu genutzt werden, die Schwächen einzelner in Teilbereichen auszugleichen.

Wenn wir die oben gemachten Aussagen auf den Schüler beziehen, so erfordern seine familiären Bedingtheiten vermehrte Aufmerksamkeit, um ihn zu verstehen. Ein Kind, dessen Eltern schwer erkranken, reagiert in der akuten Situation auf diese Bedrohung mit aktiviertem Bindungsverhalten (siehe Abschnitt

II.6). Jedoch reagiert es auch auf die sich um die Erkrankung eines Familienmitgliedes herum entwickelnden Beziehungsmuster. Oftmals fühlen sich Schüler vernachlässigt, in ihren Ängsten mißachtet, wie das Mädchen in Gabriele Enders Beitrag so eindrucksvoll beschreibt (siehe dort). Es mag nicht Aufgabe eines jeden Lehrers sein, sich im Detail in der Familiensituation eines Schülers auszukennen. Doch wenn er aufmerksam ist und erkennt, daß ein Schüler affektiv blockiert ist, gleichsam dichtgemacht hat, sollte er zumindest den Vertrauten des Schülers in der Schule kennen und ihn darauf hinweisen. Dieser kann dann aus seiner größeren Nähe den Schüler ansprechen und ihm vermitteln, daß seine innere Not wahrgenommen wurde. Ein Schüler, der emotional durch die Erkrankung eines Familienangehörigen hoch belastet ist, sollte Rücksicht erfahren und nicht noch durch Leistungsanforderungen überfordert werden. Er wird sich, seinen intellektuellen Fähigkeiten entsprechend, wieder mit hoher Motivation voll auf die Schule konzentrieren, wenn er sich dergestalt geschützt erlebt hat, sobald die Krise zu Hause überwunden ist.

9. Lebensumbrüche und Krisen

In jedem System provozieren Umbrüche Krisen. Die lassen sich nicht verhindern, es gilt vielmehr, Antworten im System zu entwickeln, die die individuellen Möglichkeiten eines jeden in einem für diesen befriedigenden Maße berücksichtigen. Befriedigend bedeutet hier, daß ein Mensch seine Bedürfnisse an den Möglichkeiten des jeweiligen Systems orientiert. Beruflicher Ehrgeiz und egoistische Triebe werden in der Schule zu befriedigen gesucht. In der Familie entwickelt der einzelne hierzu unterschiedliche Ziele.

Dieser Anpassungsprozeß an die aktuellen Bedingtheiten steht nie still, und es bedarf einer lebhaften Auseinandersetzung in jedem System. Diese sollte möglichst offen, konfliktklärend und verständlich mit jedem geführt werden.

So droht die emotionale Spannung im Rahmen einer Trennungskrise in der Partnerschaft auch im schulischen Kontext erkennbar zu werden. Doch hier sind Aufgabenstellung und Zielsetzung unterschiedlich zum Privatleben. Und wenn jemand die Kontextgrenzen aus dem Auge verliert, ist er hierauf hinzuweisen. Gegebenenfalls hat er sich um Hilfestellung von professioneller Seite zu kümmern, um den Verlust der Grenzen aufzufangen und die Konflikte dort zu orten und zu lösen, wo sie entstehen.

Wir unterscheiden strukturelle, interne und externe Veränderungen bzw. Einflüsse, welche ausbalanciert werden müssen.

Strukturelle Veränderungen, auf die das System Familie intensiver reagiert bzw. die eine hohe Anpassungsleistung vom System erfordern, sind z. B.:

- Partnerschaft bzw. Eheschließung, wodurch sich ein neues System mit eigenen Regeln und Grenzen bildet
- Schwangerschaft und Geburt eines Kindes
- Auszug bzw. Erwachsenwerden eines Kindes
- Sterben und Tod eines Familienangehörigen
- Trennung und Scheidung

Was sich immer wieder ereignet, sind private Beziehungen, welche sich im beruflichen Umfeld anbahnen. Dies führt fast zwangsläufig zu Problemen in der Grenzziehung zwischen Beruf und Privatleben.

Eine Lehrerin ist in geringem Umfang an einer Schule tätig. Sie hat mit ihrem Mann, einem Berufsschullehrer, zwei Kinder. Mit zunehmendem Älterwerden der Kinder leben sich die Eheleute auseinander. Er trainiert seine beiden Töchter im Handballverein und hat darüber einen recht guten Kontakt zu ihnen. Als er hintenherum erfährt, daß seine Frau während einer Klassenfahrt mit einem Kollegen angebandelt hat, kommt es zu ersten Auseinandersetzungen. Das Gespräch miteinander wird zunehmend gereizter bis unmöglich. Er zieht sich mehr und mehr in den Sport zurück, gerät im Kreis der Sportkameraden an den Alkohol. Es kommt hierüber zu heftigem Streit mit seiner Frau, welche ihm deswegen Vorhaltungen macht. Ihr Vater war Alkoholiker gewesen, was viel Leid in ihrer Kindheit bedeutet hatte. Der Konflikt mündet in die Sackgasse und läuft auf Trennung der Eheleute hinaus.

Ihm war vor den Auseinandersetzungen mit seiner Frau eine Konrektorenstelle angeboten worden, die er jedoch angesichts der Beziehungsschwierigkeiten zu Hause nicht annahm. Er zieht sich immer mehr zurück, verliert weitgehend das Interesse an seinem Beruf, gibt auch das Training der Handballmannschaft auf und entwickelt eine chronisch-depressive Anpassungsstörung und wird klinisch behandlungsbedürftig.

Es dauert viele Monate, bis er wieder genügend Selbstvertrauen aufgebaut hat und den Anforderungen im Unterricht wieder gewachsen ist. Konrektor zu werden traut er sich jedoch immer noch nicht zu, obwohl ihm wegen seines beruflichen Engagements, seiner hohen sozialen Kompetenz und seines guten Kontaktes zu den Schülern wie auch im Kollegenkreis eine zweite solche Stelle angeboten wurde.

Es ist leicht erkennbar, daß es im Prozeß der Beziehungsgestaltung in einer Familie unumgänglich ist, sich mit solchen Umbruchssituationen auseinanderzusetzen. Vor allem Flexibilität und Integrationsfähigkeit entscheiden, ob das neue System zu einer befriedigenden *Homöostase,* d. h. einem Gleichgewicht, fähig ist oder nicht.

Wenn zwei Menschen heiraten, entsteht eine neue Kernfamilie und eine neue Großfamilie aus den beiden Ursprungsfamilien. Die jungen Leute lernen, aktiviertes Bindungsverhalten vom anderen zu verstehen und zu respektieren. Sie bilden im Umgang miteinander einen sicheren Ort, indem sie aufeinander achten, sich vertrauen und vertraut miteinander werden und sich des Rückhalts und des Schutzes des anderen sicher sind. Gleichzeitig reagieren sie auch auf die Ursprungsfamilien, die sie zwar verlassen haben, die sie jedoch nicht verlieren möchten. Der Ablöseprozeß ist langwieriger, als es erscheinen mag. Es erwachsen Eifersucht und Rivalitäten etc., die den einzelnen emotional erheblich vereinnahmen können. Auftretende Konflikte des neuen Systems mit den alten, die das Suchen nach Abgrenzung bedeuten, werden vor dem Hintergrund unterschiedlicher Konfliktlösungsstrategien in den Herkunftsfamilien der beiden Eheleute geführt werden müssen. Darüber kommt es nach dem *Honeymoon* oft zu Auseinandersetzungen innerhalb der jungen Ehe. Mann und Frau bringen ihre Rollenerwartungen und -zuschreibungen aus ihren unterschiedlichen Sozialisationen in den Ursprungsfamilien mit sich und sind herausgefordert, eine neue gemeinsame Kultur zu entwickeln.

Da die Heirat in der Mehrzahl der Fälle positiv besetzt ist, kommt es in der Berufswelt der jungen Eheleute eher zu einer von guter Stimmung getragenen Leistungsbereitschaft und Motivation.

Eindrucksvoll zeigt sich die Herausforderung, wenn ein Kind in die Familie hineingeboren wird. Ein sicherlich freudiges Ereignis, das jedoch erhebliche Anpassungsleistungen von den jungen Eltern verlangt, denen sie leider oft nicht gewachsen sind.[72] Lehrer sind hier in zweierlei Hinsicht gefordert. Zum einen sollen sie sich als unerfahrene Eltern um den Aufbau einer den Bedürfnissen ihres Neugeborenen gerecht werdenden Beziehung kümmern. Ihr Ziel sollte wie bei anderen Eltern auch sein, daß ihr Kind ein sicheres Bindungsverhalten dadurch entwickeln kann, daß es intensive Zuwendung erfährt, gehört wird in seinen unterschiedlichen nonverbalen Signalen, angemessene Versorgung und Aufmerksamkeit erfährt. Gleichzeitig gilt es, die Grenzen zwischen den einzelnen Subsystemen neu zu gestalten, z. B. den Großeltern und anderen nahestehenden Menschen, die ganz begeistert auf das Neugeborene reagieren, in wohlwollender Weise deutlich zu machen, wie ihr Bedürfnis nach dem Kind befriedigt werden kann, ohne den inneren Frieden der jungen Familie zu stören.

Zum anderen befinden sich insbesondere Grundschullehrer häufiger in der Situation, daß ihre Schüler kleine Geschwister bekommen. Die emotionalen Reaktionen von überschwenglicher Freude über Eifersucht bis zu dem Gefühl von Zweitrangigkeit bei den Eltern, sich verloren fühlen etc., erfordern eine Menge Achtsamkeit von seiten der Lehrer. Hiervon können diese überfordert sein, wenn die Anpassung der Kernfamilie an die Vergrößerung zu Problemen in der Beziehungsgestaltung zu Hause führt.

Krankheit entwickelt sich nicht nur als Ausdruck eines scheinbar unlösbaren Konfliktes, sondern auch aufgrund einer zu bewältigenden Umbruchsituation im Leben, die ein Mensch nicht in sein Beziehungssystem integrieren bzw. an die sich sein System nicht befriedigend anpassen kann.

Das System kann in seinen Adaptions- und Integrationsfähigkeiten überfordert, durch Rigidität oder durch Verleugnung bzw. nicht Wahrhaben-Wollen behindert sein, indem man so tut, als wäre nichts Wichtiges geschehen.

Weitere Beispiele für Veränderungen und Konflikte, die innerhalb des Systems entstehen, für hohe Spannung sorgen und ausbalanciert werden müssen, sind:

- akute lebensbedrohliche Erkrankungen wie Herzinfarkt, Gehirnschlag, Krebs etc.;

- der Beginn einer chronischen Erkrankung wie Asthma bronchiale, Krebs, Multiple Sklerose, M. Alzheimer etc.;
- Gewalt innerhalb der Familie, Mißbrauch etc.;
- Geheimnisse und Tabus.

Ein 42jähriger Mann ist Jungunternehmer und muß zur Absicherung eines Kredits eine Lebensversicherung abschließen. Anläßlich dessen läßt er sich ärztlich untersuchen. Es wird zufällig ein vergleichsweise großer Lungentumor gefunden. Auf diese Nachricht reagiert die Familie mit Entsetzen und rückt so eng zusammen, daß der Betroffene selbst sich nur noch abwehrend verhalten kann. Zu seiner Kernfamilie gehören seine Ehefrau und Töchter im Alter von 18 und 21 Jahren. Die ältere wollte gerade an einen anderen Studienort ziehen, verschiebt dieses Vorhaben jedoch, um in dieser schwierigen Zeit bei der Familie zu sein. Seine Mutter lebt in einer eigenen Wohnung im gleichen Haus. Sie ist seit vielen Jahren Witwe und alleinlebend. Seine Schwester ist seit zwei Jahren geschieden und kinderlos. Sie hatte zu ihrem Bruder immer eine innige Beziehung behalten.

Während seines Sterbens sind seine Frau und er sich sehr nahe. In seinen letzten Lebenstagen sprechen sie über vieles in der Vergangenheit. Seine Mutter kümmert sich derweil verstärkt um die jüngere Tochter. Seine Schwester steht der älteren näher.

Nach seinem Tod nimmt die ältere Tochter sehr bald Abschied, um ihr Studium wiederaufzunehmen. Sie entzieht sich dadurch auch gleichzeitig der trauernden Mutter, die sie gerne noch länger um sich gehabt hätte.

Es kommt zu einem heftigen Streit zwischen der jungen Witwe und ihrer Schwägerin. Diese fühlt sich um die Möglichkeit betrogen, zu seinen Lebzeiten von ihrem Bruder Abschied zu nehmen. Sie, seine Frau, hätte ihn so sehr für sich beansprucht und ihn ganz vereinnahmt, daß sonst niemand mehr, weder sie noch seine Mutter, noch eigentlich auch seine Kinder, ihm während der letzten Lebenstage hätten nah sein können.

Ihre jüngere Tochter wirft ihr tränenreich und heftig vor, daß sie viel zu lange, schon vor seinem Sterben, habe hintanstehen müssen, die Mutter sich mehr um sich selbst und ihre Bedürfnisse als um sie gekümmert habe.

Durch diese klärenden Auseinandersetzungen ist es der Familie gelungen, wieder zu einer für alle erträglichen Homöostase zu finden und individuelle Entwicklung zu ermöglichen.

(Aus einem Workshop zum Thema: der Krebskranke und seine Familie)[73]

Beispiel zur Wirkung eines Geheimnisses
Ein 52jähriger Hauptschullehrer wird eines Nachts auf dem Nachhauseweg Opfer eines Überfalls von Jugendlichen, die er nicht kennt. Er wird zusammengeschlagen und liegt mehrere Wochen im Krankenhaus. Nach der Entlassung begibt er sich kurz in psychotherapeutische Behandlung, glaubt aber schon bald, jetzt allein weiter zurechtkommen zu können. Innerhalb der nächsten beiden Jahre verändert er sich, wird reizbarer, kommt immer schlechter mit seinen «Halbstarken» aus der 10. Klasse aus, bekommt Ärger mit dem Rektor. Auch seine Frau signalisiert ihm, daß er nicht mehr der Alte sei. Er ist zunehmend irritiert und verunsichert und muß wegen einer Depression klinisch behandelt werden.
Hier stellt sich bei der Bearbeitung seiner individuellen Lebensgeschichte heraus, daß sein Vater sich erschossen hat, als er ca. 7 Jahre alt war. Er hatte dieses Ereignis völlig verdrängt, weil nie darüber gesprochen wurde. Der Vater wurde nie mehr in irgendeinem Gespräch erwähnt. In der Therapie gewann dieser Suizid eine neue Bedeutung für ihn. Er konnte ihn als einen Punkt in seinem Leben, der ihn sehr vulnerabilisiert, d. h. verletzlich gemacht hat, mit der erlittenen Gewalt verknüpfen. War doch seine Mutter lange Zeit danach wegen einer Depression für ihn emotional nicht erreichbar. Er konnte sich mit seiner Mann-Rolle neu auseinandersetzen und von seiner nicht gelebten Vaterschaft – er hat keine eigenen Kinder – Abschied nehmen. Dies führte zu einer neuen Innigkeit in der Beziehung zu seiner Frau.
Der Überfall war außerhalb des schulischen Kontextes geschehen, wirkte sich aber infolge der spezifischen Biographie dieses Lehrers auf seine berufliche Tätigkeit aus. Es war ihm zuletzt nicht mehr möglich, innerlich zwischen den Tätern und den jungen Leuten in seiner Klasse zu unterscheiden.

Die individuellen Erfahrungen und die Erfahrungen, die das System selbst oder im Austausch mit anderen Kontexten wie Gesundheitswesen, Freundeskreis etc. gemacht hat, beeinflussen stark die Reaktionsmuster des Systems.

Kein System vermag sich gegenüber übermächtigen Einflüssen von außen bzw. Makrosystemen abzuschotten. Der mögliche Schutz kann lediglich darin bestehen, die Auseinandersetzung mit dem Unvermeidlichen in einer Weise zu führen, daß jeder sich in einem den Umständen entsprechenden größtmöglichen Maße geschützt und in seinen Bedürfnissen respektiert und angehört erlebt (s. Beispiel unten). Als Folge von Arbeitsplatzverlust treten soziale Notlagen auf. «Geldsorgen bringen Partnerschaftsstreß, der dann oft zur Scheidung führt» (Jürgen Borchert, Sozialrichter aus Darmstadt).[74] Politische Veränderungen können Karrieren behindern. Der persönliche Ehrgeiz bleibt unbefriedigt, der eigene Lebensentwurf unerfüllbar, und der individuelle Handlungsspielraum wird erheblich eingeengt. Die hiermit verbundene Frustration, für die es infolge der externen Bedingtheiten zunächst einmal keine von der einzelnen Person oder der Familie beeinflußbare Änderung gibt, führt oft zu Zerreißproben, die im ungünstigen Fall zu Trennung, Alkoholismus oder Gewalttätigkeiten führen. Für Kinder bedeutet das, daß die Eltern als ihre Spiegelfläche ein Negativbeispiel abgeben, gefangen sind in ihrem eigenen Streß und die Kinder die Erfahrung machen müssen, keiner emotionalen Achtsamkeit wert zu sein. Der sichere Ort zu Hause ist für längere Zeit verloren, führt zur Suche nach Alternativen, die auch die Schule einbezieht. Wiederholt sich die Frustration berechtigter Bedürfnisse nach Sicherheit, Achtsamkeit und Geborgenheit, so bleibt so manchem Kind nur noch die Straße.

Die jeweilige Perspektive bestimmt, ob wir den Verlust des Arbeitsplatzes mehr unter dem Aspekt des Umbruchs oder des Einflusses auf das System von außen reflektieren.

Fallbeispiel für Auswirkungen von Bedrohung von außen auf das familiäre System
Während eines Workshops an der Universität Brno im März 1999 bat ich, eine Familie mit 44jährigem Vater, 42jähriger Mutter, einem 20jährigen Sohn und einer 18jährigen Tochter als Skulptur zu stellen. Der Teilnehmer, der die Skulptur stellte, sollte diese zunächst im Jahr 1978, zehn Jahre nach dem blutigen Niederschlagen des Prager Frühlings, vorstellen.

Er stellte Vater, Sohn, Mutter und Tochter dicht in einem fast geschlossenen Kreis gegenüber. Die Bedrohung, die von der paranoiden Gesellschaftssituation mit Bespitzelung, Niedermachen von Andersdenkenden, Benachteiligung von Nichtparteigängern und der insgesamt schwachen sozialen Absicherung gekennzeichnet war und gegen die die Familie den einzigen sicheren Halt bot, führte zu dieser «Implosion» im System. Autonome Entwicklung der Heranwachsenden war nur in engem Verbund mit der Familie möglich. Offener Protest und Abkehr von der Familie hätten entweder eine Identifizierung mit dem abgelehnten Regime oder soziale Unsicherheit bedeutet. Die Eltern waren besorgt, daß die Kinder große Problem in der Gesellschaft bekommen könnten, wenn sie, wie sie selbst, nicht Mitläufer im System werden wollten.

Systemisch-integrative Familienaufstellung 6:
Das familiäre Beziehungsmuster 1979

Systemisch-integrative Familienaufstellung 7:
Das familiäre Beziehungsmuster 1999

Zehn Jahre nach dem Wegfall des Eisernen Vorhangs stellte der Protagonist die gleiche Familienkonstellation deutlich weiter auseinander. Die einzelnen Mitglieder schauten sich weniger an, der Sohn blickte aus dem Kreis heraus in eine eigene Zukunft, die Tochter blickte noch zur Mutter, wollte aber nach dem Abitur für ein Jahr ins westliche Ausland gehen, um hier Erfahrungen zu machen. Die jungen Leute fühlten sich ermutigt, sich ihren Lebensweg losgelöster von der Familie zu gestalten. Die Eltern mußten zugestehen, daß sie den Kindern hierin nur freie Hand lassen, nicht jedoch mit aktivem Rat zur Seite stehen konnten. Sie versicherten ihnen jedoch, daß sie jederzeit bei ihren Eltern willkommen seien und emotional auftanken könnten. Die Eltern waren besorgt, ob die Kinder sich nicht zuviel zutrauten.

Beispiel, wie sich Bedrohung von außen auf innerfamiliäre Beziehungsgestaltung auswirkt:

Während einer internationalen Konferenz von «Systems in Transition» im Mai 1999 in Dobogőkő, Ungarn, als der Kosovo-Krieg noch voll im Gange war, wurde ein elfjähriges Mädchen aus Mazedonien, Kind serbischer Eltern, gebeten, ihre Familie vor dem Ausbruch des Krieges aufzustellen.

Systemisch-integrative Familienaufstellung 8:
Familiäres Beziehungsmuster ohne Bedrohung von außen

Das Mädchen steht im Kreis seiner Eltern und Großeltern und kann sich altersentsprechend frei bewegen. Während der Konferenz erfuhren wir, daß auf dem Marktplatz von Skopje, der Heimatstadt des Mädchens, eine Bombe hochgegangen war. Wieviel Schaden sie angerichtet hatte, war nicht bekannt. Als Reaktion auf diese Nachricht stellte es die Skulptur um.

Systemisch-integrative Familienaufstellung 9:
Das familiäre Beziehungsmuster reagiert auf die Bedrohung von außen

Das Mädchen war umringt von einem Schutzwall, gebildet von ihren Angehörigen. Diese hielten sich mit den Armen um die Schultern verschlungen. In der Mitte hüpfte das Mädchen freudig und empfand die Enge alles andere als unerträglich. Unter anderen Umständen, ohne Bedrohung von außen, wäre die Position des Mädchens als unerträglich beengende, Entwicklung verhindernde Umklammerung und Verstrickung verstanden worden.[75]

Migration stellt einen enormen Streßfaktor dar, der vermehrt zu psychosomatischen und psychischen Erkrankungen führt. Wenn im Heimatland eines Migranten zudem Krieg ausbricht oder sich eine Katastrophe wie ein Erdbeben, das z. B. in der Türkei stets zu befürchten ist, ereignet, hat dies nicht kalkulierbare Auswirkungen auf die Menschen. Es werden Bindungsverhalten und Zusammengehörigkeitsgefühle aktiviert, die von enormer Kraft sind. Junge Menschen, die hier in Deutschland geboren wurden und geschützt leben und denen es gutgeht, sind in den Krieg gezogen, um ihren Landsleuten im Kosovo zu helfen. Vielleicht auf der Suche nach ihren Wurzeln? Wie viele Jahrzehnte hat es gedauert, und teilweise dauert es noch an, bis während des Zweiten Weltkrieges Vertriebene endgültig hier Fuß gefaßt haben und nicht mehr von einer Rückkehr in ihr Heimatland träumen und sich politisch hierfür engagieren? Die Nachkriegsgenerationen können dies nicht aus eigener Lebenserfahrung verstehen. Sie könnten entweder ihre Großeltern und Eltern fragen oder aber akzeptieren, daß für viele Menschen diese Lebenserfahrung immer Aktualität behält. So können sie die tiefe Traurigkeit oder den ständig schwelenden Unmut der Angehörigen verstehen lernen, wenn sie erkennen müssen, wie scheinbar irrational Migranten oft handeln.

10. Die Zeit und die Historie

Für die psychotherapeutische Arbeit ist es wesentlich, die Entwicklung einer Erkrankung auch in einem größeren zeitlichen Zusammenhang zu sehen. Was zu einem bestimmten Zeitpunkt als eine gelungene Anpassung an ein veränderndes Ereignis betrachtet werden kann, kann in einem anderen Moment durchaus die Entwicklungsmöglichkeiten des Individuums im System behindern.

Wenn z. B. eine Frau schwer erkrankt ist, mag es für ihren Ehemann selbstverständlich sein, seine beruflichen Aufgaben hintanzustellen. Gleichzeitig mag er so einem für ihn zu diesem Zeitpunkt unauflösbaren Konflikt mit einem konkurrenzstarken Kollegen ausweichen können. Bleibt diese Entlastung auf längere Sicht für ihn wünschenswert, mag das zur Folge haben, daß er sich länger um seine Frau sorgt und kümmert, als es aufgrund ihrer schweren körperlichen Erkrankung unmittelbar notwendig ist. Sie wiederum erkennt, daß sie ihrem Mann dadurch, daß er sich um sie sorgen kann, vor der Austragung seines für ihn unlösbaren Konfliktes mit dem Kollegen schützen kann, was für sie wiederum eine Möglichkeit darstellt, ihm für seine Fürsorge zu danken.

Die Frage nach dem Zeitpunkt, wann das verändernde Ereignis «Krankheit» beziehungsgestaltend wurde, ist ebenso wichtig wie die ressourcenorientierten Fragen: «Was wäre, wenn die Ehefrau gesund wäre? Wie würden sich eine wie auch immer geartete Auseinandersetzung und klärende Konfliktaustragung mit dem konkurrenzstärkeren Mitarbeiter auf die Beziehungsgestaltung in der Partnerschaft auswirken? Woran würde erkennbar werden, daß nicht mehr die körperliche Krankheit maßgeblich beziehungsgestaltend ist?» etc.

Ist eine Familie infolge realer Not oder weil halbwüchsige Kinder zu unterhalten sind, auf das Gehalt des Mannes angewiesen, kann dieser unmöglich zur Versorgung seiner kranken Frau selbst zu Hause bleiben. Steht ein Mann jedoch kurz vor der Pensionierung, so könnte er eher finanzielle Einbußen in Kauf nehmen und sich verstärkt der Sorge um seine Frau widmen.

Entwickelt sich aus einer akuten Erkrankung eine dauerhafte Behinderung, die längerfristige Hilfestellung erfordert, sind u. U. Hilfen von außen hinzuzuziehen, um nicht das System zu überfordern und damit zu gefährden. Ein zeitlich begrenztes Sich-Zurücknehmen im Arbeitskontext mag aufzuholen sein, doch irgendwann müssen andere Lösungen entwickelt werden.

Mag es für die Generation der Eltern noch eine selbstverständliche Verpflichtung ohne ernsthaft zu bedenkende Alternative gewesen sein, die eigenen Eltern bis zu ihrem Tode zu versorgen, hat sich heute einiges geändert. Eine Rollenzuschreibung für Frauen war die Versorgung von Kindern und Pflegebedürftigen. Heute sind Frauen vielfach berufstätig und die Familien deutlich kleiner. Der Zusammenhalt in der Großfamilie hat erheblich abgenommen. Dafür gibt es heute bessere staatliche Hilfen zur Versorgung von pflegebedürftigen Angehörigen. Dieses Beispiel soll verdeutlichen, daß Lösungsansätze für ein System immer auch im Wechselspiel stehen mit Bedingtheiten im gesellschaftlichen Makrosystem.

Die Geschichte eines Konfliktes ist, wie oben erkennbar, nicht nur eine Geschichte, die im System selbst angesiedelt werden kann, sondern sie muß reflektiert werden in den unterschiedlichen Systemen, in denen ein Mensch lebt. In bestimmten Systemen unterliegt ein Mensch sogenannter struktureller Gewalt, der sich entgegenzustellen sehr schwer möglich ist.

Größere historische Zusammenhänge in die Bearbeitung von aktuellen Beziehungskrankheiten mit einzubeziehen kann für das Entwickeln von Verständnis bis hin zu Vergeben und Versöhnen wesentlich sein. Chamberlain hat in ihrem Buch über die Erziehungsideologie im Dritten Reich herausgearbeitet, wie stark die Einflüsse einer Ideologie bis hinein in die «Kinderstube» reichen.[76] Die Spiegelfäche für die Väter sind deren Väter und Großväter. Wir müssen uns vergegenwärtigen, daß wir im letzten Jahrhundert zwei Weltkriege erlebt haben, in denen viele Männer und Väter gefallen sind und viele Frauen als alleinerziehende Mütter die Kinder unter oft schwierigsten Bedingungen der Flucht und Hungersnot etc. großgezogen haben. Die prägenden Erfahrungen für das eigene Rollenverständnis haben hier ihre Wurzeln. Väter, die Gewalt im Krieg erfahren und oft auch ausgeübt haben, geben diese Gewalt an ihre Kinder weiter. Gefallene werden von ihren Frauen bis in unsere Zeit oft als Helden, als Vorbilder verehrt. Viele Greueltaten, die einzelne von ihnen begangen haben, werfen dennoch ihre Schatten bis in die dritte Generation und können tiefes Leid und schwere seelische Irritationen und Beziehungsstörungen bis zu Selbstmord verursachen.

Es lohnt sich, Erich Maria Remarques Buch «Im Westen nichts Neues», das er nach dem Ersten Weltkrieg in jungen Jahren schrieb, zu lesen. Und unbedingt sollte auch Dieter Wellershoffs «Der Ernstfall» gelesen werden. Es lehrt uns Nachkriegsgenerationen, das Verhalten unserer Großväter und auch Väter zu verstehen (siehe auch das Kapitel über Aggression und Gewalt). In diesen Zusammenhang gehört auch die Ausstellung über die Verbrechen der Wehrmacht. Sie sind nicht nur bedeutend für den Geschichtsunterricht, der damit die psychologische Sicht von Krieg und deren fatale Auswirkungen auf die Menschen stärker berücksichtigen würde. Zwei kleine Fallbeispiel illustrieren, wie nah uns heute der Schatten von Greueltaten ist, die in der Nazizeit begangen wurden.

So wurde z. B. eine junge Frau von ihrem 3. bis zum 14. Lebensjahr von ihrem Großvater sexuell mißbraucht. Das bedeutet, daß sie ihm während eines großen Teils ihrer Schulzeit ausgesetzt war. Ihr Opa war im Dritten Reich wahrscheinlich für die Deportation von Juden ins KZ und in den Tod mitverantwortlich. In der Familie wurde er nach dem Tod als ehrbarer, braver und würdiger alter Herr quasi verehrt.

Ein 47jähriger homosexueller Religionslehrer erkrankt depressiv. Ausgelöst wurde die Krankheit durch eine sexuelle Nötigung durch seinen Freund. Der Patient erinnert sich im Laufe der Therapie daran, daß sein Großvater 1946 in Polen erschlagen wurde, weil er es während des Krieges «wohl übertrieben hatte», er wahrscheinlich, als überzeugter Nazi in Polen lebend, für die Not und auch den Tod vieler Menschen mitverantwortlich war. Ein Bruder seines Vaters hat sich das Leben genommen, einer hat im Gefängnis gesessen. Zu einem weiteren Bruder hat sein Vater den Kontakt abgebrochen, ohne dem Patienten jemals die Gründe hierfür zu nennen.

Die Reflexion makrosystemischer und kontextgebundener Zusammenhänge läßt Ressourcen erkennen für die Bewältigung von gegenwärtigen Problemen und Konflikten. Die Herausarbeitung ihrer spezifischen Andersartigkeit gegenüber früher und die Möglichkeiten zu neuen Lösungen sind begründet in den Veränderungen im Makrosystem. Wenn junge Menschen in einem guten Austausch mit ihren Großeltern stehen, können sie ein besseres Verständnis dafür entwickeln, warum Menschen durch gesellschaftliche oder politische oder familiäre Einwirkungen so geworden sind, wie sie sind.

Fallbeispiel für die Auswirkungen der SS-Zugehörigkeit des Vaters auf den Sohn
Ein 49jähriger Mann litt seit sechs Jahren unter zunehmenden körperlichen Beschwerden und depressiven Erschöpfungszuständen bis hin zu vielwöchigen krankheitsbedingten Dienstunfähigkeiten jedes

Jahr. Eine ambulante Psychotherapie blieb ohne ausreichend stabilisierenden Erfolg, ständige Schmerzen in verschiedenen Organen führten zu einer immensen Anzahl von ärztlichen, krankengymnastischen und sonstigen Behandlungen. Ständig hatte er Auseinandersetzungen mit Behörden zu führen.

Er ist alleinerziehender Vater. Seine Frau war in ihrer ersten Ehe vielfach verprügelt und mißhandelt worden. Aus dieser unseligen Beziehung rettete er sie. Er heiratete sie, um ihr soziale Sicherheit zu bieten. Sie adoptierten einen kleinen Jungen, der völlig verwahrlost und von seinen Eltern vernachlässigt worden war. Später stellte sich heraus, daß dieser Junge, möglicherweise als irreparable Folge dieser Verwahrlosung, geistig behindert ist. Sie bekamen noch einen gemeinsamen Sohn.

Als der Patient sich nach wenigen Jahren scheiden lassen wollte, mußte das Ehepaar erfahren, daß die Frau Krebs hatte, woran sie auch starb. Er hatte ihr noch versprochen, sich auch nach ihrem Tod um ihre Tochter aus erster Ehe zu kümmern. Diese entwickelte über viele Jahre eine Anorexia nervosa, die sie jedoch überwinden konnte. Heute ist sie verheiratet. Mit 19 Jahren erlitt sein leiblicher Sohn einen Motorradunfall, blieb aber unverletzt.

Die Mutter des Patienten war schizophren und nahm sich das Leben, als er 42 Jahre alt war. Schon als Kind hatte er sie zweimal frühzeitig gefunden und so verhindert, daß sie ums Leben kam. Der Vater der Mutter hatte sich 1942 vor den Zug geworfen, mit dem sie evakuiert werden sollten.

Vom eigenen Vater erinnerte er dessen SS-Vergangenheit. Dieser wie auch seine fünf Brüder waren Protagonisten dieser gewaltverherrlichenden und -ausübenden Organisation in ihrer Heimatstadt gewesen. Ein Onkel brüstete sich, wenn er betrunken war, Partisanen in Jugoslawien aus nächster Distanz mit der Pistole erschossen zu haben. Es war ihm lange nicht möglich, seinem Vater Vorwürfe dafür zu machen, daß er ihn mit 14 Jahren bei seiner kranken Mutter gelassen und kaum noch Kontakt zu ihm gehabt hatte, daß er nur in großer Armut sein Studium absolvieren konnte, obwohl der Vater über ausreichend Geldmittel verfügt hätte, um ihn zu unterstützen. Denn der Vater schaffte es, unter Tränen zu versichern, daß er der Mutter immer Geld für ihn gegeben habe und er seinerseits Opfer ungerechtfertigter Anschuldigungen sei.

Zu Lebzeiten des Patienten haben sich fünf ihm sehr nahestehende Freunde das Leben genommen, viele Menschen sind früh gestorben.

Der Patient war nach dem Tod seiner Frau für ca. zwei Jahre mit einer Jüdin liiert. Immer wieder kümmerte er sich zudem insbesondere um alleinerziehende Mütter in Not und wurde sehr oft ausgenützt. Er verausgabte sich völlig in seinem sozialen Engagement.

Die SS-Zugehörigkeit seiner Verwandten wirkte nach wie vor auf ihn, er blieb in die Vergangenheit der Familie verstrickt. Seine hohe Aufopferungsbereitschaft verstand er zum Ende der Therapie einerseits als eine Wiedergutmachung der vom Vater und dessen Brüdern ausgeübten Gewalt sowie andererseits als eine Wiederholung seiner in der Beziehung zur Mutter erfahrenen *Parentifizierung*[77] schon als kleiner Junge. Er hatte sich selbst völlig vernachlässigt und seine eigenen Bedürfnisse mißachtet, wie er es von seinen Eltern erfahren hatte.

Fallbeispiel für die Auswirkungen der Mittäterschaft des Vaters einer Patientin im Dritten Reich
Eine 57jährige Frau ist seit eineinhalb Jahren Witwe. Ihr Vater war Vorsitzender eines Schwurgerichtes während der Nazizeit gewesen und somit mitverantwortlich für Todesurteile, die er mit unterzeichnet hatte. Dieser historischen Tatsache ins Auge zu blicken fiel ihr sehr schwer. Von ihr war der Vater immer verherrlicht worden. Und das, obwohl er ihren Bruder selbst bei nichtigen Anlässen oft brutal geschlagen hatte. Einmal hatte er ihm dabei einen Finger gebrochen. Ihre Mutter erlebte sie als kalte Frau, die ebenfalls auf die Kinder einschlug. Sie brach dem Bruder dabei einmal das Nasenbein. Sie erhielt als jüngstes Kind etwas weniger Prügel, mußte aber sehr oft miterleben, wie insbesondere der älteste Bruder mißhandelt wurde.

Sie heiratete später einen Mann, der selbst viel von seinem Vater verprügelt worden war und sie schon kurz nach der Verlobung einmal gewürgt hatte. Sie konnte sich mit ihm nicht auf eine liebevolle Beziehung einlassen. In der Sexualität lebten sie ihre sadistische Neigung aus, beteiligten sich an Partnertausch. Sie blieben verheiratet, weil sie sich aus religiösen und moralischen Gründen sowie wegen ihrer drei Kinder hierzu verpflichtet sahen.

In den Beispielen lassen sich die Verknüpfung zwischen der gesellschaftlichen und familiären Geschichte, ihrer oft durch Schweigen geprägte (Nicht-)Verarbeitung sowie die Reaktionsbildungen in der Entwicklung der Nachkommen erkennen. Diese Generation, die selbst nicht am Krieg teilgenommen hat, leidet z. T. extrem und ist nachhaltig in ihrer Persönlichkeitsentwicklung beeinträchtigt.

11. Akute Krisen und die Reinszenierung früherer Konflikte

Krise bedeutet hier einschneidende Veränderung einer lebensrelevanten Situation in den unterschiedlichen Lebenskontexten. Wird sie erkannt bzw. als solche wahrgenommen, dann birgt sie alle Chancen für Verbesserung, ansonsten führt sie schnell auch zu Irritationen, mangelnder innerer Orientierung, Angst, Spannung und Depression. Die oben genannten Beispiele machen erkennbar, daß es kein Leben ohne Krisen und ihre Bewältigung gibt. Unser Krisenmanagement, wie es uns letztlich gelingt, die Krisen zu meistern, entscheidet, ob es gelingt, die Veränderungen gut oder weniger gut in unser System zu integrieren und das System in allen Kontexten anzupassen. Gelingt dies nicht, weist das System mit Symptombildung unterschiedlichster Art darauf hin. Es können sich gesundheitliche Störungen einstellen, Beziehungskrisen erwachsen, sozialer Rückzug vom Freundeskreis, Leistungseinbußen im Arbeitsumfeld. Wichtig ist, daß sich in jedem Kontext eine mißlingende Krisenbewältigung symptomatisch ausdrückt. Es entscheiden der Kontext und die dort geltenden Regeln, ob die Reaktionsbildung akzeptabel ist oder nicht.

Ein Lehrer einer Schule für Erziehungsschwierige lebt in einer sehr angespannten ehelichen Situation. Zunächst gelingt es ihm, durch zunehmende Arbeit darauf zu reagieren. Hierdurch profiliert er sich für die Position eines Konrektors an einer anderen Schule. Ihm wird bei der Einstellung in Aussicht gestellt, die bald in Pension gehende Rektorin abzulösen. Seine erhöhte Leistungsbereitschaft verschafft ihm bei seinem Arbeitsantritt zunächst Pluspunkte. Schon bald jedoch gerät er zunehmend unter Druck, weil er zu ungeduldig ist und aneckt mit seinen wenn auch berechtigten Bemühungen, Innovationen in der Schule einzuführen, während die Vorgängerin noch im Amt ist. Es kommt zu Spaltungen im Team. Die einen begrüßen und unterstützen seine Initiativen, die anderen schlagen sich auf die Seite der Rektorin. Die Arbeitsatmosphäre verschlechtert sich an dieser Schule zusehends, worüber der private Träger alles andere als glücklich ist. Nach der Demissionierung der Rektorin schreibt der Träger die Stelle offiziell aus und tut dem Konrektor kund, daß er für die Nachfolge nicht der Richtige sei, da er sich nicht als Führungspersönlichkeit qualifiziert habe.

Das mißlingende Krisenmanagement, das sich in seiner Partnerschaft zeigte, schlug letztlich auch auf den beruflichen Kontext nachteilig durch.

Krisen erinnern uns an andere, früher durchlebte Krisen, und es kann zur Wiederbelebung traumatisierender Erfahrungen kommen. Es können sich Gefühle von Hilflosigkeit und Ausgeliefertsein einstellen, die den Menschen lähmen oder blockieren, wodurch viel Energie gebunden wird, die einer alle Möglichkeiten ausschöpfenden Konfliktlösung fehlt. Der Mensch erlebt sich als handlungsunfähig und perspektivlos.

Wir unterscheiden in der Tiefenpsychologie Trieb- und Angstabwehrmechanismen.[78] Systemisch werden die unterschiedlichen Triebabwehrmechanismen unter dem Aspekt betrachtet, wie sie sich auf die interaktionellen Muster auswirken. Eine solche neurotische Konstellation der Wiederbelebung eines alten Konfliktes ist in der Familienrekonstruktion gut erkennbar. Dies gilt auch, wenn Angst abgewehrt wird, z. B. durch Nicht-wahrhaben-Wollen, Verleugnen oder Verharmlosen. Es ist eine wichtige therapeutische Aufgabe, die Reinszenierung eines in der Krise wiederbelebten, damals kompromißhaft gelösten Konfliktes erkennbar zu machen. Ebenso wichtig ist es zu verstehen, wie die Mechanismen der Angstabwehr in ihrer *protektiven* Dynamik für das aktuelle System arbeiten bzw. wie sie durch das System aufrechterhalten werden. Die in der analytischen Sichtweise verwandten Beschreibungen intrapsychischer Vorgänge der Abwehr und Übertragung, Fixierung und Regression etc. werden durch die Frage nach dem «Wie zeigt sich ein intrapsychischer Prozeß auf der Beziehungsebene?» aus der *dyadischen* Beziehung auf die systemische Ebene gehoben.

Ähnlichkeiten zu früheren Beziehungserfahrungen sind unvermeidlich. Wurde eine Triadenbildung in der Kindheit für ein ohne Vater aufgewachsenes Mädchen nicht möglich, könnte diese fehlende Erfahrung, wenn sie Mutter wird, dazu verführen, ganz in der *dyadischen* Beziehung zum Kind aufzugehen und ihre Bedürfnisse als Ehefrau und Frau aus dem Blick zu verlieren. Oder hat ein Mann die ganze Aufmerksamkeit seiner Mutter in der Kindheit erfahren, könnte er verführt sein, davon auszugehen, daß seine Frau ihm die ihre ebenfalls ungeteilt zuwendet. Wird er nun Vater, könnte er mit Unverständnis und Eifersucht auf ihre Hinwendung zum Kind reagieren.

Der Betroffene und das System sind in der unreflektierten Reinszenierung gefährdet, die Ähnlichkeit der Beziehungsmuster damals und heute für deckungsgleich zu halten und die Unterschiede nicht mehr zu erkennen. Gerade hierin aber liegen die wesentlichen Ressourcen für eine aktive Mitgestaltung des systemischen Anpassungsprozesses an Veränderung. Im akuten Konflikt droht manchmal der Blickwinkel zu eng zu werden. Man läuft Gefahr, im Zustand erhöhter Anspannung und Erregung nur mit sehr enger Perspektive Anpassungsalternativen gegeneinander abzuwägen. Die Ressourcen, die sich aus dem aktuellen System ergeben, werden übersehen.

VI. Angst und Depression

> Angst – mehr als ein unliebsames Gefühl.
> Angst hilft überleben,
> ist universelles Warnsystem.
> Und sie kann zur Furie werden
> zur Zerstörerin ...» (GEO 4/96)

Als Frau Irene die Treppe von der Wohnung ihres Geliebten hinabstieg, packte sie mit einem Male wieder jene sinnlose Angst. Ein schwarzer Kreisel surrte plötzlich vor ihren Augen, die Knie froren zu entsetzlicher Starre, und hastig mußte sie sich am Geländer festhalten, um nicht jählings nach vorne zu fallen. ... Draußen aber stand schon die Angst, ungeduldig, sie anzufassen, und hemmt ihr so herrisch den Herzschlag, daß sie immer schon atemlos die wenigen Stufen niederstieg, bis sie die nervös zusammengeraffte Kraft versagen fühlte.

So beginnt Stefan Zweig seine Novelle *Angst*. Deutlich hebt er die seelische Pein und die körperliche Reaktion hervor, die mit großer Macht Besitz von Irene ergreifen. Das Erleben von Menschen, die unter Ängsten leiden, sieht ähnlich aus. Hier soll zunächst von Lehrerängsten die Rede sein, wie sie in Studien beschrieben werden. Im nächsten Abschnitt wird sodann der Versuch unternommen zu erklären, warum Ängste in der heutigen Zeit zunehmen. Dies zu verstehen ermöglicht dem Lehrer einen besseren Zugang zu sich selbst und auch zu den Schülern, die ihrerseits viele Ängste kennen.

Warum Ängste in der heutigen Zeit zunehmen und wann Angst krank machen kann, wird uns in den nächsten Abschnitten beschäftigen, ebenso die Vielgestaltigkeit der Angst im symptomatischen Ausdruck. Gerade hierin liegt ein großes Problem in der frühzeitigen Diagnostik der Angst und ihrer adäquaten Gewichtung im Krankheitsverständnis. Mit dem Beispiel der Panikattacke wird eine spezielle Ausdrucksform der Angst hervorgehoben, welche viele Menschen quält und die zu so manchem dramatischen Zwischenfall mit oft langem Leidensweg führt. Sie wird in ihrer Entstehung näher untersucht, um ein Verständnis für die Komplexität dieses für das Subjekt so unerträglichen Erlebens zu ermöglichen. Letztlich ist Verstehen selbstverständlich nur nach intensiver individueller Auseinandersetzung mit dem Einzelfall möglich.

Der Vollständigkeit halber werden die wesentlichen Unterscheidungen der unterschiedlichen Ängste beschrieben, die alle ein differenziertes therapeutisches Vorgehen erfordern. Es folgen Hypothesen zur Entstehung von Angst, abgeleitet aus der Bindungstheorie sowie dem Erkundungstrieb des Kindes und aus systemischen Überlegungen. Ein Lebensphasen-Modell erklärt, daß Ängste auch im Zusammenhang mit dem Lebensalter eine unterschiedliche Bedeutung erhalten.

Angststörungen sind nicht schicksalhaft hinzunehmen. Es gibt hilfreiche Therapien, die vom ambulanten bis zum vollstationären Setting gehen und durchweg über eine längere Zeitdauer Veränderungen ermöglichen. Wesentliche Voraussetzung des Patienten ist, daß er den Mut aufbringt, sich einem Therapeuten anzuvertrauen. Oft ist sein erster Schritt, sich dem Hausarzt mitzuteilen, um von diesem gezielt weiterverwiesen zu werden.

Zur weiteren Gruppe der psychischen Störungen gehören die Depressionen. Sie werden in ihren unterschiedlichen Ausdrucksformen dargestellt, wobei insbesondere die Depressionen, die sich durch Agitiertheit bzw. durch körperliche Symptombildung kenntlich machen, gern übersehen werden. Dies trägt mit zu langem Leid bei den Betroffenen und hohen Kosten im Gesundheitssystem bei.

1. Lehrerangst

«Es ist mehr als ärgerlich, und es macht mich gelegentlich wütend: Die weitverbreitete Existenz von Ängsten in der Schule ist eine Tatsache, die von Verantwortlichen kaum zur Kenntnis genommen und von den Betroffenen selbst überwiegend verdrängt wird.»[79] Wenig später beschreibt der Autor anschaulich Formen von Lehrerängsten:

* Angst vor dem Scheitern des Unterrichts, etwa wegen der Disziplinlosigkeit der Schüler oder einem besonders hohen Anspruch an die Unterrichtsqualität;

- Angst vor Konflikten mit einzelnen Schülern oder einer als problematisch empfundenen Klasse (Konfliktangst);
- Angst vor der Ablehnung oder Antipathie der Schülerinnen und Schüler;
- Angst vor sachlicher Kritik (wenn das eigene Selbstwertgefühl niedrig ist);
- Angst vor dem Urteil anderer (Kollegen, Vorgesetzte, Eltern);
- Angst vor dem Ausgegrenzt- oder Gemobbt-Werden.[80]

Jehle und Krause haben in ihrer Pilotstudie auf die spezifische Arbeitsplatzsituation des Lehrers und einen Bezug zur Entstehung von Angst verwiesen.
Oehler (1979, S. 20) zufolge «leiden» Lehrer und Schüler allgemein an ihrer gemeinsamen Arbeit, was auf eine verbreitete und eher schwere Angst schließen läßt. Volkamer (1980, S. 378) spricht von einer hohen Therapiebedürftigkeit von Lehramtsstudenten. Der Hinweis auf eine hohe Dunkelziffer (Lehrer haben von Amts wegen nicht auffällig zu sein oder verdrängen ihre Angst) legt ebenfalls eine weite Verbreitung der Lehrerangst nahe. In anderen Beiträgen wird auf die allgemeinen Arbeitsbedingungen verwiesen: Diese Bedingungen seien wegen der vorherrschenden Systemverhältnisse unvermeidlich und werden für die Mehrzahl der Lehrer als angstauslösend beschrieben (Quitmann 1980). Oder die Unerfüllbarkeit des widersprüchlichen Lehrerauftrages (Jendrowiak und Kreuzer 1980) bringe die Lehrer ständig in Konfliktsituationen und löse damit allgemeine Angst aus.[81]
Aus systemischer Sicht müssen in einer Therapie die Interdependenzen aller vier wesentlichen Kontexte aus dem Kontextkreis, die Konflikte, die sich aus unterschiedlichen Rollenerwartungen und -selbstverständnissen ergeben, die Gestaltung der Grenzen zwischen den Kontexten und innerhalb derselben, zwischen den einzelnen Systemen und Subsystemen reflektiert werden. Es sollten auch der pädagogische Auftrag und das eigene Selbstverständnis, das Maß an Authentizität und die belastenden Veränderungen und Einwirkungen von außen und innen reflektiert werden. Die Gleichzeitigkeit bei unterschiedlicher Bedeutsamkeit von Veränderungen in einem Kontext ist zu berücksichtigen.

Es drängen sich folgende systemische Fragen auf:
- Wie funktionieren die Interaktionen im Bildungs- und Schulsystem, daß über die Hälfte der Lehrer Versagensangst und 40 bis gut 50 % Konfliktängste haben? Für mich liegt es nahe anzunehmen, daß das pädagogische System als sicherer Ort für den einzelnen Lehrer versagt.
- Wie können Achtsamkeit, Schutz und Geborgenheit von den beiden Systemen des Arbeitskontextes eines Lehrers so funktionieren, daß der Lehrer die Schule als einen sicheren Ort erlebt und diese Erfahrung an den Schüler weitergeben kann? Die durch die Hochschulausbildung erworbene Fachkenntnis scheint sich durch zu starke Einschränkung der Autonomie des Lehrers und des Kollegiums nicht genügend entfalten zu können. Es sollte sich daher jeder im pädagogischen System über den Sinn seiner Schule und ihr eigenes Profil Gedanken machen.
- Wie kann eine Schule so als System funktionieren, daß keine Zweifel daran bestehen, daß sie für den Lehrer und für den Schüler einen beziehungssicheren Ort bildet?
- Wie kann Schule die Grenzen zwischen sich und den Familien der Schüler erkennbar machen und deutlich mitgestalten, wo diese durchlässig sind und wo die Schule dichtmacht, ihren Kompetenzrahmen absteckt? Profil setzt unter systemischer Betrachtungsweise semipermeable Grenzgestaltung voraus. Denn die pädagogische Verantwortung kann zwar von und mit den Eltern und Schülern diskutiert werden, darf aber nicht zur Disposition stehen.

Angesichts der Wissensexplosion einerseits und der Perspektive, daß die Berufswelt sich rasant ändert und jeder mehrere Berufe in seinem Leben wird erlernen müssen, könnte ich mir gut vorstellen, daß nach reiflicher Diskussion im Team einer Klasse und einer Schule eine souverän nach außen zu vertretende Entscheidung darüber getroffen wird, was ein Schüler lernen muß. Der Entwurf eines eigenen Curriculums liegt damit nicht in der Verantwortung eines einzelnen Lehrers, sondern er weiß das Kollegium hinter sich. Und es ist auch nicht eine von oben herab erteilte Vorgabe, mit der der einzelne sich vor dem Hintergrund der spezifischen Besonderheiten vor Ort und seiner persönlichen Vorlieben nicht authentisch verbinden kann. Dadurch könnten die Herrschaftsängste abgebaut werden.

Daß das Ausmaß der unbewußten Ängste gewachsen ist, dürfte die Aussage von Gadamer zeigen, daß der einzelne überfordert ist, soll er sich so viel Wissen aneignen, daß er sich darüber absichern kann, daß er sich dadurch vertraut wird, kennt und begreift.[82] Jeder benötigt insbesondere in beziehungsintensiven Berufen die Möglichkeit, sich auf Positionen, welche vom Team mitgetragen werden, zurückzuziehen und sich auf die Ressource, die das Team für ihn darstellen sollte, zu stützen und sich so zu stärken. Unbewußte Ängste treten überall dort auf, wo jemand in einem Beziehungsgefüge lebt, in dem er sich mit Problemen und Konflikten konfrontiert sieht, die für seine Betrachtungsweise in keinem sinngebenden Zusammenhang stehen. Hier versagt sein Konfliktmanagement, und er ist in seiner Autonomie überfordert. Er kann die Spannung, die hiermit verbunden ist, nicht mit seinem Bewußtsein lösen.

Im Falle einer Unvereinbarkeit von Erwartungen von außen und Selbstverständnis von innen sollte es die Möglichkeit geben, sich zu trennen. Letztlich greift dieses Instrument, wenn Schüler der Schule verwiesen oder an eine andere versetzt werden.
Doch sollten wir in unserer Reflexion auch den Mut haben, Voraussetzungen zu diskutieren, welche innerhalb des pädagogischen Systems Verbesserung erfordern. Wenn das Rollenselbstverständnis eines Lehrers und die Rollenerwartung der Schule an ihn nicht ausreichend in Übereinstimmung zu bringen sind, sollte es für beide, den einzelnen Lehrer und das Kollegium möglich sein, sich zu trennen. Die noch vielfach zentral gelenkte Zuweisung eines Lehrers allein aufgrund des Kriteriums, eine freie Stelle mit einer bestimmten Fächerkombination zu besetzen, qualifiziert niemanden für eine spezielle Schule. Beliebig zusammengesetzt, kann ein Kollegium nur mit großem Energieaufwand ein positives Spiegelbild für die Schüler werden und pädagogisch wirkungsvoll arbeiten.
Die Größe eines Kollegiums von 80–120 Lehrerinnen und Lehrern ist für einen persönlich tragenden Kontakt zu jedem

einzelnen natürlich viel zu umfangreich. Doch wird von den erkrankten Lehrerinnen und Lehrern nur ganz selten erwähnt, daß sie Einfluß darauf nehmen können, mit welchen Kollegen sie gemeinsam eine Klasse unterrichten. Selbstverständlich ist eine ausreichende Toleranzbreite und Kooperationsfähigkeit von jedem einzelnen zu erwarten. Doch steigt die Wahrscheinlichkeit von Mobbing gegen einen mißliebigen Lehrer, wenn er quasi von oben in ein Team eingesetzt wird. Dies mag durchaus nicht in der Absicht der Schulbehörden liegen. Die Konfliktangst der einzelnen Lehrer mag dazu beitragen, daß sie nicht selbstbewußt genug Einfluß auf die Zusammensetzung des Teams nehmen, das eine Klasse unterrichtet.

Lehrer sind sicher nicht ängstlicher als andere Erwachsene. Jedoch ist zu fragen, ob Lehrer sich besonders häufig mit grundsätzlichen Fragen des Seins, wie Gadamer es formulierte, auseinanderzusetzen bereit sind. Die Nähe zu diesen existentiellen Fragen ist vielleicht eine Voraussetzung dafür, bereit zu sein, sich als Pädagoge um die Bildung und Persönlichkeitsreifung junger Menschen zu bemühen.

Es gibt keine typische Lehrerpersönlichkeit. Wohl gibt es die ständige Interaktion eines Lehrers mit jungen Menschen. Dieser Prozeß bildet ihn mit. Er kann sich dem nicht entziehen. Er ist geradezu darauf angewiesen, das, was er vermitteln will, mit den Augen der Schüler zu betrachten. Sein beruflicher Ehrgeiz ist es,

- sich für diese verständlich auszudrücken und ihnen etwas zu vermitteln, das sie anzunehmen bereit sind;
- durch geschickte pädagogische Führung den verschlossenen Schüler zu erreichen, den uninteressierten zu begeistern und den Ehrgeiz des Leistungsstarken zu befriedigen;
- jedem Schüler die Möglichkeit zu geben, ein Gefühl der Zugehörigkeit zu empfinden und sich als Handelnder zu erleben.

Um so bedeutsamer ist daher der intensive und möglichst tägliche Austausch mit Kollegen über deren eigene pädagogische Führung derselben Klasse. Dies sollte mit dem Ziel geschehen, daß man jedem Schüler gerecht wird. Dies schafft die Basis für eine anspruchsvolle Reflexion unter erwachsenen Menschen. Ein anderer Lehrer im Kollegium kann sich u. U. aufmerksamer einem Schüler widmen als man selber, weil er einen besseren Draht zu ihm hat. «Einzig durch eine fortwährende Konversation mit seinen nahestehenden Interaktionspartnern gewinnt das Individuum ein Gefühl der Identität oder einer inneren Stimme.»[83]

Wird auf die pädagogische Arbeit fokussiert, wird es jeden Lehrer freuen können, daß aus dem Schulversager Albert Einstein doch noch etwas geworden ist. Oder daß Astrid Lindgrens Lausbub Michel aus Lönneberga später Bürgermeister wurde. Anläßlich eines dreißigjährigen Abiturtreffens ist es amüsant zu entdecken, was aus den Schülern mit den besten und denen mit den schlechtesten Abiturabschlußnoten geworden ist. Würde man von ergriffenem Beruf und erreichter Karrierestufe ausgehen, versagt jeder Rückschluß auf die Abiturnoten. Und das ist gut so. Denn wirklich stolz dürfen die Lehrer sein, daß durch ihre begrenzte Einflußnahme auf die Entwicklung ihrer Schüler respektable Bürger aus ihnen wurden.

2. Warum Ängste zunehmen

Hans-Georg Gadamer versucht eine Antwort darauf, warum Ängste in unserer Gesellschaft zunehmen:

Wenn wir uns fragen, warum ein Ansteigen der Angst in unserer gegenwärtigen Welt zu beobachten ist, worauf beruht das? Ich meine, daß die Art von Wissen und Gewißheit, die wir in der modernen Wissenschaft durch Experiment und Kontrolle geschaffen haben, das menschliche Sicherheitsbedürfnis gesteigert hat.[34]

In ihrer «Dialektik der Aufklärung» haben Adorno und Horkheimer uns erkennbar gemacht, daß die Aufklärung sich selbst ad absurdum führt, wenn sie dem Mythos, auch dem eigenen, stärker verhaftet ist als der Geschichte. Selbst wenn es gelänge, alles zu erklären, so ist es für den einzelnen Menschen nicht möglich, sich alles verfügbare Wissen zu eigen zu machen, um damit seine persönliche Welt zu beherrschen. Die Aneignung von Wissen allein ist nicht entscheidend, sondern die Durchdringung desselben, die in sich schlüssige kohärente Interpretation dessen, was ein Mensch als «sein Wissen» bezeichnet. Dieses «sein Wissen» wird ihm nicht mehr zur beruhigenden Gewißheit, sondern vermehrt seine Ängste. Ihm gelingt das «Einhausen»[85] (Hegel) immer weniger. Er fühlt sich vielfach ohnmächtig, da weniger das Wissen entscheidet, das jemand erworben hat, als vielmehr seine Fähigkeit, seine Sicht der Dinge durchzusetzen, die Bedeutung der von ihm verwandten Begrifflichkeiten definitorisch zu besetzen. Wir erleben in unserer Zeit einen heftig tobenden Streit gerade um diese definitorische Macht. Ständig führt dieser Streit zu einem Bedeutungswandel. Dadurch sind insbesondere selbstunsichere, von äußerer Akzeptanz durch andere Menschen abhängige Menschen gefährdet, Angst als Ausdruck inneren Orientierungsverlustes zu empfinden.

3. Krankhafte Angst

Wenn wir uns vorstellen, daß ein Mensch seiner «Grundbefindlichkeit»[86] Angst in unterschiedlichem Ausmaß ausgeliefert ist, ist es opportun, sich die Veränderungen anzuschauen, welche die Angst zu einem krankheitswertigen Erleben werden lassen. Es ist hierfür bedeutsam zu erfassen, welche Übung ein Mensch hat, sich mit grundsätzlichen Fragen des Seins auseinanderzusetzen (siehe Gesundheitsraute in Abschnitt V.7). Geht es doch um nicht weniger als die Sinnfrage allen Seins.[87] Und diese Frage, sosehr sie über allem Leben steht, gewinnt durch bestimmte Ereignisse eine besondere Relevanz, schiebt sich ins Bewußtsein.

Da Menschen diese Angst, die uns «aus unserem Zentrum treibt»,[88] spüren und Gefühle zunächst einmal als intrapsychische Erlebniswirklichkeit verstehen, ist die Neigung groß, sich diese Angst selbst vorzuwerfen, sich schuldig zu fühlen, nicht genug getan zu haben, nicht genug Vorsorge betrieben, alles nur Erdenkliche nicht ausreichend berücksichtigt zu haben. Jedoch entwickeln sich Gefühle nicht im luftleeren Raum, sie sind ihrerseits sozialisationsgebunden (s. o.). Systemisch betrachtet, lauten daher die ersten wichtigen Fragen, die wir stellen müssen:

- Wie gestalten sich die Beziehungsmuster zu dem Zeitpunkt, an dem die Angst den Menschen elementar ängstigt, wenn er Beziehung nicht als sicheren, d. h. angstreduzierenden Ort erlebt?
- Wie können sich in diesen Beziehungssystemen Ehrgeiz und Ichstärke entfalten und sich das freie, selbstverwirklichende Handeln entwickeln, mit dem der Mensch sich affektiv hoch verbindet?
- Wie sind die Beziehungsmuster gestaltet, um genügend Sicherheit zu geben, so daß der Mensch keine Angst hat? Wie gestaltet sich der sichere Ort für ihn in seiner subjektiven Beziehungswirklichkeit?

4. Die Vielgestaltigkeit der Angst

Die Angst drückt sich vielgestaltig in körperlichen Empfindungen aus. Oft gelingt es einem Menschen nicht mehr, die dem Affekt Angst zuzuordnende Körpersymptomatik von der Emotion Angst zu trennen (siehe Abschnitt II.5). Dies führt u. U. zu lange währendem Leid, solange die Diagnostik «nur» den Körperausdruck dieses Leib-Seele-Phänomens erfaßt. Eine sehr umfassende Beschreibung der Symptomatik, welche mit Angst verbunden werden kann, findet sich bei Rudolf Klußmann.[89] (Fachbegriffe wurden vom Autor soweit erforderlich übersetzt.)

Körperliche Symptome:

- *kardial:* unregelmäßiges, rasches oder verstärktes Herzklopfen, Brustschmerzen
- *vaskulär:* Blässe oder Erröten im Gesicht, an Armen und Beinen und an Händen und Füßen
- *muskulär:* Zittern, Muskelverspannung, weiche Knie, Bewegungsunruhe
- *die Atmung betreffend:* beschleunigte Atmung, Gefühl der Enge, Atemnot, Erstickungsangst
- *den Magen-Darm-Trakt betreffend:* Luftschlucken, Aufstoßen, Kloßgefühl im Hals, Magenschmerzen, Erbrechen, Blähungen, Durchfall
- *vegetatives Nervensystem:* Schwitzen, weite Pupillen, Harndrang

- *zentrales Nervensystem:* Kopfschmerzen, Augenflattern, Schwindel, Ohnmachtsgefühl, Schlafstörungen

Ergänzt werden diese körperlichen Symptome noch um folgende Kriterien:

- sich angespannt fühlen oder ständig «auf dem Sprung sein»
- übermäßige Schreckhaftigkeit
- Konzentrationsschwierigkeiten oder Blackout aus Angst
- Reizbarkeit
- Hypervigilanz (Überwachheit) und erhöhte Aufmerksamkeit

Bei entsprechender Disposition können in Angstsituationen der Blutzucker und der Blutdruck ansteigen. Letzterer kann bei vorgeschädigten Herzkranzgefäßen zu vital bedrohlich erlebten Herzschmerzen und im Extremfall auch zum Herzinfarkt führen. Insofern ist eine gründliche internistische Abklärung immer angezeigt. Die Ursache für die Blutdruckerhöhung, die Angst, sollte jedoch diagnostisch unbedingt mit erfaßt werden. Sie ist zu differenzieren von der Angst als Anpassungsstörung, die durch die Bedrohung durch einen Infarkt ausgelöst wird! Hier ist sie ursächlich, dort ist sie Folge.

Eine weitere wichtige Komplikation einer durch Angst ausgelösten Blutdruckerhöhung bei vorgeschädigten Gefäßen ist der Gehirnschlag bzw. die Gehirnblutung. Auch hier ist ähnlich wie beim Herzinfarkt zu unterscheiden, ob es sich um eine Angststörung handelt, welche letztlich mit zu dem Infarkt bzw. der Blutung geführt hat, oder um eine reaktive ängstliche Anpassungsstörung.

Angst kann als «leib-seelische Verdichtungsstelle» (Gehlen 1950) verstanden werden.

5. Symptomatik der Panikattacke

Fallbeispiel einer 52jährigen Patientin
Plötzlich wache ich auf und habe wieder diese schrecklichen Bilder vor Augen. Ich möchte weglaufen, kann es aber nicht. Ich bin schweißgebadet, mein Puls rast wie verrückt, und ich kann aus der Situation nicht entfliehen. Das ist der blanke Horror, den ich erlebe: ausgeliefert, hilflos, erstarrt.

Das Phänomen der Panik, das als eigenes Störungsbild oder auch als besonderer symptomatischer Ausdruck einer Angsterkrankung betrachtet werden kann bzw. differenziert werden muß, wird umgangssprachlich oft unscharf verwendet und oft mit einer Angstattacke verwechselt. Ängstlichkeit oder Furcht und mindestens vier der folgenden Symptome erlebt ein Mensch während einer Panikattacke:

1. Luftnot, manchmal mit Hyperventilation
2. Herzklopfen
3. Schmerzen oder Unwohlsein in der Brust
4. Erstickungs- oder Beklemmungsgefühle
5. Benommenheit, Schwindel oder Gefühl der Unsicherheit
6. Gefühl der Unwirklichkeit
7. Kribbeln in Händen und/oder Füßen
8. Hitze- und Kältewellen
9. Schwitzen
10. Schwäche
11. Zittern oder Beben
12. Furcht zu sterben, verrückt zu werden oder während einer Attacke etwas Unkontrolliertes zu tun

Es gibt keine Panik, und es gibt auch keine Angst an sich, es gibt wohl Menschen, die Angst haben oder unter Panik leiden. Diese Banalität können wir nicht oft genug betonen. Denn daraus leitet sich zwangsläufig die Konsequenz für uns ab, daß wir uns in der Gewißheit der Unteilbarkeit und der Individualität eines Menschen mit dessen ganz persönlichem Erleben von Panik und Angst und seiner einzigartigen Geschichte auseinandersetzen müssen, die in seiner Persönlichkeit «durchtönt». Gründe für die Entstehung einer Panikattacke liegen in einer affektiv-emotionalen Überreizung, die sich symptomatisch in Situationen ausdrückt, die selbst oft nur noch einen ganz kleinen Streßlevel erkennen lassen, so wie ein Tropfen das gefüllte Faß zum Überlaufen bringt. Das bedeutet, daß die auslösende Situation als solche keine hinreichende Erklärung für ein tiefergehendes Verständnis der Psychodynamik abgibt.

Auch in diesem sehr anschaulichen Modell von Shear et al. wird die Konstitution als wichtiger Kofaktor bei der Entste-

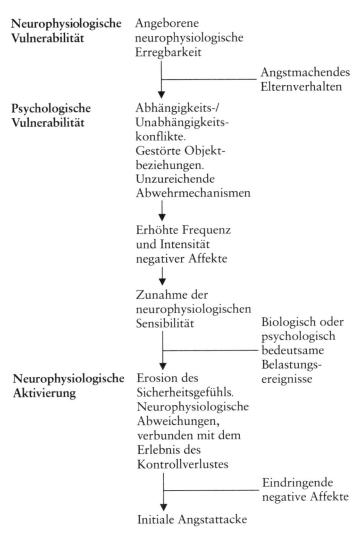

Abb. 12: Modell der Panikentstehung nach Shear

hung der physiologischen Symptome der Angst betont. An diesem Punkt würden angstlösende Medikamente ansetzen.

Das Modell macht deutlich, daß es sich bei der Angst um einen viel zu komplexen Vorgang handelt, als daß wir erwarten dürften, eine befriedigende Lösung ließe sich medikamentös erzielen. Das angstmachende Elternverhalten, das erlernte Bindungsmuster, die Beziehungsmuster, die sich zwischen dem einzelnen und seiner Kern- und Großfamilie herausgebildet haben und wie die Grenzen zueinander gestaltet werden, sind wesentlich mit zu reflektieren. Wenn wir uns vorstellen, daß jemand mit einer körperlich begründeten neurophysiologischen Vulnerabilität (Anfälligkeit, Verletzbarkeit) die Erfahrung macht,

- daß seine persönlichen Grenzen respektiert werden,
- daß er die Grenzen zu den anderen Kontexten sicher mit gestalten kann und
- er sich in seiner autonomen Entwicklung gefördert erlebt,

wird ein angstauslösendes Ereignis ihn sicherlich auch schokkieren können. Jedoch wird er dieses mit hoher Wahrscheinlichkeit leichter integrieren, sich schneller davon erholen und nicht darüber krank werden.

6. Unterscheidungen verschiedener Ängste

Die folgenden Unterscheidungen sind mehr didaktischer Natur. Sie lassen sich im realen Erleben eines Menschen nicht wirklich sauber trennen. Sie gehen oft ineinander über. Und dennoch sind sie für das therapeutische Prozedere sinnvollerweise zu differenzieren.

Realangst: Z. B. im Krieg oder während eines Überfalls Angst zu haben ist nicht nur angemessen, sondern auch u. U. unmittelbar lebenserhaltend. Einer solchen Realangst ausgesetzt zu sein, kann jedoch ein Leben lang traumatisieren. Wellershoff hat eindrucksvoll in seinem autobiographischen Buch *Der Ernstfall* beschrieben, wie der Schatten der Kriegserlebnisse Jahrzehnte in sein Leben hineinwirkte. Daß Remarque in seinem Buch *Im Westen nichts Neues* seinen Protagonisten sterben lassen mußte, war angesichts der von ihm vorher erlebten Greuel zwangsläufig. Jeder andere Schluß wäre unglaubwürdig gewesen.

Gewissensangst: Z. B. Angst, beim Fremdgehen erwischt zu werden, ist üblicherweise eine bewußt wahrgenommene Angst (wie bei Frau Irene, s. o.).

Vitalangst: Z. B. ein Herzinfarkt wird so gut wie immer mit extremer Angst erlebt.

Ein 45jähriger Kardiologe erlitt vor zwei Jahren beim Sport einen Herzinfarkt. Mit Todesangst, Schweißausbrüchen, der Unfähigkeit, irgend etwas zu tun, innerlich völlig blockiert und lahmgelegt, zu keinem klaren Gedanken mehr fähig, war er zusammengebrochen. Er wurde sofort ins Krankenhaus gebracht und intensivmedizinisch behandelt. Schon kurze Zeit später wurde er am Herzen operiert und erhielt vier coronare Bypässe. Da er seine Praxis erst drei Jahre vorher von einem älteren Kollegen zu einem hohen Einstiegspreis gekauft und mit modernsten Untersuchungsgeräten ausgerüstet hatte, drängte es ihn sehr bald zurück in die Praxis. Er hielt sich wohl peinlichst genau an die Anordnung seines behandelnden Kardiologen, regelmäßig auf dem Ergometer zu trainieren. Er beschrieb während der Untersuchung beim psychotherapeutischen Mediziner, daß er zunehmend angespannt, gereizt reagiere, was ihm früher nie passiert sei. Er sei einmal ausgeflippt, als bei einer Schwangerschaftsuntersuchung der anwesende, ängstlich-zwanghafte junge Vater ihm ständig dazwischenredete und alles besser wußte. Das hätte es noch nie bei ihm gegeben.

Jedesmal, wenn er im Ultraschall ein gesundes Herz schlagen sah, wünschte er sich, auch ein so gesundes Herz zu haben, und bekam feuchte Hände. Er achtete vermehrt auf alle körperlichen Veränderungen, nahm jedes Herzstolpern, jede Frequenzsteigerung des Pulsschlags wie durch eine Lupe vergrößert wahr. Er bemerkte, daß er zunehmend pedantischer wurde und immer mehr Zeit brauchte, wenn er einen Herzpatienten mit dem Ultraschallgerät untersuchte. Er versuchte, auf gar keinen Fall irgend etwas zu übersehen und keinen Fehler zu machen, zumal er bemerkte, wie es ihm immer schwerer fiel, sich zu konzentrieren. Nachts wurde er oft schweißgebadet wach und erinnerte sich an seine Angst, als er den Herzinfarkt spürte. Der Schmerz, den er dabei empfunden hatte, war für ihn nicht so schlimm gewesen. Wiederholte EKG- und Ultraschalluntersuchungen seines Herzens zeigten jeweils unauffällige Befunde, die ihn, wenn er sie erfuhr, nur für kurze Zeit beruhigten.

Die Angst dieses Patienten ist in einer sogenannten posttraumatischen Belastungsstörung zu sehen, die sich in Reaktion auf den Herzinfarkt herausgebildet hat.

Neurotische Angst: Auf Grund unbewußter intrapsychischer Abwehrmechanismen erleidet ein Patient in einer aktuellen Situation Angst, die in der Psychotherapie z. B. mit traumatischen Erlebnissen oder Beziehungserfahrungen in Verbindung gebracht werden kann: mit verdrängtem Erleben von Hilflosigkeit, Abhängigkeit, Gefühlen, ausgenutzt worden und/oder ausgeliefert gewesen zu sein etc.

Eine 35jährige Frau, verheiratet und Mutter eines 7jährigen Mädchens, kommt zum Arzt, weil sie sich erschöpft fühlt, unfähig, sich zu konzentrieren oder eine größere Aufgabe anzupacken, wie dies ihr Beruf als Bauingenieurin verlangt. Ihre Schrift ist zittrig und verkrampft. Sie beschreibt, gerade das Allernotwendigste zu tun, damit der Haushalt läuft und die Tochter nicht vernachlässigt wird. Sie geht nicht mehr ins Fitneß-Studio, weil sie sich kaum noch aus dem Haus traut und Menschen meidet. Sie erlebt sich zwischendurch als fremd, liegt viele Stunden antriebslos auf der Couch. Sie tut sich schwer, sich morgens überhaupt anzuziehen. Sie beschreibt sich als oft geistig abwesend und leer, zunehmend reizbar, es stört sie die Fliege an der Wand.

Im Gespräch kontrastierte eindrucksvoll der Inhalt des Geschilderten mit dem Erscheinungsbild. Sie sitzt aufrecht, gespannt, sportlich-elegant gekleidet, geschickt geschminkt und dennoch maskenhaft wirkend, weil ihre Mimik ausdrucksschwach ist, die Hände bisweilen zwischen die Beine geklemmt, das Gesicht sorgenvoll angespannt, Bedrohung ausdrückend, sich mit ziemlich direktem Blick mitteilend, mit eingeschränkt mitschwingender Stimme während des gesamten Gesprächs. Es gelingt ihr nicht, Vertrauen zu fassen und loszulassen, obwohl ihr die Verzweiflung in den Augen steht. Insbesondere, als sie von Angstträumen berichtet, in denen sie Gewalt mitansehen muß und nicht fortlaufen kann, weswegen sie schweißgebadet wach wird, erinnert ihr Gesichtsausdruck an Edvard Munchs Bild «Der Schrei». Sie fühlt sich grundlos bedroht.

Auf Befragen hin beschreibt sie wiederholtes Herzrasen, ohne daß sie sich körperlich angestrengt hat, Schwindel mit Sehstörungen, Verdauungsstörungen, vermehrtes Schwitzen. Aus Angst, einen Herzinfarkt zu erleiden, hat sie sich kardiologisch intensiv untersuchen lassen, ungläubig angesichts der Mitteilung, daß ihr nichts fehle. Sie war beim Neurologen und hat ein EEG und zum Ausschluß eines Tumors eine Computertomographie des Kopfes anfertigen lassen. Sie war beim Hals-Nasen-Ohren-Arzt, der eine Störung des Gleichgewichtsorgans ausgeschlossen hat.

Die Erhebung der biographischen Anamnese unter tiefenpsychologischen Gesichtspunkten ergab einen reaktualisierten neurotischen Konflikt (ihre multimodale Therapie siehe in Abschnitt VI.10).

Psychotische Angst: durch Störungen hirnphysiologischer Abläufe erwachsende Angst. Aus systemischer Sicht liegt es nahe anzunehmen, daß über mehrere Generationen konfliktreiche Beziehungsmuster sich immer weiter in ihren pathologischen Auswirkungen entwickelt haben und extreme äußere Einwirkungen als zusätzlicher dispositioneller Faktor zu einer dauerhaften Überforderung des Vegetativums und der zentralen Hirnareale geführt haben. Während die neurotische Angst nur supportiv medikamentös behandelt werden sollte, die Psychotherapie (s. u.) hilft, ist es bei Vorliegen einer psychotischen Angst ein Behandlungsfehler, keine Medikamente einzusetzen! Die Menschen werden überflutet von ihren Ängsten, sind ihnen hilflos ausgeliefert und hoch gefährdet, in ihrer Not nur noch den Freitod als Möglichkeit zu erkennen, um Ruhe zu bekommen.

7. Bindungserfahrung und Erkundungstrieb in der Entwicklung von Angst

Jedes seelische Erleben ist individuell und muß deswegen individuell bearbeitet werden. Im Prinzip gibt es Angst nicht, sondern es gibt nur einen Menschen, der Angst hat. Sooft er in Gruppen auch die Erfahrung machen kann, daß andere Menschen ebenfalls Angst haben, und hierdurch sein Selbstwertgefühl gestärkt wird, verbirgt sich hinter der Entwicklung dieses seelischen Phänomens immer die ureigene Geschichte des Menschen. Diese beginnt mit der Geschichte seiner Eltern, damit, welche Bindungsmuster sie selbst entwickelt, wie sie Bindung in ihrer Familie erfahren haben, welche Schicksalsschläge sie verwinden mußten, welche Beziehungserfahrungen sie machten, ehe sie zueinanderfanden.

Sichere, unsicher-ambivalente, unsicher-vermeidende und desorganisierte Bindungen wurden oben beschrieben. Für die Entstehung von Angst reicht es nicht aus, die prägenden Bindungserfahrungen in der frühen Kindheit isoliert zu betrachten, sondern auch die prägenden Beziehungserfahrungen in der Kindheit sind zu reflektieren. Der Erkundungstrieb ist dem Menschen ureigen. Inwieweit aber eine Mutter oder ein Vater diesen zuläßt, Bedingungen schafft, daß ein kleines Kind sich «schrittweise» immer mehr zutraut, entscheidet maßgeblich darüber, wieviel sich ein Mensch später zutraut. Kann sich ein Kind sicher fühlen, d. h. gesichert von der Achtsamkeit und Fürsorge der aufmerksamen Mutter, die größeres Leid verhindert, tröstet, wenn es sich weh getan hat, ihm jedoch auch etwas zutraut, die es «loslassen» kann? Verhält sich die Mutter ängstlich, hindert sie das Kind, «in die weite Welt zu gehen», hindert es, das Leben mit all seinen Gefährdungen zu erfahren und zu begreifen, lernt das Kind nicht, sich etwas zuzutrauen. Es wird ängstlich vermeidend wie die Mutter. Der Bindungstrieb des Kindes verhindert zu diesem frühen Zeitpunkt des Lebens, daß sich das Kind lösen kann. Ein kleines Kind, das gerade sicher laufen kann, entfernt sich von der Mutter: Wie diese reagiert, ob sie das Sich-Entfernen erlaubt oder verhindert, dem Kind mit den Augen folgt oder Unterstützung durch Nicht-Hinschauen verweigert, führt zu wichtigen Lernerfahrungen für das Kind im Umgang mit seinem Erkundungstrieb. Angst wird so «erlernt».

Solchermaßen erlerntes ängstliches Verhalten wird sich im Unterricht eines Lehrers auswirken. Er wird lieber dreimal etwas erklären als fordern, daß alle Schüler schon beim ersten Mal alles begreifen. Er wird eher überprotektiv den Schülern wenig zutrauen und mit allzu großer Bereitschaft auf emotionale Bedürfnisse der Schüler eingehen. Er möchte vermeiden, daß sie ähnlich ihm selbst mangelnde Achtsamkeit und Geborgenheit oder zu wenig Schutz erleben. Für viele Kinder ist dieses Verhalten sehr hilfreich, für andere blockierend und provozierend. In Abhängigkeit von seinem Konfliktmanagement wird er, wenn Kinder sein Verhalten als störend erleben, persönlich gekränkt mit Ablehnung bzw. Abwendung reagieren oder aber mit Nicht-wahrhaben-Wollen, daß diese Schüler seinen guten Willen als Einschränkung erleben. Ist er seelisch im Lot, wird er sich souverän verhalten können und weniger persönlich reagieren.

Gerät der Lehrer durch unlösbare Beziehungskonflikte in der Schule, zu Hause oder im Freundeskreis zunehmend unter Druck und zeigen sich Symptome einer Angststörung, so ist eine psychotherapeutische Behandlung notwendig.

In einer systemischen Reflexion fragen wir, wie ein Mensch gelernt hat, Beziehung als sicheren Ort zu erfahren. Wie hat die maßgebliche Bezugsperson in der frühen Kindheit Beziehung gestaltet, daß sie als sicherer Ort gelten konnte? Wie wurden wichtige Beziehungen später, im Kindergarten, in der Schule, während der Zeit der Peergroup-Erfahrungen in der Pubertät gestaltet, daß sie Sicherheit, Geborgenheit und Achtsamkeit vermittelten? Vor diesem Hintergrund als Ressource erarbeiten wir Möglichkeiten für den Patienten, der seinen sicheren Ort verloren hat, diesen neu zu gestalten.

Unter diesem Blickwinkel betrachtet, tritt immer dann Angst auf, wenn eine Veränderung eingetreten ist, die Bindungsverhalten aktiviert, weil sie subjektiv als bedrohlich und überfordernd erlebt wird. Oder der Mensch, der den sicheren Ort bedeutet hat, ging verloren. Dies finden wir z. B. im Fall einer Scheidung oder des Verlustes des Ehepartners durch Tod. Oder es konnte noch keine Beziehung zu einem Menschen aufgebaut werden, der einen neuen sicheren Ort bedeuten könnte. Dies ist z. B. zu erkennen, wenn junge Menschen das Elternhaus verlassen. Einsamkeit und Verlassenheit sind mögliche Aktivatoren für Bindungsverhalten. In dem Bestreben, ihre Autonomie nicht in Frage zu stellen, sich keine Blöße zu geben, oder weil sie sich beweisen wollen, es allein zu schaffen, können sich Ängste einstellen als Ausdruck eines *Autonomie- versus Abhängigkeitskonfliktes*.

Wenn sich ein unsicher-vermeidendes oder -ambivalentes Bindungsverhalten herausgebildet hat, können in Phasen der Veränderung wie dem Klimakterium, dem Auszug der Kinder aus dem Elternhaus, in Reaktion auf das sogenannte *Emptynest*-Syndrom, sogenannte *Symbiose-Individuationskrisen* mit viel Verlustangst einhergehen. Die im Bindungsverhalten erlebte Unsicherheit führt zu einer größeren Selbstunsicherheit in Zeiten der Ablösung und zunehmenden Individuation.

Eine 52jährige Lehrerin beschrieb sich als einen von Natur aus eher ängstlichen Menschen. Sie hatte einen hochpedantischen Finanzbeamten geheiratet. Dieser konnte durch seine Zuverlässigkeit ihre Verlustängste gut kompensieren. Für sie war es als Mutter von zwei Söhnen völlig in Ordnung, daß Sexualität wenig ausgelebt wurde und sich die insgesamt Partnerschaft eher langweilig gestaltete. Sie konnte sich über das Zusammenleben mit den Söhnen freuen und sah hierin genug Anerkennung und Kurzweil.

Als der zweite Sohn vor dem Abitur stand, überfiel sie massive

Angst. Sie traute sich nichts mehr zu, konnte das Haus nicht mehr verlassen, verlor alle Lebensfreude. Mit dem drohenden Auszug des zweiten Sohnes ging ihr Lebenssinn aus dem Haus. Für sich selbst irgend etwas neben Beruf und Familie zu unternehmen, das ihr Befriedigung und Quelle von Anerkennung hätte werden können, z. B. eigene Freundschaften zu pflegen, war ihr schon lange nicht mehr in den Sinn gekommen. Sie fühlte sich oft «verschnupft», malad und schlapp. Konflikte mit ihrem Mann auszutragen war ihr ebenfalls nicht in den Sinn gekommen, führte er doch ein untadeliges Leben. Eine lebhafte Sexualität mit ihm erleben zu wollen hatte sie schon viele Jahre zuvor aufgegeben. Sie erlebte sich verblüht wie eine Blume, die man nur noch wegwerfen kann.

In ihrer Angst klammerte sie sich zunehmend an ihren Mann. Sie regredierte dabei psychisch auf eine prägenitale Entwicklungsstufe und konnte so ihre sexuellen Bedürfnisse abwehren. Dies ermöglichte ihr ein Fortsetzen der Konfliktvermeidung zum Erhalt der für sie wichtigen Beziehung zum idealisierten «starken» Mann. Sie entwertete ihre im Beruf erworbenen Kompetenzen, um die hiermit verbundene Autonomie nicht spüren zu müssen. Diese hätte ihre Verlustängste gesteigert.

8. Systemische Hypothesen zur Entstehung von Angst

Angst als Ausdruck einer Beziehungsstörung tritt auf, wenn eine Entwicklung eingetreten ist, auf die wir noch keine angemessene befriedigende Antwort gefunden haben. Wir können sie noch nicht in der Weise in unsere Beziehungsmuster integrieren, um zufrieden zu sein und es als Entwicklungsschritt nach vorne erleben zu können.

Angst zeigt auf, daß

- wir zu wenige oder ungeeignete Lösungsmöglichkeiten auf die neue Situation anwenden. So finden wir nur zu unbefriedigenden Ergebnissen, obwohl wir unbewußt sicher sind, daß es bessere für uns gibt. Diese eröffnen sich uns, wenn wir die Ressourcen nutzen, die sich aus Reflexionen der innerfamiliären Beziehungserfahrungen und Lösungsbeispiele für ähnliche Situationen ergeben.
- wir nicht erkennen können, daß wir in einer ähnlichen, früher schon einmal erlebten Situation in einer Weise reagiert haben, wie wir sie nicht wiederholen möchten, weil anson-

sten die Ressourcen im Hier und Jetzt ungenutzt blieben. Im Beispiel oben erkennt die Patientin, daß sie ungerechtfertigterweise ihren Mann mit ihrem Vater und sich selbst mit ihrer Mutter gleichgesetzt hatte. Es wird quasi unangemessen eine Lebenserfahrung aus der Vergangenheit wiederholt, die lediglich ähnlich ist. Die Herausarbeitung der Unterschiede ist hier ein wesentlicher Schritt.
• wir eingetretenen oder bevorstehenden Umbrüchen in unserem Leben vermehrte Aufmerksamkeit schenken müssen, die ganz besondere Anforderungen an unsere Integrationsleistung in all unseren Lebensbereichen stellen. Konflikte, die sich aus Umbrüchen ergeben, können nur in dem Kontext erfolgreich bearbeitet werden, in dem sie auftreten.

Tab. 3: Umbruchphasen in unserem Leben, die unsere Aufmerksamkeit erfordern.[90]
Diese Umbruchphasen stellen Klippen dar bzw. deuten auf Krisen[91] hin, an denen die Souveränität eines Menschen bei entsprechender Disposition in Gefahr geraten kann.

Schwangerschaft und Geburt eines Kindes

Auszug bzw. Erwachsen-Werden eines Kindes

Partnerschaft bzw. Eheschließung, wodurch das System selbst erweitert und gleichzeitig verkleinert wird und sich ein neues System mit eigenen Regeln und Grenzen bildet

Ein Kind verläßt die Familie

Plötzliche schwere Erkrankung eines nahen Angehörigen

Sterben und Tod eines Familienmitgliedes

Trennung und Scheidung

Wechsel des sozialen Umfeldes durch Umzug

Klimakterium

Verlust des Arbeitsplatzes

Beginn/Ende des Berufslebens

9. Angst in unterschiedlichen Lebensphasen

> So vermag ich den Gegenstand meiner Darstellung nicht festzuhalten. Denn auch er wankt in natürlicher Trunkenheit einher. Deshalb nehme ich ihn jeweils so, wie er in dem Augenblick ist, da ich mich mit ihm befasse. Ich schildre nicht das Sein, ich schildre das Unterwegssein: weniger von einem Lebensalter zum anderen oder, wie das Volk sagt, von Jahrsiebt zu Jahrsiebt als von Tag zu Tag, von Minute zu Minute.
>
> *(Michel de Montaigne, Essais)*

Die Hypothese lautet, daß es in Abhängigkeit von den jeweiligen Lebensphasen einem Menschen mit unterschiedlichem Blickwinkel möglich ist zurückzublicken. Die egoistischen Ziele für die Befriedigung von Ehrgeiz und Machtstreben ändern sich. Die Einbindung in die verschiedenen Kontexte von Familie, Freundes- und Bekanntenkreis, Arbeitswelt und Gesellschaft verändert sich in ihrer Bedeutsamkeit für das Selbstverständnis eines Menschen (Kontextkreis).

Die Beziehungsgestaltungsmöglichkeiten wandeln sich mit sich ändernden Rollenverständnissen und -zuschreibungen (Rollenmanagement-Raute). Lebenssinn, Körperlichkeit, Leistung und soziale Kontakte verändern sich (Gesundheitsraute). Die Kompetenzen wandeln sich mit zunehmendem Lebensalter und größerer Berufserfahrung (Kompetenzraute).

Mit auslösend für Angst können sein:

- Verlust der Möglichkeit, realisierbar erachtete egoistische Ziele zu erreichen
- seinen Ehrgeiz nicht befriedigen und seine Leidenschaften und sein Machtstreben nicht ausleben zu können
- die Unfähigkeit, seine Grenzen in den unterschiedlichen Kontexten und Systemen schützen zu können. Emotionale Vernachlässigung und Verwahrlosung, Gewalterfahrungen, Verletzungen der Generationengrenzen und Mißbrauch bedingen diese.

- Überforderungserleben, sich ausgenutzt fühlen, Unterlegenheitsgefühle etc.
- Nicht zu vereinbarende, divergierende Rollenerwartungen und ein zu unterschiedliches Rollenselbstverständnis bedingen eine erhöhte Auseinandersetzungsbereitschaft, die insbesondere Menschen, die Konflikten lieber aus dem Weg gehen, überfordern. Oder wenn in einer Rolle so hohe Erwartungen gestellt werden, daß für die anderen Rollen keine Lebensenergie mehr übrigbleibt.
- Es gelingt nicht, genügend Aufmerksamkeit für alle Bereiche, die für eine ganzheitliche Gesundheit wichtig sind, aufzubringen. So kann es einen Menschen hart treffen und stark verängstigen, wenn er keine Übung in der Beantwortung der Frage nach dem Lebenssinn hat, wenn er körperlich schwer krank wird, er einen Leistungseinbruch erleidet oder soziale Kontakte verlorengehen.
- Wenn jemand daran gehindert wird, seine Kompetenzen in einem ihn zufriedenstellenden und seinen Fähigkeiten gerecht werdenden Ausmaß anzuwenden, führt dies zu innerer Unzufriedenheit. Wenn lediglich eine erhöhte Konfliktaustragungsbereitschaft und -fähigkeit zu Veränderung führen, kann jemand ängstlich hiervor zurückschrecken. In Verbindung mit weiteren Beziehungskonflikten kann Angst krankheitswertig werden.

Es muß selbstverständlich in jedem Einzelfall herausgearbeitet werden, wie die Interaktionsmuster in den unterschiedlichen Kontexten bei einem Menschen konkret ausschauen, und auch, wie sie sich untereinander abgrenzen, ineinander übergehen bzw. durchlässig füreinander sind.

Die therapeutische Bearbeitung neurotischer Angst als einer Beziehungsstörung hat auch das Lebensalter zu berücksichtigen, in dem die Angst auftritt. Für jeden Zeitpunkt des Lebens können wir eine Zeitschnittebene bilden, zu der wir folgende vier Fragen sorgfältig bearbeiten:

- Wie gestalten sich die Struktur und die Beziehungsmuster innerhalb des Kontextes Ursprungs- und Kernfamilie, des Freundes- und Bekanntenkreises und der Arbeitswelt?
- Wie gestalten sich die Grenzen zwischen den einzelnen Kon-

texten, insbesondere auch unter Einbeziehung der Konstitution und Disposition?
* Wie gestalteten sich die Beziehungsmuster, als es dem Menschen gutging? Welche Unterschiede sind eingetreten und gilt es zu integrieren?
* Wie können sich die Beziehungsmuster neu gestalten, damit es unter den veränderten Bedingungen wieder gutgeht?

Für einen gröberen Überblick hat sich bewährt, in Sieben-Jahres-Schritten dieses Modell zu entwickeln. Man hätte genausogut auch Fünf- oder Zehn-Jahres-Schritte wählen können. Die weiteren Ausführungen hierzu sind lediglich Beispiele zur Illustration, erheben nicht den Anspruch auf Vollständigkeit und müssen für den jeweiligen Einzelfall präzisiert werden. Die unterschiedlichen Rauten, das anthropologische Modell sowie die Diskussion von Egoismus, Ehrgeiz und Machtstreben können für eine Selbstreflexion genutzt werden.

Beispiele für persönliche Entwicklungsstadien in Sieben-Jahres-Schritten
Das 7jährige Kind ist in die Schule und damit in einen Soziokontext eingetreten, in dem es viel Eigenständigkeit erwirbt. Es hat sich integriert in die Reihe der Gleichaltrigen und ist gleichzeitig noch ganz ans Elternhaus gebunden. Der Reifungsprozeß des Gehirns ist weitgehend abgeschlossen, und es wird das abstrakte Denken möglich, muß aber erst noch erlernt werden. Aus dem spielerischen Erobern und Begreifen wird das bewußte Erlernen von Zusammenhängen. Es erobert sich die Kulturtechniken wie Rechnen und Lesen. Es kann jetzt bewußt lügen, und Erwachsene können es nicht mehr anlügen. Es verliert seine Unschuld. Das magische Denken ist noch sehr ausgeprägt. Es ist noch 100 % sozial abhängig. Angst tritt auf, wenn das Kind in dieser Abhängigkeit z. B. durch ungesicherte Versorgung, Abwesenheit der wichtigsten Bezugsperson, Unberechenbarkeit der Zuwendung etc. emotional überfordert ist und Beziehung nicht als sicheren Ort erfährt.

Der 14jährige setzt sich in seiner Pubertät mit der Entwicklung seines Körpers, dem Erleben von Geschlechtlichkeit und Wahrnehmen des anderes Geschlechts, mit dem Aufbau der Peergroup etc. und mit dem Bewußtsein von Endlichkeit bzw. Sterben auseinander. Für die Erwachsenen hat er «wegen Umbau geschlossen». Er gewinnt zunehmend an Selbständigkeit, er vergleicht sich mit anderen. Bei geringem Selbstwertgefühl und Selbstvertrauen erlebt er ein Unterlegenheitsgefühl und die Angst, nicht dazuzugehören, u. U. als existentiell bedrohlich.

Er spürt deutlich den Wunsch, sozial unabhängiger zu sein und zu Gleichaltrigen dazuzugehören. Sein Rollenverständnis und die Rollenerwartungen von Eltern und Lehrern ändern sich deutlich. Auf seinem Weg zu einer neuen Rollensicherheit kommt es zu vermehrten Konflikten. Sein Körper und seine soziale Akzeptanz rücken mehr in den Mittelpunkt seiner Aufmerksamkeit. Er neigt dazu, seine Kompetenzen zu überschreiten und zu überschätzen.

Angst kann auftreten, wenn er sich überfordert fühlt von Rollenerwartungen, die er nicht erfüllen kann. Wenn er Grenzverletzungen erfährt, gegen die er sich nicht wehren kann oder, was noch schlimmer wäre, die er in seinen Folgen nicht erkennen kann. Wenn er sich in seinem Bestreben nach Kompetenzerweiterung zu stark beschnitten fühlt und keine ausreichende Möglichkeiten erkennen kann, wie er seine egoistischen Ziele verfolgen, seinen Ehrgeiz befriedigen und sein Machtstreben leidenschaftlich verfolgen kann.

Der 21jährige Mensch erlebt sich allmächtig oder selbstunsicher, zögerlich zurückhaltend, in die Welt der Erwachsenen einzutreten. Er hat noch wenig eigenständiges Selbstverständnis oder Rollensicherheit entwickeln können. Weder ausreichend eigene Leistung noch längere positive Lebens- und von den Eltern bzw. der Familie unabhängige tragende Beziehungserfahrung sichern seine Souveränität ab. Er sucht neue Freunde, weil durch Bezug der ersten eigenen Wohnung, den Abgang von der Schule und den Besuch der Universität oder den Eintritt ins Berufsleben der Aufbau eines neuen sozialen Umfeldes gefordert ist. Um berufliche Kompetenzen zu entwickeln, fehlt die Erfahrung im Arbeitsalltag. Er übt sich in Eigenständigkeit, indem er sich auf selbstgewählte Abhängigkeiten einläßt.

Ein 28jähriger Mensch setzt sich in seiner Entwicklung eher mit Themen wie Familiengründung, beruflicher Orientierungssuche bzw. ersten Erfahrungen im Beruf auseinander. Er ist sozioökonomisch meist unabhängig von den Eltern. Er denkt vielleicht schon an Hausbau oder verwaltet sein erstes selbstverdientes Geld. Er erlaubt sich was. Die Kompetenzen sind noch wenig abgesichert, es entwickelt sich erst eine Rollensicherheit im Beruf und privat. Der Praxisschock nach dem Studium kann einen Berufseinsteiger hart treffen und die ganze bisherige Lebensplanung in Frage stellen.

Angst kann es bereiten, sich bewußt zu werden, daß man lebensentscheidende Weichenstellungen und Entscheidungen treffen muß, die selbst verantwortet werden müssen. Angst vor einer festen Verbindung kann durch Erfahrung von Trennungen alte Verlustängste oder Kränkungserfahrungen reaktivieren.

Der 35jährige Mensch erlebt nicht selten mit großer Wucht, daß er eine eigene Vergangenheit hat, setzt sich mit seiner Endlichkeit und beruflichen Perspektive auseinander, was oft zu einer Weichenstellung führt, die jemanden damit konfrontiert, Verantwortung für eigene Entscheidungen und für andere zu übernehmen. Die Kinderfrage wird zunehmend drängender, da die biologische Uhr immer lauter tickt. Damit rücken Körperlichkeit und Lebensplanung in den Vordergrund. Gleichzeitig werden Karrierebewußtsein und erhöhte Leistungsbereitschaft im Beruf gefordert. Die Kompetenzen sind abgesichert und zeigen die Perspektive auf, ob jemand eher eine Leitungsposition in Schule oder Lehrerausbildung anstrebt oder eher einen sozialpädagogischen Schwerpunkt setzen möchte.

Die Bewußtheit von Vergangenheit konfrontiert mit dem Erleben von Begrenztheit. Dies kann z. B. zu der Angst führen, daß sich alte Abhängigkeiten nur zum Teil auflösen ließen bzw. durch neue ersetzt wurden. Der Traum von der Freiheit wird zu dem Bewußtsein, daß dies oft nur heißt, frei zu sein für eine diesmal selbstgewählte und zu verantwortende Abhängigkeit.

Der 42jährige Mensch befindet sich auf der Höhe seiner beruflichen Schaffenskraft. Er verfügt über gut abgesicherte berufliche Kompetenz, hat in diesem Kontext eine gute Rollensicherheit entwickelt. Er macht die Erfahrung, daß Menschen, die er gut kennt, krank werden, seine Eltern treten in den dritten Lebensabschnitt ein. Die eigenen Kinder kommen in die Pubertät und lassen erkennen, daß sie selbständig werden und eines Tages das Haus verlassen werden usw. Damit verändern sich seine Rollen in diesen Bereichen deutlicher und bedürfen der vermehrten inneren Aufmerksamkeit. Krankheit wird ein Erleben, das einen selbst oder Menschen aus dem Freundeskreis und der weiteren Familie trifft.

Wenn er jetzt zurückblickt, kann er sich bezüglich seiner Integrität und seines inneren Zusammenhalts gefahrloser auch mit Erfahrungen und Erlebnissen in seinem Leben auseinandersetzen, die sein Weltverständnis, seinen Selbstwert und sein Selbstverständnis zutiefst erschütterten und deswegen weit aus dem Bewußtsein ins Unterbewußte verdrängt werden mußten. Oft erinnern Menschen sich in dieser Lebensphase, wenn viele Umbrüche zu verarbeiten sind, an Traumatisierungen in der Kindheit.

Angst kann z. B. bewirken, daß familiäre bzw. Beziehungsansprüche und Karriere nicht leicht zu vereinbaren sind. Man setzt sich mit Begrenzungen auseinander und hat erfahren, daß man nicht alles kann. Man erkennt, daß sich für etwas zu entscheiden auch immer bedeutet, sich gegen etwas zu entscheiden. Gesundheitliche Leistungsgrenzen schränken den Entfaltungsspielraum u. U. enger ein, als man bisher glaubte.

Der 49jährige Mensch steht ebenfalls in der Auseinandersetzung mit Körper und Kraft, mit Klimakterium und Verlust der *vita generandi*. Seine Eltern werden zu alten Menschen, die der Fürsorge bedürfen oder von Krankheit geschwächt sind. Er ist für sie nicht mehr das zu versorgende Kind, sondern der Versorgende. Diese Rollenumkehr führt noch einmal in die Auseinandersetzung mit seinem Erleben, Kind dieser Eltern zu sein und hiervon Abschied zu nehmen. Das Erkennen der Wirklichkeit schafft die Voraussetzung, sie zu verändern. Die eigene Lebensarbeitszeit wird als begrenzt erkannt, und gleichzeitig befindet er sich auf der Höhe von erfahrungsabhängiger Kompetenz und Leistungskraft. Die eigenen Kinder sind erwachsen und haben das Haus verlassen, sind aber sozioökonomisch oft noch abhängig. Ihr Ablösungsprozeß erzwingt eine Neudefinierung der Partnerschaft, die Frage nach dem Lebenssinn stellt sich neu. Wenn wir die Elternschaft als eine große Herausforderung an die Kooperationsfähigkeit von Mann und Frau betrachten können, stellt sich die Frage, worin sie künftig kooperieren werden.

Angst beschäftigt sich damit, nicht alles erreicht zu haben, zu denken, das kann doch nicht alles gewesen sein im Leben. Das Erleben von einerseits großer Arbeitskraft und gleichzeitiger Auseinandersetzung mit der begrenzten Lebensarbeitszeit läßt alte Versagensängste und Insuffizienzgefühle wieder hochkommen. Was gibt neuen Sinn für Partnerschaft und das eigene Selbst? Wie gelingt es, alltäglich miteinander zu interagieren nach vielen Jahrzehnten, die mehr davon geprägt waren, zu kooperieren und weniger zu kommunizieren?

Der Mensch hat mit 56 Jahren meist die Spitze seiner sozialen Verantwortung, die zu übernehmen er fähig ist, erreicht. Er hat viele Erfahrungen gesammelt und sieht nun, wie jüngere Menschen nachkommen und dort ihr Können, ihren Elan mit viel Risikobereitschaft einbringen, wo er schon beginnt, zurückhaltender, weil abgeklärter zu werden. Karriere ist nicht mehr alles. Körperliche Belastungsgrenzen wurden gespürt, u. U. erste eigene ernstere Krankheitserfahrungen gemacht. Die eigenen Eltern sind vielleicht schon verstorben, oder aber sie sind durch hohes Alter gebrechlich geworden. Die Beziehung zu den eigenen Geschwistern wird oft neu belebt, weil man über die Elternversorgung ins Gespräch kommt. Die eigenen Kinder sind oft verheiratet, manchmal auch schon geschieden, und man gehört zur Großelterngeneration. Es wird eine neue Lebensreflexion geführt, um sich auf den vierten Lebensabschnitt nach Kindheit, Familienphase, Phase nach dem Auszug der Kinder, die Phase nach dem Berufsleben, einzustellen. Wenn ein Mensch sich in diesem Lebensalter mit weit zurückliegenden und dennoch sein Leben überschattenden Erfahrungen auseinandersetzt, hat dies eine eigene Qualität. Er zeigt viel inneres Engagement und Willen zur Veränderung im Hier und Jetzt, sieht endlich die Möglichkeit dazu, nachdem die sonst lebensbestimmenden Verpflichtungen in Familie und Beruf nicht mehr als so bestimmend erlebt werden.

Zunehmend treten körperliche Veränderungen in den Vordergrund und bestimmen das Erleben mit. Ängste können auftreten als Ergebnis *involutiver*, d. h. rückbildender Prozesse im Körper, der einem hierdurch fremd geworden ist, zu dem man in eine neue Beziehung treten muß.

Mit 63 Jahren ist das Ende der Berufstätigkeit schon erreicht oder in unmittelbarer Nähe. Der Rückblick auf das, was der Mensch geschaffen und für andere getan hat, führt ihn oft noch einmal weit zurück in Kindheitserinnerungen. Vieles, was damals an Lebensentwurf innere Orientierung war, konnte realisiert werden, anderes stellte sich als schöne Phantasterei heraus. Oft hat man Glück gehabt, doch nicht seltener auch Pech. Wenn es unter dem Strich in wohlwollendem Licht erscheint, ist es gut. Andere sind von Krankheit gezeichnet, haben Angehörige aus der eigenen Generation, vielleicht aus dem unmittelbaren Freundes- und Bekanntenkreis schon zu Grabe getragen.

Am Ende des Berufslebens steht die Frage nach der künftigen Verteilung der Lebensenergie auf die Elternschaft/Fürsorglichkeit – Partnerschaft – Selbst – Beruf/Arbeit im Rollenmanagement. Wir können schließlich nicht von jedem erwarten, daß berufliche Aktivitäten für jeden Menschen bedeutsam bleiben, wie dies für Hans-Georg Gadamer der Fall war, der mit über 100 Jahren (!) noch öffentlich Stellung bezog. Oder wie bei Marion Gräfin Dönhoff, welche mit über 90 Jahren noch aktiv teilnahm am Geschehen der «Zeit».

Angst kann die Frage auslösen, wie das Leben, ohne beruflich tätig zu sein, inhaltsreich geführt werden kann. Diese Frage wird häufig nicht gestellt, aus Angst verharmlost bzw. nicht wahrgenommen.

Das Thema Gesundheit nimmt für den 70jährigen eine zunehmend größere Bedeutung ein. Vielfach werden gesellschaftliche und Berufswelt-bezogene Themen bedeutungsärmer. Die eigene Familie sowie der Freundes- und Bekanntenkreis werden zu einem zentraleren Aufmerksamkeitspunkt. Dies wird auch im Rückblick dieser Menschen erkennbar. Soziale Absicherung, der große Wurf im Leben etc. treten zurück.

Angst kann es bereiten zu erleben, daß viele Entwürfe, welche die Zeit nach der Verrentung betreffen, nicht erfüllbar werden, weil unvorhergesehene Ereignisse wie Krankheit bei sich selbst oder beim Partner einschränken oder man nicht abwesend sein möchte, wenn enge Freunde einen brauchen.

Dem 77jährigen fällt schmerzlich auf, daß viele Gleichaltrige verstorben sind und es zunehmend schwerer fällt, neue Menschen kennenzulernen und mit ihnen vertraut zu werden. Die mit den alten Freunden entwickelte Vertrautheit und Intimität ist nicht wieder belebbar. Die allgemeine Belastbarkeit hat deutlich nachgelassen, und das Bedürfnis nach Entlastungspausen ist größer. Die Fähigkeit, aktiv einzugreifen, wenn eigene Kinder oder Enkelkinder der tatkräftigen Unterstützung und nicht nur des Rates bedürfen, schwindet. Die eigenen Kinder sind in einem Alter, daß schwerwiegende, das Leben verändernde Krankheiten sie mit größerer Wahrscheinlichkeit treffen können, daß sie vielleicht sogar eher sterben müssen als man selbst. Man spürt, mehr zur Passivität verdammt zu sein. Und das kann angst machen.

10. Behandlung von Angst als Beziehungskrankheit

Durch die Definition von Angst als Beziehungsstörung in der Überschrift wird schon erkennbar gemacht, daß das Ziel einer Therapie nicht sein kann, die lebenserhaltende und Entwicklung vorantreibende Angst zu nehmen. Zeigt sich jedoch Angst über längere Zeit als störend in der Beziehungsgestaltung in gleich welchem Kontext, behindert sie die Ausübung vertrauter Tätigkeiten und die Pflege liebgewonnener Kontakte und wird sie leidvoll erlebt, ist möglichst frühzeitig eine spezifische Behandlung durchzuführen. Diese kann ambulant in einer psychotherapeutischen Praxis, tagesklinisch oder stationär in einer Klinik durchgeführt werden. Weniger die angewandte Methodik als die berufliche Erfahrung und Authentizität des Behandelnden sowie die vertrauensvolle Beziehung, die er mit dem Patienten eingeht, sind entscheidend. Jeder verantwortungsbewußte Therapeut wird sich im Laufe seines Lebens mit unterschiedlichen Methoden auseinandersetzen und sein therapeutisches Handwerkszeug so weit formen, daß er Behandlungen, die er übernimmt, auch mit der Aussicht auf Erfolg durchführen kann. Jüngere Therapeuten befinden sich meist in Supervision eines erfahrenen Ausbilders, um in ihrer Arbeit unterstützt zu werden und diese gut durchführen zu können. In meinem Beispiel beschreibe ich einen multimodalen Behandlungsansatz, weil er das Ineinandergreifen von unterschiedlichen Methoden und die fruchtbare Zusammenarbeit verschiedener Therapeuten erkennen läßt. Voraussetzung hierfür ist die intensive Kommunikation untereinander und eine gut abgesprochene Kooperation vor dem Hintergrund einer gemeinsam erarbeiteten Vision.

Bei gegebener Indikation – abhängig von der Dauer der Erkrankung, dem Schweregrad der Haupt- und Begleitsymptomatik – hilft eine klinische Behandlung von Angststörungen. «Rückblickende Bewertungen der Patienten sowie Verlaufsanalysen der standardisiert erhobenen Parameter weisen die Therapie insgesamt als erfolgreich und die langfristigen Ergebnisse überwiegend als stabil aus.»[92] Für unser Wohlbefinden und inneres Gleichgewicht ist die Lebensqualität, wie wir sie unabhängig von äußeren Gegebenheiten erleben, von großer Wichtigkeit. Sie ist gleichsam unser Antriebsmotor. Sie wird durch eine Therapie deutlich verbessert: «Die Werte für die Lebensqualitätsdimensionen: Stimmungslage, Lebenszufriedenheit, globale Lebensqualität und Alltagsfunktion verändern sich ganz überwiegend in die angezielte Richtung.»[93]

Multimodale klinische Therapie Um einem komplexen Erleben wie der Angst therapeutisch erfolgreich begegnen zu können, wird im klinischen Kontext mit unterschiedlichen Methoden gearbeitet. Allen gemeinsam ist der tiefenpsychologisch fundierte Ansatz, der ergänzt wird durch systemische und verhaltenstherapeutische Elemente, Entspannungsarbeit, Soziotherapie etc. Es handelt sich bei einer klinischen Behandlung nicht um eine einfache Addition einzelner Methoden. Durch regelmäßige Teamreflexionen wird der Synergieeffekt des Austauschs der Erfahrungen hochkompetenter Therapeuten untereinander genutzt, und die einzelnen Therapien werden zu einer gemeinsamen zusammengefügt. Zurück zu unserer Fallgeschichte (siehe Abschnitt VI.6):

Die Patientin erinnerte in der Therapie, daß, als sie geboren wurde, ihr Großvater mütterlicherseits bei einem Autounfall ums Leben gekommen war. Ihre Mutter hatte ein sehr inniges Vertrauensverhältnis zu ihm gehabt. Als die Mutter der Patientin gerade 4 Monate alt war, mußte ihre Mutter wegen einer schweren Lungenentzündung ins Krankenhaus und anschließend in Kur. Während dieser Zeit hatte der Vater sich intensiv um seine Tochter gekümmert, wenn er nachmittags nach Hause kam. Diese enge Bindung, die sich hieraus bildete, blieb während seines ganzen Lebens bestehen und war von großer Bedeutung für sie. Insbesondere, wenn sie seelisches Leid verspürte, suchte sie seine Nähe.

Als der Großvater nun plötzlich verstarb, trauerte die Mutter intensiv über mehrere Jahre. Es fiel ihr sehr schwer, sich angemessen um die Tochter zu kümmern. Selbst wenn diese schrie, dauerte es eine Zeitlang, bis die Mutter sie aufnahm und versorgte. Ihr Vater war durch Fortbildungen am Abend viel unterwegs. Möglicherweise ging er auch fremd. Sie erinnerte sich, daß der Vater bisweilen zuviel getrunken hatte, wenn er nach Hause kam, und es Streit gab. Er warf seiner Frau vor, immer nur an ihren Vater zu denken und kein Auge mehr für ihn zu haben. Ihre Mutter wehrte sich, und es kam wiederholt, auch in Gegenwart der Tochter, zu Tätlichkeiten. Ihre Mutter weinte deswegen viel, und die Tochter versuchte schon als kleines Mädchen, sie zu trösten und ihr Arbeit im Haushalt abzunehmen.

In der Tanz- und Bewegungstherapie konfrontierte sie sich mit ihren Gefühlen der Hilflosigkeit und Angst, die sie erlebt hatte, wenn der Vater die Mutter verbal und auch körperlich angriff. Anfänglich stand sie mit hängenden Schultern, teilweise mit den Händen vor dem Gesicht, mit schlaffem Muskeltonus, als habe sie keinen sicheren Boden unter den Füßen. Es gelang ihr mit Hilfe der Therapeutin zu weinen, sich in den Arm nehmen zu lassen. Später konnte sie im Rollenspiel ihrer Wut Ausdruck verleihen. Diese Wut, dieser Aggression des Vaters gegen die Mutter hilflos und passiv ausgeliefert gewesen zu sein und erlebt zu haben, daß die Mutter sich nicht schützen konnte, zeigte sich im «Körpergedächtnis» als Verspannung und auch in den versteiften Bewegungsabläufen.

Anfänglich vermied sie es, sich mit ihrer Mutter und ihren eigenen Bedürfnissen an sie auseinanderzusetzen. Es erschien ihr unangemessen, sie mit ihren Gefühlen zu belasten. Auch hatte sie zu oft erfahren, daß die Mutter nach Auseinandersetzungen mit dem Vater lange Zeit nicht ansprechbar für die Tochter und deren Bedürfnisse war. Später konfrontierte sie die Mutter im Rollenspiel damit, daß sie sie oft emotional allein gelassen hatte, sie sich mehr Achtsamkeit und Geborgenheit gewünscht hätte. Als kleines Kind hatte sie eigene Wünsche allzu oft mit Rücksicht auf die Trauer der Mutter zurückhalten müssen.

Sie forderte, anfänglich zaghaft, später immer deutlicher, Schutz von ihr ein, wenn sie sich bedroht fühlte. Dies war ihr möglich, weil sie auch die Kraft und Stärke der Mutter erkennen konnte, was ihr als Kind nicht möglich gewesen war.

Über diese Auseinandersetzung gelang es ihr, ihr eigenes Schutzbedürfnis heute eher zu spüren und sich Möglichkeiten zu schaffen, sich selbst zu schützen. Sie fand zu deutlich mehr Autonomie. In der weiteren Bearbeitung entwickelte sie im Rollenspiel Möglichkeiten, ihren Mann auf ihr Bedürfnis nach Schutz anzusprechen, sich bei ihm anzulehnen und in der Beziehung zu ihm einen «sicheren Ort» zu erkennen.

Im Gegenüber des männlichen Therapeuten in der tiefenpsychologisch fundierten Einzeltherapie konnte sie sich mit ihrem Vater und dessen Aggressivität auseinandersetzen. Er hatte oft aus Angst vor Verlust aggressiv reagiert. Er fühlte sich vielfach zurückgewiesen von seiner Frau, konnte nicht ertragen, daß sie in ihrer Trauer um den Tod seines Schwiegervaters für ihn emotional nicht erreichbar war. Für ihn wiederholte sich eine Erfahrung von tiefempfundener Einsamkeit aus der Kindheit. Die Patientin hatte sich innerlich mit ihm als dem Starken verbunden, die Angst, die seine Aggressivität ausgelöst hatte, verleugnet. Auch an ihn hatte sie sich nicht wenden können mit ihrem Bedürfnis nach Schutz, weswegen sie es immer mehr verdrängt hatte.

Es war ihr danach auch möglich, sein Ringen, sein Sich-Bemühen, sein Kämpfen um die Beziehung zu seiner Frau zu sehen. Sie erinnerte sich auch an schöne Momente mit ihm, in denen sie stolz auf ihn war, ihn bewunderte und sich sehr sicher in seiner Gegenwart fühlte. Sie spürte die tiefempfundene Freude, daß es den Eltern gelungen war, zusammenzubleiben und einen Weg gefunden zu haben, der neues Vertrauen und echte Innigkeit wieder aufbaute. Sie sah hierin eine wichtige Ressource, wie es möglich ist, Beziehung zwischen Mann und Frau zu entwickeln.

Sie erkannte, daß sie zum Schutz ihrer Mutter sehr oft ihr eigenes Bedürfnis nach Anlehnung und Entlastung ins Gegenteil verkehrt und statt dessen der Mutter geholfen hatte. Und daß ihre Hilfe für die Mutter oft ihrem Wunsch nach Nähe zu dieser entsprach. Aggressive Erlebnisinhalte als Ausdruck ihrer Frustration und ihres Ärgers gegen sie wendete sie gegen sich, indem sie sie auf den Körper verschob. Sie litt unter Migräne und Menstruationsbeschwerden.

Sie überprüfte ihren Altruismus, der sich auch in ihrem späteren Leben als Mutter fortsetzte und sie in arge Gewissensnot brachte, als sie überlegte, wieder halbtags arbeiten zu gehen. Auch als Ehefrau tendierte sie, wie ihr deutlich wurde, dazu, ihren Mann mehr als notwendig zu schonen. Sie wog gegen Ende der Therapie ohne schlechtes Gewissen ab, ob sie sich eine Pause gönnen oder die Freude am Berufsleben vorziehen sollte. Sie fühlte sich durch diese Freiheit zur Entscheidung entlastet und konnte sich offener und direkter der Tochter zuwenden. Sie erkannte, daß sie viele ihrer Beziehungserfahrungen mit dem Vater auf den Ehemann projiziert hatte, ohne daß sie ihm dies mit Worten erkennbar gemacht hätte.

In der systemisch-integrativen Familienaufstellung[94] bearbeitete sie drei systemische Fragen:

- Wie gestaltete sich das Beziehungsmuster in ihrer Ursprungsfamilie, als sie geboren wurde und der Vater der Mutter verstarb?
- Wie kann sie in Beziehung treten zu dem Vater, der ihre Mutter bedrohte, und zu ihrer Mutter, die sich nicht intensiv um sie kümmern konnte? – Kathartisch –
- Wie kann sie gemeinsam mit ihrem Mann ein befriedigendes Beziehungsmuster entwickeln, daß es ihr ermöglicht, wieder halbtags arbeiten zu gehen und dennoch eine gute Mutter zu sein, ohne sich zu verausgaben? – Lösungsorientiert –

Im systemischen Paargespräch erarbeiteten die Eheleute, wie sie aktiviertes Bindungsverhalten beim anderen besser erkennen können, wie sie in einer Weise darauf eingehen können, daß es für den anderen verständlich ist. Sie erkannten, wo sie unbewußt Erwartungen aneinander hatten, die aus Beziehungserfahrungen in der Vergangenheit resultierten. Zum Schutz vor erneuter Frustration, wie sie sie früher erlebt hatten, war ihnen der Blick für neue Beziehungserfahrungen verstellt gewesen. Beide Partner haben aus der Einzigartigkeit ihrer Wir-Bildung heraus Möglichkeiten, anders und besser zu reagieren.

Die ausreichend lange und angemessene Kombination der einzelnen Behandlungsmaßnahmen, welche durch regelmäßige Besprechungen der Therapeuten miteinander abgestimmt werden, begegnet der Gefahr, welche Rosmanith sehr schön beschrieben hat:

Ganz allgemein läßt sich festhalten, daß im psychotherapeutischen Prozeß echte Wandlung eines Menschen auf «leisen Sohlen» geht, unsensationell und unspektakulär. Laute, szenisch dargestellte und kathartische Abreaktionen zeitigen wohl sensationelle Spontanerfolge, ebenso wie eine narzißtische Kommunikation mit dem Kranken zu großartigen Gefühlen und scheinbar plötzlichen Einsichten führt, jedoch nicht selten, nach dem Verblassen des spektakulären Eindruckes, nachhaltige Wirkungen vermissen läßt.[95]

Crashkurse werden oft schreierisch angepriesen, sind oft sehr teuer, jedoch meist nur von begrenzter Wirkung und Dauer. Es kann durchaus passieren, daß die Frustration über die nicht erfolgte Heilung depressive Anteile in einem angstgestörten Menschen bis hin zur Suizidalität verstärkt.

Und draußen hat sich nichts verändert Nach einer klinischen Therapie machen die Patienten durchweg die Erfahrung, daß die Umsetzung des Erlernten außerhalb der «Laborsituation Klinik» zunächst einmal dazu führt, alte «Fehler» zu wiederholen. Die Änderung besteht darin, daß sie diese jetzt deutlicher erkennen und dann mit Hilfe des Erlernten verändern können.

Fallgeschichte: Fortsetzung und Ende
Die Patientin erinnerte während der klinischen Behandlung, daß ihre Angst, die sie schon aus der Zeit ihres Studienbeginns kannte, einen Sinn ergibt, wenn es gelingt, sie in ihren Zusammenhängen zu begreifen. Aufgetreten war sie jetzt, weil sie ihre Tochter an die Schule abgeben mußte. Sie bekam gleichzeitig selbst ein schlechtes Gewissen, wieder arbeiten gehen zu wollen. Sie und ihr Ehemann hatten nicht intensiv genug darüber kommuniziert, welche Veränderungen mit dieser Entwicklung auch auf ihn zukamen. Sie wünschte sich nämlich, daß er seine einseitige Orientierung in Richtung Karriere in Frage stellte und ihr mehr zur Seite stand, wenn sie nach der Therapie in ihren Beruf zurückkehren würde. Für ihn bedeutete dies ein Innehalten, eine Konsolidierung des Erreichten und die Wahrnehmung, daß sich durch ihre Arbeit eine zusätzliche Sicherheit auftat und er nicht mehr der Alleinverdiener war. Das Familienbudget war durch beide gut abgesichert. In ihrer Elternschaft kooperierten sie bewußter, was sie beide bereicherte, da es ihrem Leben gleichermaßen Sinn gab.

Außerdem entwickelte er durch diese Entscheidung ein höheres Maß an sozialer Kompetenz und Verantwortungsfähigkeit, was ihm später im Beruf zugute kommen dürfte.

Sie konnte ihren beruflichen Weg wieder weitergehen. Für ihn ergab sich zudem die Chance, druckfreier auch andere als die beruflichen Interessen wieder ins Auge zu fassen. Er erkannte, daß sie sich zurückzog, wenn sie emotional unter Druck geriet, und vermied, ihn aus Angst vor Zurückweisung mit einzubeziehen. Er erlebte ihr Verhalten weniger als Rückzug bzw. Liebesentzug als vor der Therapie. Beide wollen künftig daran arbeiten, aufeinander zuzugehen, achtsamer im Umgang miteinander zu sein und sich erkennbar zu machen, daß man füreinander da ist.

Dieser Prozeß stand nach Verlassen der Klinik erst noch bevor und bedurfte noch über längere Zeit der therapeutischen Begleitung. Denn der Alltag verändert sich nicht und verführt allzu leicht, wieder ins alte Fahrwasser zurückzukehren. Wohl aber veränderte sich der Blickwinkel, aus dem sie den Alltag und ihre Möglichkeiten, gestalterisch zu ihrer größeren Zufriedenheit einzugreifen, betrachteten. Die Wachsamkeit aufrechtzuerhalten war und ist eine wichtige Aufgabe für ihr künftiges Miteinander.

11. Team als helfendes System, das den sicheren Ort bildet

Die Patienten haben prinzipiell die Möglichkeit, Einfluß darauf zu nehmen, welchen Therapeuten sie sich anvertrauen. Darin sehen wir eine wichtige Möglichkeit, in Auseinandersetzung auch über die Beziehung innerhalb des helfenden Systems zu treten, das von den Helfern und denen gebildet wird, die Hilfe erfahren. Wir verstehen es als Herausforderung, wenn der Wunsch nach einem Therapeutenwechsel geäußert wird, sind wir doch gefordert zu differenzieren. Es ist unsere Aufgabe herauszuarbeiten, ob der gewünschte Wechsel aus organisatorischen oder beziehungsdynamischen Gründen gewünscht wird. Wenn z. B. ein Therapeut in Urlaub ist und er vorher erst einmal oder zweimal einen Patienten behandelt hat, ist in der Regel keine tragfähige Beziehung zwischen beiden gewachsen. Besteht jedoch eine solche gewachsene Beziehung, kann der Wunsch nach einem Therapeutenwechsel ein Konfliktvermeidungsverhalten des Patienten erkennbar machen. Und da macht es mehr Sinn, hierauf therapeutisch einzugehen und es zu bearbeiten. Damit haben wir die besten Erfahrungen gemacht, ermöglicht es doch dem Patienten, etwas für ihn Neues «auszuprobieren». Der therapeutisch begleitete Prozeß einer Veränderung wird dadurch unmittelbar mitgestaltet. Dadurch, daß wir den Wunsch nach einem Therapeutenwechsel ernst nehmen, welcher durchaus auch innerhalb des Teams selbst geäußert und auch in diesem Fall bearbeitet wird, fördern wir unsere eigene Konfliktfähigkeit. Wir setzen uns mit Grenzen auseinander, die uns der Patient und die wir dem Patienten setzen. Wir bringen die Bereitschaft mit, voneinander zu lernen.

Wir wissen nicht, und das ist für uns eine zentrale Grundannahme unseres Selbstverständnisses, was heilt. Wir haben wohl eine klare Vorstellung davon, was einen Heilungsprozeß fördert, nämlich die Erfahrung von Beziehung als sicherem Ort im

Hier und Jetzt. Wir vertrauen darauf, daß der Patient uns auf seinem Weg der Veränderung ein Stück mitnimmt und uns zugesteht, daß wir aufmerksam hinterfragen, welches die nächsten Schritte sind, die wir gemeinsam tun. Hierin zeigen wir uns durchaus kritikfähig und machen auch Alternativvorschläge, überlassen die Führung jedoch dem Patienten. Er ist derjenige, der das Tempo für Veränderung und die Richtung seines weiteren Fortkommens bestimmt. Kommen wir nicht mehr mit, hängt er uns ab oder geht auch nur so schnell, daß wir kurzatmig werden, teilen wir das mit. Wir achten darauf, gemeinsam das Stück Weg zu gehen, auf das er uns mitnimmt.

Wenn wir uns solchermaßen auf den Prozeß einlassen, uns führen lassen und sich der Patient darauf verläßt, daß wir ihm folgen, sind die Konsequenzen eines frühzeitigen Abbruchs der Behandlung z. B. aus Kostengründen in den Folgen nicht absehbar. Günstigstenfalls wird nur die bisher durchgeführte Behandlung in Frage gestellt. Schlimm ist es, wenn der Patient wegen des ausgebliebenen Heilungserfolges die Hoffnung verliert, daß ihm geholfen werden kann.

12. Depression

> Derart verlor er hierüber die Fassung, derart gab er sich seinem Schmerz und seiner Wehmut hin, daß einige daraus folgerten, nur die letzte Unglücksbotschaft habe ihn ins Mark getroffen. In Wahrheit verhielt es sich aber so, daß bei ihm, der von Traurigkeit bereits erfüllt, ja bereits übervoll war, das kleinste Mehr genügte, die Grenze des Erträglichen zu durchbrechen.
>
> *(Michel de Montaigne, Essais)*

Schon dieses Zitat von Montaigne weist darauf hin, daß, wollen wir einen Menschen verstehen, der «vor Seelenpein erstarrt zu Stein» (Montaigne), wir unseren Blick auf größere Zusammenhänge als nur auf das zuletzt auslösende Ereignis werfen müssen.

Neben den Angststörungen sind die Depressionen die zweite große Gruppe der Beziehungskrankheiten, unter denen Menschen leiden. Daher verdienen sie ebenfalls unsere Aufmerksamkeit, wirken sie sich doch unmittelbar auf die Beziehungsgestaltung mit Schülern, ihren Eltern und den Kollegen aus. Auch hier gilt, daß die Einnahme von Medikamenten allein nicht ausreicht, um alle Beziehungsaspekte einer Depression therapeutisch zu erfassen. Lediglich, wenn depressive Störungen kurze Zeit bestehen und die auslösende Belastungssituation nicht alte unverarbeitete Beziehungserfahrungen reaktualisiert, reicht es aus, sich auf die Einnahme eines entsprechenden Medikaments zu beschränken. Besteht die Störung schon länger, besteht die Gefahr, daß der Betroffene und die Menschen, die mit ihm verbunden sind, sich damit arrangieren. Infolge der oben beschriebenen strukturellen Mängel im Gesundheitssystem werden insbesondere die agitierten Depressionen nicht frühzeitig diagnostiziert. Ähnlich ergeht es den Patienten, welche unter multiplen Körpersymptomen leiden, die sich in der Auswirkung nicht ausreichend oder gar nicht somatisch begründen lassen, aber auf die depressive Störung weisen. Dies führt nicht selten zum Vollbild eines Burn-Out. Dieser umfangreiche und die Lebensqualität gänzlich einschränkende psychophysische Erschöpfungszustand, welcher später noch in seinen Auswirkungen auf die Beziehungsgestaltung beschrieben wird, wird zudem zum Anlaß genommen, die Konsequenzen für die Gesundheit, die Kompetenz, die Gestaltung von Grenzen im Kontextkreis und auf die psychologischen Grundvariablen Egoismus, Ehrgeiz und Machtstreben durchzudeklinieren.

Reflektieren wir Depression als Ausdruck einer Beziehungskrankheit, so müssen wir sehr bedacht mit der Verordnung bzw. Einnahme von sogenannten Antidepressiva umgehen. Denn diese lösen keinen einzigen Beziehungskonflikt. Wohl können sie infolge einer Symptomlinderung erreichen, daß die intrapsychische Spannung herabgesetzt wird, sich vorübergehend die Stimmung anhebt und dadurch eine Konfliktlösung, welche festgefahren schien, wieder vorstellbar wird. Bleibt der die Spannung auslösende Konflikt jedoch unerkannt und wird er nicht bearbeitet, so kann er in eine hintere Bewußtseinskammer verdrängt werden, dem alltäglichen Bewußtsein nicht mehr zur Verfügung stehen. Jedoch hinterläßt diese Nicht-Lösung Spuren, die sich im nächsten Konflikt, der ähnlich gelagert ist, zeigen. Der Mensch ist verführt, wieder auszuweichen, bis er sich gar nicht mehr zutraut, überhaupt noch einen Konflikt offensiv anzugehen, sondern zunehmend seine Vermeidungsstrategien verbessert. Er verliert sein Durchsetzungsvermögen und sein Selbstvertrauen.

Oder es passiert, daß der Mensch situationsinadäquat heftig und aufbrausend einen Konflikt zu lösen versucht, weil er seine Souveränität eingebüßt hat. Nicht aus sich heraus, sondern lediglich mit Hilfe eines Medikaments findet er den Mut, seine innere Hemmschwelle zu überwinden. Seine Hemmung macht Sinn, und erst wenn der Mensch diesen Sinn in seinem ganzen Zusammenhang versteht, kann er frei entscheiden, ob er sie überwindet. Die Konsequenzen seines Handelns, des Überwindens seiner Blockade, muß er in jedem Fall tragen. Besonders fatal kann es sich auswirken, wenn die depressive Antriebshemmung medikamentös zu früh entblockt wird und der Mensch Suizid begeht, weil er zwar wieder handlungsfähig ist, jedoch sich innerlich noch perspektivlos und hoffnungslos fühlt.

«Bei der Behandlung der Depression sind die Antidepressiva nicht wirksamer als Placebopillen.»[96] Was auch nicht anders zu erwarten ist, wenn wir auf das anthropologische Modell zurückkommen. Durch die alleinige Einnahme gleich welchen Medikamentes wird lediglich auf der konstitutionellen Ebene eingegriffen. Die für das Leben eines Menschen gleich bedeutsame Interaktion wird durch eine veränderte Sinneswahrnehmung mittelbar, ungezielt und im Effekt nicht steuerbar beeinflußt. Die «Steuerung», die Psychagogik, dürfen wir nicht einem Medikament überlassen, sie ist unverzichtbarer substantieller Bestandteil der Heilkunst.

Ein 53jähriger Angestellter aus dem mittleren Management beschreibt, daß er schon mit Anfang 30 großes Geld verdient hatte. Leichtsinnig geworden, investierte er in ein Hochrisikopapier und verlor sehr viel. Er war einem windigen Bekannten auf den Leim gegangen, der ihm einen scheinbar todsicheren Tip gegeben hatte, sein damaliges Vermögen zu vergrößern.

Er war noch unverheiratet und lebte in einer engen Beziehung zu seiner Mutter. Er hatte eine Reihe von kürzeren Beziehungen zu Frauen, bis er vor 9 Jahren heiratete. An Geld mangelte es ihm zu diesem Zeitpunkt nicht mehr, hatte er doch wie ein Eichhörnchen wieder einiges angespart und auch Schulden abgetragen. Er hatte ein sorgenloses Leben führen können.

Als vor 3 Jahren seine Mutter starb, brach für ihn eine Welt zusammen. Sie hatte ihn nach der Scheidung vom Vater, als er drei Jahre alt war, allein großgezogen. Seinen Vater hat er nie mehr gesehen, er wurde in der Familie nie mehr erwähnt. Über die Trauer um ihren Tod war er zunächst für mehrere Wochen dienstunfähig. Als er an den Arbeitsplatz zurückkehrte, wurde ihm seine Erkrankung vorgeworfen, was ihn zutiefst kränkte. Noch nicht über den erst kurze Zeit zurückliegenden Tod der Mutter hinweggekommen und völlig demotiviert, wurde er depressiv krank mit einer Vielzahl von körperlichen Symptomen. Besonders schlimm bis zur Unerträglichkeit wurde es für ihn, daß sich immer mehr Wut und Aggression in ihm aufbauten. Er sah keine Möglichkeit mehr, seinem Ehrgeiz konstruktiven Ausdruck zu geben. Er wurde gereizt, konnte nicht mehr schlafen, litt unter Blutdruckschwankungen und zunehmenden Ängsten. Er zog sich immer mehr zurück, es kam zu auch tätlichen Impulsdurchbrüchen zu Hause, was er vor sich und seiner Frau nicht rechtfertigen konnte. Er wurde noch depressiver. In der ganzheitlichen Gesundheitsraute zeigte sich folgende Verteilung seiner Aufmerksamkeit vor dem Klinikaufenthalt:

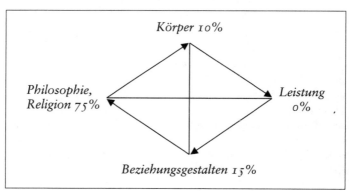

Abb. 13: Ausgewertete Gesundheitsraute

Dieser Erfolg gewöhnte Mensch hatte sich bislang nie in seinem Leben mit existentiellen Fragen konfrontiert gesehen. Er war von guter Konstitution, obwohl er kaum etwas für seinen Körper tat. Er hatte immer Leistung betont und keine Zeit mehr für die Pflege sozialer Kontakte aufbringen können. Über Sinnfragen hatte er sich nie Gedanken gemacht. Den einzigen Sinn, den er sehen konnte und mit dem er sich beschäftigte, waren die Erfolgszahlen auf seinem Konto. Der Tod der Mutter erwischte ihn kalt, er erstarrte innerlich so sehr, daß ihm nichts mehr einfiel; er konnte nichts mehr leisten.

Als er sich etwas erholt hatte, war er noch sehr vulnerabel. Der Vorwurf am Arbeitsplatz, daß er krank gewesen war, versetzte ihm «den Todesstoß», wie er selbst es ausdrückte. Er war eineinhalb Jahre krank, ehe er in die Klinik kam. Unfähig zu arbeiten, ohne viel Energie in die Gestaltung seiner Beziehungen zu investieren, die ihn emotional aufgebaut hätten, bezogen nur auf seine Frau, geriet er in eine zunehmende Enge und Handlungsunfähigkeit, aus der heraus er sich zwischendurch explosionsartig entladen hatte, was ihn mit großen Schuld- und Schamgefühlen erfüllte.

Mit dem Tod der Mutter, die für den Patienten die wichtigste Bezugsperson geblieben war, selbst nachdem er schon über zehn Jahre verheiratet war, verlor er den Sinnzusammenhang, der seinem Leben innere Orientierung bedeutet hatte. Wichtig ist für seine Dauererkrankung auch die Ablehnung, die er in der Arbeitswelt erfahren hatte.

In der Therapie ging er einen sehr langen Weg, der mit dem Aufbau einer therapeutischen Beziehung als sicherem Ort begann. Er tat sich lange sehr schwer, Vertrauen zu fassen. Insbesondere ein männlicher Therapeut als Bezugsperson wurde sehr wichtig für ihn. Therapeutinnen hatten es eher schwer, sie entwertete er schnell und stellte sie z. B. in ihrer Kompetenz in Frage. Die Auseinandersetzung mit der Verletzung, die er im Arbeitskontext erlitten hatte, wurde durch die verlorengegangene berufliche Perspektive noch erschwert. Er konnte sich nicht vorstellen, zu seinem Arbeitgeber zurückzukehren. Er hatte sich von seinem Selbstverständnis her mit seinem ganzen inneren Impetus für die Arbeit eingesetzt und kannte keinen Blick auf die Uhr, wenn er im Dienst war. Reduziert zu werden auf seine Funktion hatte ihm seinen Lebensinhalt genommen.

Ziel der Behandlung war es, neue Beziehungszusammenhänge aufzubauen, die seinem Leben wieder Sinn geben könnten. Die Annäherung an eine neue Wir-Bildung mit seiner Frau fiel ihm sehr schwer, führte diese doch über eine Auseinandersetzung mit seiner von ihm idealisierten Mutter. Für sie hatte er immer der erfolgreiche, der starke Sohn sein wollen und sollen. Jetzt seiner eigenen Frau offen gegenüberzutreten und mit ihr gemeinsam einen Weg in eine neue Zukunft zu suchen kostete ihn sehr viel Überwindung. Dieser Weg ist lang, da er in seiner Persönlichkeit viel in Frage stellt, mehr, als nötig schien. Ihm kam eine Metapher zu Hilfe: Wenn ich zwei Parallelen nehme, kreuzen die sich im Unendlichen. Füge ich jedoch eine minimale Änderung ein, und hierzu genügt schon ein ganz kleiner Neigungswinkel aufeinander zu, rückt der Kreuzungspunkt deutlich näher.

Die zwei Gesichter der Depression

Symptomatisch sind zwei Seiten der Depression zu berücksichtigen, wobei insbesondere das Sissy-Syndrom am häufigsten diagnostisch übersehen wird.

Melancholische Depression

Agitierte Depression: Sissy-Syndrom

Der Mensch zieht sich in sich zurück, läßt keinen an sich heran und kann gleichzeitig nicht gut allein sein, ist wortkarg, vermeidet Kontakte und pflegt keine Beziehungen.

Der Mensch hat sein Maß für Grenzen verloren, ist übermäßig kontaktfreudig, erschöpft sich in einer Vielzahl von Kontakten, ohne tiefere Beziehungen einzugehen, er ist oberflächlich und entschuldigt sich häufig, weil er Termine doppelt belegt hat.

Er vernachlässigt sich und sein Äußeres, hat den Blick für Ästhetik und Schönheit und seine Souveränität verloren.

Er legt übermäßigen Wert auf ein überangepaßtes Äußeres, ist geradezu zwanghaft bemüht, einen unauffälligen Eindruck zu vermitteln, trägt Souveränität zur Schau.

Er hat keinen Antrieb, hat seine Neugierde verloren und zieht sich von allem zurück, hat keine Motivation und kein Interesse; seine Perspektiven sind ihm verlorengegangen, er hat keine Ziele mehr.

Er wirkt oft getrieben, ist leicht für alles Mögliche zu begeistern, beginnt vieles und droht sich ständig zu verzetteln, ist sozial u. U. überengagiert, plant höchstens noch kurzfristig, läßt die Konstanz für weitgesteckte Ziele vermissen.

Er läßt erheblich bis völlig in seiner Leistung nach, ist erheblich verlangsamt in seinem Arbeitstempo infolge gesteigerter Selbstkritik bis hin zur Pedanterie, reagiert leicht gekränkt auf Kritik von außen, ist schnell über Fehlleistungen verzweifelt, hat den Kontakt zu seiner Erfahrung verloren, bringt sich im Team nicht mehr ein.

Er überfordert sich und andere, hat immer neue Ideen, die oft nur nebeneinander stehen, bis hin zur Sprunghaftigkeit, hat keine Geduld, ihre Umsetzung abzuwarten, geht großzügig über seine Fehler hinweg und entschuldigt vielfach seine Fehleinschätzungen, hört nicht auf andere und ist eine Belastung für die Teamarbeit, ist wenig selbstkritisch und geht auf Kritik von außen nicht ein.

Er ist risikoscheu.	Er ist überhöht risikobereit bis leichtsinnig.
Er leidet unter Selbstwertverlust und mangelnder Anerkennung.	Er besitzt ein übersteigertes Selbstwertgefühl, das abgekoppelt scheint von seiner Leistung, seinen Gefühlen und seinen Beziehungen.
Er reagiert in Situationen affektiv wenig mitschwingend, abgeflacht, ist emotional gebunden.	Er reagiert auf unterschiedliche Situationen überschwenglich und gefühlsmäßig oberflächlich, leicht reizbar und erregt bis cholerisch.
Sein Denken ist verlangsamt, die Inhalte werden beherrscht von wenigen und immer wiederkehrenden Gedanken.	Sein Denken ist beschleunigt und ruhelos, er drängt auf schnelle Entscheidungen, kann sich nicht entspannen.
Sexualität wird nicht gelebt.	Sexualität wird entweder zur Selbstwert-Abstützung überbetont und sehr häufig oder gar nicht ausgelebt.
Er achtet wenig auf seine Gesundheit.	Er ist vermehrt gesundheitsängstlich.

Während die melancholische Form der Depression vergleichsweise leicht diagnostiziert wird, entspricht sie doch der gängigen Ausdrucksform dieser Erkrankung, wird die agitierte vielfach übersehen. Insbesondere, wenn die Depression sich durch körperliche Symptome zeigt, die früher sogenannte *larvierte* Depression – heute sprechen wir eher von einer Depression mit somatischem Syndrom –, wird sie leicht übersehen. Die Diagnostik und Therapie orientieren sich zunächst an den somatischen Symptomen, da die agitierte Symptomatik ablenkt von der depressiven Grundstimmung.

VII. Burn-Out

Der Pädagoge stellt den Menschen in den Mittelpunkt. Er ist sein Bezug und Ausgangspunkt. Unser systemischer Ansatz lenkt unseren Blick darauf, wie er seine Beziehungsmuster in seinen verschiedenen Lebensbereichen knüpft. Wissen wird Menschen vermittelt. Der Lehrer muß sich individuell hiermit verbinden, Wert und Nutzen für sich selbst darin erkennen können. Das Burn-Out-Syndrom beschreibt einen tiefgreifenden psychophysischen Erschöpfungszustand. Wir werden diesem in seiner komplexen Entwicklung nur gerecht, wenn wir über Konzepte verfügen, die die Bedingtheiten unterschiedlicher Faktoren berücksichtigen. Dazu werden wir die verschiedenen Handwerkszeuge, die im Laufe der bisherigen Kapitel schon beschrieben wurden, anhand eines Fallbeispieles durchdeklinieren: Wie sich das Burn-Out unter Anwendung des Kontextkreises, der Rollenmanagement-Raute und der Kompetenzraute zeigt, wie es sich auf Egoismus, Ehrgeiz und Machtstreben und auf die psychologischen Bedürfnisse Sich-Einhausen-, Dazugehören- und Handeln-Wollen und den sicheren Ort auswirkt.

Den Abschluß bildet die Formulierung von Wie-Fragen an die Schule und den Lehrer: Sind die bestehenden Beziehungsmuster geeignet, für Lehrer und Schüler günstige Voraussetzungen zu schaffen, damit sie sich mit allem persönlichen Egoismus, Ehrgeiz und Machtstreben um Lehren und Lernen kümmern können? Der Mensch wird in seiner Zugehörigkeit zu verschiedenen Kontexten wahrgenommen, welche ihn herausfordern, ein dynamisches Gleichgewicht zwischen unterschiedlichen Rollenansprüchen und -verständnissen zu suchen. Seine unterschiedlichen Kompetenzen hat er in einer Weise zu stärken, daß er allen Aufgaben in den verschiedenen Bereichen in einer Weise gerecht wird, daß er ausreichende individuelle Zufriedenheit daraus ableiten kann.

Ein Burn-Out bedarf klarer und umsetzbarer Konzepte, die dem Betroffenen seine Autonomie und sein Handeln zurückgeben bzw. verhindern, daß er sie verliert. Die Schule als Verantwortungsgemeinschaft und die Selbstverantwortung des Lehrers für sein eigenes körperlich-seelisch-geistiges Gleichgewicht werden aufgeführt. Die Supervision als Möglichkeit zur Steigerung der fachlichen Kompetenz im Austausch mit anderen Kollegen, die Balint-Gruppe zur Stärkung der interaktionellen Kompetenz, die Selbsterfahrungsgruppe zur Reflexion eigener Beziehungserfahrungen und -gestaltungsmöglichkeiten werden beschrieben. Den Abschluß bilden Instrumentarien zur Selbstreflexion, die alle mehr oder weniger das Ziel verfolgen, den Dialog mit Angehörigen, Kolleginnen und Kollegen und damit die Beziehungsgestaltung zu fördern.

Jeder Mensch verfügt über ein mehr oder minder ausformuliertes Lebenskonzept, orientiert sich an inneren Wertvorstellungen, die er vermittelt bekommen und die er sich angeeignet hat. Je bewußter diese reflektiert sind und je deutlicher ein Mensch sich hierzu in Bezug setzt, desto besser ist er in sich abgesichert. Seine Motivation, sein Antrieb, sein Sich-Identifizieren mit Aufgaben und Zielvorstellungen, seine Kreativität und sein ganzer Lebensplan lassen sich hieraus entwickeln. Dieser geistige Bereich ist durch das Burn-Out gestört, weil die Energie, die notwendig ist, um den Spannungsbogen, die Konzentration aufrechtzuerhalten und reflexiv sein Handeln abzugleichen, nicht mehr vorhanden ist. Das Denken befindet sich quasi im Leerlauf.

1. Symptomatik des Burn-Out

Die Störungen, welche mit einem Burn-Out einhergehen, lassen sich den drei Bereichen Körper–Geist–Seele zuschreiben:

Geist:
Konzentrationsstörungen
Denkhemmung bis -blockade
Gedankenkreisen
Unentschlossenheit bis Entscheidungsunfähigkeit
Merk- und Erinnerungsschwierigkeiten
Interesseverlust
Leistungsverlust

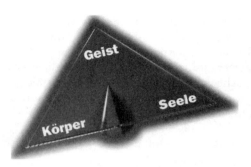

Abb. 14: Die innere Balance des Körper-Geist-Seele-Dreiecks ist verlorengegangen.

Körper:

Herz-Kreislauf-Probleme:
Bluthochdruck, -niedrigdruck, Schwindel, Sehstörungen, Herzrasen, -rhythmusstörungen, Stiche in der Brust etc.

Lunge:
Luftnot oder Hyperventilation, Zunahme asthmatischer Beschwerden, rezidive Bronchitiden und sonstige Infekte

Verdauung:
Magenschmerzen, Magensäure erhöht, Magengeschwür, chronische Durchfälle, krampfartige Beschwerden, vermehrtes Wasserlassen, Prostatabeschwerden

Haut:
Vermehrtes Jucken, Erröten, verstärkte Neurodermitis oder Psoriasis, vermehrtes Schwitzen insbes. nachts etc.

Sinnesorgane:
Tinnitus, Hörsturz, Schwerhörigkeit, Taubheitsgefühl und andere Gefühlsstörungen, Verlust von Geruch und Geschmack etc., Sehstörungen etc., Störungen der Sexualität

Seele:

Sozialer Rückzug mit vermehrtem Mißtrauen, Verlust des «sicheren Ortes», depressive Grundstimmung mit Störung der Motivation, der Lust und des Antriebs bis zur Suizidalität, gedämpfte emotionale Schwingungsfähigkeit, Angst und Verlust von Selbstvertrauen und Selbstwertgefühl mit Gereiztheit und Affektlabilität, Hoffnungs- und Perspektivlosigkeit; Lebensqualität und Lebensfreude, Spontaneität und Kreativität sind verlorengegangen.

Ist ein Burn-Out-Syndrom erst einmal eingetreten, so helfen Entlastung von der Arbeit durch Krankschreibung oder Urlaub

und auch Vitaminkuren nicht mehr. Es ist eine intensive klinische psychotherapeutisch-medizinische Behandlung notwendig, um den Verlust der Grenzen nach innen und außen erfolgreich zu reflektieren. Der Mensch hat die Beziehung zu sich selbst und seinen sicheren Ort in der Beziehung zu anderen verloren.

Ein 52jähriger Lehrer berichtet, daß er sich völlig verausgabt habe. Die ständigen Veränderungen im Bildungswesen hätten ihm in seiner Unterrichtsvorbereitung immer mehr abverlangt, so daß er nachts kaum noch habe abschalten können. Auch habe er zuletzt versucht, die anfallenden Korrekturen nicht nur samstagsmorgens, sondern auch noch am Sonntag zu erledigen. Er habe sich zuletzt immer mehr aus dem Kollegium zurückgezogen und sei auch sehr unwirsch und abweisend geworden, wenn Schüler in der Pause sich mit einem persönlichen Anliegen an ihn wandten, obwohl gerade dieses Vertrauen der Schüler ihm besonders wichtig sei, sei er doch gerade deshalb Lehrer geworden. Immer habe er sich über die Maßen für deren kleine und große Probleme engagiert und so manches Gespräch mit Eltern geführt, um bei ihnen um Verständnis für eine passagere Leistungsschwäche ihrer Kinder zu werben oder auch um mitzuhelfen, einen häuslichen Konflikt beizulegen.

Als er zu Unrecht von einem Kollegen angegriffen wurde, sei er laut geworden, habe diesen zunächst angebrüllt, um kurz darauf beschämt in Weinen auszubrechen. Er habe das Gefühl, sein Gesicht verloren zu haben.

Die Entwicklung eines Burn-Out betrifft in der Regel einen längeren Zeitraum von meist mehreren Jahren. Es läßt sich sehr gut mit Hilfe der bisher schon vorgestellten Instrumentarien beschreiben. In der Gesundheitsraute finden wir, daß

- der Körper vernachlässigt wurde. Fast food oder Essen minderwertiger Qualität, nicht selten auch Alkohol und vermehrt Nikotin, manchmal Tranquilizer- oder Schlafmittelabusus bestimmen die Ernährung. Sport und andere körperliche Ertüchtigung kommen zu kurz. Ruhephasen werden nicht eingehalten. Körpersignale, welche auf die Überforderung hinweisen, werden nicht ernst genommen.
- es zu einer völligen Überbetonung der Leistung gekommen ist. Diese kann entweder im schulischen Kontext erbracht werden, oder die Versorgung von kranken Angehörigen, übergroßes soziales oder politisches Engagement brauchen die Lebensenergie auf.

- die sozialen Kontakte zunehmend zurückgefahren wurden. Freundschaften wurden nicht mehr gepflegt, Bekanntschaften vernachlässigt. Feierlichkeiten und Einladungen wurden mit Hinweis auf Arbeitsüberlastung vermieden.
- die Sinnfrage nicht mehr gestellt wurde und auch keine Übung mehr darin besteht, hierüber nachzudenken.

Im Kontextkreis läßt sich ein Verwischen bzw. rigides Erstarren der einzelnen Kontextgrenzen beschreiben:

- Zu Lasten der Konstitution setzt sich der Betroffene überhöhten Anstrengungen aus und verliert den gesunderhaltenden Wechsel von Anspannung und Entspannung aus dem Auge. Gehäufte banale Infekte schwächen seine Leistungsfähigkeit. Nicht selten treten auch manifeste körperliche Krankheiten auf, die ihrerseits zu einem beschleunigten Burn-Out führen können, wenn der Betroffene diese verleugnet und meint, die Grenze des Arbeitskontextes starr gestalten zu müssen. Dies bedeutet, daß er so tut, als ob nichts wäre, und sich bemüht, durch Aufopfern seiner Freizeit auf Kosten seiner Familie und des Freundeskreises die sonst mögliche Leistung zu erbringen.
- Aus einem schlechten Gewissen heraus kann er sich Anforderungen aus der Familie schlecht entziehen, auch wenn er sich eigentlich in Ruhe zurückziehen müßte. Oft wird die Ressource Familie als ein möglicherweise unterstützendes System in der Konfliktbewältigung oder der Versorgung eines Erkrankten nicht mehr wahrgenommen. Dadurch kommt es zu Entwertungen und Kränkungen mit zunehmenden Konflikten und einem Sich-Abwenden voneinander oder gar Sich-Entfernen. Hierdurch wird der Betroffene emotional zusätzlich belastet.
- Es können auch Anforderungen aus dem Freundeskreis entweder nicht abgewiesen oder in einer Weise brüsk abgelehnt werden, daß sich die Freunde vor den Kopf gestoßen fühlen. Es wird nicht ausreichend verständlich gemacht, daß man vorübergehend überfordert ist und sich zurückzieht. Gleichzeitig bittet der Betroffene jedoch auch nicht um Unterstützung. Er erkennt nicht mehr den Wert, der in einem guten Gespräch mit einem Freund liegen kann.

- Entweder wird übermäßig viel für die Schule gearbeitet, oder man vernachlässigt die berufliche Tätigkeit, um anderen Anforderungen aus der Familie etc. gerecht werden zu können. Meist beginnt es mit dem Versuch gegenzusteuern. Auf Kosten von Familienleben und körperlicher Entspannung wird versucht, den Eindruck aufrechtzuerhalten, daß man alles fest im Griff hat. Erst die Stimmungsschwankungen, Konzentrationsmängel etc. machen deutlich, daß sich jemand überfordert hat und nicht mehr kann.

Im Rollenmanagement wird der Verlust der Rollensicherheit und des eigenen Rollenverständnisses deutlich.

- Die Elternschaft bzw. die Fürsorge in der Familie nimmt einen überproportionalen Anteil der Lebensenergie in Anspruch. Es kommt dadurch unweigerlich zu einer Kollision mit den anderen Rollenansprüchen.
- Meist versuchen Betroffene dennoch, in erster Linie ihrer Rolle im Berufsleben gerecht zu werden. Es wird in unserer leistungsbetonten Gesellschaft als schuldhaft und peinlich bis sogar beschämend erlebt, die geforderte Arbeit nicht mehr leisten zu können. Die Angst vor Arbeitsplatz- bzw. Prestigeverlust ist hierfür mit ein Motor.
- Betroffene werden häufiger den Ansprüchen ihrer Rolle in der Partnerschaft nicht mehr gerecht in dem meist unausgesprochenen Bedürfnis, bei der Partnerin/dem Partner auf Verständnis dafür zu stoßen, mit den eigenen Kräften haushalten zu müssen. Nicht selten erwachsen hierdurch Gleichgültigkeit und Resignation bei der Partnerin/dem Partner, die/der längst die Hoffnung aufgegeben hat, daß ihr Mann/ihre Frau sich auch um sie/ihn kümmert. Sie/er kann jedoch auch auf seine/ihre sichtliche Überforderung sorgenvoll und beschützend unter Verleugnung eigener Bedürfnisse reagieren.
- Die eigenen Bedürfnisse werden oft völlig vernachlässigt, auf das Selbst wird keine Lebensenergie verwendet. So gehen alle emotionalen Ressourcen völlig verloren. Der Mensch fühlt sich nur noch als funktionierendes Objekt, er hat den Bezug zu sich, zu seiner Kreativität und Spontaneität verloren.

Die klinische Erfahrung zeigt unterschiedliche Burn-Out-Entwicklungen in Abhängigkeit vom beruflichen Kontext und vom hiermit verbundenen Rollenverständnis. Menschen, welche in beziehungsintensiven Berufen wie Lehrer, Ärzte, Krankenschwestern etc. arbeiten, scheinen hoch sensibel für Beziehungsanforderungen in der Familie zu sein. Wird in diesem Kontext erkennbar, daß jemand der Hilfe bedarf, sind sie sehr geneigt, ihre Lebensenergie zugunsten der Familie umzuverteilen. Sie können sich nicht abgrenzen und nein sagen. Hierdurch käme es nach einer gewissen Zeit unweigerlich zu Konflikten im Beruf. Um dies zu vermeiden, erhalten die Rollen des Selbst und der Partnerschaft weniger Energie. Es kommt zu einem «Ausbluten» des Akkus für emotionale Bedürfnisse, welche in der Vertrautheit und dem sicheren Ort der Partnerschaft sowie im sozialen Kontakt mit Freunden und in entlastenden Hobbys befriedigt wurden.

Menschen in Leitungspositionen und Selbständige scheinen vermehrt sensibel auf Anforderungen im Berufsleben zu reagieren. Sie verteilen ihre Lebensenergie bereitwilliger zugunsten des Berufes um und vernachlässigen leichter, insbesondere in Phasen des Umbruchs, Partnerschaft und Elternschaft mit der Fürsorglichkeit für Angehörige. Sie sind sich ihrer Bedeutung für die Interaktion mit ihren nächststehenden Menschen nicht bzw. zuwenig bewußt. Zum Streßausgleich achten sie wohl auf den Erhalt ihrer eigenen Bedürfnisse im Rahmen des Selbst. Ihr Augenmerk ist verstärkt darauf gerichtet, ihre Arbeitsfähigkeit und Funktionstüchtigkeit zu erhalten. Ihren Ehepartner spannen sie allzuleicht als Kooperationspartner ein. Für sie ist es unerträglich, in ihrer Handlungsfähigkeit eingeschränkt zu sein. Dies führt in Phasen der Erschöpfung, welche mit regressiven Bedürfnissen einhergeht, zu vermehrtem Aktionismus als Reaktionsbildung. Sie erkennen nicht, daß sie sich im Burn-Out sowohl beruflich als auch privat eher schaden.

Politisch und sozial hochengagierte Menschen lenken viel ihrer Lebensenergie auf ihr Selbst im Rollenmanagement. Sie finden Erfüllung in dieser oftmals sehr zeitraubenden Tätigkeit. Sie sind verführt, Raubbau an ihrer körperlichen Gesundheit zu treiben, leben sehr oft auf einem ungesund hohen Streßniveau. Durch vielfältige Verpflichtungen, die sie sehr binden und festlegen, fällt es ihnen schwer, ihre Lebensenergie verstärkt auf den Beruf zu lenken oder auf die Partnerschaft. Dies führt nicht selten zu verschärften Konflikten und erhöhtem

Leistungsanspruch an sich selbst mit der Folge gesundheitlicher Schäden wie Bluthochdruck, Bandscheibenschäden, Schlafstörungen etc. Da sie in der Öffentlichkeit stehen, werden sie besonderes Augenmerk darauf legen, daß ihr Beruf und ihr politisches Engagement ihnen erhalten bleiben. Es ist oft erschreckend zu erkennen, wie oft gerade diese hochangesehenen und engagierten Menschen in Phasen des Umbruchs große Probleme in ihrem primären Beziehungsumfeld bekommen und dem scheinbar hilflos gegenüberstehen. Nicht selten führt dies zu Trennungen. Auch sie können schlecht nein sagen, insbesondere, wenn sie eigentlich erschöpft sind und sich zurückziehen müßten. Ihre Reaktion auf reduzierte Handlungsfähigkeit ist ebenfalls gerne ein Aktionismus, der jedes Innehalten verhindert.

Mit Hilfe der Kompetenzraute läßt sich erarbeiten, daß infolge der massiven Störungen der Balance im Körper-Geist-Seele-Dreieck ein allgemeiner Kompetenzverlust vorliegt.

- Die fachliche Kompetenz steht infolge der Konzentrationsstörungen und Denkblockaden nicht voll zur Verfügung. Das Wissen wird nur noch abgespult, da die Kreativität, der Antrieb und die Motivation verlorengegangen sind.
- Die soziale Kompetenz leidet unter dem zunehmenden Rückzug und der nachlassenden Pflege von Beziehungen. Dadurch gehen die wichtigen Gespräche unter Freunden verloren, wo man im vertrauten Miteinander über Gott und die Welt sprechen und sich Luft machen kann.
- Der interaktionellen Kompetenz fehlt die Begegnung, um über die Sinneswahrnehmung in der Auseinandersetzung mit dem Gegenüber spüren zu können, daß man etwas ändern muß. Durch die Vernachlässigung der Partnerschaft leiden auch die für das Wohlbefinden so bedeutsame körperliche Berührung und die Sexualität.
- Die berufliche Kompetenz steht nicht mehr voll zur Verfügung, denn sie erfordert, daß man frei nachdenken und reflektieren können muß. Der Überblick hierzu fehlt, da er mit einer hohen Aufmerksamkeitsspannung verbunden ist. Das durch die Erfahrung gewonnene Gespür für richtige oder falsche Entscheidungen ist verlorengegangen.

Zum Schutze seines Egoismus, der ihm sein Überleben garantiert, «schlägt» der Burn-Out-Erkrankte «wild um sich» oder «verkriecht sich in sich selbst». Es kommt zum völligen Kollaps oder zum Verlust der Impulskontrolle. Er bringt keinen Ehrgeiz mehr auf, nachdem er zunächst versucht hatte, zu dessen Befriedigung vermehrt Leistung zu bringen. Er ist leidenschaftslos und ohne Machtstreben, ihm ist alles gleichgültig. An dieser Stelle überlegt so mancher Betroffene, seine Arbeit aufzugeben, koste es, was es wolle. Die Energie, sich um eine neue befriedigendere Perspektive zu kümmern, fehlt.

Um Beziehung als sicheren Ort bilden zu können, was für Lehrer im Kontakt mit ihren Schülern eine ganz wichtige Aufgabe ist, sind für ihn die drei psychologischen Grundbedürfnisse wichtig: sich einhausen, dazugehören und handeln zu wollen. Diese sind jedoch im Burn-Out erheblich beeinträchtigt. Durch die oftmals vorhandene depressive Grundstimmung, die alles grau in grau ausschauen läßt, das gesteigerte Bedürfnis, sich auszuruhen und alle Energie für die Arbeit bzw. Pflichterfüllung aufzusparen, engt sich der Bewegungsspielraum ein. Es geht die erworbene Vertrautheit mit der Umgebung verloren, manchmal wird ein Gefühl der Fremdheit in der eigenen Wohnung und der gesteigerten inneren Anspannung bis hin zu Schreckhaftigkeit beschrieben. Da die sozialen Kontakte vernachlässigt werden, wird das Gefühl dazuzugehören weniger deutlich gespürt. Es trägt nicht mehr. Es macht eher einem Gefühl der Einsamkeit und des Sich-verloren-Fühlens sowie auch der Schutzlosigkeit Platz. Durch den Verlust der Kreativität und Initiative leidet die Handlungsfähigkeit, und es ist oft nur noch möglich, mit Hilfe einer antrainierten Routine das Leistungspensum abzuwickeln. Enthusiasmus und Begeisterungsfähigkeit fehlen dem Lehrer gänzlich. Die für die Bildung von Beziehung als sicherem Ort wichtigen Eigenschaften Achtsamkeit, Geborgenheit und Sicherheit übersteigen die Kräfte des Ausgebrannten. Und damit ist eine wesentliche Grundvoraussetzung für erfolgreiches pädagogisches Arbeiten verlorengegangen.

Fortsetzung des Fallbeispiels
   In der Therapie erinnerte der Patient zunächst, daß der auslösende Konflikt schon drei Jahre zurücklag. Damals war er von Eltern systematisch gemobbt worden und hatte sich von seinem Kollegium und

dem Schulleiter im Stich gelassen gefühlt. Er erlebte sich ausgeliefert und hilflos den Attacken ausgesetzt. Durch den Zufall, daß das Kind und dessen Eltern, die das Mobbing initiiert hatten, wegzogen, hörte diese unerträgliche Situation plötzlich auf. Ohne sich dessen wirklich bewußt zu sein, war er mißtrauisch geworden. Er war sich nicht mehr sicher, auf wen er sich verlassen konnte. Selbst seine eigene langjährige Berufserfahrung half ihm nicht weiter. Diese hatte ihn gelehrt, daß es unausgesprochene allgemeingültige Grenzen gibt, über die sich ein Kollegium einig ist und innerhalb deren jeder jeden schützt.

In den Sommerferien glaubte er, sich erholt zu haben. Als er danach wieder in die Schule zurückkehren wollte, merkte er erstmalig eine große Unsicherheit und eine ihm unbekannte Angst. Ihm war schwindelig geworden, und er glaubte, daß es entweder die Föhnluft sei oder eine Magen-Darm-Verstimmung, die ihm den Boden unter den Füßen wegzog. Er hielt sich im Kollegium bedeckt, damit niemand seine Schwäche bemerkte. Er zog sich auf Dauer zurück, und niemand kam auf ihn zu und sprach ihn darauf an. Anfänglich war er froh, in Ruhe gelassen zu werden, doch mit zunehmender Dauer fühlte er sich einsam. Er bemerkte eine zunehmende bleierne Müdigkeit und ließ sich von seinem Hausarzt durchchecken.

Es fanden sich keine körperlichen Befunde, die sein Befinden hätten erklären können. Da er selber keinen Zusammenhang zu seinem seelischen Druck sah, sprach er seinen Arzt auch nicht darauf an.

Zeitgleich mit dem Mobbing hatte seine Mutter einen Gehirnschlag erlitten und mußte versorgt werden. Sie hatte ihn nach dem frühen Tod seines Vaters, der an den Folgen eines alten Kriegsleidens verstorben war, allein großgezogen. Auch wenn sie nicht viel Zeit hatte, war er sich ihrer liebevollen Zuwendung immer bewußt gewesen und hatte ihr stets geholfen. Ihr Leiden hatte ihn sehr getroffen und motiviert, sich verstärkt um sie zu kümmern. Hierin wurde er voll unterstützt von seiner Frau, welche die aufopfernde Liebe ihres Mannes zu seiner Mutter beneidenswert fand. Sie selbst hatte den Kontakt zu ihrer eigenen Mutter schon vor Jahren gänzlich abgebrochen. Sie nahm ihr übel, daß sie eine ihrer Schwestern ständig vorgezogen hatte. Die Bewunderung für ihren Mann, den sie als sehr fleißig und aufopfernd empfand, verhinderte, daß sie ihm ihr Bedürfnis nach mehr Aufmerksamkeit mitteilte.

Der einzige Sohn war zu diesem Zeitpunkt gerade bei der Bundeswehr. Er wollte danach Informatik studieren.

In der Musiktherapie setzte sich der Patient noch einmal mit seinem Vater auseinander. Ihn hatte er als stillen, emotional wenig anwesenden, immer arbeitenden und treusorgenden Menschen in Erinnerung. Als er starb, nahm der Patient dies kaum wahr, da er den Vater im Alltag nicht vermißt und seine Mutter ihre ganze Liebe und Aufmerksamkeit ihm geschenkt hatte. Sein Vater, so verstand er es, hatte im Krieg wohl Schreckliches erlebt. Nachts war er oft wach geworden, weil der Vater im Schlaf laut geschrien hatte und die Mutter ihre liebe Not hatte, ihn zu besänftigen. Der Patient entwickelte in der Musiktherapie eine neue innigere Beziehung zu seinem Vater und verabschiedete ihn als einen Menschen, den er gerne noch länger für sich gehabt hätte.

Nach diesem Trauerprozeß fand er zu einer Auseinandersetzung mit seiner eigenen Rolle als Vater. Wie ein Keulenschlag wirkte die Erkenntnis, daß er für seinen Sohn lange Zeit nicht präsent gewesen war. Er hatte alle Erziehungs- bzw. Begegnungsverantwortung an seine Frau abgegeben und sich damit die Freude genommen mitzuerleben, wie sein Kind heranwuchs und zu einem eigenverantwortlichen jungen Mann reifte. Dadurch blieb ihm auch weitgehend die Umbruchsphase, welche mit dessen Auszug verbunden war, verborgen. Er entwickelte seine Vater-Rolle von der mehr fürsorglich versorgenden hin zu der eines treuen Lebensbegleiters für seinen Sohn. Er erkannte seine Bedeutung für diesen. Er hatte als Kind die Erfahrung gemacht, daß eine Mutter ihren Sohn auch allein großziehen konnte, und realisierte, daß er als Vater heute noch wichtig für seinen erwachsenen Sohn ist.

In der Musiktherapie-Gruppe für Männer setzte er sich mit seiner vermiedenen Konfliktaustragung im Kollegium auseinander. Es tat ihm sichtlich gut dazuzugehören, sich im Kontakt mit den anderen zu spüren, zu hören und wahrzunehmen sowie gespürt, gehört und wahrgenommen zu werden. Ihm wurde bewußt, was er vermißt hatte, nämlich den sozialen Kontakt und die Befriedigung seines Zugehörigkeitsbedürfnisses. Dieses hatte er zuletzt in der zunehmenden Versorgung seiner Mutter «abgearbeitet». Für sie konnte er noch während des Aufenthaltes in der Klinik einen Altenheimplatz finden, wo sie gut versorgt wurde, sich schnell wohlfühlte und er sie häufig besuchen konnte.

In der Kunsttherapie malte er anfänglich nur mit Stiften auf kleinem Raum. Die meiste Fläche des Blattes blieb weiß. Er ließ sich langsam dahin führen, auch mit einem groben Pinsel Farben aufzutragen. Er bevorzugte zunächst konturlose in sich verschwimmende Aquarelltechniken mit dunklen Farben, die ins Schwarze gingen. Später wurden seine Bilder bunter, die Formen konturierter, es waren Menschen erkennbar, spielende Kinder und Blumen und Bäume. Er erinnerte sich an einen Urlaub mit seiner Familie in der Lüneburger Heide in einem Ferienhaus, in dem viele andere Kinder ebenfalls Ferien machten. Er hatte sich damals vorgenommen, wenn der Sohn einmal aus dem Haus sei, mit seiner Frau viel in den Urlaub zu fahren und die Natur zu entdecken. Er hatte seine Frau zuletzt als Partnerin sehr vermißt. Im Paargespräch konnte er ihr sagen, daß ihre Fürsorge ihn ziemlich gestört hatte und sie ihm durchaus zugestehen möge, daß er auch einmal für sich allein sein müsse. Sie war ihrerseits ermutigt, ihm zu sagen, daß sie sich mehr Aufmerksamkeit von ihm und mehr Gemeinsamkeit mit ihm wünschte. Wenn der Sohn jetzt auszieht, für den sie ihren Beruf aufgegeben hatte, steht für sie die Frage im Raum, wie sie künftig ihr Leben gestalten wird. Sie möchte auf gar keinen Fall seine Krankenpflegerin werden.

In der systemisch-integrativen Familienaufstellung stellte er folgendes «Bild»:

Systemisch-integrative Familienaufstellung 10

Der Sohn schaute in Richtung Lebensfreude und Freundeskreis. Seinen Vater konnte er nicht mehr sehen, wohl seine Mutter. Es fiel ihm schwer, ein Gefühl bezüglich seiner Stellung zum Vater überhaupt wahrzunehmen. Die Arbeitswelt an der Seite des Vaters und im Rükken spürte er als schweren Druck auf der rechten Schulter, der ihm sehr unangenehm war und dem er sich gerne entzogen hätte.

Seine Frau fühlte sich nicht wohl. Mit einem eher traurigen und sorgenvollen Blick schaute sie zum Mann. Von der Nähe zum Freundeskreis ging für sie keine nennenswerte Kraft aus außer, daß es sie nur noch trauriger machte zu realisieren, was sie und ihr Mann verloren hatten. Wie in einem Sog fühlte sie sich hingezogen zu ihm und hatte ein schlechtes Gewissen, wenn sie versuchte, den Kontakt zum Freundeskreis aufrechtzuerhalten. Die Lebensfreude wollte sie am liebsten gar nicht ansehen, da dies ihren Frust nur noch erhöht hätte. Lediglich die Arbeitswelt gleich an seiner Seite fand sich gut positioniert. Der Repräsentant des Patienten äußerte, sich verloren und einsam zu fühlen. Er hatte Angst, nicht mehr wahrgenommen zu werden, fühlte sich sehr angespannt und spürte sein Herz schnell schlagen.

Die Repräsentanten der einzelnen Personen, der Arbeitswelt und der Lebensfreude wurden gebeten, sich gemeinsam neu zueinander in Bezug hinzustellen. Der Mann wirkte dabei zunächst ratlos und passiv, die Dynamik entwickelte sich an ihm scheinbar vorbei. Als die Aufstellung fertig war, war wohl zu bemerken, wie er versuchte, seine Frau auf sich aufmerksam zu machen, indem er ihr näher rückte und zu ihr hinschaute.

Systemisch-integrative Familienaufstellung 11

Wenn sein Repräsentant auf seine Frau blickte, sah er gleichzeitig auch den gemeinsamen Freundeskreis und die Lebensfreude. Auch seinen Sohn nahm er noch wahr. Die Arbeit war für ihn erst einmal weggerückt. Dabei fühlte er sich auch wohl und war sich gleichzeitig sicher, daß er auf Dauer diese nicht so weit von sich wegstellen konnte. Doch jetzt waren erst einmal die Menschen dran, denen er gerne seine emotionale Aufmerksamkeit schenkte.

Seine Frau fühlte sich etwas unwohl, als sie während der Aufstellung bemerkte, wie ihr Mann versuchte, ihr näher zu rücken, sie mehr für sich in Anspruch zu nehmen. Sie fühlte sich vereinnahmt und zur Rücksichtnahme gedrängt. So, wie sie zuletzt jedoch stand, war es auch für sie in Ordnung. Dem Sohn gegenüber zu stehen, den Freundeskreis und die Lebensfreude im Blick, um sich herum Bewegungsfreiheit, das gefiel ihr. So störte es sie auch nicht, die Arbeit sehen zu können.

Sein Sohn fühlte sich ihm gegenüber auch wohl. Er erlebte sich wahrgenommen, erkannte in seinem Vater ein Gegenüber, das ihn achtsam im Blick hat, ohne ihn in seiner Bewegungsfreiheit einzuschränken. Auch daß die Lebensfreude so nah bei ihm positioniert war, erlebte er angenehm. Die Arbeit an seiner rechten Seite stand für ihn etwas außerhalb seines Blickfeldes, was für ihn derzeit völlig in Ordnung war. Die Lebensfreude hätte zwar gerne etwas näher noch bei dem Elternpaar gestanden, konnte sich jedoch arrangieren, da sie von beiden Eltern und dem Sohn wahrgenommen wurde. Daß sie so nah bei dem Freundeskreis stand, verstand sie als Aufforderung an ihn, sich wieder mehr mit seinen Freunden zu beschäftigen, um wieder Lebensfreude empfinden zu können.

Die Umsetzung dieser Aufstellung in seinen Lebensalltag wird noch manchen Konflikt heraufbeschwören. Er erkannte jedoch, daß er für seine berufliche und private Entwicklung etwas verändern und er hierfür genügend Zeit und Aufmerksamkeit aufwenden mußte. Seine innere Erstarrung löste sich, und er erlebte sich herausgefordert, seine Grenzen nicht nur in der Arbeitswelt, sondern ganz besonders auch zu Hause und im Freundeskreis neu zu definieren.

2. Schule als Verantwortungsgemeinschaft

Verstehen wir Pädagogik als Beziehungsarbeit, müssen pädagogische Systeme Bedingungen erfüllen, die dem Lehrer eine Erfüllung dieser Herausforderung möglich machen. Ein hoher Krankenstand darf als Hinweis angesehen werden, daß entweder diese Bedingungen nicht erfüllt sind, der Sinngrund einer Schule sich gewandelt hat oder unscharf definiert ist oder der Lehrer sich nicht ausreichend mit der Vision einer Schule oder des Bildungssystems verbindet (siehe Abb. 15).

Wie können die Eltern der Schüler so in den pädagogischen Prozeß einbezogen werden, daß sie Verantwortung mit übernehmen in einer Weise, die ihren persönlichen Möglichkeiten, den individuellen Anforderungen der Kinder und den Lernzielen gerecht wird?

Eine positive Antwort verbindet die Eltern mit der Vision

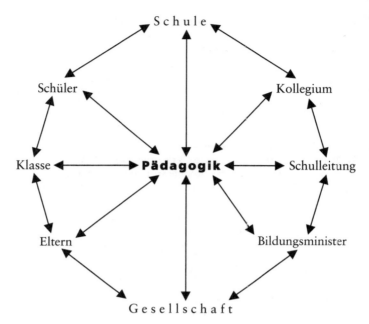

Abb. 15: Das System, innerhalb dessen der Lehrer pädagogisch wirksam wird und er seine unterschiedlichen Rollenzuschreibungen und -erwartungen erfährt. Eine reflexive Sichtweise macht erkennbar, daß sich alle Subsysteme untereinander beeinflussen. Es ist von großer Bedeutung, sich hierüber im klaren zu sein und sich deutlich zu machen, wie die gegenseitige Einflußnahme sich entwickelt. Über eine Reflexion dieses «Wie» können wir zu Veränderungen kommen.

der Schule, und sie können darin die beste Förderungsmöglichkeit für ihre Kinder erkennen, deren Zukunft ihnen am Herzen liegt.

Eine wichtige Voraussetzung ist in dem gegenseitigen Respekt zu sehen, den beide füreinander aufbringen müssen. Die Eltern sind die Experten für die Einschätzung dessen, was dem Kind zu Hause guttut. Die Lehrer sind die Experten für den schulischen Kontext.

Wie kann eine Klassengemeinschaft gebildet werden, die für jeden Schüler eine Beziehungsstruktur darstellt, die für ihn einen ausreichend sicheren Ort bedeutet; in der sich Rollenverständnis und -zuschreibung von Lehrern und Schülern dynamisch und entwicklungsgerecht entwickeln können?

Eine positive Antwort fördert die Kreativität und Begeisterung eines jeden Schülers und Lehrers, seine Rolle dahingehend zu finden, daß er sich als Teil einer Klasse und weniger als Einzelgänger definieren kann. Es wird seine soziale Kompetenz gestärkt und seine Individualität geschützt.

Wie können Lehrer und Schüler miteinander interagieren, kooperieren und kommunizieren, daß sie ihr Beziehungsverhalten auf die Bildung eines sicheren Ortes in der Klasse und der Schule orientieren, damit jeder nicht nur innerhalb einer kleinen Gruppe, sondern in der ganzen Klasse und möglichst auch in der Schule einen sicheren Ort erlebt? Und damit jeder sich mit den Lernzielen innerlich verbindet und die Vorteile für sich persönlich darin erkennt?

Da die Schüler der Schule entwachsen, die Lehrer jedoch bleiben, sind sie besonders herausgefordert, sich anpassungsfähig für diesen Prozeß zu halten und ihre interaktionelle Kompetenz mit all ihrer Sensibilität und Sensitivität trotz aller Unterrichtsroutine und damit wachsender beruflicher Kompetenz zu pflegen. Dies wird insbesondere in Zeiten des persönlichen Umbruchs und der verstärkten emotionalen Belastung in anderen Lebenskontexten oftmals schwerfallen. Es sind nicht nur die Schüler, die sich geändert haben, wie viele insbesondere erfahrenere Lehrer immer wieder beschreiben, es ist auch ihr eigener Blick, wie sie Schüler wahrnehmen, der sich im Laufe ihres Lebens verändert hat.

Befindet sich ein Lehrer in einer Lebenskrise bzw. einer größeren Umbruchsphase, wird er innerlich gebunden durch vermehrte Anforderungen in seinen weiteren Lebenskontexten. Muß er erkennen, daß er hiervon in seiner inneren Aufmerksamkeit mehr vereinnahmt wird, als mit seiner Beziehungsverantwortung in der Wir-Bildung mit den Schülern verträglich ist, so hat er sich die notwendigen Hilfen und Unterstützungen zu besorgen. Diese sind unten aufgeführt.

Wie kann Schule insgesamt ein pädagogisches Beziehungssystem bilden, das Lehrer und Schüler als sicheren Ort erleben und in dem sie sich darin wohlfühlen können, in dem jeder die für ihn wichtige Unterstützung, den nötigen Respekt und den erforderlichen Freiraum für seine Selbstentfaltung erfährt?

Die Zielorientierung bzw. der Sinngrund einer Schule liegt in ihrem Bildungsauftrag, den sie mit pädagogischen Mitteln zu erfüllen hat. Gleichzeitig sollte jede Schule über eine eigene Vision verfügen, welche einheitsstiftend ist und mit der sich jeder verbinden kann. Weder kann sich eine Schule über die gesellschaftlichen und sozialen Rahmenbedingungen der unmittelbaren Umgebung, in welcher sie liegt, hinwegsetzen. Noch kann sie mit anderen Menschen, als sie als Lehrer beschäftigt und als Schüler unterrichtet, Schule bilden. Das bedeutet, daß viel Aufmerksamkeit auf die Frage gerichtet werden sollte, wie jede einzelne Schule vor Ort die sensible Interaktion von Schüler und Lehrer schützen und zu fruchtbarer Kooperation und gelingender Kommunikation führen kann. Hierzu bedarf es einer hohen Autonomie einer Schule. Inwieweit insbesondere große Kollegien mit über 100 Lehrern und Schulen mit über 1000 Schülern hierfür günstige Voraussetzungen schaffen, sollte im Einzelfall überdacht werden.

Wie kann ein Kollegium interagieren, kooperieren und kommunizieren, daß der einzelne sich achtsam wahrgenommen und geschützt erlebt, er ein ausreichendes Maß an Vertrautheit entwickeln und Vertrauen aufbauen kann? Daß er sich mit seinen Schwächen mitteilen, sich mit der Bitte um Hilfe an andere wenden kann und fachliche und emotionale Unterstützung erfährt?

Ein Kollegium sollte sich als vorbildliches Subsystem innerhalb der Schule definieren, das in der Art und Weise, wie es funktioniert, von den Schülern wahrgenommen wird als Beispiel dafür, wie es in der Berufswelt der Erwachsenen zugeht. Intrigantes Verhalten und respektloser Umgang der Lehrer miteinander oder geduldetes Mobbing z. B. von seiten der Eltern gegen einen einzelnen oder hingenommene ungerechtfertigte Angriffe und Forderungen von außen an den Schulleiter schwächen den pädagogischen Anspruch. Eine Klärung herbeiführende Streitkultur, welche Konflikte sachlich behandelt und die den Sinngrund und die Vision der Schule im Blick behält, sowie ein gutes Konfliktmanagement sind erforderlich.

Es ist die hoher Divergenz in der Zusammensetzung von

Lehrerkollegien diskussionswürdig. Haben wir in den Grundschulen über 80 % Lehrerinnen, stehen in den berufsbildenden Schulen oft mehr als 80 % männliche Lehrpersonen vor den Schülerinnen und Schülern. Kollegien mit einem Altersdurchschnitt von über 50 Jahren lassen ebenfalls keine gute Mischung erkennen. Dadurch müssen ältere und berufserfahrene Lehrer Aufgaben übernehmen, die die Neugierde voraussetzen, sich auf Abenteuer einzulassen, während Klassenfahrten die Nacht einmal zum Tage zu machen und am nächsten Tag trotzdem fit zu sein. Auch verliert ein überaltertes Kollegium leichter seine soziale Aufgabe, als Ressource für Auseinandersetzungs- und Innovationsfreude zu dienen.

Angesichts der Bedeutung pädagogischer Arbeit sollte überlegt werden, regelmäßige Teamsitzungen mit dem Fokus auf pädagogische Fragen einer Klasse durchführen zu lassen. Hier könnten die Berufserfahrungen der älteren Lehrer voll zum Tragen kommen und sich jeder mehr öffnen für seine Konflikte mit den Schülern, auf die er noch keine adäquate Antwort gefunden hat.

Die Innovationsfreude könnte durch regelmäßige Fachteambesprechungen angehoben werden. Beide Instrumentarien würden durch die Regelmäßigkeit eine ganz wichtige Botschaft an die Schüler weitergeben: Sie sind so wichtig, daß sich die Erwachsenen ihretwegen zusammensetzen. Das Kollegium könnte durch die Kooperation untereinander zu einem größeren Zusammenhalt, mehr Professionalität und der einzelne zu einer besser abgesicherten Authentizität finden. Jeder Lehrer dürfte sich weniger überfordert und besser geschützt erleben, wodurch der Entwicklung von Beziehungskrankheiten bis hin zu einem Burn-Out vorgebeugt werden könnte. Das müßte den zusätzlichen Zeitaufwand wert sein.

Wie kann sich die Schulleitung als integralen Bestandteil in das pädagogische System in einer Weise aktiv einbringen, daß sich der einzelne Lehrer achtsam wahrgenommen und respektiert erlebt und der Schüler möglichst optimale Rahmenbedingungen für ein erfolgreiches Lernen erhält?

Erfährt ein Lehrer Respekt und Förderung seiner individuellen Fähigkeiten und angemessene Rücksichtnahme während persönlicher Krisen, wird er mit größerer Motivation auch

Schülern geradlinig und rücksichtsvoll, Konfrontationen nicht ausweichend und Konflikte klärend, fordernd und gleichzeitig mit viel Verständnis gegenübertreten. Wer sich geschützt erlebt, kann selbst auch Schutz anbieten.

Liebschaften, Partnerschaften und Ehen innerhalb eines Kollegiums tun dem selten gut. In jeder Beziehung gibt es Hochs und Tiefs, und die gehören nicht in den Schulalltag. Hier sind unter Umständen mutige Entscheidungen von Schulleitern mit Blick auf die Psychohygiene des Kollegiums verlangt. Daß leitenden Personen hier eine besondere Aufgabe zukommt, sie innerhalb eines Kollegiums nicht selbst «die Fühler ausstrekken» dürfen, versteht sich von selbst. «Wo die Liebe hinfällt, da wächst sie», doch nicht in einem Kontext, der sich mit hoher Professionalität der Beziehungsarbeit widmen muß. In solch einem Fall sollte ein Schulwechsel mindestens eines der beiden Beteiligten problemlos möglich sein.

Wie können das Kultusministerium und die Schulbehörde die für ein pädagogisches Arbeiten erforderlichen Rahmenbedingungen von außen in einer Weise gestalten, daß die Schule als Bildungseinrichtung ein sicherer Ort für Lehrer und Schüler ist und gleichzeitig den (Aus-)Bildungsansprüchen von seiten der Arbeitswelt ausreichend entsprochen wird?

Die Wertschätzung von pädagogischer Beziehungsarbeit in der Ausbildung der Studenten und im Alltag der Lehrer, die Förderung pädagogischer Fortbildung und Bereitstellung hierfür geeigneter Gelder für z. B. Supervision und Balintgruppenarbeit (s. u.) scheint mir eine notwendige Forderung zu sein, um der Entwicklung von Beziehungskrankheiten bei Lehrern vorzubeugen. Entwertungen und Beschimpfungen der Lehrer wirken demotivierend, und hier sollte das für die Bildung zuständige Ministerium klar Position für die Menschen beziehen, die den Bildungsauftrag umsetzen.

Aus meiner Erfahrung als Klinikleiter muß ich davon ausgehen, daß eine intensive psychotherapeutische Beziehungsarbeit in einem stationären Rahmen die Notwendigkeit erzwingt, einen Therapieprozeß mit allen Beteiligten regelmäßig zu diskutieren. Gleichzeitig sind auch viele administrative Aufgaben zu erledigen, welche eine hohe berufliche Kompetenz und Routine verlangen. Zum Schutz der interaktionellen Kompetenz der Therapeuten und ihrer im Patientenkontakt geforderten hohen Sensibilität und auch Vulnerabilität können maximal 60 % der Leistung eines Arztes im originären therapeutischen Arbeiten liegen. Und das ist schon ein absoluter Spitzenwert! Zwei gravierende Unterschiede zwischen Pädagogik und Psychotherapie müssen noch genannt werden: Zum Therapeuten geht ein Patient freiwillig und motiviert. Und die meisten Patienten werden einzeltherapeutisch behandelt. Gruppentherapien stellen eine große Herausforderung an zwei wesentliche Grundvariablen für die interaktionelle Kompetenz des Therapeuten dar: die gleichschwebende Aufmerksamkeit und die emotionale Schwingungsfähigkeit. Sie schützt er durch Begrenzung der Häufigkeit, gruppentherapeutisch zu arbeiten.

Es müßte dringend darüber nachgedacht werden, wieviel pädagogische Arbeit abverlangt werden kann, ohne daß ein Lehrer emotional in seiner interaktionellen Kompetenz dauergestreßt ist. Hiervor schützt ihn seine berufliche Kompetenz nur insofern, als durch eine höhere Routine die Erledigung von administrativen Aufgaben sowie Unterrichtsvor- und -nachbereitungen schneller von der Hand gehen. Doch aus Selbstschutz abzustumpfen gegenüber den Beziehungsbedürfnissen der Schüler sollte nicht das Ergebnis engagierter Lehrertätigkeit sein.

Anzunehmen, daß größere Kollegien mehr fachliche Absprachen untereinander zu Lasten von Besprechungen über pädagogische Prozesse bedingen, ist naheliegend. Teams, welche in einer Klasse unterrichten, sollten nicht ausschließlich unter dem Aspekt, daß der Fachunterricht abgedeckt sein muß, zusammengesetzt werden. Auch die «Beziehungschemie» sollte stimmen.

Als Aufgabe für das Kultusministerium könnte daraus abgeleitet werden, daß die Anzahl von Unterrichtsstunden daraufhin überprüft wird, ob genügend Raum für die Reflexion pädagogischer und fachlicher Fragen vorhanden ist. Würden die Lehrer ihre Unterrichtsvor- und -nachbereitung in der Schule durchführen können, wäre hierfür angemessener Raum vorhanden, dann würde sich manche pädagogische Frage auf kurzem Weg klären lassen.[97] Für die Identitätsbildung eines Kollegiums und das Ziel, daß sich möglichst jeder Lehrer mit der Vision der Schule verbindet, wäre hiervon ein großer Vorteil zu erwarten.

Wie kann Gesellschaft ihre Verantwortung ausfüllen, daß sie Schule als ihre (!) Einrichtung betrachtet? Beschimpft sie sich nicht selbst, wenn sie die Lehrer beschimpft? Wie kann sie ihre Lehrer als die Menschen, die die Bildungsvermittlung in ihrem Auftrag leisten, unterstützen statt zu demotivieren?

Die einseitige Delegation von Erziehungsaufgaben an die Lehrer oder die Verlagerung von Ausbildung in die Schule verwischt den Sinngrund. Die soziale Bewertung des Lehrerberufes ist in Finnland, welches in der PISA-Studie besonders gut abgeschnitten hat, hoch. Der Lehrer gilt als angesehene Persönlichkeit, und es wird vor dem Studium ausgewählt, wer «würdig» ist, diesen Beruf zu erlernen.

Die Schule vermittelt den Kindern, was sie der Gesellschaft wert sind. Wertschöpfung beginnt schon sehr früh, und die Gesellschaft wird nur ernten können, was sie selbst sät bzw. wie sie den Boden bereiten ließ von denen, die den Ackerbau in der Seele der Kinder mit betreiben.

Wir alle tragen in unserer Demokratie Verantwortung und dürfen diese nicht delegieren. Einzelne wie Lehrer sind sonst überfordert. Sie sind diejenigen, die durch ihren unmittelbaren Kontakt zu den Kindern deren individuelle Bedürftigkeit durch tagtägliche Interaktion mit ihnen «hautnah» erleben. Sie können sich dem Leid und der Not des einzelnen nicht versperren.

Die Gesellschaft sollte Schule nicht als vorgelagerte Ausbildungsstätte von Interessengruppen aus der Wirtschaft definieren und auch nicht als «Erziehungsanstalt». Dennoch sollte sie erwarten dürfen, daß Schule als ihr integraler Bestandteil zu definierende Aufgaben zu erfüllen hat.

Eine weitere Möglichkeit, wie die Gesellschaft befruchtend auf die Sichtweise in der Schule und auf den Lehrer einwirken kann, mag folgendes Beispiel sein. Vor einiger Zeit nahm ich an einem Austausch von Wirtschaftsfachleuten teil und hörte erstmals den Begriff des *diversity management*, des Umgangs mit der Unterschiedlichkeit. Nach ca. drei Monaten erleben Menschen, welche im Ausland arbeiten, unweigerlich einen Kulturschock. Sie vorzubereiten hilft, daß sie innerlich hierauf eingestellt sind und möglichst geringe Leistungseinbußen zeigen und weniger krank werden.

Eine solche professionelle Eingliederungshilfe haben so gut

wie alle «Gastarbeiter» nicht erfahren. Sie sind ihrem «Schock» unvorbereitet ausgeliefert und reagieren mit den Anpassungsmöglichkeiten, die sie aus ihrem Kulturkreis zur Verfügung haben. Zunächst einmal rücken sie zusammen, suchen den Schulterschluß als Schutz vor der Spannung erzeugenden Irritation. So manches Kind von Menschen, die aus anderen Ländern und fremden Kulturen zu uns kommen, gerät in diesen Anpassungssog. Ihre Intergration wird dadurch sicherlich erschwert.

Wäre es nicht phantastisch, wenn eine Schule in ihrer multikulturell zusammengesetzten Schülerschaft eine produktive Kraft und eine Stärke sehen könnte? Damit verbindet sich selbstverständlich zwangsläufig die Frage, wie eine Schule organisiert sein muß, damit das zur Stärke wird, was vielfach als Störung und Belastung betrachtet wird. Würde Schule als Bildungseinrichtung nicht der Gesellschaft im besten Sinne zuarbeiten, wenn sie Schüler auf die nicht wegzudiskutierende multikulturelle Wirklichkeit unseres Einwanderungslandes und die Notwendigkeit, friedvoll und demokratisch zusammenzuarbeiten, vorbereitet?

Und wäre es nicht ebensowichtig, wenn die Gesellschaft von der Fokussierung der Schule auf den einzelnen und der Förderung seiner individuellen Fähigkeiten und Möglichkeiten lernen würde? Es könnte u. U. zum Ergebnis haben, den Menschen und seine Leistungskraft weniger zu funktionalisieren.

Daß es bereichernd ist, Erkenntnisse und Erfahrungen aus anderen Disziplinen wie z. B. der Psychotherapie zu berücksichtigen, will nicht zuletzt dieses Buch zeigen.

3. Die Selbstverantwortung des Lehrers

Wie in den Kapiteln oben deutlich geworden ist, hat sich der Lehrer für einen Beruf entschieden, in dem er über die pädagogische Arbeit in Beziehung tritt zu den Schülern. Über diese Wir-Bildung mit jedem einzelnen Schüler schafft er für diesen einen sicheren Ort und optimiert somit die Lernbedingungen an der Stelle, an der er diese mitbestimmen kann. Auf die Bedingungen im Elternhaus des Schülers kann er nur sehr wenig

Einfluß nehmen. Dort wird so manches Mal zerstört, was er in der Schule aufgebaut hat. Das frustriert nicht nur, sondern das tut auch weh. Dies zu ertragen und auch nach vielen Berufsjahren noch zu spüren setzt die Bereitschaft voraus, durchlässig für emotionales Erleben zu bleiben und sich in der Interaktion berühren zu lassen.

Folgende psychologische Hilfen gibt es neben den interkollegialen Gesprächen für Lehrer, ihre interaktionelle und soziale Kompetenz zu stärken und darüber ihre Professionalität abzusichern: Supervisions-, Balint- und Selbsterfahrungsgruppen.

Supervision von Pädagogen (von Gabriele Enders) Gabriele Enders, welche selbst zwanzig Jahre als Lehrerin und Sonderschulpädagogin gearbeitet hat, beschreibt den unschätzbaren Wert der Supervision für die Lehrer insbesondere in den ersten Berufsjahren. Es ist davon auszugehen, daß Lehrer, welche sich in Supervisionsgruppen engagieren, im Sozialverhalten im Lehrerkollegium eher für andere ein offenes Ohr haben. Sie dürften auf Konflikte, die andere Lehrer mit Schülern haben, mit mehr Verständnis und unterstützend eingehen. Sie dürften auch innovativer und selbstsicherer anregen, Supervisionsgruppen im Kollegium einzurichten. Ebenso wird ihr Selbstverständnis als Pädagoge gestärkt.

«Lehrer sind einsam
Lehrer sind beziehungsüberfordert
Lehrer sind allein gelassen
Lehrer sind gesellschaftlichen Veränderungen ausgeliefert
Lehrer sind für das Lehren ausgebildet, nicht für das Lernen»

Eine kollegiumsinterne Fortbildung, als pädagogische Konferenz zum Thema «Umgang mit Gewalt und Aggression in der Schule» im Sommer 2002: Anwesend sind vierzig Lehrerinnen und Lehrer, durchweg hoch motiviert, da sie, täglich betroffen, an dem genannten Thema arbeiten. Im Laufe des Vormittags taucht das Wort «Supervision» auf. Ein Lehrer, der gerade die Referendarzeit beendet, fragt: «Was ist das?»

Anscheinend ist bis heute diese Möglichkeit der Aufbereitung beruflicher Erfahrungen, Erarbeitung alternativer Handlungskonzepte und Möglichkeit der eigenen Psychohygiene kein fester Bestandteil der Lehrerausbildung, weder im Studium noch in der Phase der ersten Praxiserfahrungen. Auch der Begriff der «kollegialen Fallberatung» war ihm fremd.

Gleiches wiederholte sich Wochen später an einem Berufskolleg, an dem problematische Jugendliche einen Berufsvorbereitungskurs absolvierten.

Die Zahl der Lehrer, die Supervisionsgruppen als Erweiterung ihrer Handlungskompetenz und Unterstützung in ihrem pädagogischen Alltag sehen und nutzen, ist nach wie vor gering. Es bleibt der Eigeninitiative des Pädagogen überlassen, sich eine Gruppe zu suchen und sich organisatorisch wie auch finanziell zu engagieren. Von seiten des Arbeitgebers, der auch eine Fürsorgepflicht für seine zumeist ja doch Beamten hat, beschränkt sich diese auf Fortbildungen meist didaktischer Inhalte.

Häufig finden wir in Supervisionsgruppen Lehrer, die durch Zusatzausbildungen sensibilisiert sind oder nach psychosomatischen Krankheitserfahrungen die begleitende Beratung zu schätzen wissen.

An dieser Stelle sei ein Definitionsversuch zur Supervision zitiert. Bernler/Johnson definieren:

«Leitendes Ziel der Supervision ist die Entwicklung und Vermehrung der Professionalisierung. Entsprechend ist der Fokus der Supervision auf das professionelle Ich des Supervisanden gerichtet ... Supervision strebt vorrangig nach Veränderungen der professionellen, nicht der persönlichen Identität. Da persönliche Entwicklung und professionelle Erkenntnisse bei psychosozial Tätigen eng miteinander verflochten sind, hat die professionelle Entwicklung selbstverständlich auch Folgen für die persönliche Entwicklung» (Bernler/Johnson: Supervision in der psycho-sozialen Arbeit, Weinheim 1993, S. 79).

Wichtig ist die Betonung, daß Supervision sich von Therapie abgrenzt und es nicht zur Aufgabe gehört, Persönlichkeitskonflikte und emotionale Konflikte des Supervisanden zu behandeln. Supervision soll helfen, ein besserer Pädagoge zu werden, nicht notwendig ein besserer Mensch.

Die Gefahr der Verquickung von Therapie und Supervision ist gerade in Einzelsitzungen gegeben. In der Gruppensituation dagegen können die anderen Gruppenmitglieder als korrigierende Dialogpartner die Arbeitsrealität im Prozeß halten.

Voraussetzungen für fundierte Supervisionsarbeit sind:

1. Freiwilligkeit der Teilnahme
2. Kontinuität der Gruppe über einen überschaubaren Zeitraum von mindestens einem Schuljahr
3. Kontinuität und Verbindlichkeit der Zeit
4. Prozeßverständnis
5. Verantwortung der Supervisoren für den Prozeß, nicht für den Supervisanden
6. Qualifikation der Supervisoren, bestehend aus eigener Berufserfahrung, Feldkompetenz, Supervisionstheorie
7. Unabhängigkeit der Supervisoren
8. Bereitschaft zur Offenheit und Toleranz unter den Supervisanden (siehe auch Schneider G.: Lehrerkrisen und Supervision, Klinkhardt 1996, S. 132 ff.)

Die Motivation, die die Lehrerinnen und Lehrer in meinen Supervisionsgruppen äußerten, sind vielschichtig. Sie sind an pädagogischen Themen interessiert, sorgen sich aber auch um ihr eigenes Wohlergehen, ihre Psychohygiene. Sie möchten über problematische Schüler reflektieren, aber auch ihr eigenes Lehrerverhalten kritisch hinterfragen. Sie nehmen an Supervisionsgruppen teil,

- um Burn-Out vorzubeugen
- weil sie Burn-Out-Symptome verspüren
- um sich Zeit für kollegialen Austausch in einem geschützten Rahmen zu nehmen
- um die Familie nicht mit beruflichen Problemen bewußt oder unbewußt zu belasten
- um den eigenen pädagogischen Anspruch zu hinterfragen, zu modifizieren
- um dem eigenen Anspruch zu genügen
- um sich aus der Isolation zu begeben

Die Anliegen, die Pädagogen in Supervision zum Ausdruck bringen, lassen sich in vier Bereiche aufgliedern, wobei die

Übergänge fließend sein können, wie wir später an einigen Beispielen sehen werden.

Es kann sich durchaus ein problematisches Kind als Symptom für eine gestörte Kommunikation zweier Kollegen untereinander herausstellen. Eine abwertende Bemerkung der geschätzten Klassenlehrerin über eine Kollegin wird als «stiller» Auftrag verstanden, die Fachlehrerin nicht zu achten.

I. Der Schüler

Der erste große Themenkomplex umfaßt einzelne Schüler, die durch auffälliges und auch störendes Verhalten den Unterricht blockieren, Kommunikation stören, soziale Kontakte der Schüler untereinander komplizieren und im Pädagogen ein Gefühl der Hilflosigkeit und Ohnmacht zurücklassen. Er reagiert mit allen ihm zunächst zur Verfügung stehenden pädagogischen Hilfsmitteln:

- Versuch, den Unterricht in Gang zu halten
- Einzelgespräche mit dem Schüler
- Verstehen-Wollen der Zusammenhänge
- Einsame Suche nach Lösungen
- Einsatz von Bestrafungs- bzw. Konsequenzenregister wie Unterrichtsverweis, Klassenkonferenz, Schulverweis
- Eventuell Suche nach Unterstützung im Kollegenkreis

In teamorientierten Schulsystemen wie z. B. in Gesamtschulen und Sonderschulen besteht die Chance, konzeptionell kollegiale Unterstützung zu bekommen, wenn die Kollegen darin geübt sind. In von mir so benannten «Ein-Lehrer-Systemen» finden wir häufig folgende Situation:

Im Lehrerzimmer in der großen Pause: Der Kopierer läuft, die Schulleiterin klärt mit einzelnen organisatorische Fragen, ein Schüler klopft an die Tür, das Telefon wird benutzt, eine Kollegin versucht, Unterschriften auf eine Glückwunschkarte zu bekommen, vier Lehrerinnen sitzen am Tisch: Kollegin X: «Kevin hat mir heute wieder die halbe Mathestunde geschmissen.» Kollegin A: «Komisch, bei mir in Kunst war Kevin gestern ganz normal!» Kollegin B: «Sie müssen mehr Sport machen, da können die sich austoben.» Kollegin C: «Ich habe auch so einen. Der Marcel schreit immer dann in die Klasse ...» Geht die Kollegin gestärkt aus der Pause in den Unterricht?

Außer daß die betroffene Kollegin sich Luft gemacht hat, ihren Unmut äußern konnte, hat sich nichts Konstruktives für sie entwickeln können. Im Gegenteil, durch die Reaktionen entsteht eher ein Gefühl von Inkompetenz und Isolation. Die Eigenwahrnehmung: Ich muß alles allein können, ich darf keine Probleme haben, sonst bin ich kein guter Lehrer, allen anderen geht es gut, sie können es besser etc.

Nehmen wir einmal an, daß diese Kollegin nicht der Mut und das Selbstbewußtsein in ihre fachliche Kompetenz verlassen hat und sie erkennt, daß dieser Schüler weder durch Unterrichtsinhalte noch Lernanforderungen zu seinem Verhalten provoziert wird. Sie vermutet andere, eventuell innerpsychische Probleme des Kindes oder vielleicht sogar Störungen auf der Beziehungsebene Schüler–Lehrer–Mitschüler. So steht sie vor der nächsten Hürde: Im derzeitigen Schulsystem gibt es kaum Möglichkeiten der intensiveren pädagogischen Einzel- oder Förderbetreuung.

Im Kontext von außerschulischen Einrichtungen ist eine kompetente kollegiale Zusammenarbeit nur in Einzelfällen erkennbar. Möglichkeiten des Kontaktes z. B. zwischen Grundschule und Hort, selbst wenn dieser im eigenen Haus sitzt, um für problematische Schüler gemeinsame Konzepte zu entwickeln, werden selten genutzt.

Eine Kooperation zwischen Therapeuten und Lehrern ist oftmals schon durch die versetzten Arbeitszeiten schwierig, Schwellenängste von beiden Seiten können Kontakte ebenfalls erschweren. Die Zusammenarbeit mit Jugendämtern ist weit davon entfernt, selbstverständlich zu sein, erst recht der Kontakt zu Kinderärzten und Kliniken. Die Gründe sind vielschichtig: Termindruck, organisatorische Probleme, Unkenntnis der Möglichkeiten der verschiedenen Einrichtungen, Schwellenangst.

Doch gehen wir zurück in die Schule.

Eine 28jährige Lehrerin wird nach ihrer Referendarzeit an eine ihr unbekannte Schule für Lernbehinderte versetzt. Sie kennt dort niemanden aus dem Kollegenkreis. Ihr wird ein 6. Schuljahr mit Klassenlehrerverantwortung zugeteilt. Später erfährt sie, daß drei diensterfahrenere Kollegen im Vorgespräch die Übernahme dieser als extrem schwierig bekannten Klasse abgelehnt hatten. Ihr als neuer Kollegin blieb nach den Ferien keine Möglichkeit der Einflußnahme auf diese Entscheidung. «Es war die Hölle. Dachte ich zuerst, es seien meine Unerfahrenheit und mein fehlerhaftes Unterrichten, bemerkte ich nach einiger Zeit erst die extrem problematischen individuellen Situationen der Schüler. Vom Kleindealer über mißbrauchte und verwahrloste Kinder befand sich ein geballtes Problemfeld in dieser Gruppe.» Die Unterstützung des Schulleiters belief sich auf: «So sind sie eben.» Das Kollegium hielt sich zurück. Nach 6 Monaten tauchten die ersten allergischen Hautreaktionen bei ihr auf, die sich zu einer Neurodermitis entwickelten. Auf Anraten ihres Hautarztes ging sie in eine Supervisionsgruppe und faßte durch diese Unterstützung den Mut, ihre Versetzung schnellstens zu betreiben. Seit sie in einer neuen Schule arbeitet, die zudem eine ausgeprägte Teamstruktur aufweist, sind die psychosomatischen Beschwerden zurückgegangen.

Ein Beispiel für eine Supervisionsarbeit mit dem Schülerthema
Frau M., Lehrerin an einer Sonderschule für Lernbehinderte, berichtet über eine neue Schülerin in ihrer Klasse: «Sandra, 14 Jahre alt, sucht permanent Streit, insbesondere mit einem Mädchen der Nachbarklasse. In der Pause geraten sie immer aneinander, so daß der Aufsichtslehrer alle Maßnahmen von Trennen, Verweis vom Schulhof und Rückkehr ins Gebäude veranlassen muß. Auch in der Klasse streitet sie sich immer wieder mit Mitschülerinnen, und Anweisungen von mir werden zunächst mit Provokationen beantwortet. Wenn ich mit ihr allein spreche, ist sie aufgeschlossener.» Durch Nachfragen der Kollegen in der Supervisionsgruppe erfahren wir mehr über Sandra: Sie hat eine ältere Schwester, die die Hauptschule besucht, und drei jüngere Geschwister aus der zweiten Ehe der Mutter. Ihr Vater hat die Familie vor 8 Jahren verlassen.

In der anschließenden Supervisionsarbeit kristallisiert sich die Hypothese heraus, daß Sandra eine vermutlich gelernte Form der Kontakt- und Beziehungsgestaltung über Konflikte erworben haben könnte. Zudem wird deutlich, daß sie sich fast ausschließlich weibliche Personen für ihre Konflikte aussucht. Welche Formen der Übertragungen mögen hier stattfinden? Muß sie in den Jungen den abwesenden Vater schonen? Wie hat sie die Trennung der Eltern verarbeitet? Und was bedeutet es für ihr Selbstbewußtsein, daß sie als einziges Familienmitglied eine Sonderschule besucht?

Es ergaben sich sowohl neue Aspekte und Ideen für ein Elterngespräch als auch unterrichtsgestaltende Themen. Die Kollegin begann über eigene Trennungserfahrungen zu reflektieren und über die Schwierigkeiten im Umgang mit Trauer und Wut. Sie fühlte sich Sandra näher und gestärkt, mit ihr sowohl schulinterne Regeln bearbeiten zu können als auch nach weiterer Unterstützung für ihre emotionale Entwicklung zu suchen.

II. Die Eltern

Eine der kompliziertesten Beziehungen im schulischen Kontext ist die Lehrer-Eltern-Beziehung. Eltern fordern, überprüfen, kritisieren, reagieren eifersüchtig, mischen sich ein, sind nicht erreichbar, unterstützen, opponieren. Zwei «Fachgruppen» treffen aufeinander, die vehement ihr Fachgebiet verteidigen: Die Eltern sind «Fachleute» für ihr Kind, da sie es von Geburt an kennen, es im außerschulischen Rahmen erleben und viel von seinen Ressourcen und auch Problemen wissen, die dem Lehrer verschlossen bleiben. Der Lehrer ist «Fachmann» für das Kind, da er seinen Lernweg begleitet, weiß, wie das Kind mit außerfamiliären Anforderungen und Beziehungen umgeht, sein Beziehungsverhalten in der Gruppe erlebt. Beide «Fachgruppen» haben zudem Wünsche, Erwartungen und Forderungen sowohl an das Kind als auch an die andere beteiligte «Fachgruppe». Und beide «Fachgruppen» haben ein hohes Interesse am Wohlergehen und der positiven Entwicklung des Kindes sowie an einer guten Beziehung zum Kind.

Nur wenn gegenseitige Akzeptanz und Achtung in der Beziehung Platz finden, gelingt die Kooperation. Aber gerade in dieser Begegnung Eltern – Lehrer finden auch alle Gefühle von Überforderung, Unterforderung, Selbstwertgefühl, «alten» Schulerfahren und Elternerfahrungen, Kompetenzzweifel und moralischen Vorstellungen Raum.

Alle Eltern waren einmal Schüler und bringen diese Erfahrungen unreflektiert mit.	Alle Lehrer haben Eltern und bringen diese Erfahrungen meist unreflektiert mit.
Gespräche werden durch soziales Gefälle erschwert.	Der Wechsel der Kommunikationsebene zwischen Schüler–Lehrer und Eltern–Lehrer ist zuwenig bewußt.
Eltern bringen populärgesellschaftliche Urteile über Lehrer mit (arbeiten nur bis Mittag etc.).	Lehrer bringen populärgesellschaftliche Urteile über Eltern mit (können nicht erziehen etc.).
Eltern fühlen sich in Verteidigungsposition: Ihr Kind hat ...	Lehrer fühlen sich in Verteidigungsposition: Warum haben Sie nicht ...

In der Supervisionsarbeit kann es gelingen, mit veränderten Perspektiven die Kommunikation wieder offener zu gestalten.

Eine 30jährige Kollegin, seit 3 Jahren im Schuldienst, lädt die Eltern eines Jungen, der durch große Rechtschreibschwierigkeiten auffällt, zum Gespräch ein. Der Junge ist ihr sehr sympathisch, sie weiß nicht genau, warum sie sich für ihn besonders engagiert. Sie möchte die Eltern motivieren, eine außerschulische Fördermöglichkeit zu suchen.

Das Gespräch verläuft für sie äußerst frustrierend. Der Vater greift sie an, stellt ihre Kompetenz in Frage, und sie fühlt sich in einer Prüfungssituation. Seiner Meinung nach müsse sie alle Probleme selbst lösen können.

Sie verteidigt ihr pädagogisches Handeln und ihr didaktisches Konzept, bemerkt aber auch das Desinteresse des Vaters an inhaltlicher Diskussion. Durch die von ihr erlebte Angriffs-Verteidigungs-Situation verliert sie ihr Ziel aus den Augen, und das Gespräch endet mit einem Satz zur Mutter beim Hinausgehen, doch für den Jungen noch weitere Hilfen zu suchen. Die Kollegin äußert in der Supervision: «Beinahe hätte ich mich angeboten, unentgeltlich am Nachmittag mit dem Jungen zu arbeiten, um meine pädagogischen Defizite auszugleichen.»

Im Rollenspiel, in dem andere Gruppenteilnehmer versuchten, die Situation nachzuspielen und sie als Zuschauerin die Situation betrachten konnte, bemerkte sie plötzlich viele Ähnlichkeiten zwischen dem Vater des Schülers und ihrem eigenen Vater. Auch er hatte von ihr Rechenschaft gefordert, vermehrte Leistungen verlangt und sich für ihre Wünsche und Bedürfnisse nie wirklich interessiert. Im Gespräch mit den Eltern fühlte sie sich zurückversetzt, ohne darüber in der Situation selbst reflektieren zu können. Als sie diese Projektion erkannte, konnte sie ein neues Gespräch vereinbaren und eine Grenze zwischen ihrem damaligen Erleben als Kind dem Vater gegenüber und der Rolle als Lehrerin heute ziehen und ihre Position vor den Eltern klarer vertreten.

Die Gefahr einer mißlungenen Kooperation zwischen Eltern und Lehrern liegt in der unbewußten und auch bewußten Übertragung auf den Schüler, die diesem zum einen Chancen nimmt, ihn aber auch immer wieder in Loyalitätskonflikte bringen kann.

III. Das System Schule
Im Rahmen dieser Thematik möchte ich das System unterteilen in:

A. Kollegen
B. Schulleitung
C. Ausbildung und Weiterbildung

A. Kollegen
Der klassische Lehrerarbeitsplatz sieht so aus, daß ein Erwachsener allein eine Gruppe Kinder oder Jugendliche unterrichtet, die ihm altersmäßig, körperlich, intellektuell und erfahrungsmäßig unterlegen sind. Er nimmt an, daß ihn eine natürliche Autorität umgibt und er sich in einer Oben-unten-Position bewegt.

Diese Annahme gerät in zwei kritische Situationen: Es ist heute nicht mehr von einer «natürlichen» Lehrer- oder Erwachsenenautorität auszugehen, Disziplinschwierigkeiten und Aggression und Gewalt in der Schule sind Tagesthemen. Hierauf möchte ich hier nicht näher eingehen.

Die zweite kritische Situation beginnt an der Lehrerzimmertür. Hier, in der Lehrerkonferenz und in der Zusammenarbeit im Team trifft er nun auf ebenbürtige Partner, mit denen andere Formen von Auseinandersetzung und Kommunikation gefunden werden müssen als in der Unterrichtssituation.

Wie kann ich meine Wünsche und Vorstellungen so ausdrükken, daß sie erfüllt werden? Wie werden Kompromisse ausgehandelt? Wie kann ich verbalisieren, was mir in der Zusammenarbeit nicht gefällt, was mich stört?

Teamarbeit entwickelt sich erst in wenigen Schulformen. Die Erfahrungen der Kollegen im «gemeinsamen Unterricht», einer integrativen Unterrichtsform mit behinderten und nichtbehinderten Schülern, die als Sonderschullehrer mit Grundschullehrern gemeinsam in einer Klasse unterrichten, zeugen häufig von Konkurrenz, Ängsten und Unsicherheiten auf beiden Seiten. «Wenn ich in die Grundschule kam, hatte die Klassenlehrerin gerade eine Klassenarbeit geplant und schickte mich zum Fotokopieren», so eine Sonderschullehrerin.

Die vermeintliche Konkurrenzsituation führt dazu, daß das Engagement einzelner oft mißtrauisch beäugt wird, manchmal erstickt von der Angst, selbst auch mehr tun zu müssen. So finden wir viele gute Arbeitsansätze hinter verschlossenen Klassentüren, und gute Methoden und Ideen schlummern im verborgenen. Nur wenige einzelne profitieren vom Wissen der Erfahrenen.

In der Supervision werden Ansätze entwickelt, neue Formen des Umgangs miteinander auszuprobieren. Konflikte werden benannt und wenn die Supervisionsgruppe sich aus Kollegen der gleichen Schule zusammensetzt, auch im direkten Kontakt bearbeitet.

«In meiner Schule fühle ich mich als Außenseiterin. Ich bin die einzige Kollegin, die keine Kinder hat und daher auch mittags nicht zu familiären Terminen hetzen muß. Allerdings gibt es auch kaum die Möglichkeit, sich mit einer Kollegin zu einer Arbeitssitzung dann zu verabreden. Mir macht die Arbeit Spaß, und ich investiere viel Zeit, bin auch schon mal nachmittags im Werkraum, um Unterricht vorzubereiten. Langsam habe ich aber das Gefühl, ich werde ausgegrenzt. Informationen werden nicht an mich weitergegeben, vorbereitete Materialien verschwinden. Jetzt ist mir aufgefallen, daß der kleine Bruder einer meiner Schülerinnen bei einer Kollegin die 1. Klasse besucht, die schon seit 25 Jahren an dieser Schule ist. Die Eltern haben bei ihr von meinem Unterricht geschwärmt, und ich glaube, sie kann es nicht ertragen. Ich wage es aber nicht, sie darauf anzusprechen, sie hat sehr viel Macht im Kollegium.»

Die 30jährige Kollegin entwickelte in der Supervision Lösungsmöglichkeiten, wie sie in Kontakt mit der älteren Kollegin kommen kann. Sie konnte in einer Rollenspielsituation deren Ängste nachvollziehen, einer pädagogischen Herausforderung durch neue Arbeitsmethoden nicht gewachsen zu sein. In den nächsten Wochen befragte sie die Kollegin nach ihren internen Erfahrungen und konnte von ihrem Wissen profitieren. Die Kollegin wurde ihr gegenüber offener, und es entwickelte sich eine gute Zusammenarbeit in einem Fachbereich.

Wenn sich an einer Schule eine Gruppe etabliert, die konsequent das Prinzip der «kollegialen Fallberatung» anwendet, so benötigt sie keine Hilfe von außen, sondern entwickelt intern eine sehr effektive Form der Zusammenarbeit. Anhand einer vorgegebenen Struktur unter Einhaltung weniger, aber wichtiger Kommunikationsregeln können problematische Schüler und Schulsituationen unter Einbeziehung der Erfahrungen und des Wissens aller besprochen und sowohl individuelle als auch gemeinsame Lösungsstrategien und Interventionen erarbeitet werden. Eine wichtige Voraussetzungen ist allerdings, daß jeder einzelne Lehrer bereit ist, eigene Problemsituationen einzugestehen und einzubringen.

B. Schulleitung
Ein Teil der Konflikte innerhalb eines Kollegiums resultiert aus der hierarchischen Struktur von Schule und der oftmals mangelnden Führungskompetenz der Schulleitung. Während der Lehrer in der Klasse sich als Autorität fühlt, muß er häufig in der Lehrerkonferenz die Position des Untergebenen einnehmen. Anordnungen und Anforderungen von der Schulaufsichtsbehörde werden weitergereicht, der Lehrer soll diese umsetzen und ausführen, ohne an Entscheidungen beteiligt gewesen zu sein. Die oftmals sehr individuellen Vorstellungen eines Schulleiters von «seiner» Schule sorgen für Unmut, wenn Kollegen keine eigenen Gestaltungswünsche einbringen können. In Gesprächen waren die Hauptvorwürfe an die Schulleitung entweder Führungsschwäche, inkompetenter Führungsstil oder mangelnde Unterstützung und Distanz.

Insbesondere, wenn die Schulleiterposition aus dem Kollegium heraus neu besetzt wird und das System neue Gewichtungen erfährt, entwickeln sich Spannungen und Konflikte.

Eine sehr erfahrene und starke Schulleiterin, die der Schule einen besonderen Stempel aufgedrückt hatte, war in den Ruhestand versetzt worden. Zunächst mit Unterstützung des Kollegiums bewarb sich Frau X. um die Stelle und erhielt sie. Ihr erstes halbes Jahr war geprägt von unendlich vielen neuen ungewohnten Arbeitsaufgaben. Hinzu kam ihre Unsicherheit, wie sie diese Position mit gesunder Autorität ausfüllen könne. Überall begegnete sie dem Schatten ihrer Vorgängerin und wurde daran gemessen. Erschwerend erlebte sie, daß sie mit Kolleginnen, mit denen ein freundschaftliches Verhältnis bestanden hatte, nicht mehr unbefangen plaudern konnte, ohne daß ihr Vorteilsgabe unterstellt wurde. Schnell spaltete sich das Kollegium in «Freundinnen» und «Kritikerinnen», einige wenige blieben neutral.

In einem Supervisionsprozeß, der mit dem gesamten Kollegium als Gruppe und der Schulleiterin in Einzelberatung durchgeführt wurde, konnten die Themen angesprochen werden. Sie gewann an Sicherheit und nahm die Leitungsaufgabe bewußter wahr, die Gruppenbildung im Kollegium begann sich aufzulösen, und zwei Kolleginnen ließen sich versetzen.

C. Ausbildung und Weiterbildung
Sowohl in der Lehrerausbildung als auch in den von den Schulbehörden angebotenen Weiterbildungsveranstaltungen liegt das Hauptgewicht auf Methodik und Didaktik der einzelnen

Fächer, neuen Techniken des Unterrichtens und – wenigstens dies – in neuen Motivationsmethoden für die Schüler. Weder die Teamfähigkeit des Lehrers wird geschult, noch erhält er Anleitungen zur eigenen Psychohygiene. Oft habe ich erlebt, daß Referendare nach 10 Semestern Studium in der Schulwirklichkeit so vom Praxisschock überwältigt werden, als wäre ihnen nie klargewesen, auf welchen «Abenteuerarbeitsplatz» sie sich einlassen. «Ich habe in meinem Studium nichts von aggressiven Verhaltensweisen gehört und erst recht nicht von Möglichkeiten der Auseinandersetzung bei Autoritätskonflikten», erzählt ein 30jähriger Berufsschullehrer, der in seinem «ersten Schuljahr» an die Grenzen seiner Belastbarkeit gerät und vor den Ferien mit Magenbeschwerden krankgeschrieben wird.

Die nun durch PISA angestoßene Diskussion wird sich mit dieser Thematik auch beschäftigen müssen.

Zusammenfassend läßt sich sagen, daß Supervision mit Unterstützung eines außenstehenden Supervisors oder kollegiale Fallberatung innerhalb eines Teams viel Hilfe in allen Bereichen der Schulrealität bieten kann. Es gilt, in einer Mischung aus gesunder Distanz und innerer Betroffenheit neue Perspektiven zu finden, um über Reflexion und Erfahrungsaustausch sich handlungsfähig und gesund zu halten.

Balint-Gruppe Die Pionierleistung von Michel Balint, einem Arzt und Psychoanalytiker aus Ungarn, der in England arbeitete, bestand darin, daß er die körperliche Diagnostik um die Beziehungsdiagnostik erweiterte. In der Arzt-Patient-Beziehung reaktualisieren sich für diesen unbewußt die Beziehungskonflikte eines Patienten. Gelingt es dem Arzt, diese unbewußten Beziehungsinhalte zu erfassen, kann er sie in eine ganzheitliche Diagnose einfließen lassen. Es bietet sich ihm die Möglichkeit, zu unterscheiden zwischen körperlichen Ursachen und psychischen Kofaktoren, welche für den Unterhalt einer Krankheit oder auch deren Ursache bedeutsam sind. Er realisiert die Gleichzeitigkeit von körperlichen und seelischen Ursachen für die Entstehung einer Krankheit und kann somit eine psychosomatische Diagnose stellen. Er kann erfassen, welche Therapie in welcher Dosis die richtige ist, und bleibt gleichzeitig offen für den Prozeß einer Therapie und die sich darüber verändernden Beziehungsinhalte und körperlichen Ursachen einer Erkrankung.

Für Lehrer bietet die Teilnahme an einer Balint-Gruppe die Möglichkeit zu lernen, den eigenen gefühlshaften Wahrnehmungen in einer Schüler-Lehrer-Beziehung gebührenden Wert beizumessen und die eigene emotionale Schwingungsfähigkeit zu erhalten. Dies wird ihm helfen, den Schüler in der aktuellen Situation besser zu verstehen und sogenannte Verhaltensstörungen oder Lernblockaden in einen größeren Zusammenhang zu stellen. Aus dieser Erweiterung der Perspektive ergeben sich Chancen für einen veränderten pädagogischen Umgang mit dem Schüler. Der Lehrer wird sich seiner interaktionellen Kompetenz sicherer. Er findet in ihr eine wichtige Ressource für seine Wir-Bildung mit dem Schüler, für seine Bildung eines sicheren Ortes für diesen und damit Schaffung möglichst günstiger Lernbedingungen.

Selbsterfahrungsgruppe Die Entwicklung von Beziehungskrankheiten steht immer in Verbindung mit der eigenen Geschichte und Persönlichkeitsentwicklung eines Menschen. Eine Selbsterfahrungsgruppe fokussiert daher darauf, wie er Beziehungsmuster in seiner Vergangenheit erfahren hat. Es wird ebenso sein Beziehungsverhalten, sein aktives Gestalten von Beziehungsmustern im Hier und Jetzt, in all seinen Kontexten reflektiert. So kann er erfahren, wie er frühe Beziehungserfahrungen im Heute reinszeniert, und in der Gruppe Alternativen «ausprobieren», wie sich Veränderungen in der Beziehungsgestaltung «anfühlen». Die Neugierde eines Lehrers, der insbesondere in nahen Kontakt zu schwierigen Kindern tritt oder besser, zu Kindern, die es schwer haben im Leben, sollte möglichst seinen eigenen prägenden Beziehungsgestaltungsmustern gelten. Er erfährt darüber eine Menge über sich, seine Beziehungen innerhalb seiner Ursprungs- und Jetzt-Familie und kommt zu einem neuen Verstehen und Verständnis von Prozessen in seiner Wir-Bildung mit Schülern, mit seinen sozialen Kontakten im Kollegium und mit den Schüler-Eltern. Er setzt sich auch mit der altersabhängigen Veränderung seiner Sichtweisen auseinander und versteht deutlicher, daß nicht nur die Schüler sich verändern, sondern auch er nicht mehr der Alte ist und sich seine Perspektiven geändert haben. Hierüber stärkt er seine emotionale Intelligenz, die er für seine Arbeit wie für seine privaten Beziehungen benötigt.

Die Arbeit mit der Methode der systemisch-integrativen Familienaufstellung erweitert die Selbsterfahrung um die explizite Auseinandersetzung mit der Position der Arbeit in ihrem Mitgestalten von Beziehungsmustern. Nicht nur Familienmitglieder, sondern auch Freunde können durch Gruppenmitglieder repräsentiert werden. Ein Mitglied kann tiefe Trauer, Wut und Haß, Krankheit und Lebensfreude u.v.m. mit in die Aufstellung einbringen. Diese heftigen Emotionen werden in ihrer Bedeutsamkeit für die aktiv mitgestalteten Beziehungsmuster reflektiert. So erhalten die inneren Bilder eines Mitgliedes Gestalt und können zum substantiellen Bestandteil der Arbeit in der Gruppe werden. Ebenso läßt sich sein Konfliktverhalten darstellen, indem der Protagonist einzelne Mitglieder der Gruppe bittet, die Rollen der Kontrahenten bzw. Konfliktpartner zu übernehmen. Sie können durch «Probehandeln» so neue Konfliktlösungsstrategien kennenlernen, auf ihren emotionalen Inhalt überprüfen und in der Gruppe diskutieren etc.

4. Instrumentarien zur Bestimmung der eigenen Lebens- und Belastungssituation

Die unten genannten Instrumentarien mögen auf den ersten Blick banal erscheinen. Die Chancen liegen in der Diskussion, welche hierüber angeregt wird. Es gibt in der Auseinandersetzung mit Prozessen der persönlichen Entwicklung und in der Pädagogik keine Wahrheiten, wie die Philosophie sie anstrebt, sondern nur ein ständiges diskursiv zu führendes Bemühen, sich ihr zu nähern. Befriedigende Ergebnisse sind daher «leicht flüchtig» und nur für das Ergebnis einer befriedigend geführten Auseinandersetzung gültig, da wir es mit viel zu komplexen und sich stets im Fluß befindlichen Sachverhalten zu tun haben. Diese zwingen uns immer wieder zu Perspektivwandel und Anpassungen an eingetretene Veränderungen und Fremdeinflüsse.

Jede Selbstreflexion, insbesondere, wenn sie in einer Gruppe diskutiert wird, wird daher am besten unter gut geleiteter Moderation geführt. Als Instrumentarien, welche früher schon in

anderem Zusammenhang ausgeführt wurden – in Klammern
ist das jeweilige Kapitel genannt –, werden beschrieben:
- Motivationserforschung mit Hilfe der drei psychologischen
  Grundeigenschaften Egoismus, Ehrgeiz und Machtstreben
- Kontextkreis (V.3)
- Kompetenzraute (III.4)
- Rollenmanagement-Raute (V.4)
- Gesundheitsraute (V.7)

Motivationserforschung Zur Überprüfung der eigenen Motivation und Identifikation mit dem Beruf fragen Sie sich, ob Sie sich mit den Visionen der Schule, an der Sie tätig sind, verbinden können und der Lehrerberuf in unserem Bildungssystem noch der richtige für Sie ist. Erinnern Sie sich Ihrer ursprünglichen Motive, diesen Beruf zu ergreifen. Wie weit haben Sie sich davon entfernt, und wie weitgehend ist es Ihnen gelungen, Ihre früheren Vorstellungen weiterzuentwickeln?
  Bilden Sie eine Kleingruppe mit drei bis fünf KollegInnen. Füllen Sie die Fragen für sich selbst und für jedes Gruppenmitglied aus. Dabei bedeutet 1 «stimmt genau» und 7 «stimmt gar nicht». Diskutieren Sie mit KollegInnen insbesondere über die Unterschiede in der Fremd- und Selbsteinschätzung.

Erforschung der eigenen Motivation

Verfolgen Sie Ihre persönlichen Ziele der Selbstverwirklichung und -entfaltung in einem Sie befriedigenden Maße?	1 2 3 4 5 6 7
Ist Ihr Wunsch nach Dazu-gehören-Wollen, nach Anerkennung und Erfolg im Beruf erwartungsgemäß erfüllt?	1 2 3 4 5 6 7
Bringen Sie Ihren Ehrgeiz in einem Maße in Ihren Beruf ein, daß Ihr persönliches Profil sich schärft und Ihre Kompetenzen sich vergrößern?	1 2 3 4 5 6 7
Können Sie Ihre eigenen Ziele anstreben und Ihren persönlichen Lebensentwurf realisieren?	1 2 3 4 5 6 7

Werden Schüler einmal das Gelernte mit
Ihrem Namen verbinden und Sie in Erin-
nerung behalten?   1 2 3 4 5 6 7

Bieten Sie für Schüler über Ihre Beziehung
mit ihnen einen sicheren Ort?   1 2 3 4 5 6 7

Befriedigen Sie mit all Ihrer Leidenschaft
Ihr Machtstreben im Unterricht so, daß
Sie die Ihnen wichtigen Veränderungen
umsetzen und Einfluß auf das Gesamtgeschehen in der Klasse ausüben können?   1 2 3 4 5 6 7

Ist Ihr eigener Stil in der Arbeit erkennbar? 1 2 3 4 5 6 7

Motivationserforschung Kollege/Kollegin

Verfolgt Ihr/e Kollege/Kollegin seine persönlichen Ziele der Selbstverwirklichung
und -entfaltung in einem ihn/sie befriedigenden Maße?   1 2 3 4 5 6 7

Ist sein/ihr Wunsch nach Dazu-gehören-
Wollen und nach Anerkennung und Er-
folg im Beruf erwartungsgemäß erfüllt?   1 2 3 4 5 6 7

Bringt er/sie seinen/ihren Ehrgeiz in einem
Maße in den Beruf ein, daß sein/ihr per-
sönliches Profil sich schärft und seine/ihre
Kompetenzen sich vergrößern?   1 2 3 4 5 6 7

Kann er/sie seine/ihre eigenen Ziele an-
streben und den persönlichen Lebensent-
wurf realisieren?   1 2 3 4 5 6 7

Werden Schüler einmal das Gelernte mit
seinem/ihrem Namen verbinden und in
Erinnerung behalten?   1 2 3 4 5 6 7

Bietet er/sie für Schüler über die Beziehung mit ihnen einen sicheren Ort?   1 2 3 4 5 6 7

Befriedigt er/sie mit all seiner/ihrer Leidenschaft sein/ihr Machtstreben im Unter-

richt so, daß er/sie die ihm/ihr wichtigen
Veränderungen umsetzen und Einfluß auf
das Gesamtgeschehen in der Klasse ausüben kann? 1 2 3 4 5 6 7

Ist sein/ihr eigener Stil in der Arbeit erkennbar? 1 2 3 4 5 6 7

Erforschung Ihrer Gestaltung von Beziehungsgrenzen

Ausgehend von der Grundannahme, daß es günstig ist, die Grenzen in einer Weise zu gestalten, daß Sie Einfluß darauf nehmen und klar mitbestimmen, wann diese durchlässiger und wann geschlossener sind, überprüfen Sie die Grenzen zwischen Arbeitswelt, Konstitution, Familie und Freundeskreis. Gehen Sie der Frage nach, wie Sie in Krisen reagieren und Ihre Grenzen öffnen bzw. schließen. Lassen Sie den Auswertungsbogen von Ihrer Frau/Ihrem Mann/Ihren Freunden oder guten Kollegen mit ausfüllen, und diskutieren Sie auch hier Fremd- und Selbsteinschätzung.

Als Krisen können unten genannte oder jede andere gravierende Problemphase angesehen werden:

Arbeitswelt: Es steht an, Überstunden machen zu müssen, weil wegen Krankheit eingesprungen werden muß, um den Unterricht zu garantieren. Oder Sie sehen die Chance, Karriere zu machen, und müssen vermehrt Fortbildungen und Seminare besuchen etc.

Konstitution: Eine schwere Erkrankung schwächt Ihre psychophysische Belastbarkeit erheblich und verlangt viel Aufmerksamkeit und Fürsorge.

Familie: Ein Kind oder Elternteil ist schwer krank und pflegebedürftig. Oder die Familie befindet sich in einer Phase des Umbruchs, der Neuorientierung, oder der Partnerschaft droht die Trennung.

Freundeskreis: Freunde brauchen Hilfe und spannen Sie zeitraubend ein. Oder Sie bedürfen des Beistandes in einer Belastungssituation.

Eigene Beurteilung:
Ihre Lebensenergie (gleich 100 %) verteilt sich auf die Bereiche

	Konstitution	Familie	Freundeskreis	Schule
Vor der Krise				
Während der Krise				
Nach der Krise				

Fremdbeurteilung:
Ihre/seine Lebensenergie (gleich 100 %) verteilt er/sie auf die Bereiche

	Konstitution	Familie	Freundeskreis	Schule
Vor der Krise				
Während der Krise				
Nach der Krise				

Einschätzung der Kompetenz In Abhängigkeit von Ihrem Lebensalter und Ihrer Position in der Schule verteilt sich die Kompetenz auf die vier unterschiedlichen Kriterien. Auch hier geht es wieder um Fremd- und Selbsteinschätzung und um die Diskussion über die Unterschiede.

Selbsteinschätzung: Wie verteilt sich Ihre Gesamtkompetenz (gleich 100 %) auf die Untergruppen

	fachliche Kompetenz	soziale Kompetenz	interaktionelle Kompetenz	berufliche Kompetenz
Aus Sicht der Schüler				
Aus Sicht der Schulleitung				
Aus Sicht der Kollegen				

Fremdbeurteilung: Wie verteilt sich ihrer Meinung nach die Gesamtkompetenz des Kollegen/der Kollegin auf die Untergruppen in Anteilen von 100 %

	fachliche Kompetenz	soziale Kompetenz	interaktionelle Kompetenz	berufliche Kompetenz
Aus Sicht der Schüler				
Aus Sicht der Schulleitung				
Aus Sicht der Kollegen				

Wenn Sie die Verteilung Ihrer Kompetenzen durchsprechen, berücksichtigen Sie, ob die Verteilung auch Ihrem angestrebten oder tatsächlichen Amt entspricht. Führungspositionen z. B. sollten möglichst nur LehrerInnen besetzen, die über eine ausreichende Berufserfahrung und hohe soziale Kompetenz verfügen. Von FachleiterInnen darf eine hohe fachliche Kompetenz, von KlassenlehrerInnen eine gut abgesicherte interaktionelle Kompetenz erwartet werden usw.

Rollenmanagement-Raute Rollenzuschreibung, Rollenverständnis und Rollenideal können abgeglichen werden. Das Rollenideal beschreibt die idealtypische Verteilung Ihrer Lebensenergie (LE) gleich 100 % auf die unterschiedlichen Items. Eine ergänzende Arbeitsalternative, die die unterschiedliche Verteilung der LE vor, während und nach einer Krise/Krankheit diskutiert, ist oben unter V.4 beschrieben. Füllen Sie den Bogen für sich aus, und lassen Sie gleichzeitig von vertrauten KollegInnen diese Fragen für sich beantworten. Diskutieren Sie anschließend die Unterschiede.

Selbsteinschätzung: Wie würde sich Ihre Lebensenergie gleich 100 % auf die vier Bereiche verteilen, wenn Sie von Ihrem Rollenideal, Ihrer Rollenzuschreibung ausgehen? Wie verteilen Sie Ihre Lebensenergie gleich 100 % angesichts Ihres aktuellen Rollenverständnisses?

	Elternschaft	Partnerschaft	Selbst	Beruf
Rollenideal				
Rollenzuschreibung				
Rollenverständnis				

Fremdeinschätzung: Wie würde die Lebensenergie gleich 100 % der/des Kollegin/Kollegen auf die vier Bereiche verteilt, wenn Sie von ihrem/seinem Rollenideal, ihrer/seiner Rollenzuschreibung ausgehen und ihrem/seinem aktuellen Rollenverständnis ausgehen?

	Elternschaft	Partnerschaft	Selbst	Beruf
Rollenideal				
Rollenzuschreibung				
Rollenverständnis				

Gesundheitsraute

Selbsteinschätzung: Wie verteilen sich Ihre innere Aufmerksamkeit und Auseinandersetzung (gleich 100 %) auf die vier Bereiche? Wie würden Ihre Frau/Ihr Mann bzw. die Kinder oder Ihre Eltern, sofern Sie in intensiverem Kontakt zu ihnen stehen, für Sie Ihre innere Aufmerksamkeit und Auseinandersetzung verteilen? Diskutieren Sie über die Unterschiede in der Selbst- und Fremdeinschätzung.

	Körper	Leistung	Beziehungsgestaltung	Religion, Sinnfrage, Philosophie
Aus Ihrer Sicht				
Aus Sicht Ihrer/s Frau/Mannes				
Aus Sicht Ihrer Kinder				

Fremdeinschätzung: Wie verteilen sich Ihrer Ansicht nach die innere Aufmerksamkeit und Auseinandersetzung gleich 100 % der/des Ehefrau/Ehemannes bzw. der Mutter/des Vaters auf die vier Bereiche? Wie würden Ihre Frau/Ihr Mann bzw. Ihre Mutter/Ihr Vater bzw. die Kinder ihre/seine innere Aufmerksamkeit und Auseinandersetzung verteilen? Diskutieren Sie über die Unterschiede in der Selbst- und Fremdeinschätzung.

	Körper	Leistung	Beziehungs-gestaltung	Religion, Sinnfrage, Philosophie
Aus Ihrer Sicht				
Aus Sicht Ihrer/s Frau/Mannes				
Aus Sicht Ihrer Kinder				

Anmerkungen

Vorwort

1 Mit «Pädagieren» wird das pädagogische Handeln, mit «Arzten» das ärztliche Handeln bezeichnet.

Einleitung

2 Der systemtheoretische Ansatz wird als Metatheorie in Beratungen von einzelnen, größeren Systemen und Unternehmen sowie therapeutisch insbesondere in der systemischen Paar- und Familientherapie angewandt. Siehe hierzu das entsprechende Kapitel von Scharwies, S. und Hagemann, W. (2001): Systemische Familientherapie, in: Leitner, A.: *Strukturen der Psychotherapie*. Krammer-Verlag, Wien. Als Systeme bezeichnen wir in diesem Zusammenhang Beziehungsgefüge zwischen Menschen. Wir hinterfragen, wie sich die Beziehungsmuster zwischen zwei und mehr Menschen gestalten, wie sie sich fördernd beziehungsweise hemmend auf die individuelle Entwicklung eines einzelnen und auch von Systemen auswirken.

I. Häufigkeit von Beziehungskrankheiten bei Lehrern

3 Schneider, S., in: «Oberpfälzischer Schulanzeiger», 1911.
4 Müller-Bialon, M., in: «Frankfurter Rundschau», 19.11.2002, S. 27.
5 Klußmann, R. (2000): *Psychotherapie*. Springer-Verlag, Berlin/Heidelberg/New York, S. 102.
6 Klußmann, R. (2000): a.a.O., S. 117.
7 Der Konsil-Arzt untersucht einen Patienten in der Klinik auf Anforderung durch den behandelnden Abteilungsarzt und macht einen Therapievorschlag. Der Liaison-Arzt ist in der Abteilung präsent und untersucht und behandelt Patienten mit einer Beziehungskrankheit in Absprache mit dem Abteilungsarzt.
8 Klußmann, R. (2000): a.a.O., S. 152 f.
9 *Kosten-Nutzeneffekte psychotherapeutischer Behandlungen* – Zu-

sammenfassung einer aktuellen Publikation aus den USA siehe im Internet: www.dgvt.d/politik/qualität/kosten_nutzen_effekte_usa.html. Zusammenfassung der wichtigsten Kapitel aus: Miller, Nancy E. & Magruder, Kathryn M. (eds.): *Cost-Effectiveness of Psychotherapy.* Oxford Press, New York.

10 Elke Willink möchte ich an dieser Stelle ganz herzlich danken für ihr großes persönliches Engagement und ihre Offenheit, aus ihrer subjektiven Erfahrung ausführlich zu dieser Frage Stellung zu nehmen.

II. Krankheits- und Therapieverständnis

11 Kant, I. (1968): *Kritik der reinen Vernunft 1.* Werke, Bd. III, Suhrkamp Verlag, Frankfurt am Main, S. 45.

12 Siehe hierzu die sehr eindrucksvolle Ausarbeitung von Klußmann, R. (1998): *Gicht – Gier – Größe – Macht – Herrscher im Spannungsfeld von Lust und Leid.* Psychosozial-Verlag, Gießen 1998.

13 «Die Aufmerksamkeit ergreift nur, was das Ich in irgendeiner unmittelbaren Weise ‹angeht›, d. h., was seinen Neigungen und Bedürfnissen entspricht.» Cassirer, E. (1988): *Die Philosophie der Aufklärung.* Felix Meiner Verlag, Hamburg, S. 138.

14 «Denn jede Beobachtung ist schon ein Urteil und jede Theorie auch eine Art von Beobachtung». Weizsäcker, V. v. (1986): *Der Gestaltkreis – Theorie der Einheit von Wahrnehmen und Bewegen.* Georg Thieme Verlag, Stuttgart–New York, S. 149.

15 «... wie jede Abweichung in der organischen Veranlagung eines Menschen notwendig auch eine völlige Veränderung in seinem geistigen Sein zur Folge haben muß». Cassirer, E. (1988): a. a. O., S. 154.

16 Levold, T. (1998): Affektive Kommunikation und systemische Therapie, in: Welter-Enderlin, R./Hildebrand, B. (Hrsg.): *Gefühle und Systeme.* Carl-Auer-Systeme Verlag, Heidelberg, S. 24 f.

17 Cassirer, E. (1988), S. 158: «Was die Erfahrung uns zeigt und was sie uns alleine zugängig macht, das ist nicht eine solche Einheit und Gleichförmigkeit des Raumes; es sind vielmehr ebenso viele, qualitativ voneinander unterschiedene ‹Räume›, als es verschiedene Sinne gibt. Der optische Raum, der Tastraum, der Raum unserer Bewegungsempfindungen: sie alle haben eine eigene, ihnen spezifisch zukommende Struktur; was sie nicht miteinander verknüpft und nicht aufeinander beziehbar macht, ist nicht eine Gemeinschaft ihres Wesens, ihrer abstrakten «Form», sondern nur die regelmäßige empirische Verbindung, in der sie stehen und kraft deren sie sich wechselseitig repräsentieren können. Damit aber scheint eine weitere Folgerung unausweichlich. Die Frage, welchem von all diesen

Sinnesräumen die eigentliche, die endgültige ‹Wahrheit› zukomme, verliert ihren Sinn. Sie alle sind einander äquivalent; keiner von ihnen darf einen höheren Grad von Gewißheit, von Objektivität und Allgemeinheit für sich fordern. Was wir Objektivität, was wir Wahrheit oder Notwendigkeit nennen: das hat demgemäß keine absolute, sondern eine lediglich relative Bedeutung.»

18 Weiter unten zitiere ich Gabriele Enders, die Heranwachsende, die von ihren Müttern Abschied nehmen müssen, beschreibt. Angesichts der Vielzahl der *broken-home*-Situationen ist zumindest während der Trennungsphase der Eltern davon auszugehen, daß Kinder affektiv blockiert oder emotional stark vereinnahmt bzw. verunsichert sind.

19 Fremmer-Bombik, E. (1995), in: Spangler, G./Zimmermann, P. (Hrsg.): *Die Bindungstheorie – Grundlagen, Forschung und Anwendung*. Klett-Cotta, Frankfurt am Main, S. 109 ff.

20 Fremmer-Bombik, E. (1995): «Main geht ebenso wie Bowlby davon aus, daß die inneren Arbeitsmodelle von Bindung keine passiven Introjektionen von Objekten aus der Vergangenheit sind, sondern aktive Konstruktionen, die im Prinzip jederzeit neu strukturiert werden können. Allerdings ist eine solche Neustrukturierung sehr schwierig, weil einmal organisierte Modelle dazu tendieren, auch unbewußt zu wirken und dramatischen Veränderungen zu widerstehen.» (S. 110 f.) In mehreren Untersuchungen «... konnte eine generationsübergreifende Stabilität von 75 % bis zu 82 % für Mütter und 60 % bis 68 % für Väter gefunden werden». (S. 117) «... aber die Bedeutung von Risikofaktoren wie Scheidung, schwere Krankheiten oder der Verlust von Bindungsfiguren wurde deutlich». (S. 118)

21 Lamprecht, F. (2000): *Praxis der Traumatherapie – Was kann EMDR leisten?* Pfeiffer bei Klett-Cotta, Stuttgart. «Jean Amery wird von Primo Levi zitiert: ‹Wer gefoltert wurde, bleibt gefoltert, wer gefoltert wurde, kann nicht mehr heimisch werden in der Welt. Die Schmach der Vernichtung läßt sich nicht austilgen. Das zum Teil schon mit dem ersten Schlag in vollem Umfang, aber schließlich in der Tortur eingestürzte Weltvertrauen wird nicht wiedergewonnen.› Jean Amery wie auch Primo Levi setzten ihrer Tortur durch Suizid ein Ende – Jahrzehnte, nachdem die Folter zu Ende war –, da sie durch den Zusammenbruch des Weltvertrauens nicht wieder heimisch werden konnten.» S. 13.

22 «Eschweiler Zeitung» vom 19. August 2002, S. 8, in welcher von dem Doppelmord an 10jährigen Zwillingen in Großbritannien berichtet wurde.

23 Fremmer-Bombik, E. (1995): a. a. O., S. 114.

24 Fremmer-Bombik, E. (1995): a. a. O., S. 115.

25 Fremmer-Bombik, E. (1995): a. a. O., S. 116.
26 Fremmer-Bombik, E. (1995): a. a. O., S. 117.
27 Mit der EMDR-Methode wird zunächst ein tranceähnlicher Entspannungszustand hergestellt. Es wird z. B. im Rahmen einer Tresor-Übung die Möglichkeit geschaffen, daß der Patient Erlebnisse, die ihn überfordern, wegschließen kann, um sie erst wieder hervorzuholen, wenn er hierfür belastbar genug ist. Er lernt außerdem, einen inneren Ort zu etablieren, an dem er sich sicher fühlt und er sich erholen kann. Die Konfrontation mit dem traumatischen Ereignis folgt vorsichtig in kleinen sich annähernden Schritten, bis die Erinnerung ihren Schrecken verliert, der Patient gelernt hat, die in der Vergangenheit gemachte Erfahrung von der Wirklichkeit hier und jetzt zu differenzieren und abzukoppeln. Nach einer Phase der Stabilisierung, in der der Patient lernt, ohne überflutende Ängste ihn immer wieder unvorbereitet zutiefst verunsichernde Flashbacks seinen Alltag zu meistern, ist die Therapie beendet.

Eine ausführliche Beschreibung der Methode in: Lamprecht, F. (2000): *Praxis der Traumatherapie – Was kann EMDR leisten?* Pfeiffer bei Klett-Cotta, Stuttgart.
28 Buber, M. (1972): *Ich und Du*. Verlag Jakob Hegner, Köln.
29 Wintersteiner, W. (1999): *Pädagogik des Anderen – Bausteine für eine Friedenspädagogik in der Postmoderne*. Agenda Verlag, Münster, S. 51.
30 Bretherton, I. (1995), in: Spangler, G./Zimmermann, P. (Hrsg.): *Die Bindungstheorie*. Klett-Cotta, Stuttgart, S. 30.
31 Bretherton, I. (1995): a. a. O., S. 44 f.
32 Bretherton, I. (1995): a. a. O., S. 25.
33 So beschrieb vor einigen Jahren Marion Gräfin Dönhoff in «Die Zeit» ihren Besuch in ihrer früheren Heimat, aus der sie 1944 fliehen mußte. Nach dem Wegfall des Eisernen Vorhanges war ihr dies möglich geworden. Ich erinnere mich noch sehr deutlich daran, wie sie schreibt, daß es für sie sehr wichtig war, die Realität zu sehen, wie sie sich ihr in der Gegenwart darstellte, und ihre Erinnerungen als unwiederbringliche Vergangenheit besser annehmen zu können. Wichtig für sie waren in der Gegenwart nicht die Orte der Vergangenheit, sondern die Menschen, die vielen Freunde und Bekannte, die ihr Leben nach dem Krieg begleitet haben und mit denen sie viel und erfolgreich zusammengearbeitet hat.

Ausnahmen hiervon scheinen zum Beispiel Traumatisierungen durch Umweltkatastrophen, Krieg und Krankheit. Die Vertriebenenverbände fordern noch nach über fünfzig Jahren die Rückgabe ihrer alten Heimat. Mir ist es nicht erkennbar, wieviel Wehmut der mit dem Verlust des Grundbesitzes verbundenen Trauer und wieviel der Wut über das erlittene Unrecht, den Beziehungen, dem ge-

sellschaftlichen Verbundensein, der Nachbarschaft etc. gilt und wieviel der Umwelt.
34 Hoffman Hennessy, L. (1992): *Für eine reflexive Kultur der Familientherapie*, in: Schweitzer, J., Retzer, A., Fischer, H. R. (Hrsg.): *Systemische Praxis und Postmoderne*. Suhrkamp Verlag, Frankfurt am Main, S. 27. «Nach der Lektüre von Carol Gilligans *In A Different Voice* (1982, dt. 1988) war ich von dem Gedanken beeindruckt, daß Frauen bei moralischen Entscheidungen mehr am Schutz der Beziehung interessiert sind, während Männer sich eher davon leiten lassen, was ‹richtig› ist. Für Frauen schien Bindung eine höhere Wertigkeit zu besitzen als Ordnung, Gerechtigkeit oder Wahrheit.»
35 Hoffman Hennessy, L. (1992): a. a. O., S. 29.
36 Minuchin, S., Rosman, B. L., Baker, L. (1995): *Psychosomatische Krankheiten in der Familie*. Klett-Cotta, Stuttgart.

III. Systemische Reflexionen zur spezifischen beruflichen Situation

37 Dörner, K. (1996): Ist Arbeit lebensnotwendig? Warum ist es für den psychisch Kranken doppelt wichtig zu arbeiten? in: Wollschläger, M., Bührig, M., Ziegler-Heidelbreger, G., Netz, P., Richter, A. Feld, Th. (Hrsg): *Kieselsteine – Ausgewählte Schriften*. Verlag Jacob van Hoddis, Gütersloh, S. 218.
38 Altes Testament, Genesis 2,18. Es ist nicht die Rede davon, daß der Mensch unzureichend sei. Es wird davon gesprochen, daß der Mensch eine Hilfe erhält, «die ihm entspricht», und dies kann nur ebenfalls ein Mensch sein.
39 Etzold, S.: *Die Leiden der Lehrer*, in: «Die Zeit» v. 23. 11. 2000.
40 Illich, I. (1972): *Schulen helfen nicht – Über das mythenbildende Ritual der Industriegesellschaft*, rororo Sachbuch, Rowohlt-Verlag, Reinbek bei Hamburg. Eine Aussage möchte ich hieraus kurz aufgreifen: «Die Schule befindet sich gegenwärtig in einer Krise ...» (S. 12), schrieb er schon 1970. Die heutige Diskussion um Schule vermittelt den Eindruck, daß diese schon seit mindestens 30 Jahren in der Krise steckt. Das Wort Krise bedeutet jedoch «Umkehrpunkt». Wäre es nicht angemessener, von einem Anpassungsprozeß statt von Krise zu sprechen, ein Begriff, der die Herausforderung beschreibt, der gerecht zu werden Aufgabe ist. Er drückt auch mehr Normalität aus, während Krise, wenn sie nicht gelöst wird, implizit Unfähigkeit, diese zu lösen, mit ausdrückt. Und dies wäre weder identifikationsstiftend noch motivierend für die Leistungsträger dieses Systems.

41 41 Korinther 12; 14–20.
42 Hentig, H. v. (1999): *Bildung.* Beltz-Verlag, Weinheim und Basel, S. 54.
43 Hentig, H. v. (1999): a. a. O., S. 47.
44 Arendt, H. (^{14}2000) *Macht und Gewalt.* Piper-Verlag, München, S. 82.
45 Arendt, H. (^{14}2000): ebd.
46 Arendt, H. (^{14}2000): ebd.
47 Arendt, H. (^{14}2000), S. 73.
48 Horkheimer, M., Adorno, Th. W. (2002): *Dialektik der Aufklärung.* Fischer Taschenbuch Verlag, Frankfurt am Main, S. 14.
49 Horkheimer, M., Adorno, Th. W. (2002): a. a. O., S. 11.

IV. Gewalt und Aggression

50 *Systems in Transition*, u. a. von Susan Scharwies gegründet, ist eine internationale Vereinigung von Familien- und Psychotherapeuten, -logen und an psychosozialen Themen interessierten Menschen aus west- und osteuropäischen Ländern, welche sich einmal im Jahr zu einer internationalen Konferenz, zwischendurch in regionalen Treffen mit Themen wie staatlicher Gewalt, den Folgen des Holocaust oder Veränderungen in gesellschaftlichen Systemen und ihren Auswirkungen auf die Familie und den einzelnen beschäftigen oder Veränderungen in gesellschaftlichen Systemen diskutieren. Systems in Transition, Windscheidtstraße 12, 10672 Berlin.
51 Wintersteiner, W. (1999): *Pädagogik des Anderen; Bausteine für eine Friedenspädagogik in der Postmoderne.* agenda Verlag, Münster. «Friedenserziehung kann sich nicht damit begnügen, etwa Regeln des friedlichen Zusammenlebens und der gewaltfreien Konfliktaustragung zu lehren sowie auf psychische Dispositionen hinzuarbeiten, so daß die Individuen diese Regeln auch beherzigen. Denn die Rahmenbedingungen für dieses angestrebte Verhalten fehlen in vielerlei Hinsicht in unserem Gesellschaftssystem. Die Spielregeln unserer Gesellschaft sind nicht friedlich, und schon deshalb ist der Erfolg der Friedenserziehung gefährdet. Entweder es scheitert schon der Prozeß der Erziehung, weil die umgebenden Verhältnisse alle pädagogischen Bemühungen konterkarieren und die angestrebte Qualifizierung zu gewaltfreier Konfliktlösung nicht stattfindet. Oder sie scheitert als Erziehung, insofern sie zwar bestimmt friedfertige Verhaltensweisen antrainiert, diese sich aber außerhalb der Erziehungssituation nicht ‹bewähren›, nicht sozial honoriert werden. ... Sie (die Friedenspädagogik, Anm. des Autors) muß also in der Schule gegen die

Gesellschaft erziehen und diesen Prozeß selbst noch transparent machen.» (S. 16 f.)
52 Wintersteiner, W. (1999): a. a. O., S. 17.
53 Zum Thema Mobbing finden Sie unter www.roeher-parkklinik.de weitere Informationen, insbesondere auch zu Handlungsweisen, die Mobbing-Täter bevorzugt anwenden.
54 Meschkutat, B., Stackelbeck, M., Langenhoff, G. (2002): *Der Mobbing-Report – Repräsentativstudie für die Bundesrepublik Deutschland.* Schriftreihe der Bundesanstalt für Arbeitsschutz und Arbeitsmedizin, Dortmund/Berlin/Dresden.
55 Meschkutat, B., Stackelbeck, M., Langenhoff, G. (2002): a. a. O., S. 24.
56 Meschkutat, B., Stackelbeck, M., Langenhoff, G. (2002): «Aktuell werden 3,5 % der erwerbstätigen Frauen gegenüber 2,0 % der erwerbstätigen Männer gemobbt. ... Unter 1000 aktuellen Fällen befinden sich 58 Frauen und 42 Männer.» (S. 26)
57 Meschkutat, B., Stackelbeck, M., Langenhoff, G. (2002): a. a. O., S. 39.
58 Leymann, H. (1993): *Mobbing – Psychoterror am Arbeitsplatz und wie man sich dagegen wehren kann.* Rowohlt-Verlag, Reinbek bei Hamburg.
59 Durch ärztliche Behandlung hervorgerufen.
60 Aus: Focus-TV. Hintergrundinformationen zu vergangenen Sendungen, zur Sendung vom 27. 7. 1997.
61 Die psychotherapeutische Medizin hat die Untersuchung der Wechselwirkung von körperlich- seelischen Prozessen zum Gegenstand. Sie gewichtet aufgrund sorgfältiger Erhebung sowohl somatischer als auch psychodynamischer, sozialer und interaktioneller Befunde die Auswirkungen körperlicher Krankheiten auf die intrapsychische Verarbeitung und die Beziehungsgestaltung und umgekehrt. Sie untersucht und behandelt u. a. psychosomatische Störungen im engeren Sinne.
62 Behrendt, J. A. (1985): *Nada Brahma, Die Welt ist Klang.* Rowohlt-Verlag, Reinbek bei Hamburg.
63 Stern, D. N. (1992): *Die Lebenserfahrung des Säuglings.* Klett-Cotta Verlag, Stuttgart.
64 Wolfgang Strobel, Sabine Rittner u. a. haben in jahrelanger klinischer Arbeit und in Selbsterfahrungs- und Weiterbildungsgruppen die Kraft und Wirkung archetypischer Klänge und Rhythmen erforscht. Die klanggeleitete Trance ist ein «veränderter Bewußtseinszustand», in welchem Inhalte aus sehr tiefen Bewußtseinsschichten offenbar werden können, in der aber gleichzeitig ein guter und sicherer Kontakt zur äußeren Realität (und zum begleitenden Therapeuten) erhalten bleibt. Das Erleben in dieser Trance, die auftau-

chende Figur, ist so auch gut in den zugehörenden Erlebnis- und Gefühlshintergrund integrierbar. Strobel, W. (1999): Klanggeleitete Trance, musiktherapeutische Fallsupervision und andere Beiträge. In: *Reader Musiktherapie.* Dr. Ludwig Reichert-Verlag, Wiesbaden, S. 99 f.

65 Auffällig ist das Bild, das sich in den Erzählungen von W. über die Familie zeichnet. Ein ganz «archaisches», rigides, nach außen abgeschottetes «Clansystem», in dem alles Fremde als Bedrohung erlebt wird und gegenüber dem es eine zwingende «Sippensolidarität» gibt. Auch im Wertesystem spiegelt sich diese «Angst vor dem Fremden» wieder: Das, was nicht in dieses System passt, nicht dazugehört, wird präventiv abgewertet. Dem entgegen stehen die Verstrickungen und ständigen Grenzüberschreitungen innerhalb der Familie, die in immer wieder auftretenden Gewaltausbrüchen einzelner Mitglieder eskalieren. Die Parallele zur absolut zerstörerischen Dynamik von «Fremdenangst und -Hass» – Grundlage des Nationalsozialismus – und die SS-Mitgliedschaft des Großvaters drängt sich auf. (Vgl. auch Heitmeyer, W. (1992): Rechtsextremistisch motivierte Gewalt und Eskalation, in: *Jugend – Staat – Gewalt.* Weinheim/München)

66 In der pränatalen Seinsweise verstärken sich der Pol der ambivalenten Grunderfahrung des Drin-Seins (Schutz – Bedrohung) und die Schwingungsqualität der Umwelt (Familie, soziales Milieu, Gesellschaft, Kultur). Vgl. Renz, M. (1996): *Zwischen Urangst und Urvertrauen. Therapie früher Störungen über Musik-, Symbol- und spirituelle Erfahrungen.* Junfermann-Verlag, Paderborn, S. 131 ff.

67 Theweleit, K. (1983): *Männerphantasien.* I/II; Rowohlt Verlag, Reinbek bei Hamburg.

68 In einer Radiosendung wurden Berichte von Kindersoldaten aus Nordafrika über ihre Rekrutierung und Zurichtung gesendet. Die vierzehn- bis sechzehnjährigen Jungen berichteten, daß sie gewaltsam zum Militärdienst gepreßt wurden. Unter Drogen gesetzt, wurden sie gezwungen, einem Menschen den Kopf abzuschlagen, ihn schwerstens zu verstümmeln oder zu foltern. Das war ihre Ausbildung.

69 Stanislav Grof hat in seinen Untersuchungen über die bewußtseinsverändernde Wirkung von LSD die traumatische Erfahrung des Geburtsprozesses und die prägende Bedeutung für unsere Wahrnehmungs- und Interpretationsmuster herausgearbeitet. Besonders zum tieferen Verständnis menschlicher Gewalt bieten seine Arbeiten und sein Modell der «perinatalen Matrix» viel Material. Grof, S. (1993): *Topographie des Unbewußten.* Klett-Cotta, Stuttgart.

V. Systemische Sichtweise von Krankheit

70 Dörner, K., Plog, U.: *Irren ist menschlich*. Psychiatrie-Verlag, Göttingen.
71 Nosrat Peseschkian, Begründer der Positiven Psychotherapie, hat eine Raute entwickelt, welche an die Stelle der Beziehungsgestaltung soziale Kontakte einsetzt. Unter systemischem Blickwickel ist es jedoch wichtig zu betrachten, wieviel Achtsamkeit der Mensch auf die Art seiner Beziehungsgestaltung legt.
72 Der Familienforscher Fthenakis rät in der Frankfurter Rundschau (vom 28. 8. 2002, S. 8) Paaren, sich «auf realistische Ziele in der Partnerschaft vorzubereiten. Dies gelte insbesondere für den Fall, daß ein Kind hinzukommt. 80 % der Eltern kommen mit dieser Veränderung nicht zurecht.» Prof. Nijs von der Universität Leuwen in Belgien antwortet jungen Paaren, die sich wegen unerfüllten Kinderwunsches an ihn wenden, inhaltlich: «Ein Kind kann man sich nicht wünschen. Man kann wohl wünschen, Eltern zu werden.»
73 Eine ausführliche bebilderte Beschreibung dieses sehr bewegenden Workshops findet sich in: Hagemann, W. (2002): *Nach der Krebsdiagnose – Systemische Hilfen für Betroffene, ihre Angehörigen und Helfer*. Vandenhoek&Ruprecht-Verlag, Göttingen.
74 «Frankfurter Rundschau» vom 28. 8. 2002, S. 8.
75 Siehe auch Hagemann, W. (2001): Systemische Familientherapie, in: Leitner, A. (Hrsg.) *Strukturen der Psychotherapie*. Krammer-Verlag, Wien.
76 Chamberlain, S. (1997): *Adolf Hitler, die Deutsche Mutter und ihr erstes Kind*. Psychosozial-Verlag, Gießen.
77 Parentifizierung: An ein Kind werden Rollenerwartungen gestellt, die einem Elternteil zukommen müßten und es emotional überfordern.
78 Wer sich intensiver mit der Abwehrtheorie auseinandersetzen möchte, sei auf die einschlägige psychoanalytische Literatur verwiesen. Wichtig für das Grundverständnis ist, daß beide Arten der Abwehr dem Aufrechterhalten von Beziehungen gelten, die für den Menschen individuell bedeutsam sind. Er entwickelt zu diesem Zweck Kompromißbildungen, die in der jeweiligen Beziehungssituation damals ihren Sinn machen. Wird die gleiche «neurotische» Beziehungsgestaltung im Hier und Jetzt wiederholt, läßt sie die Unterschiede zum Dort und Damals außer acht. Wesentlich zu beachten ist, daß dieser Vorgang unbewußt abläuft und sich der bewußten Steuerung durch den Betroffenen entzieht. D. h., er kann hierfür nicht zur Verantwortung gezogen werden. Erst die psychotherapeutische Aufarbeitung schafft für den Betroffenen sinnvolle Erkenntniszusammenhänge.

VI. Angst und Depression

79 Träbert, D., in: «*Humane Schule – Mitteilungen des Bundesverbandes der Aktion Humane Schule*», Oktober 2002, S. 1.
80 Träbert, D.: a. a. O., S. 3.
81 Jehle, P., Krause, P. (1994): *Berufsbezogene Angst von Lehrerinnen und Lehrern: eine epidemiologische Pilotstudie.* Deutsches Institut für Internationale Pädagogische Forschung, Frankfurt am Main.
82 Gadamer, H.-G. (1993): *Über die Verborgenheit der Gesundheit.* Suhrkamp-Verlag, Frankfurt am Main, S. 189–200.
83 Hoffman Hennessy, L. (1992): Für eine Reflexive Kultur in der Familientherapie. In: Schweitzer, J., Retzer, A., Fischer, H. R. (Hrsg.): *Systemische Praxis und Postmoderne.* Suhrkamp Verlag, Frankfurt am Main, S. 17.
84 Gadamer, H.-G. (1993): *Über die Verborgenheit der Gesundheit.* Suhrkamp Verlag, Frankfurt am Main, S. 195.
85 Gadamer, H.-G. (1993): «Mit dem Wort Einhausen gebrauche ich ein Lieblingswort von Hegel. Er sah darin die Grundverfassung des Menschen, daß er bei sich zu Hause sein will, um, von aller Bedrohung zurückgezogen, im Vertrauten, Griffbereiten und Begriffenen von aller Angst frei zu sein». A. a. O., S. 109 f. In der Zeitung «Ziel Lebensqualität» 2/2003 habe ich die Begriffe «sich einhausen», «dazugehören» und «handeln wollen» so beschrieben: «Sich einhausen», ein Begriff, den Immanuel Kant liebte, beschreibt das Bedürfnis des Menschen, mit seinem unmittelbaren Lebensumfeld vertraut zu sein. «Hier kenn ich mich», beschreibt eine Aachener Redewendung es treffend. Wo wir uns einhausen, lebt unsere Familie, treffen wir uns mit unseren Freunden und Bekannten, gehen wir zur Arbeit, wissen wir, wer und wo jemand uns in der Not helfen wird u. v. m. Gelingt es nicht oder nur unzureichend, sich befriedigend einzuhausen, durch Migration oder soziale Entwurzelung, so ist dies mit erhöhtem psychosozialen Stress verbunden, der unsere Gesundheit angreifen kann. «Dazugehören wollen» beschreibt sowohl das Suchen nach einer Gemeinschaft, nach einer Peergroup, als auch das Bedürfnis, sich Menschen zuwenden und lieben zu können sowie geliebt zu werden. Nicht nur passiv geschützt zu werden, sich anlehnen zu können, stärkt das Selbstwertgefühl, sondern auch das Gefühl, gebraucht zu werden. Die fehlende Orientierung von Menschen, die nirgendwo dazugehören, ihre leichte Verführbarkeit, sich lieber auf schlechten Umgang einzulassen als allein zu bleiben, schwächen die Belastbarkeit eines Menschen und fördern seine Aggressivität. Diese kann er als Depression gegen sich selbst richten, wenn es für ihn keine adäquate Möglichkeit gibt, diese konstruktiv handelnd auszuleben.

Es ist jedem Menschen zu eigen, «handeln zu wollen». So schafft er sich die Möglichkeit, seine Autonomie abzusichern. Damit erlangt er Fähigkeiten, weil sie ihm ein eigenes Profil geben, und die Möglichkeit geben, Kreativität zu entfalten, die ihn zufrieden stimmen. Er kann dadurch Einfluss darauf nehmen, welche Rollenerwartungen er an sich selbst stellt und welche an ihn gestellt werden, zu welcher Gruppe von Menschen er gehört. Wird einem Menschen die Möglichkeit nach befriedigendem Handeln und Gestalten genommen, erwächst ein hoher Druck mit großer Lebensunzufriedenheit und Frustration, wodurch Spannungen aufgebaut werden, die ebenfalls Krankheit fördern können. So gelingt es manchem beruflich hochengagierten Menschen nur sehr schwer, sich mit einer Pensionierung zurecht zu finden. Ihn bedroht der «Rentnertod» als Reaktion auf jene Beschneidung seiner Handlungskompetenz.

86 Gadamer, H.-G. (1993): «Angst ist insofern eine Grundbefindlichkeit des Daseins, wie Heidegger sie darstellt.» A. a. O., S. 190.
87 Gadamer, H.-G. (1993): «An der Angstbefindlichkeit des Menschen wird vielmehr die Frage nach dem Sinn von Sein und von Nichts neu sichtbar.» A. a. O., S. 190 f. Die Angst, «die sich vor nichts fürchtet», nennt nur einer, «der nach nichts als nach dem Sinn fragt». Aber es sagt auch jeder, den der Würgegriff der Angst losläßt. «Die Angst, die sich verliert, ist wie eine Erfahrung des Nichts – und damit des Seins.» A. a. O., S. 191.
88 Gadamer, H.-G. (1993): «Die Angst des Lebens treibt die Kreatur aus ihrem Zentrum» (Schelling). A. a. O., S. 191.
89 Klußmann, R. (^{5}2002): a. a. O., S. 310–311.
90 Aus Hagemann, W. (2002): a. a. O.
91 Krise bedeutet hier Umkehrpunkt.
92 Fliege, H., Rose, R., Bronner, E., Klapp, B. F. (2002): *Prädikatoren des Behandlungsergebnisses stationärer psychosomatischer Therapie,* in: Psychotherapie, Psychosomatik, Medizinische Psychologie 52: 47.
93 Fliege, H., Rose, R., Bronner, E., Klapp, B. F. (2002): a. a. O., S. 50.
94 In einer Gruppentherapie stellt der/die Protagonist/in zur Klärung der «Wie»-Frage – wie z. B. das Beziehungsmuster in der Familie aussah, als er/sie als Kind passiv mitanschauen mußte, wie die Mutter vom Vater geschlagen wurde – alle die Menschen auf, die damals das familiäre System ausmachten. Dazu gehören neben den Angehörigen aus beiden Ursprungsfamilien von Vater und Mutter sowie den Geschwistern aus der Kernfamilie des/der Protagonisten/in auch der Freundeskreis und die Arbeitswelt. Die Repräsentanten für die jeweiligen Rollen werden aus den Gruppenteilnehmern aus-

gewählt und so in Bezug zueinander gestellt, wie es dem inneren Bild des/der Protagonisten/in entspricht. Es wird dann vom Leiter jeder gebeten mitzuteilen, was er in dieser Aufstellung empfindet, wie es ihm geht. Es kann die Frage bearbeitet werden, wie ein einzelner, zum Beispiel der Vertreter des/der Protagonisten, die Aufstellung ändern könnte, um es für sich erträglicher zu gestalten. Es kann die gesamte Gruppe ein neues Beziehungsmuster aufstellen, in dem jeder sich wohler fühlt als vorher usw. Es gibt keine vorhersagbaren Lösungen, wenn eine Wie-Frage gestellt wird, sondern jedes Ergebnis ist individuell aus der Dynamik und dem Prozeß der jeweiligen Aufstellung zu entwickeln! Eine ausführlichere Beschreibung findet sich in Hagemann, W. (2000): Systemische Familientherapie, in: Leitner, A. (Hrsg.): *Strukturen der Psychotherapie*. Krammer-Verlag, Wien; und in: Hagemann, W. (2002): *Nach der Krebsdiagnose – Systemische Hilfen für Betroffene, Angehörige und ihre Helfer*. Vandenhoek & Ruprecht-Verlag, Göttingen.
95 Hagemann, W. (2000): a. a. O., S. 333.
96 Kächele, H. (2002): *Es ist nicht alles Gold, was glänzt*. Psychotherapie Psychosomatik Medizinische Psychologie, 52: 373.

VII. Burn-Out

97 Martin Spiewak stellt ein Jahr nach der PISA-Studie die Frage: «Welcher Lehrerverband hat gefordert, daß deutsche Lehrer wie in anderen Ländern den ganzen Tag in der Schule verweilen?» («Die Zeit» vom 28. 11. 02, S. 1). Die Selbstverständlichkeit, mit der der Lehrer in der Schule unterrichtet und zu Hause den Unterricht vorbereitet, trägt dazu bei, daß der Lehrer und die Lehrerin häufig Einzelkämpfer bleiben.